Johann Stephan Pütter

Versuch einer academischen Gelehrten-Geschichte

von der Georg-Augustus-Universität zu Göttingen

Johann Stephan Pütter

Versuch einer academischen Gelehrten-Geschichte
von der Georg-Augustus-Universität zu Göttingen

ISBN/EAN: 9783743624436

Hergestellt in Europa, USA, Kanada, Australien, Japan

Cover: Foto ©ninafisch / pixelio.de

Weitere Bücher finden Sie auf **www.hansebooks.com**

Versuch

einer academischen

Gelehrten-Geschichte

von der

Georg-Augustus-Universität

zu

Göttingen

vom

geheimen Justizrath Pütter.

Zweyter Theil von 1765. bis 1788.
mit 6. Kupfern.

Göttingen
in Vandenhoeck-Ruprechtischem Verlage 1788.

Ihro königlichen Hoheiten

den

durchlauchtigsten Prinzen

und

H e r r e n,

Herrn Ernst August,

Herrn August Friedrich,

Herrn Adolf Friedrich

königlichen Prinzen

von

Großbritannien.

Durchlauchtigſte königliche Prinzen,
Gnädigſte Herren,

Eure königliche Hoheiten haben bey Gelegenheiten, da von dem vorhabenden Drucke dieſes Buches die Rede geweſen, auf eine ſo gnä-
dige Art ſich darüber zu äuſſerii geruhet, daß
ich mich getroſt erkühnen darf HöchſtDero Namen demſelben vorzuſetzen. Ich habe Urſache
die göttliche Vorſehung zu preiſen, daß ſie mich
eine ſo glänzende Epoche unſerer Univerſität er-

leben

leben laſſen, die mir das Glück verſchafft, die Beſchreibung derſelben perſönlich überreichen zu dürfen, als

Eurer königlichen Hoheiten

Göttingen
den 10. März 17█.

untertänigſter Diener
Johann Stephan Pütter.

Inhalt.

Franz

Inhalt.

7)

Inhalt.

4)

Inhalt.

IV. Verzeichniß der jetzigen Lehrer zu Göttingen nebst ihren Lebensumständen, Schriften und Lehrstunden:

A) Oeffentliche Lehrer, nach der Ordnung, wie sie im catalogo praelectionum angezeigt werden:

2) Or-

Inhalt.

d)

Inhalt.

2) Von

Inhalt.

Englis

Inhalt.

Schick-

Inhalt.

Inhalt.

Inhalt.

**Anti-

Inhalt.

Vorbe-

Vorbericht.

§. 1.

Der Versuch einer academischen Gelehrtengeschichte, den ich im Jahre 1765. von unserer Georgaugustus: Universität herausgegeben habe, hat eine so günstige Auf: nahme gefunden, daß ich mich glücklich schätze nach einem Zeitverlaufe von zwey und zwanzig Jahren zu einer Zeit, da die Universität eben im Begriff ist, das Andenken ih: rer vor 50. Jahren geschehenen Einweihung zu feiern, noch einmal Hand anlegen zu können, um den Zustand dersel: ben, wie sie jetzt ist, nach eben dem Entwurfe von neuem zu beschreiben. In der Folge wird es einem jeden andern, wenn es gut gefunden wird, leicht fallen, über einige Zeit wieder eine solche Beschreibung zu liefern. Ich wiederhole deswegen nicht, was in jenem ersten Versuche schon vorge: kommen ist. Ich liefere nur eine Fortsetzung desselben

A   nach

nach dem Zuſtande, worin die Univerſität ſich jetzt findet. Nur das, was in einzelnen Stücken etwa einer Ergänzung bedarf, oder im Ganzen jetzt in einer andern Stel-
lung erſcheint, werde ich zu ergänzen oder in ſeiner jetzt
geänderten Lage darzuſtellen ſuchen.

* I. Aehnliche Werke ſind ſeit einiger Zeit von mehreren Teutſchen Univerſitäten zum Vorſchein gekommen, als
Auguſt Friedrich Boek's Geſchichte der Univerſität Tübingen, Tüb. 1774. 8.; Ignatz de Luca Verſuch einer academiſchen Gelehrtengeſchichte von der kaiſerlich königlichen
Univerſität zu Insbruck, als der erſte Band ſeines Jour-
nals der Litteratur und Statiſtik, Insbr. 1782. 4.; (Auguſt Friedr. Batz) Beſchreibung der hohen Carls-Schule
zu Stuttgard, Stuttg. 1783. 8.; J. G. Schulz Beſchreibung der Stadt Leipzig, Leipz. 1784. 8.; Joh. Ernſt
Baſilius Wiedeburg Beſchreibung der Stadt Jena nach
ihrer topographiſch, politiſch und academiſchen Verfaſſung,
Jen. 1785. 8. Auch finden ſich in den Beyträgen zur juriſtiſchen Litteratur in den Preuſſiſchen Staaten (von Joh.
Wilh. Bernh. von Hymmen) Berlin 1775-1785. 8. ähnliche beſondere Beſchreibungen der juriſtiſchen Facultäten
zu Duisburg und Frankfurt an der Oder.

* II. Selbſt von Göttingen ſind ſeit einigen Jahren in
mehreren Büchern von verſchiedenen Gattungen allerley
Nachrichten und Beſchreibungen geliefert worden. So
enthält erſtlich Io. Matth. GESNERI *biographia academica Goettingenſis*, collegit et edidit Ier. Nic. EYRING,
praefatus eſt Chr. Ad. KLOTZIVS, vol. I. II. Hal.
1768., III. Goetting. 1769. 8. eine eigne Sammlung
aus Gesners Feder gefloſſener academiſcher Schriften zum
Andenken verſtorbener Göttingiſcher Profeſſoren und Pro-
feſſorinnen, die zwar großentheils auch ſchon in den Ges-
neriſchen opuſculis, Vratiſl. 1743-1745. mit eingedruckt
waren. Andere neuere Nachrichten vom Zuſtande der Stadt
und Univerſität überhaupt finden ſich in J. A. DE LUC
*lettres phyſiques et morales ſur l'hiſtoire de la terre et de
l'homme addreſſées à la Reine de la Grande Bretagne*, partie 7. lettre 65. tom. 3. (1779. 8.) p. 240. ſq., und von
einzelnen hieſigen Lehrern in Friedr. Eckard's litterariſchen

schem Handbuche der bekannten höhern Lehranstalten in und auffer Teutschland, Th. I. (Erlangen 1780. 8.) S. 186-220.

* III. Eines Ungenannten Reise von Cassel und Göttingen durch Braunschweig und Lübeck nach Kiel (1782.) in Joh. Bernoulli's Sammlung kurzer Reisebeschreibungen, Band 10. (Berl. 1783. 8.) S. 333 - 414. beschäfftiget sich hauptsächlich mit Göttingen, und mag wohl zur Hauptabsicht gehabt haben, einige Dinge bemerklich zu machen, die dem Verfasser in Localumständen und oeconomischen Einrichtungen einer Verbesserung zu bedürfen schienen. Eines andern Ungenannten Beyträge zur Statistik von Göttingen 1786. 8. entsprechen wenigstens der Erwartung, die der Titel veranlassen könnte, ganz und gar nicht. Ich darf mich deshalb nur auf das beziehen, was in den Göttingischen gelehrten Anzeigen 1786. S. 409. und im Magazine für die Geschichte, die Statistik und das Territorialstaatsrecht von Niedersachsen B. 1. St. 1. (Lemgo 1787. 8.) S. 71. darüber bemerket worden. Seit einiger Zeit scheinen sich mehrere beynahe ein Geschäfft daraus zu machen, allerley meist ungegründete oder doch übertriebene Anecdoten von Göttingen in Reisebeschreibungen oder periodischen Schriften einzurücken. Von dem allem wird manches hier an seinem Orte von selbsten eine Berichtigung finden, ohne daß es nöthig seyn wird, mit einem jeden, der bald hier bald da etwas zu tadeln findet, sich in polemische Kämpfe einzulassen.

* IV. Ueber das, was insonderheit das juristische Fach auf unserer Universität betrifft, hat 1775. Herr F. Ph. Carl Boell (wie er sich damals nannte, Professor an der Kriegsschule in Colmar, hernach Professor zu Erlangen, endlich Hofcammerrath zu Anspach † 1787.) ein eignes "Sendschreiben über die Anfrage, in was für einem Zustande sich die Rechtsgelehrsamkeit auf der blühenden Georgia Augusta befinde, als einen Zusatz zu Pütters Beschreibung von Göttingen," (Colmar 1775. 8. 3. Bogen) drukken lassen. Ueber die theologische Facultät waren in der Vorrede zu Gotth. Trang. Zachariä biblisch philosophischen Abhandlungen (Lemgo 1776. 8.) von Christian Gottlieb Perschke in Gestalt eines Schreibens "über die Hindernisse des bessern Fortganges der theologischen Studien" verschiedene Erinnerungen gemacht. Darüber erschien eines

nes ungenannten Verfaſſers "veranlaßtes Sendſchreiben
über den gegenwärtigen Zuſtand der theologiſchen Facultät
in Göttingen, mit zwey Zuſätzen von einem Dritten herausgegeben, Frankf. und Leipz. 1777." (3¼ Octavbogen).
Aus ſolchen Schriften läßt ſich ungefähr abnehmen, was
dazu gehören würde, wenn alles, was ſeit einiger Zeit
bald in Lobſprüchen, bald in Tadel übertrieben worden, einzeln beantwortet und berichtiget werden ſollte.

* V. Wie wenig es übrigens noch immer überflüſſig ſey,
auch von unſerer Univerſität mehr ächte Nachrichten in
Umlauf zu bringen, davon gibt es manchmal ſonderbare
Proben, wenn anders richtige Beſtimmungen ſolcher Gegenſtände der Gelehrtengeſchichte, wie ganze Univerſitäten
ſind, nicht für ganz gleichgültig gehalten werden. Ohne
Zweifel hatte der Name Georgia Auguſta einen Franzöſiſchen Rechtsgelehrten verleitet Göttingen mit Augsburg zu
verwechſeln, da in einer 1778. von Mr. Cochu zu Paris gedruckten Requête au Roi pour le Corps de la librairie et imprimerie de Paris au ſujet des deux Arrêts du
Conſeil du 30. Aout 1777., le premier relatif à la durée
des Privileges en Librairie; et le ſecond, concernant les
Contrefaçons des Livres, folgende Stelle vorkam: "En
Allemagne chaque Souverain peut permettre d'imprimer
ſur ſon territoire; mais rarement on y contrefait ſur les
éditions originales. Trattner Libraire de Vienne l' a en-
trepris, et a excité des réclamations générales qui ont
occaſionné un traité exprès de la propriété litteraire par
un fameux *Juriſconſulte d'Ausbourg*." (Am Rande ſtand
M. Putter.) Vielleicht iſt es nur ein Druckfehler, wenn in
den *Memoires hiſtoriques concernant M. le General d'* Er-
lach *Gouverneur de Briſach* etc. (Yverdon 1784. 8.)
tom. I. p. 372. vom Zuſtande der Stadt Breiſach zur
Zeit K. Carls des V. und Ferdinands des I. geſagt wird:
"La ville porta ſes plaintes à l' *Univerſité de Göſſingen*,
qui, après l' examen, declara que Briſach étoit une ville
imperiale." etc.

§. 2.

Nach eben der Abtheilung, die ich im erſten Verſuche gemacht habe, liefere ich auch hier erſt einige fortge-

ſetzte

setzte Nachrichten von der Stadt und Univerfität überhaupt, hernach ein vollſtändiges Verzeichniß aller hieſigen
Lehrer, und dann eine Beſchreibung der gelehrten Anſtalten und übrigen Einrichtungen, die ſich hier finden. Das
Verzeichniß der hieſigen Lehrer, ſo ich als den wichtigſten
Theil der eigentlichen academiſchen Gelehrtengeſchichte an-
ſehe, theile ich wieder ſo ab, daß ich erſt die bereits verſtorbenen, hernach die, welche an andern Orten noch
leben, und endlich die hier noch gegenwärtigen Lehrer nach
Ordnung der Faculkäten namhaft mache. Von denen, die
ſchon im erſten Theile benannt ſind, bemerke ich nur die
Seitenzahl, wo es geſchehen iſt, und füge hinzu, was
ſich etwa zu ergänzen oder fortzuſetzen findet. Wenn ich
auch bloß die Namen zu wiederholen gehabt hätte, würde
doch eine ſolche Ueberſicht aller bisherigen Göttingiſchen Lehrer ihrer Vollſtändigkeit halber manche litteräriſche Betrachtung veranlaſſen können. Was eine ſolche an einem Orte
vereinigte, im Ganzen ziemlich durch einerley Geiſt belebte
und mit allen Hülfsmitteln verſehene gelehrte Colonie in dem
Zeitraume eines halben Jahrhunderts ausrichten können
und würklich ausgerichtet hat, läßt ſich durch dieſe Darſtellung, wenn ſie noch ſo trocken ſcheint, doch von einem
Kenner bald beurtheilen.

* I. Das Verzeichniß, das ich im erſten Theile §. 6. s.
S. 5. u. f. von der Verſchiedenheit des Vaterlandes der
bisherigen Göttingiſchen Profeſſoren geliefert habe, vermehrt ſich nun noch auf folgende Art: Aus England
Pepin; aus Siebenbürgen Hißmann; aus Danzig Koppe; (Auch Sellius war von Gebuhrt ein Danziger, nicht,
wie ich im erſten Theile irrig geſetzt hatte, ein Holländer;)

A 3 aus

aus Westphalen Sextroh; aus Heffen Waldeck, Lichten-
berg; aus dem Naffauischen Seyberth; aus Erfurth
Baldinger; aus dem Würtenbergischen Plank, Gmelin,
Spittler, Reuß; aus dem Badischen Frank; aus Ulm
Miller; aus Franken Feder, Schlözer, Fischer; aus
Churfachsen Zacharia, Geißler, Richter, Schleußner,
Mitscherlich; aus Weimar Grellmann; aus Gotha Blumenbach; aus Magdeburg Stieghan; aus Quedlinburg Erxleben; aus dem Schwarzburgischen Möckert;
aus Wernigerode Runde; aus den Churbraunschwei-
gischen Landen aus Göttingen selbst Spangenberg, Fr.
Böhmer, Meister, Stromeyer; aus Hoya Beckmann,
aus dem Lande Hadeln Meiners, aus Haarburg Meyer;
aus Braunschweig Buhle; aus Mecklenburg Weber;
aus Holstein Tychfen; aus Hildesheim Brandis; aus
Lübeck Koeler; aus Nordhausen Volborth; aus Hamburg Martens.

* II. Auch nach diefem Verzeichniffe find noch immer
ungleich mehr fremde, als einheimische Lehrer hier angefetzt
worden. Hingegen fängt es an immer merklicher zu werden, daß unter den hiefigen Lehrern feit den letzten 22.
Jahren mehrere find, die hier felbft ftudiert haben, als die
von anderen Orten hieher berufen find. Zu jener Gattung
gehören von verftorbenen und abgegangenen diefer Zeit Erxleben, Seyberth, Weber, Hißmann, Koppe, Koeler, und
von noch lebenden Miller, Runde, Spangenberg, Wäl-
beck, Böhmer, Meifter, Martens, Richter, Blumenbach,
Stromeyer, Fischer, Schlözer, Beckmann, Lichtenberg,
Meiners, Spittler, Tychfen, Sextroh, Volborth, Brandis, Stieghan, Mitscherlich, Meyer, Grellmann, Buhle.
Viele derfelben fanden hier zugleich ihre erfte Verforgung;
nur einige waren vorerft anderswo untergekommen, und
von da hieher berufen, als Koppe von Mietau, Koeler
von Kiel, Miller von Halle, Runde von Caffel, Schlözer
von Petersburg, Spittler von Tübingen, Mitscherlich von
Jlefeld. Ohne vorher hier ftudiert zu haben, find in diefer Zeit hieher berufen worden von Bruchfal Frank, von
Bützow Zacharia, von Coburg Feder, von Jena Baldinger, von Leipzig Schleußner, von Marburg Geißler, von Rinteln Moeckert, von Stuttgard Plank, von
Tübingen Gmelin und Reuß.

* III.

* III. Wenn man diese Verzeichniſſe mit denen, die ich im erſten Theile (§. 6. S. 6.) geliefert habe, zuſammenhält; ſo ergibt ſich freylich, daß unſere Univerſität von ihrem erſten Anfange her, wie es ganz natürlich war, ihre meiſten Lehrer anderen Orten zu verdanken hat. Es fehlet aber auch nicht an Beyſpielen, da nach der unſchätzbaren hieſigen Freyheit manche Profeſſoren wieder von hier an andere Orte abgegangen ſind; es ſey nun, daß ſie hier im Lande anderweite Beförderung gefunden haben, als Cruſius und Förtſch zu Haarburg, Ribow zu Hannover; oder daß ſie auswärtigen Rufen gefolgt ſind, als Cotta nach Tübingen; Steinwehr und Simonetti nach Frankfurt an der Oder; Senkenberg und Gazert nach Gieſſen; Scheidt hach Coppenhagen; Huber und Baldinger nach Caſſel; Schmauß, Segner, Klotz nach Halle; Kahle nach Hanau; Windheim nach Erlangen; Haller nach Bern; A. Weber und Zacharià nach Kiel; Seip nach Strelitz; Büſching und Lowitz nach Petersburg; E. A. Weber und Büttner nach Jena; Koehler nach Königsberg; v. Selchow nach Marburg; Koppe nach Gotha; Geißler nach Wittenberg; Frank nach Pavia; Dieze nach Mainz.

* IV. Noch größer iſt die Anzahl hieſiger Privatlehrer, die hernach anderwärts befördert worden, als Surland zu Marburg, hernach zu Frankfurt an der Oder, Toze zu Bützow, Sieber zu Goslar, Häberlin zu Helmſtädt, Bertling zu Danzig, F. A. Walther zu Hanau, Faber zu Kiel, Frömmichen zu Hildesheim, Diedrichs zu Königsberg, Schnurrer zu Tübingen, Gerling zu London, hernach zu Roſtock, endlich zu Hamburg, Schulz zu Gieſſen, Ancher zu Coppenhagen, Mutzenbecher zum Haag hernach zu Amſterdam, Rau nach einander zu Peina, Dortmund, Erlangen, J. H. Walther zu Neubrandenburg, Moldenhawer zu Kiel, Krauſe zu Jever. Gabler zu Dortmund und Altorf, Pott zu Helmſtädt, Rudloff zu Bützow, Wrdkel zu Kiel, Hofacker zu Tübingen, Muſäus zu Kiel und Gieſſen, von der Becke zu Gotha, Neyron zu Braunſchweig, Erxleben zu Marburg, Abele zu Kempten, Büchner zu Gieſſen, Reitemeier zu Frankfurt an der Oder, Hagemann zu Helmſtädt, Weis zu Rothenburg, Müller zu Gieſſen, Schröder zu Caſſel, Springer nach einander zu Alverdiſſen, Erfurt, Darmſtadt, Bückeburg, Mayer zu Altorf und Erlangen, Thiele zu Marſchlins, Colmar, Heidelberg, Mosbach, Chur, Werrem zu Duisburg, E.

W. J. Satterer zu Heidelberg, Grobbeck in Polen, Voel-
tel zu Marburg. In hiesigen Landen sind von hieraus
gleich befördert worden Bröstädt, Jung, Gautzsch, Wernher, J. J. C. Wrisberg, Linekogel, Jacobi, Götze, Kern,
Butzschany, Ballhorn, Dürr, Richerz, Limmer, J. L. B.
und J. F. W. Böhmer.

I. Ei=

I. Einige historische Nachrichten von der Stadt und Universität überhaupt.

§. 3.

Da hier nicht sowohl die Absicht ist eine topographisch historische Beschreibung der Stadt Göttingen, als nur eine Gelehrtengeschichte der Universität zu liefern, so begnüge ich mich nur solche Veränderungen bemerklich zu machen, die seit meiner vorigen Beschreibung vom Jahre 1765. vorgegangen sind, die vielleicht denen, die seitdem Göttingen nicht gesehen haben, zu einer nicht unangenehmen Vergleichung des jetzigen Zustandes mit dem damaligen dienen können. So sind z. B. in den Jahren 1768 – 1787. allein 160. Häuser neu gebauet worden (a). Darunter sind 10., die am südlichen Ende der Stadt eine neu

(a) Nach einem vor mir habenden genauen Verzeichnisse kann ich noch bestimmter angeben, daß im Jahre 1768. 1., 1769. 6., 1770. 9., 1771. 3., 1772. 7., 1773. 8., 1774. 7., 1775. 6., 1776. 4., 1777. 3., 1778. 6., 1779. 12., 1780. 14., 1781. 9., 1782. 9., 1783. 18., 1784. 18., 1785. 5., 1786. 12., 1787. 3. neue Häuser gebauet worden, ohne die an den Thoren neu gebauten Häuser für Thorschreiber und Thorwärter, nebst den Thorwachten und einem neuen Gefangenhause, mit zu rechnen. Einige zur Universität gehörige besondere neue Gebäude werde ich unten einzeln noch näher zu beschreiben Gelegenheit haben.

neu angelegte Straße ausmachen (b), und mehr andere,
die wenigstens ganzen Straßen und Gegenden der Stadt,
welche zum Theil auch andere Verbindungen unter einander erhalten haben (c), ein sehr verändertes Ansehen geben (d). Auch hat die Stadt die glückliche Veränderung
erlitten, daß an statt der traurigen Erfahrung, die sie im
siebenjährigen Kriege von der Ehre eine Festung zu heissen gemacht hat, nunmehr nicht nur alle Aussenwerke abgetragen sondern auch alle vier Thore, wie sie vorhin Fe-
stungsmäßig gewölbt waren, mit Abtragung der dazu gehörigen Stücke des Walles abgebrochen, und nur in anständige Gitterthore verwandelt sind. Der übrige Wall
ist zwar geblieben, aber auch da ist überall die Brustwehr
abgetragen und der ganze Wall mit einer doppelten Reihe
Lindenbäume nebst einer Brusthecke von Heimbüchen an
jedem Rande, besetzt; so daß jetzt der Wall zum ange-
nehm-

(b) Zwischen dem Geismarthore und dem Observatorium
hat man die alte Stadtmauer durchgebrochen, und dadurch
die Straße, die von der Wehnder Straße über den Markt
und den so genannten Kornmarkt her in ziemlich gerader
Linie dahin führet, bis an die an den Wall stoßenden Gärten verlängert.

(c) Erst 1786. sind zwischen d. Geismar- u. rothen Straße
einige Häuser weggebrochen worden, um die kurze Geis-
marstraße vom Geismarthore her bis zur rothen Straße
in einer geraden Linie fortzuführen, da man sonst nicht
anders als durch große Umwege von einer dieser meist parallel gehenden Straßen zur andern kommen konnte. Auch
ist in eben dem Jahre von der Paulinerstraße zur Buchstraße ein Weg durch eine neue Straße geöffnet.

(d) Die Wehnder Straße, deren Vorstadt sonst durch zwey
Thürme von derselben getrennt war, ist vorzüglich glücklich dadurch verlängert worden, daß beide Thürme weggebrochen, und an beiden Seiten in gerader Linie neue Häuser gebauet sind, wo vorher nur Gärten waren. Auch
die mittägliche Seite der Allee, die sonst noch viele sehr
unansehnliche Häuser hatte, hat erst seit wenig Jahren fast
lauter neue Häuser bekommen.

zehnsten Spaziergange dienet, der nebst dem Schatten
der Bäume von der beybehaltenen höhern Lage den Vortheil hat, nicht nur nach eingefallenem Regenwetter ge-
schwinder abzutrocknen, sondern auch auf beiden Seiten
sowohl nach der Stadt zu als nach den umliegenden Gegenden fast alle zehn Schritte veränderte angenehme Aussich-
ten zu geben. Vor den Thoren sind ebenfalls durch zwey
am Einfluß und Ausfluß der Leine in den ehemaligen Auf-
schwerken neu angelegte Brücken die Wege so eingerichtet,
daß man jetzt nahe um die ganze Stadt gehen, reiten und
fahren kann. An zwey Hauptthoren sind auch schon Anlagen zu Esplanaden gemacht, die durch eine Allee von
Castanienbäumen mit einander in Verbindung gesetzt sind.
Ueber das alles aber hat Göttingen vor den Thoren ein
ganz verändertes Ansehen bekommen, da jetzt so kostbare
als gemeinnützige Chausseen angelegt sind, die von einem
Thore bis nach Hannover, vom andern nach Cassel, und
von einem dritten nach Heiligenstadt und Witzenhausen zu
führen; wovon die erstere bis an den nächsten Ort Wehnde an beiden Seiten mit Linden bepflanzt, und mit etlichen
Lauben und Ruhebänken versehen ist (e).

(e) In dem *Essai sur les moyens de perfectionner les études
de Médecine* par Mr. S. A. D. Tissot D. M. (à Bale
1785 8.) S. 14. kömmt folgende Stelle vor: "Qu' est-
ce qui donna tout - à - coup cette superiorité frappante à
Goettingue, *triste petite ville, dans un triste pays?*" So
sehr dieses für die Universität so schmeichelhafte Compli-
ment aus der Feder eines so berühmten Gelehrten durch
die damit contrastirende Beschreibung der Stadt und des
Landes noch erhöhet wird, so würde doch auch letztere gewiß nicht so ausgefallen seyn, wenn Herr Tissot die Stadt
Göttingen und ihre Gegend selbst gesehen hätte.

§. 4.

Wenn die halbhundertjährige Jubelfeier am 17. Sept.
1787. die Georgaugustus-Universität an ihre vor 50.
Jah-

Jahren geschehene Einweihung und an die Pflicht erinnert,
womit sie ihre ganze Existenz Georg dem II. als ihrem
ersten Stifter zu danken hat, so kann sie sich doppelt glück=
lich schätzen, daß sie mehr als die Hälfte dieser Zeit unter
Georg dem III. zu einer so merklichen weitern Aufnah=
me gediehen ist.   Nicht, wie Könige schon den wärmsten
Dank verdienen, wenn sie dergleichen Anstalten nur der
Vorsorge rechtschaffener Männer übergeben und Vorschlä=
ge, die ihnen geschehen, nur zu genehmigen geruhen; —
sondern so vieler Proben der unmittelbaren Aufmerksam=
keit, Huld und Freygebigkeit der eignen höchsten Person
des Königs kann sich seine Georgia = Augusta rühmen,
daß es in der That eine Sache der Menschheit ist, dank=
bar verehrenden Antheil daran zu nehmen, wenn Monar=
chen in Beförderung gelehrter Anstalten bis ins einzelne
mit zweckmäßiger Huld sich herablassen, und wenn selbst
eine Königinn gleiche Gesinnung thätig zeigt.   Jede ein=
zelne Stelle dieser Gelehrtengeschichte, wo zu beschreiben
seyn wird, was Bibliothek, Observatorium, botanischer
und oeconomischer Garten und andere gelehrte Anstalten
beiderseits königlicher Majestäten Gnade zu verdanken ha=
ben, wird es sehr überflüssig machen, hier eine Lobrede
mit Worten zu halten, da überall nur die Sache selber
reden darf.

§. 5.

Freylich war es für unsere Georgia Augusta ein ganz
ausnehmendes Glück, daß ihre erste Pflege, die bey ei=
ner neu errichteten Universität, wenn sie gedeihen soll, ge=
wiß mehr als gemeine Kenntniß und anhaltende Thätigkeit
erfordert, einen so beträchtlichen Zeitraum hindurch (1734=
1770.) ununterbrochen in den Händen eines Münch=
hausen blieb, dessen Vorsorge nicht besser, als mit der
Zärtlichkeit eines Vaters gegen seine Tochter verglichen wer=
wer=

werben konnte (a). Von seinem ersten Nachfolger bem
Herrn Cammerpräsidenten Burchard Christian von
Behr, konnte die Universität sich desto größere Vor-
theile versprechen, da er einer der ersten ihrer eignen
Zöglinge gewesen war, und seitdem eine unauslöschliche
Zuneigung zu derselben behalten hatte (b). Sie hatte
aber kaum ein Jahr dieses Glück genossen, als der Tod
ihr

(a) Georg Adolf v. Münchhausen starb 1770. Nov. 26.,
nachdem er 5. Wochen vorher das 82. Jahr zurückgelegt
hatte. Im Jahre 1765. hatte ihn der König zum Pre-
mierminister ernannt. Seine unsterbliche Verdienste sowohl
um die Universität, deren Curatel er bis an seine letzten
Tage mit unverändertem Eifer fortgeführt hat, als um
die hiesige Societät der Wissenschaften sind mit Heynischer
Feder in dreyerley Schriften nach Würden beschrieben: 1)
Pietas *societatis regiae Goettingensis* in Münchhusii viri immortalis conditoris conseruatorisque sui funere, sanctis Manibus approbata in consessu publico a. d. 8. Dec. 1770. in-
terprete Chr. G. Heyne; 2) *Parentale sacrum* in honorem
ac memoriam Münchhusii viri virtutibus factis meritis de
re ciuili et litteraria immortalis Georgiae Augustae sub
regiis auspiciis fundatoris per XXXIII. annos curatoris,
nutritoris, conseruatoris, pietatis causa in d. 27. Dec.
1770. rite *indicis* academiae Georgiae Augustae piae prorector G. L. Boehmer cum senatu; 3) *Oratio* in sollennibus parentalibus Georgiae Augustae in honorem ac memoriam Münchhusianam pie celebratis — habita a Chr.
G. Heyne d. 28. Dec. 1770. fol.

(b) Burch. Christian v. Behr wurde 1770. Dec. 20. zum
Curator ernannt, starb aber schon 1771. Dec. 26. C. G.
Heyne Pietas societatis regiae scientiarum Goettingenfis in Burch. Chr. de Behr luctuoso funere piis manibus
approbata, Goett. 1772. fol. Er hatte bey der Einweihung der Universität (1737. Sept. 17.) als ihr damaliger
gelehrter Mitbürger aus der Lüneburgischen Ritterschaft
sich schon ausgezeichnet, und gleich im folgenden Jahre
nach einer ohne Vorsitz vertheidigten Streitschrift (Actio
de dolo malo malitiarum Romae euerriculum supellex
nostro foro minus necessaria, Goett. 1738.) die Doctorwürde angenommen, ward hernach Hofrath zu Hannover,
fer-

ihr dieſen Mäcen entriß. Seitdem ſind bisher jedesmal
zwey königliche geheime Räthe zu Curatoren der Univerſität beſtellt worden (c), als 1772. Jul. 6. der damalige
Herr Cammerpräſident Albrecht Friedrich von **Lenthe**,
als erſter, der Herr Großvogt Ludewig Eberhard von
Gemmingen als zweyter; 1779. Nov. 2. letzterer als
erſter, und der Herr Großvogt Ernſt Auguſt Wilhelm
von dem **Buſſche**, als zweyter, endlich 1783. Nov.
10. der letztere als erſter und der Herr geheime Rath
Ludewig Friedrich von **Beulwitz** als zweyter Curator.
Auch beide letztere haben ehedem ſelbſt zu Göttingen ſtudiert, und ſchon damals ihre Neigung zu Wiſſenſchaften
in eignen gelehrten Schriften gezeiget (d). In ihrer jetzigen

ferner 1745. Reichshofrath, 1750. Churbraunſchweigiſcher
Comitialgeſandter, 1755. geheimer Rath und Miniſter zu
Hannover, hernach zu London, endlich 1770. Cammerprä-
ſident zu Hannover.

(c) Schon in den erſten königl. Privilegien vom 7. Dec.
1736. hieß es: "26) wollen wir aus (dem) Mittel unſerer geheimen Räthe zu Hannover zwey als Obercuratoren
beſtellen, welchen die Oberaufſicht und Oberdirection über
unſere Univerſität zu Göttingen ſpecialiter anvertrauet ſeyn,
und deren Amt darin beſtehen ſoll, ſelbiger Univerſität in
allen Vorfallenheiten beyräthig zu ſeyn, und ihre Wohl-
fahrt, Beſtes und Privilegia bis an Uns kräftig zu hand-
haben, zu vertreten und zu befördern."

(d) Um Michaelis 1749. warb hier bey van den Hoeck gedruckt: Exercitatio academica, qua dos profectitia, viuo
patre, liberis ex filia emancipata in matrimonio mortua
ſuperſtitibus iure communi vindicatur, auctore Erneſto
Auguſto Guilielmo von dem B v ſ ſ c h e, (50. Quartſei-
ten) und am 24. Nov. 1749. diſputirte eben dieſer unſer
damaliger gelehrter Mitbürger unter Ayrers Vorſitz de
colliſione proteſtationum illuſtrium etiam nouiſſimarum
circa quaeſtionem: quis ſit caput legitimum aurei velleris
(112. Quartſ.) Aus der Feder des Herrn geheimen Raths
von **Beulwitz** ſind folgende Schriften gefloſſen: 1) Epiſtola de conſuetudine, arma et inſignia in funeribus militum

itgen Tage haben sie schon Proben gnug gegeben, daß ihnen die Universität als würdigen Pflegevätern am Herzen liegt.

litum vertendi Romanis haud ignota, Francohuf. 1747. 4.;
2) Diff. de memorabilibus in electione Rudolphi I., Gotting. 1750. 4.; 3) Disquisitio de mandato nec domini,
nec mandatarii voluntate reuocando, Francohuf. 1752. 4.;
4) Comm. de sepultura Imperatorum Spirensi, Francof.;
5) De vltima Rudolphi cura, vt filius in regno succedat,
1753.

§. 6.

Seit dem unvergeßlichen Tage (1748. Aug. 1.), da
Georg der II. seine Georgia Augusta mit einem Besuche begnadigte (a), hat sie zwar so, wie die königlichen
Teutschen Länder überhaupt, einer gleichen Gnade von
des jetzigen Königs Majestät sich noch nicht zu erfreuen gehabt. Doch hat sie das Glück genossen, in verschiedenen
Jahren nach einander von zwey Brüdern (b), einer Schwe-
ster (c), und einem Sohne des Königs (d) besucht zu
wer-

(a) Von der Anwesenheit Georgs des II. habe ich hier noch
eine Englische Beschreibung nachzuholen, die unter dem
Titel herauskam: A short account of his Majesty's late
journey to Gottingen and of the state of the new Univer-
sity there in a letter to Lord ***. (Götting. gel. Zeit.
1749. S. 1.)

(b) Das Andenken der Anwesenheit dieser königlich. Prinzen ist durch ihre eigenhändige Einzeichnung an folgenden
Tagen verewiget worden: 1765. Aug. 23. Eduard Herzog von York (†1767. Sept. 17.); 1769. Aug. 14. Wilhelm Henrich Herzog von Glocester. Des erstern hiesigen
Aufenthalt beschreibt Abr. G. Kästners Nachricht von
demjenigen, was bey höchster Gegenwart des Herzogs von
York zu Göttingen vorgegangen, Götting. 1765. 8. S.
auch Gött. gel. Anz. 1765. S. 817-820, und vom Herzoge von Glocester 1769. S. 889.

(c) Im September 1778. widmeten der damaligen Erb-
prinzeßinn, jetziger regierenden Herzoginn von Braunschweig

werden. Und wie sehr hat sie nicht Ursache stolz daranf zu seyn, seit dem 10. Jul. 1786. selbst die drey jüngeren königlichen Prinzen an der Spiße ihrer gelehrten Mitbürger zu verehren (e)!

schweig königliche Hoheit bey der Durchreise nach Frankfurt rc. einen Tag dazu, die hiesige Bibliothek und andere Merkwürdigkeiten zu sehen.

(d) Von des Prinzen Friederichs, Bischofs zu Osnabrück, und jetzigen Herzogs von York königlicher Hoheit ward die Universität das erstemal am 10. Jun. 1781. mit einem ebenfalls durch eigenhändige Einzeichnung des Namens unvergeßlich gemachten Besuche beehret. (Götting. gel. Anz. 1781. S. 657.). Das zweytemal hat sie dieses Glück im Oct. 1786. gehabt.

(e) Am 10. Jul. 1786. haben sich die drey königlich. Prinzen Ernst August (geb. 1771. Jun. 5.), August Friedrich (geb. 1773. Jan. 27.), und Adolf Friedrich (geb. 1774. Febr. 24.) als unsere gelehrte Mitbürger eingezeichnet. Götting. gel. Anz. 1786. S. 1225.

§. 7.

Von fürstlichen Personen, die sich einige Tage hier aufgehalten haben, um die Universität näher kennen zu lernen, wird das Andenken unvergeßlich bleiben, wie im Jul. 1768. Herzog Ferdinand von Braunschweig und Lüneburg (a), und im Febr. 1781. der regierende Herzog von Würtenberg (b), nicht nur die hiesigen Merkwürdigkeiten besehen, und einige academische Feierlichkeiten mit ihrer Gegenwart beehret, sondern selbst verschiedenen Lehrstunden hiesiger Professoren beygewohnt haben (c).

Ohne

(a) Abr. G. Kästners Nachricht von demjenigen, was bey höchster Gegenwart des Herzog Ferdinands von Braunschweig und Lüneburg zu Göttingen vorgegangen, Gött. 1768. 8.

(b) Götting. gel. Anz. 1781. S. 248. 259.

(c) Auch die Fürstinn Amalia v. Galiczin, gebohrne Gräfinn von Schmettau, hat im Sommer 1780. unter andern

Ohne ſich zu erkennen zu geben hat der Prinz Peter von Holſtein, jetziger Biſchof zu Lübeck und adminiſtrirender Herzog von Oldenburg, vor einigen Jahren ſich einige Zeit hier aufgehalten. Auf kürzere Zeit, aber doch nicht bloß als Durchreiſende, haben mehrere wenigſtens die Biblio= thek, oder auch das Muſeum, das Obſervatorium, den botaniſchen und oeconomiſchen Garten, die Reitbahne u. ſ. w. geſehen, und ein und anderen Profeſſoren den Zutritt geſtattet, als namentlich der regierende Herzog von Sach= ſen=Weimar und Eiſenach, der regierende Marggraf nebſt dem Erbprinzen und Prinzen Ludewig von Baden, der Herr Landgraf von Heſſen=Rothenburg, der Fürſt von Anhalt=Schaumburg, die Prinzen Carl und Ernſt von Mecklenburg=Streliß, der Prinz Carl von Heſſen=Caſſel, die Prinzen Chriſtian und Ludewig von Waldeck, der Fürſt Lichnowsky ꝛc. und, auch von Fürſtinnen zum Bey= ſpiele, die Fürſtinn von Anhalt=Schaumburg, die ver= wittwete Fürſtinn von Waldeck, gebohrne Herzoginn von Pfalz=Zweybrücken, und die Frau Landgräfinn und die Prinzeſſinn Wilhelmine von Heſſen=Rothenburg.

deru mehrere Tage nach einander die Geſchichte des drey= ßigjährigen Krieges in hieſigen Vorleſungen über die Teut= ſche Reichsgeſchichte mit angehöret.

§. 8.

Auch als gelehrte Mitbürger ſind ſeit einigen Jah= ren mehrere Prinzen auf längere Zeit hier geweſen (a).

Und

(a) Auſſer den drey königlichen u. drey Heſſiſchen Prinzen ſind bisher folgende Prinzen gelehrte Mitbürger unſerer Univerſität geweſen: 7) Henrich Erbprinz von Naſſau= Saarbrücken den 12. März 1782. bis in Sept. 1785.; 8) Carl Joſeph Prinz von Liechtenſtein aus Wien den 22. Oct. 1784. bis in Sept. 1785.; 9) Carl Joachim Egou Prinz von Fürſtenberg den 1. Nov. 1785. bis zum Sept. 1786.; 10) Friedrich Franz Joſeph Prinz von An= halt=Bernburg=Schaumburg den 8. May 1786. bis zum April 1787.; 11) Anna Henrich Renat Sigismund Mont=

B   mo=

Und das Verzeichniß der Grafen, die seit 1765. ferner
hier studiert haben, hat nicht nur an sich beträchtlich zugenommen (b), sondern auch darunter sind verschiedene,
die

morency-Lürenburg Herzog von Chatillon, und 12) Carl
Emanuel Sigismund Montmorency-Lürenburg Prinz
Carl von Lürenburg seit dem 5. May 1787.

(b) Von dem Verzeichnisse der Grafen, die hier studiert ha-
ben (Th. I. §. 13. S. 15-17.), kann ich hier folgende
Fortsetzung liefern: 62) 63) 1765. Mai. 18. Friedrich
Ludewig, und Carl Christian Grafen und edle Herren zu
Lippe-Bisterfeld; 64) 1765. Iul. 7. Alexander Hume
Campbell Lord Viscount Blasonberry & Baron *Polwarth*
aus Schottland; 65) 1766. Carl Graf von Schall aus
der Pfalz; 66) 67) 1767. Oct. 10. Crato Ernst, und
Franz Ludewig Grafen von Oettingen-Wallerstein;
68) 1767. Oct. 19. Franz Anton Graf von Kettler aus
Curland; 69) 1768. Oct. 18. Wilhelm Anna Ludewig Graf
von Gronsfeld-Diepenbroek aus Holland; 70) 1768.
Nov. 10. Friedrich Carl Wilhelm Graf von Hohenlohe-
Ingelfingen; 71) 1768. Dec. 21. Adam Jacob Graf
Szydlowski aus Polen; 72) 1769. Apr. 22. Henrich
der XLII. jüngerer Linie Reuß Graf und Herr zu Plauen
(von Schlaiz); 73) — Count of *Bolcarres* aus Schottland; 74) 75) 1769. Oct. 16. Cai Friedrich, und Friedrich Grafen von Reventlou; 76) 1771. Apr. 3. Maximilian Wunibald Reichserb-Truchseß Graf zu Zeill
und Trauchburg; 77) 1771. Mai. 6. Christian Henrich
Graf zu Sayn und Wittgenstein-Berleburg; 78) 1771.
Mai. 15. Joseph Anton Christian Gabaleon Graf von
Salmour; 79) 80) 1772. Apr. 29. August Friedrich
Carl, und Franz Ludewig Carl Grafen von Glech, Herren zu Turnau und Buchau; 81) 1772. Mai. 4. Carl Anton Graf von Walderdorf, Herr zu Molsberg und Isen-
burg; 82) 83) 1772. Oct. 20. Christian, und Friedrich
Leopold, Grafen von Stolberg-Stolberg; 84) — Carl
Friedrich Ludewig Bogislaus Graf von Dönhof aus Preussen; 85) 1773. Aug. 13. Franz Joseph Graf O-Donell
zu Tyrconell; 86) 1773. Oct. 27. Magnus Friedrich
Graf Brahe aus Schweden; 87) 1773. Oct. 28. Achaz
Carl Wilhelm Graf von der Schulenburg von Hehlen;
88) 1773. Nov. 1. August Christian Friedrich Graf von
der Schulenburg von Hehlen; 89) 1774. Nov. 23. Ro-
mual

die seitdem in Fürstenstand erhoben worden, oder die schon als Prinzen nur unter gräflichen Namen hier studiert ha-

mualdus Graf von Byſtry aus Polen; 90) 1775. Apr. 29. Henrich Friedrich Graf von Baudiſſin aus Sachſen; 91) 1775. Mai. 1. Carl Henrich Graf von Schönburg-Wech-ſelburg; 92) 1775. Jun. 22. Philipp Graf von Colon-na aus Schleſien; 93) 1776. Mai. 1. Bernhard Friedrich Graf von Baſſewitz aus Mecklenburg; 94) 1776. Oct. 11. Franz Graf von Rio Rhede aus Siebenbürgen; 95) 1778. Aug. 4. Eberhard Ludewig Graf von Chatenay-Lanty aus Bourgogne; 96) 97) 1778. Oct. 12. Friedrich, und Johann Philipp, Grafen von Stadion und Thann-bauſen; 98) 1778. Nov. 2. Philipp Joſeph Graf von Oettingen = Wallerſtein; 99) 1779. Mart. 26. Michael Franz Graf von Althann; 100) 101) 1779. Aug. 28. Wilhelm Guſtav Friedrich, und Johann Carl, Grafen von Bentinf; 102) 1779. Sept. 14. Hieronymus Stanis-laus Graf von Grabowſki; 103) 1779. Oct. 8. Carl Erbgraf von Schaumburg-Lippe; 104) 1779. Nov. 5. Gottlob Sigismund Graf von Zedlitz; 105) 1780. Apr. 8. Carl Henrich Graf von Stolberg = Gedern; 106) 1780. Apr. 10. Henrich der LI. jüngerer Linie Reuß Graf zu Plauen (von Ebersdorf); 107) 1780. Oct. 10. Carl Graf von Lichnowſki; 108) 1780. Nov. 29. Carl Fer-dinand Graf von Bentinf; 109) 1781. Mai. 28. Lude-wig Friedrich Graf von Schlieben aus Preuſſen; 110) 1781. Oct. 16. Carl Sigismund Graf von Dyhrn aus Schleſien; 111) 1782. Jan. 4. Lord John *Ruſſel*; 112) 1782. Febr. 2. Andreas Detlef Graf von Bernſtorf; 113) 1782. Apr. 18. Carl Friedrich Gebhard Graf von Schulenburg vom Hauſe Wolfsburg; 114) 1782. Apr. 20. Detlef Georg Chriſt. Graf von Ranzau aus Holſtein; 115) 1782. Apr. 20. Magnus Graf von Dernath aus Holſtein; 116) 1782. Aug. 28. Thomas Ludewig Mar-quis de *Miromenil* aus Frankreich; 117) 1782. Sept. 22. Ludewig Graf von Caſtellalfer aus Italien; 118) 119) 1782. Oct. 15. Friedrich, und Gebhard, Grafen von Moltfe aus Dänemark; 120) 1782. Oct. 21. Jens Joel Graf von Ablefeldt aus Dänemark; 121) 1783. Oct. 17. Joſeph Graf Breunner aus Wien; 122) 1783. Oct. 17. Ludewig Friedrich Graf von Kielmansegge; 123) 1783.

Oct.

haben (c), so wie die Zahl der Grafen noch einen merkli‑
chen Zuwachs bekommt, wenn man einige, die nur als

. Adee

Oct. 20. Thomas Graf von Baffegli aus Ragusa; 124)
1784. Mart. 2. Lord *Inverury* aus Schottland; 125)
1784. Apr. 22. Johann Georg Graf von Browne aus
Liefland; 126) 1784. Apr. 26. Christian Carl Graf von
Schimmelmann aus Holstein; 127) 1784. Apr. 30.
Johann Christoph Maximilian Graf von Degenfeld‑
Schonburg aus Schwaben; 128) 1784. Sept. 29. Ernst
Graf von Wallmoden‑Gimborn; 129) 1784. Sept. 29.
Georg Graf von Einsiedel aus der Oberlausitz; 130) 131)
1784. Oct. 18. Franz Joseph, und Philipp Anton, Gra‑
fen Schenk zu Castelle; 132) 1784. Oct. 19. Ernst Graf
von Bernstorf; 133) 134) 1785. Apr. 12. Ladislaus,
und Stephan, Grafen Teleki von Szel, aus Siebenbür‑
gen und Ungarn; 135) 1785. Oct. 14. Christian August
Ludewig Graf von Taube; 136) 1786. Apr. 7. Günther
Graf von Bünau aus Sachsen; 137) 1786. Sept. 30.
Ludewig Graf von Wallmoden‑Gimborn; 138) 1786.
Oct. 25. Centurius Graf von Hoffmansegg aus der Ober‑
lausitz; 139) 1786. Nov. 16. Joseph Graf von Broglie
aus Frankreich; 140) 1786. Dec. 27. Friedrich Bogislav
Graf von Schwerin aus Schweden; 141) 1787. Apr.
16. Henrich Graf von Golz aus Schlesien; 142) 1787.
Mai. 5. Johann Baptist Lorenz Leger Senechal von Car‑
cado Graf von Senechal aus Frankreich; 143) 1787.
Mai. 5. Carl Gabriel Hilarius d'Arsac Graf von Ter‑
nay aus Frankreich; 144) 1787. Mai. 12. Georg Graf
von Scheel aus Dänemark.

(c) Nur unter gräflichem Namen war hier (1780.
Num. 105.) der jetzt regierende Fürst Carl Henrich von
Stolberg‑Gedern. Von solchen, die nachher in Für‑
stenstand erhoben sind, haben als Grafen hier studiert
1737. Henrich der XL. älterer Linie Reuß; 1748. Chri‑
stian Friedrich Carl, jetzt Fürst von Hohenlohe‑Kirch‑
berg; 1759. Friedrich Carl Erbprinz von Neuwied;
1767. Crato Ernst Fürst von Oettingen‑Wallerstein.
Diese mitgerechnet würde also die Anzahl unserer bis‑
herigen fürstlichen gelehrten Mitbürger sich bis auf 17.
erstrecken.

Adeliche sich eingeschrieben haben, und solche, die nachher erst in Grafenstand erhoben worden, dazu rechnet (d).

(d) Ohne vom Grafenstande Gebrauch zu machen haben hier studiert zwey Grafen von Schmettau, ein Graf von Toldalagi, ein Graf von Sternberg. Hingegen von solchen, die als Adeliche hier studiert haben, sind nachher in Grafenstand erhoben worden Johann Ludewig Graf von Wallmoden=Gimborn; Johann Bechtold und Andreas Peter Grafen von Bernstorf; Adolf Siegfried Graf von der Osten; Carl Leopold Graf von Belderbusch; Conrad Ludewig Graf von Lehrbach; Friedrich Christoph Graf von Rotenhan; Franz Graf von Sickingen; August Wilhelm Carl, Ernst Christian Georg August, und Carl Philipp, Grafen von Hardenberg. Mit deren Inbegriff würde also die Zahl der Grafen, welche bisher zu Göttingen studiert haben, auf 159. steigen.

§. 9.

An statt das Andenken des Antheils, der am siebenjährigen Kriege auch unsere Stadt und Universität betroffen, zu erneuern, will ich hier noch die Namen der vor= und nachher vom Könige bestellt gewesenen Commandanten nachholen, denen die Universität nicht nur wegen ihres geleisteten Beystandes und Schutzes, sondern auch wegen vieler anderen Freundschaftsbezeugungen Verbindlichkeit gnug hat, um auch mit der academischen Gelehrtengeschichte ihr Andenken dankbar fortzupflanzen. Vom Anfange der Universität her war es der Herr Johann August von Druchleben anfangs als Brigadier, seit 1739. Generalmajor, 1742. General=Lieutenant † 1748. Aug. 7. (a), hernach der Herr Generalmajor Johann Henrich Block bis zum Kriege 1757. Nach dem Kriege folgten der Herr General=Lieutenant Christian Friedrich von

Za=

(a) S. Memoriam Io. Aug. a DRVCHTLEBEN in Io. Matth. GESNERI biographia academica Goettingensi vol. 2. p. 183 - 194.

B 3.

Zaftrow bis 1774., hernach der Herr Generalmajor (feit 1776. auch General-Lieutenant) Georg von Walthaufen bis 1776. (b); endlich der Herr Oberfte (feit 1786. Generalmajor) Chriftian Friedrich von Seebach.

(b) Vom Herrn General von Walthaufen verehrt die Univerfität noch ein befonderes Andenken in einem Gefchenke von einem Paar Pauken, das fein Regiment im Jahre 1704. unter damaliger Anführung des Generals von Bothmer in der Schlacht bey Schellenberg den Franzofen abgenommen hatte. Beide Pauken ließ er mit folgender Auffchrift verfehen: "Aeneorum hoc tympanorum par, clade Gallis ad Schellenberg d. II. Iul. MDCCIV. exercituum confoederatorum armis illata, legionis defultoriae DE BOTMER inter auxiliares Brunsu. Luneb. copias virtute ac fortuna, turmis Gallicis cataphractis praetorianis victis fugatisque, cum aliis infignibus captum, per tria inde bella inflammatis ad fortitudinem militum animis fpectatum ac probatum, nunc fesquifeculo exacto emeritum, Martisque vfibus defunctum Mineruae confecratum, almae Georgiae Augustae prorectore Io. Steph. Püttero D. D. D. GEORGIVS DE WALTHAVSEN inter fummos exercitus R. M. Brit. elect. Brunsu. Luneb. duces excubiarum et rei militaris Goetting. fupremus praefectus, legionis defultoriae quondam de Bothmer pr. t. ductor die anniverfario II. Iul. MDCCLXXIII. Seiner Abficht gemäß werden fie jetzt bey academifchen Feierlichkeiten in der Univerfitätskirche gebraucht.

II. Ver-

II. Verzeichniß der bereits verstorbenen Göttingischen Lehrer nebst ihren vornehmsten Lebensumständen und Schriften.

1) Verstorbene ordentliche Lehrer der Gottesgelahrtheit.

§. 10.

Johann Lorenz von **Mosheim** (im 1. Th. §. 15. S. 20–23.) geb. 1694. Oct. 9. † 1755. Sept. 9.; 1718–1723. zu Kiel; 1723–1747. zu Helmstädt; war zu Göttingen 8. Jahre 1747. Oct. — 1755. Sept., alt 53–61.

* I. Von seinem Leben und Schriften sind noch nachzusehen: 1) Elias Friedrich Schmersahls Geschichte jetztlebender Gottesgelehrten S. 289. 532. 661. 791.; 2) Io. Matth. Gesner programma funebre, Goett. 1755. fol., in seiner biographia Goettingensi vol. I. p. 1–30. und in El. Fried. Schmersahls vermischten Beyträgen zur Geschichte jüngstverstorbener Gelehrten I. St. (1756.); 3) Joh. Jac. Mosers Beytrag zu einem Lexico der jetzlebenden Theologen S. 511.; 4) Joh. Matth. Schroeckh in den nouis actis eruditorum 1756. p. 404. und in der von ihm fortgesetzten Heinsiussischen unpartheyischen Kirchenhistorie 4. Th. (Jen. 1766. 4.) S. 91–101.

* II. Zu Mosheims Arbeiten, die in anderen Werken eingerückt sind, gehören noch verschiedene von ihm theils aus dem Italiänischen übersetzte, theils mit gelehrten Anmerkungen und Vorreden versehene historische Schriften, in dem kostbaren Thesauro Italiae et Siciliae von den Jahren 1723. u. f., als tom. 7, Io. Franc. ANGELITAE vrbis Recineti historia etc., tom. 10. Iol. BONFILII Messanae vrbis descriptio, GVARNERII dissertationes historicae Catanenses, P. REYNA vrbis Messanae notitia, VALGVARNERAE diss. de origine et antiquitate Panormi etc.

B 4   III.

* III. Zu seinen Göttingischen Schriften gehören noch:
de rebus Christianorum ante Constantinum M. commentarii, Helmst. 1753. 4.; Erklärung der beiden Briefe Pauli an den Timotheum, Hamb. 1755. 4.

* IV. Von Schriften, die noch nach Mosheims Tode
unter seinem Namen herausgekommen sind, aber schwer-
lich alle von ihm selbst für die seinigen erkannt seyn würden, gehören noch hieher: 1) heilige Reden 2. Theile,
Hamb. 1757.; 2) Einleitung in die Sittenlehre, Herborn
1761. 8.; 3) Gründe und Gedanken von der Zufrieden-
heit mit Sommeraus Erläuterungen, Queblinb. 1761. 8.;
4) Einleitung die Wahrheit und Göttlichkeit der Christlichen Religion gründlich zu beweisen, und gegen Ungläubige
und Deisten zu vertheidigen, Erlang. 1762. 8.; 5) Erklärung der beiden Briefe an die Corinther, Flensburg
1762. 4; 6) Kern der Mosheimischen Sittenlehre von
Sommerau, Quedl. I. 1762., II. 1763. 8.; 7) Pastoraltheologie, Leipz. 1763. 8.; 8) Anweisung erbaulich zu
predigen, Erlang. 1763. 8.; 9) Streittheologie der Christen, I. II. Th. Erlang. 1763., III. 1764. 4.; 10) Mos-
hemii et Gesneri epistolae amoebaeae, ex edit. Chr.
Ad. Klotzii 1771.

§. 11.

Magnus Crusius (im 1. Th. §. 16. S. 23.) geb.
1697. Jan. 10. † 1751. Jan. 6. zu Haarburg; war
zu Göttingen 12. Jahre 1735-1747. alt 38-50.

* I. Schmersahls Nachr. v. jüngstverst. Gel. B. 2.
S. 734.; Beyträge zur Historie der Gelahrtheit Th. 2.
S. 76. 106.; Neues gel. Europa Th. 5. S. 239.; Neu-
bauer von jetztlebenden Theologen Th. 2. S. 484.;
Schroeckh unpartheyische Kirchenhist. Th. 4. S. 485.

* II. Seine erste Schrift war: vita et merita Pet. Axe-
nii ICti et polyhistoris Cimbrici, oratio, Kil. 1718.

* III. Zu seinen Göttingischen Schriften gehören noch
folgende: 3) Programma natalitium de γεννήσει ἀγενήτου,
cui subiuncti sunt Origenis prologi in euangelia Matth.
Luc. Ioh. graec. et lat. nunc primum editi, 1735.; 4)
Progr. Germ. inuitatorium ad lectiones asceticas.; 5) Bos-
sueti expositio doctrinae catholicae cum stricturis Alberti

berti zvm Felde, 1736.; 6) Diff. inauguralis: Notitia et Θεολογούμενα Macarii Magnetis e fragmentis de-
perditi operis apologetici pro Chriſti religione.; 7) Diff.
de refurrectione fpirituali ad Ephef. V, 14. 1738.; 8) zu
Waurendorfii meditationibus de refurrectione, fpe-
ciatim Iobi cum fotere facta: Paralipomena et ineditus
Polychronii in Iobum prologus.; 9) Progr. ad Luc.
XXIV, 26. et 46. ex deperditis Eufebii Caefar. libris
euangel. Θεοφανείας, 1740.; 10) Progr. de dono fpiritus fancti per afflatum Chriſti ad Ioh. XX, 22. 23., 1741.;
11) Progr. de titulo Arrhabonis fpiritui fancto proprio.
1743.; 12) Nachricht von Papirii Maſſonii ungedruckter
Spaniſcher Hiſtorie und andern Schriften, in der Hamburg.
vermiſchten Bibliothek Band I. p. 45. fqq.; 13) Schrift-
mäßige Gedanken über Iac. IV, 5., ebendaf. p. 158. fqq.;
14) Analecta de antiquiſſimis harmoniae Euangel. circa
refurrectionem Chriſti oppugnatoribus et defenforibus, acc.
Epiphanii ianioris fcriptum anecdoton de diſſidio IV.
Euangel. in hiſtoria refurrectionis Chriſti, Gr. Lat. in Mi-
fcellaneis Groning. Tom. IV. fafcic. 1. und in der Ham-
burgiſch. vermiſchten Bibliothek Vol. I. p. 898. fqq.; 15)
Vorrede zu D. Pfeifers Sammlung heiliger Reden berühmter Franzöf. reformirter Lehrer. (Dieſe Vorrede iſt eine Critik von den Kennzeichen ſolcher Redner). 1743.;
16) Progr. de apparitionibus fpiritus fancti fymbolicis cum
examine fententiae Lampii, 1745.; 17) Diff. de Theolo-
gumenis Macarii Magnetis, 1745.; 18) Progr. zu Kah-
lers und Kochhalbs Promotion de Ge. Amionzae philofo-
phi dialogo de fide in Chriſtum cum rege Turcarum;
19) Beantwortung der Aufgabe vom Urfprung der Gewohnheit, die Miſſethäter durch die Geiſtlichen zum Tode
vorzubereiten, in der Hamburg. vermiſchten Bibliothek,
Th. 3. S. 115. u. f.

§. 12.

Jacob Wilhelm **Feuerlein** (im 1. Th. §. 64. S.
115–121.) geb. 1689. März 13. † 1766. May 10.;
war zu Göttingen 29. Jahre 1737–1766. alt 48–77.

* Seine letztere Schriften ſind: 117) Vindieiae obfer-
vationis Chryfoſtomi ad Rom. I, 4. 1765.; 118) Abhandlung über die Frage, was der B. Cyrillus von Jerufalem

von

von der Gegenwart des Leibes und Blutes Christi im heil.
Abendmahle eigentlich gelehret?   118) die zweyte Ausgabe von seiner bibliotheca symbolica euangelica Luthe-
rana; edidit Io. Barth. RIEDERER, 1766. Das Verzeichniß seiner nachgelassenen Bibliothek ist in 3. Theilen
gedruckt 1767-1769.

§. 13.

Johann **Oporin** (im 1. Th. §. 17, S. 24-27.)
geb. 1694. Sept. 12. † 1753. Sept. 5.; war zu Göttingen 18½ Jahre 1735—1753. alt 41—59.

* Biographische Nachrichten von ihm enthalten Iac.
Wilh. FEUERLEIN progr. de *fructibus doctorum*, Goett.
1737.; Mosers Beytr. zum Lex. jetztleb. Gottesg. S.
627.; GESNER *memoria Oporini* in seiner biogr. Goetting. vol. I. p. 31-48. Schmersahls neue Nachrichten
von jüngstverst. Gel. St. 4. S. 579., Schroeckh in der
unparth. Kirchenhist. Th. 4. S. 135.

§. 14.

Johann Friedrich **Cotta** (im 1. Th. §. 43. S. 76.)
geb. 1701. 12. † 1779. Dec. 31. als Canzler der Universität zu Tübingen seit 1777.; war zu Göttingen 3.
Jahre 1736—1739. alt 35—38.

* I. Von seinem Leben sind noch nachzusehen: Iac.
Wilh. FEUERLEIN progr. *ad primam promotionem do-
ctoralem sollennem inter sacra inauguralia Georgiae Augustae* 1737., und Aug. Fried. Boecks Geschichte der Universität Tübingen (1774, 8.) S. 212.

* II. Seine zu Tübingen seit 1740. herausgegebene
Schriften sind: 1) Diss. de coniectura Tourneminii de
epp. Cypriani ac Firmiliani &c. Tub. 1740.; 2) Diss.
de natiuitate L. C. maiestatica, 1743.; 3) Diss. de con-
stitutionibus apostolicis.; 4) Sacrarum obseruationum
ad oraculum Paulinum Actor. XX, 28. P. I-IV. 1747-
1751. 4.; 5) Diss. de miraculoso linguarum dono super
apostolos effuso, 1749.; 6) Diss. ad 2. Petr. II, 11. 1750.;
7)

7) De redemtione ecclesiae proprio Dei sanguine facta ad
Actor. XX, 28. P. I. II. 1753.; 8) Diss. de gloria cultus
religiosi, Christo adserta, 1755.; 9) Diss. de filio dei,
non angelos, sed Abrahae semen, adsumente; 10) Historia doctrinae de cultu adorationis Christo seruatori de-
bito; 11) Diss. de iure docendi in conuentibus sacris,
1756.; 12) De Lamina pontificiali apostolorum Ioannis,
Iacobi et Marci; 13) De diuersis gradibus gloriae bea-
torum, Diss. I. II. 1758.; 14) De sortibus sanctorum;
15) h GERHARDI *loci theologici*, cum dissertationibus
et obseruationibus, Tom. I - XVI. 1762 - 1780. 4.; 16)
Diss. de veritate religionis christianae miraculis certa,
1766.; 17) Historia succincta dogmatis theologici de
angelis; 18) Historia dogmatis de angelis continuata,
1767. 4.; 19) Sylloge controuersiarum de iustificatione
cum Socinianis agitatarum, 1767. 4.; 20) Verſuch einer ausführlichen Kirchengeſchichte des neuen Teſtaments,
III. Theile, 1768 - 1773. 21) Diss. historica succincta
dogmatis de vita aeterna, 1769.; 22) Diss. de coelis ter-
raque nouis a deo creandis, 1772.

§. 15.

Chriſtoph Auguſt **Heumann** (im 1. Th. §. 18. S.
27 — 34.) geb. 1681. Aug. 3. † 1764. May 1.; war
zu Göttingen 30. Jahre 1734 — 1764. alt 53 — 83.

* HEYNE *memoria Heumanni*, Goetting. 1764. fol.;
Schroeckh in der unparth. Kirchenhiſt. Th. 4. S. 804-
814.

§. 16.

Georg Henrich **Ribov** (im 1. Th. §. 44. S. 77.)
geb. 1703. Febr. 8.; † zu Hannover 1774. Aug. 22.;
war zu Göttingen 23. Jahre 1736 — 1759. alt 33 — 56.

* Iac. Wilh. FEUERLEIN progr. *de fructibus doctorum*, Goett. 1737. enthält ſeine damalige Lebensgeſchichte.

§. 17.

§. 17.

Christian-Wilhelm Franz Walch (in 1. Th. §. 65.
S. 121 — 124.) geb. 1726. Dec. 25.; ward 1766.
prof. primarius der theologischen Facultät; 1772. Consistorialrath † 1784. März 10.; war zu Göttingen 30.
Jahre 1754 — 1784. alt 28 — 58.

* I. Nachrichten von Niedersächsischen berühmten Leu-
ten und Familien (von Joh. Died. Winkler,) Th. 2.
(Hamb. 1769. 8.) S. 101 - 123.; Chr. Gottl. Heyne
elogium Walchii, 1784.; Andenken ihres unvergeßlichen
Freundes des Herrn C. R. Walchs von der theologischen
Facultät zu Göttingen (von Gottfr. Leß) Gött. 1784. 4.

* II. Seine seit 1765. ferner zu Göttingen herausgegebene Schriften sind folgende: 71) Diss. de lege leuiratus
ad fratres non germanos, sed tribules referenda, 1765.;
72) Auspicia regii collegii theologici repetentium &c.;
73) Progr. de spiritu S. qui loquutus est per prophetas;
74) Nachricht von dem theologischen Repetenten-Collegio;
75) Progr. admonitio de euitando abusu exegetico doctrinae de donis miraculosis, 1766.;   76) Diss. de Christo
filio Dei proprio;   77) Diss. de traditoribus laicis;   78)
Diss. de culpa Adami non felice 1767.;   79) Diss. de cura veterum Christianorum, memoriam resurrectionis Christi conseruandi;   80) Diss. de successione ministrorum
ecclesiae in iura apostolorum, 1768.;   81) Progr. Patrum
sententia de filio dei per incarnationem exinanito enarratur
et conuellitur, 1769.;   82) Vorrede zu J. Lelands Er-
weis der Nothwendigkeit der christlichen Offenbarung, im
Auszuge von L. G. Crome;   83) Bibliotheca symbolica
V. priorum seculorum obseruationibus et historicis et criticis illustrata, Lemgov. 1770. 8.;   84) Progr. de sancti-
tatis elogio, quod spiritui sancto tribui consueuit;   85)
Diss. de concordia rationis et fidei in describenda labe hominis naturali;   86) Critische Nachricht von den Quellen
der Kirchengeschichte, Leipz. 1771. 8. (II. verbesserte Aufl.
Göttingen 1773. 8.);   87) Neueste Religionsgeschichte,
Th. I-IX, Lemgo 1771-1783.;   88) Vorrede zur philologischen Bibliothek 1 - 3. Band, 1771-1775. 8.;   89)
Diss. de decretis praedestinationis et reprobationis ex rationis iudicio non absolutis, sed hypotheticis;   90) Progr.
num

num Ignatius Chriftum poft refurrectionem in carne vide,
rit, 1772.; 91) Erklärung gegen D. J. S. Semler, 1772.;
92) Vorbereitungslehren und Bücherkenntniß zur Kirchen-
hiftorie, 1773.; 93) Diff. de fatisfactione pro omnium
peccatis a Chrifto praeftita; 94) Progr. de vno, ex quo
Chriftus et homines funt omnes, 1774.; 95) Diff. de
authentia librorum Irenaei aduerfus haerefes.; 96) Grund-
fätze der Kirchengeschichte des achtzehnten Jahrhunderts 8.;
97) Vorrede zur pragmatischen Geschichte der Mönchsorden; 98) Breuiarium theologiae dogmaticae, 1775. 8.;
99) Progr. Doctrinae de futura mortuorum refurrectione
ad excitanda pietatis ftudia vis et vfus, 1775.; 100) Diff.
de interceffione Chrifti facerdotali; 101) Progr. de epi-
ftolis patriarcharum Alexandrinorum paschalibus, 1776.;
102) Diff. de lege iufto non pofita; 103) Pr. Origenis
de diebus Chriftianorum feftis disputatio illuftrata, 1777.;
104) Lebensbeschreibung J. G. Walchs; 105) Vorrede
zur allgemeinen Chronologie, aus dem Franz. (im Auszuge durch J. Kern) 1779.; 106) Progr. Illuftratio parti-
culae fymbolorum veterum de Chrifto ex Maria nato;
107) Der Evangelischen in Ungarn neuefte Vorftellung ihrer Religionsbeschwerden, nebft der allergnädigften Refo-
lution darauf, 1782. — Auſſerdem find von ihm mehrere Abhandlungen und Reden in den nou. comment. foc.
fcient. Goetting. und viele Recenfionen in den Göttingischen gelehrten Anzeigen. — Die ferneren Theile feiner
Hiftorie der Ketzereyen (Num. 64.) find erfchienen III.
1766., IV. 1768., V. 1770., VI. 1773., VII. 1776.,
VIII. 1778., IX. 1779., X. 1782., XI. 1785.

§. 18.

Johann David Heilmann (im 1. Th. §. 21. S.
37 — 39.) geb. 1727. Jan. 13. † 1764. Febr. 22.;
war zu Göttingen 5½ Jahre 1758 — 1764. alt 31 — 37.

* Schroeckh in der unparth. Kirchenhift. Th. 4. S.
778 – 781.

§. 19.

Gotthelf Traugott Zachariä geb. 1729. zu Tau-
hardt in Thüringen, ftudierte zu Halle, und fieng 1752.

als

als Magister an daselbst Vorlesungen zu halten; ward
1755. Rector der Rathsschule zu Altstettin; 1760. Professor der Theologie zu Bützow; 1765. zu Göttingen;
1775. mit dem Titel Kirchenrath zu Kiel † 1777. Febr.
8.; war zu Göttingen 10. Jahre 1765 — 1775. alt 36 —
46.

* I. Strodtmanns neues gelehrtes Europa Th. 8.

* II. Ehe er nach Göttingen kam, waren folgende
Schriften von ihm herausgekommen: 1) Diss. de frater-
nitate Christiana, *Hal.* 1750.; 2) Commentatio de diebus atris ac faustis apud veteres, 1752.; 3) Diss. philos.
de propagatione religionis armata; 4) Historia de propagatione religionis armata; 5) De multis diis ita voca-
tis ad 1. Cor. VIII, 5., 1753.; 6) Diss. de verbis humanae sapientiae persuasoriis ad 1. Cor. II, 4.; 7) Diss. ad
Actor. XXVII, 26., 1754.; 8) Diss. de more veterum
in locis editis colendi Deum; 9) Vom Ursprung der Verschiedenheit der Fähigkeit der Menschen, Stettin, 1756.;
10) Widerlegung der Gründe für die natürliche Gleichheit
der Fähigkeit aller Menschen, Stettin 1757.; 11) Fort-
gesetzte Widerlegung der Gründe für die natürliche Gleichheit der Fähigkeiten, 1758.; 12) Nouae additiones ad
vitas I. Garcaei vtriusque, 1759.; 13) Abhandlung von
den theologischen Beweisen, Berlin; 14) Historische Nachrichten von der Raths- und Stadtschule zu Alt-Stettin
und von den Lehrern derselben, 1760. 8.; 15) Theologische Erklärung von der Herablassung Gottes zu den Menschen, 1760. 1762. 8.; 16) Abhandlung von dem rechten Gebrauch und Mißbrauch des kleinen Catechismi Lutheri, Bützow 1761. 8.; 17) Diss. de peccato originali
veritatem eius demonstrans; 18) C. H. Zachariä erbaulicher
Schriften erster Theil, mit einer Vorrede vom geistlichen
Priesterthum herausgegeben.

* III. Seine Göttingische Schriften sind: 19)
Progr. de prudentia theologica circa tropum paediae,
Goett. 1765.; 20) Senectus a deo ipso honorata.; 21)
Progr. de creatura gemebunda, 1766.; 22) Commentatio exegetica ad Rom. VIII, 23.; 23) Diss. de formula baptism.; 24) De doni prophetici gradibus, 1767.;
25) Paraphrastische Erklärung des Briefes an die Römer,
1768. 8.; 26) Paraphrastische Erklärung der beiden Brie-

fe an die Corinther, 1769. 8.; 27) Diff. I. de vſu do-
gmatico nominis filii dei; 28) Diff. Notio fidei biblica;
29) Diff. de fide miraculoſa, dono ſpiritus ſancti extraor-
dinario; 30) Paraphraſtiſche Erklärung der Briefe Pauli an die Galater, Epheſer, Philipper, Coloſſer und Theſ-
ſalonicher, 1770. 8.; 31) Academiſche Dankpredigt am
32. Stiftungsfeſte der Georg-Auguſtus-Univerſität; 32)
Diff. Num dialogus ſit omnium legum moralium corpus;
33) Paraphraſtiſche Erklärung des Briefes an die Hebräer,
1771. 8.; 34) Entwurf einer faßlichen Glaubenslehre
zum Gebrauch bey catechetiſchen Uebungen auf Academien,
8.; 35) Bibliſche Theologie Th. I. 1771. 8. (II. Aufl.
1775.) Th. II. 1772., III. 1774., IV. 1777.; 36) Freye
und erklärende Ueberſetzung der Pſalmen, Göttingen und
Gotha 1773. 8.; 37) Progr. de Chriſto homine filio
Dei; 38) Doctrinae chriſtianae inſtitutio; 39) Diff.
de iuſtitia Dei; 40) Kurze Erklärung der Pauliniſchen
Briefe an den Timotheus, Titus und Philemon, 1774. 8.;
41) Progr. de diuina ad humana ingenia in verae religionis introductione συγκαταβάσει; 42) Progr. de morte
Chriſti ſollenniter aſſerta; 43) Vorrede zu Walthers Ueberſetzung des Propheten Jeſaias, Halle 1774. 8.; 44)
Chriſtliche Religionsgeſchichte und Lehre zum Unterricht
vernünftig zu erziehender Kinder, 1775. 8.

* IV. Nach ſeinem Abzuge von Göttingen und bald
hernach erfolgten Tode ſind noch von ihm gedruckt: 45) Bi-
bliſch philoſophiſche Abhandlungen, mit Vorrede und Anmerkungen von Chriſtian Gottlieb Perſchke, Lemgo 1776.
8.; 46) Kurze Erklärung der Briefe Jacobi, Judä und
Johannis, 1777.; 47) Einleitung in die Auslegungskunſt
der heiligen Schrift, 1779.

2) Verſtorbene ordentliche Lehrer der Rechte.

§. 20.

Georg Chriſtian Gebauer (im 1. Th. §. 67. S.
126—132.) geb. 1690. Oct. 26., ſeit dem Oct. 1734.

zu

zu Göttingen † 1773. Jan. 28.; war zu Göttingen 38½.
Jahre 1734 — 1773. alt 44 — 82½.

* I. Chr. Gottl. HEYNE *memoria Gebaueri* 1773.
fol.

* II. Seine einzeln herausgegebene Abhandlungen über
verschiedene Stellen des TACITI *de moribus Germ.* sind
noch von ihm gesammelt unter dem Titel: Vestigia iuris
Germanici antiquissima in Corn. TACITI *Germania* ob-
via, seu dissertationes XXII. in varia illius libelli loca,
1766. 8. Nach seinem Tode sind auch noch seine Disputationen zusammengedruckt, unter der Aufschrift: Exercitationes academicae cum accessionibus et emendationibus
auctoris, ex edit. Io. Iust. WEISMANTEL, Erfurt vol.
I. II. 1776. 4.

* III. Bey seinem Leben wurde noch der Anfang gemacht, das von ihm versprochene mit den Brenkmanni-
schen Handschriften collationirte corpus iuris ciuilis abzu-
drucken, wovon jedoch der erste Theil erst nach seinem
Tode 1776. vollbracht wurde.

§. 21.

Johann Salomo **Brunquell** (im 1. Th. §. 22.
S. 40.) geb. 1693. May 22. † 1735. May 21.; war
zu Göttingen nur 2½ Monathe 1735. März 11. — May
21., alt 42.

* GESNERI *opusc.* tom. I. p. 266-276., und *biogr.*
Goetting. vol. I. p. 49-62., auch die Gesnerische Leichen-
rede auf Brunquell in GESN. *opusc.* tom. 3. p. 372-388.

§. 22.

Tobias Jacob **Reinharth** (im 1. Th. §. 23. S.
40—44.) geb. 1684. Oct. 8. † 1743. May 23.; war
zu Göttingen 8. Jahre 1735 — 1743. alt 51 — 59.

* I. GESNERI *opusc.* tom. 3. p. 356-371. und *biogr.*
Goetting. vol. I. p. 63-78.; Chr. Ludew. Stolten Göttingische gelehrte Nachrichten vom Jahre 1743. (Götting.
1744. 8.) S. 51-56.

* II.

* II. Zum Verzeichniſſe ſeiner Schriften iſt mir noch
folgende Ergänzung mitgetheilt worden, die allenfalls nach
den Jahrzahlen an gehörigen Orten einzurücken wäre:
84) Diſſ. de iis, quae nobis inuitis fiunt, 1720.; 85)
Diſſ. de differentia et conuenientia inter obligationem ad
carcerem et litteras cambiales, 1731.; 86) Diſſ. an poſſit iudex ſalua conſcientia ad mortem condemnare, quem
certo ſcit innocentem? 1733.; 87) Diſſ. de venia aetatis, Erf. 1735.; 88) Diſſ. de molendinorum exſtructione
et banno, in primis in terris Brunsuicenſibus, Goetting.
1740.

§. 23.

Johann Friedrich **Wahl** (im 1. Th. §. 24. S. 44.)
geb. 1693. Aug. 25. † 1755. Jul. 14.; war zu Göttingen 12. Jahre 1743 — 1755. alt 50 — 62.

* GESNERI *biographia Goetting.* vol. 1. p. 79-92.
Schmerſahls vermiſchte Beyträge zur Geſch. jüngſtverſt.
Gel. St. 1. S. 181-187. Eine kurze Nachricht von ſeinen Lebensumſtänden, die aus einem eigenhändigen Auf-
ſatze von ihm genommen iſt, findet ſich in (Dan. Nettel-
bladts) Halliſchen Beyträgen zur juriſt. Gel. Hiſt. B. 2.
(Halle 1758. 8.) S. 611. 612. Beſage dieſer Nachricht
war er zu Grünſtadt im Leiningiſchen gebohren, 1720. zu
Gieſſen Licentiat geworden, 1723. Beyſitzer der Juriſtenfacultät, 1727. Doctor, 1729. Syndicus der Univerſität
zu Gieſſen.

§. 24.

Gottfried **Mascov** (im 1. Th. §. 25. S. 46.) geb.
1698. Oct. 22. † 1760. Oct. 5.; war zu Göttingen 4.
Jahre 1735 — 1739., alt 37 — 41.

* I. Von ſeinem Leben iſt noch nachzuleſen: PÜTT-
MANN memoria Gottfridi Maſcouii, Leipz. 1771.

* II. Zu ſeinen Schriften gehören noch folgende: Proluſio de ſaltu Leucadio, 1754.; Proluſio ad L. Aemil.
38. D. de minor. Seine opera iuridica et philologica erſchienen 1776.

§. 25.

Gottlieb Samuel **Treuer** (im 1. Th. §. 26. S.
47 — 50.) geb. 1683. Dec. 24. † 1743. Febr. 25.;
war zu Göttingen 8½ Jahre 1734 — 1743. alt 51 — 60.

* I. Gesneri *opusc.* tom. 3. p. 342 - 355. und
biogr. Goetting. vol. I. p. 93 - 108. Stolten Götting.
gel. Nachr. 1743. S. 15 - 18.

* II. Sein programma de cautione in tractando iure
publico R. G. adhibenda ist nicht vom Jahre 1734. sondern 1739.

§. 26.

Johann Jacob **Schmauß** (im 1. Th. §. 27. S.
50 — 53.) geb. 1690. März 10. † 1757. Apr. 8.;
war zu Göttingen 21. Jahre 1735 - 1743., 1744 - 1757.
alt 45 — 67.

* Gesneri *biogr. Goetting.* vol. I. p. 109 - 130.
Verschiedenes findet sich von ihm in Büschings Beyträgen
zur Lebensgeschichte denkwürdiger Personen Th. 3. S. 269.
297. In Leonh. Meisters biogr. Nachr. von Isaac Iselin
(der 1748. zu Göttingen studirte) in Helvetiens berühmten
Männern B. 1. (Zürich 1782. 8.) S. 244. kömmt folgendes von ihm vor: "Schmauß war dem Wolfianismus
sehr zuwider. — Nichts desto weniger war sein historischer Vortrag, so wie seine Methode in Behandlung des
Staatsrechts und der Statistik, so hell, so bestimmt, so
ordnungsvoll, als bey irgend einem der geübtesten philosophischen Denker. Hätte er mit seinen historischen und
juristischen Kenntnissen Geschmack und Schreibart verbunden, vielleicht wäre er alsdann einer der besten Teutschen
Schriftsteller geworden. Von Göttingen aus hatte er immer viel Licht über ganz Teutschland verbreitet. Die
Schweiz liebte er vorzüglich, woselbst er einige Jahre zu
Basel im Dienste des Marggrafen von Baden zugebracht
hatte."

§. 27.

§. 27.

Henrich Christian (Freyherr von) Senkenberg (im 1. Th. §. 46. S. 79 — 85.) geb. 1704. Oct. 19. † 1768. May 31.; war zu Göttingen 3. Jahre 1735-1738. alt 31 — 34.

* I. Ge. Henr. A y r e r *ad pios manes H. C. L. B. de Senkenberg*, Goetting. 1768.; Meine Litteratur des T. Staatsrechts Th. 1. S. 446-456.; Renati Car. L. B. de S e n k e n b e r o *vita patris H. C. L. B. de Senkenberg*, Giess. 1782. 4. worin auch noch des Vaters eigne Aufsätze, meist litterarischen Inhalts, eingerückt sind, von einer Reise, die er 1728. durch Niedersachsen, und einer andern, die er in Elsaß gethan hat.

* II. Zu seinen Schriften gehört noch: 74) Visiones diuersae de collectionibus legum Germanicarum a prima rerum memoria vsque ad nouam recessuum editionem. Acc. statutorum et monimentorum anecdotorum appendices II., Lips. 1765. 8. Von seinem corpore iuris Germ. publ. ac priuati erschien tomus II. sistens speculi Alemannici ius prouinciale et feudale; auctorem veterem de beneficiis, cum commentario perpetuo, itemque glossario et indice amplissimo Hier. von der L a h r; accedit codex iuris prouincialis et feudalis Alemannici e bibliotheca caesarea; curante Gust. Ge. K o e n i o a Koenigsthal, Francof. 1766. fol.

§. 28.

Georg Henrich Ayrer (im 1. Th. §. 68. S. 132-137.) geb. 1702. März 15. wurde 1768. geheimer Justizrath, 1769. Präsident des historischen Instituts, 1773. Ordinarius der Juristenfacultät † 1774. Apr. 23.; war zu Göttingen 38. Jahre 1736 — 1774. alt 34 — 72.

* I. C. G. H e y n e *memoria Ayreri*, Goett. 1775. fol.; Betrachtung von der wahren Würde eines hohen Schullehrers der Rechte in Teutschland, zum Ehrengedächtniß weil. Ge. Henr. Ayrers, Kiel, Riga und Leipz. 1779. 8. (Gött. gel. Anz. 1779. S. 1128.).

* II.

* II. Seine letzte Schriften ſind: 100) Diſſ. de diuerſitate iuris emphyteutici et villaris, 1766.; 101) Diſſ.
de debitore obaerato eiusque vidua ſ. vxore ſe ſeruante
per renuntiationem pactorum nuptialium, 1767.; 102)
Diſſ. de conſenſu et diſſenſu iuris Lubecenſis et Romani
circa emtiones venditiones; 103) Diſſ. de iure epiſcopali
principum euangelicorum pactitio; 104) Oratio: principis cura circa leges; 105) Beccariana conſilia de deli-
ctis prudentia legislatoria cauendis; 106) Ad pios manes
viri perilluſtris C. H. L. B. de Senkenberg, 1768.; 107)
Hermannus Slauicus, 8.; 108) Diſſ. de donationibus
inter virum et vxorem; 109) Diſſ. de ſymbolica Cano-
nicorum et Canonicarum, inprimis Gandershemenſium, in-
veſtitura; 110) Ad hiſtor. Lechi animaduerſiones, 1772.;
111) Diſſ. de iure principis circa molas praeſertim in
terris epiſcopatus Osnabrugenſis; 112) Diſſ. de regalium
ac ſuperioritatis territorialis diuerſitate; 113) Diſſ. de
ſocietate mariti et vxoris mercatoria, 1773.; 114) Bonae educationis fundamentum, 1774.

§. 29.

Johann Chriſtian **Claproth** (hn 1. Th. §. 29. S.
55.) geb. 1715. †. 1748.; war zu Göttingen 7. Jahre
1741 — 1748. alt 26 — 33.

* I. Von ſeinem Leben und Schriften ſind noch weiter
nachzuſehen: 1) GESNER *biogr. Goetting.* vol. I. p.
131 - 144.; 2) Ge. Henr. Ribov Gedächtnißpredigt,
Göttingen 1749. 4.; 3) Schmerſabls Nachr. von jüngſtverſt. Gel. B. I. St. 4. S. 655 - 663.

* II. Die fünfte Sammlung ſeiner Abhandlungen iſt
nicht 1749. ſondern erſt 1757. herausgegeben und ergänzt
worden von Juſt. Claproth.

§. 30.

Chriſtian Gottlieb **Riccius** (im 1. Th. §. 70. S.
140.) geb. 1697. Jan. 12. † 1784. Nov. 2.; war zu
Göttingen 40. Jahre 1744 — 1784., alt 47 — 87.

* I. Weldichs biogr. Nachr. von jetztlebenden Rechtsgelehrten Th. 2. (Halle 1781.) S. 233 - 238., und Zuſätze dazu (1783.) S. 230.

* II.

* II. Seine letzte Schriften ſind: 12) Joh. Chr. Neh-
rings hiſtoriſch politiſch und juriſtiſches Wörterbuch, XL.
Aufl. vermehrt, verbeſſert und mit einer Vorrede begleitet,
Frankf. und Leipz. 1772. 4.; 13) Delineatio iuris Germanici de conuentione obligationis debitoris ad carcerem,
in puncto debiti, 1778. 4.; 14) Septemdecim exercitationes in vniuerſum ius cambiale directae, atque legibus
ipſis emporiorum ac prouinciarum cambialibus conſtabili-
tae, 1779-1782. 4.

* III. Von ſeinem Entwurfe von der Jagdgerechtigkeit
Nürnb. 1736. 4. (Th. I. S. 141. Num. 3.) erſchien eine zweyte ſehr vermehrte Auflage, Frankf. 1772. 8.

§. 31.

Chriſtian Friedrich Georg Meiſter (im 1. Th. §.
72. S. 147.) geb. 1718. Jun. 30. † 1782. May 29.
war zu Göttingen als Profeſſor 32. Jahre 1750—1782.
alt 32—64.

* I. Weidlichs biogr. Nachr. Th. 2. (1781.) S. 23-
29.

* II. Seine letzte Schriften ſind: 27) Diſſ. de iuris
Romani criminalis in foris Germaniae auctoritate, 1766.;
28) Diſſ. ſingularia iuris Lubecenſis in materia concurſus
creditorum, 1767.; 29) Selectorum opusculorum ſylloge
I. 1767., II. 1775. 8.; 30) Diſſ. de iuris vinculo, quo
plures pro euictione auctores tenentur, 1768.; 31) Diſſ.
de eo, quod inter conditionem reſolutiuam et modum in-
tereſt, 1769.; 32) de bonis vxoris ex Romani iuris prae-
ſumtione non paraphernalibus ſed dotalibus; 33) Rechtliche Erkenntniſſe und Gutachten in peinlichen Fällen Th.
I. 1771., II. 1772., III. 1783., IV. 1784.; 34) Diſſ.
de ordine cognitionum in cauſarum ciuilis et criminalis
concurſu, 1774.; 35) Diſſ. vbi de hereditate agatur,
1778.; 36) Progr. Obſeruatio ad art. 137. C. C. C. de
caede adfinis acerbius punienda, 1778.

§. 32.

Gottfried Achenwall (im 1. Th. §.73. S. 149.)
geb. 1719. Oct. 20. — ward 1765. Hofrath † 1772.

May

May 1.; war zu Göttingen 24. Jahre 1748 — 1772. alt 29 — 53.

* Seine letzte Schrift war vom Französischen Finanz= weſen. Hauptſächlich beſchäfftigten ihn aber die neuen je= desmal ſehr verbeſſerten Ausgaben ſeiner Leſebücher, als des iuris naturae edit. VI. 1768.; der Europäiſchen Staa= tengeſchichte III. Ausg. 1767., (IV. nach ſeinem Tode be= ſorgt von Joh. Phil. Murray); der Staatshändel III. Ausg. 1767.; der Statiſtik V. Ausg. 1768.

§. 33.

Guſtav Bernhard **Becmann** (im 1. Th. §. 74. S. 151.) geb. 1720. Dec. 25. — ward 1770. Hofs rath, 1774. viertes ordentliches Mitglied der Juriſten= facultät und zweyter auſſerordentlicher Beyſitzer derſelben, als Spruchscollegium betrachtet, † 1783. Apr. 4.; war zu Göttlngen als Prof. 30. Jahre 1753 — 1783. alt 33 — 63.

* I. **Weidlichs** biogr. Nachr. Th. 1. (1781.) S. 55- 57., Th. 4. (1785.) S. 31.; Fratrum Becmannorum *conſilia* tom. 1. praef. (1783.).

* II. Seine letzte Schriften ſind: 6) Diſſ. de taxatio= ne et acceptatione in ſolutum interimiſtica praediorum debitoris in concurſu 1770.; 7) Diſſ. de adquiſitione he= reditatis dementi delatae 1773.; 8) Diſſ. de debitore obaerato in praeiudicium creditorum non adquirente 1775.; 9) Von adnotationibus ad I. H. B o e h m e r i introductionem in ius digeſtorum waren einige Bogen ge= druckt; ſie ſind aber unvollendet geblieben. (Joh. Chr. **Koppe** jetztlebendes gelehrtes Mecklenburg St. 3. Roſt. und Leipz. 1784. 8. S. 28.).

* III. Nach ſeinem Tode erſchienen noch 10) Becman= norum fratrum conſilia et deciſiones; poſt obitum natu maioris G. B. Becmanni edidit natu minor O. D. H. Bec= mannus, praefatus de commoda iurisprudentiae compa= randae ratione, adiecta b. fratris vita, Goett. pars I. 1784. (eigentlich 1783.), II. 1784. 4.; 11) Fratrum Becman= norum tractatio mathematico - iuridica de interuſurio, quam G. B. Becmanno pie defuncto edidit O. D. H. Bec= mannus, Goett. 1784. (eigentlich 1783.) 4.

3) Ders

3) Verstorbene ordentliche Lehrer der Arzneyge-lehrsamkeit.

§. 34.

Johann Wilhelm **Albrecht** (Th. 1. §. 30, S. 58.) geb. 1703. Aug. 11. zu Erfurt; 1734. ordentlicher Leh-rer der Anatomie, Chirurgie und Botanik zu Göttingen, † 1736. Jan. 17.; war zu Göttingen wenig über 1. Jahr, alt 31 — 33.

* GESNERI *opusc.* tom. 3. p. 277 - 286. und *biogr. Goetting.* vol. 1. p. 144 - 156. Auch handelt von ihm der Sammler (Th. 1. S. 74. a Num. 12.) St. 3.

§. 35.

Georg Gottlob **Richter** (Th. 1. §. 77. S. 155.) geb. 1694. Febr. 4. zu Schneeberg in Meissen, † 1773. May 28. war zu Göttingen 38. Jahre 1735 — 1773. alt 41 — 79.

* I. Sein Eloglum von Heyne 1775.

* II. Unter seinen Gedichten waren unter andern Fune-bria coniugis 1766. fol., und Elegia in funere Münch-husii, 1770. fol.

* III. Seine opuscula medica hat herausgegeben Ioh. Christian Gottlieb ACKERMANN, vol. I - III. Francof. 1780. 1781. 4. So sind auch von Ern. Gottfr. BALDIN-GER von neuem herausgegeben seiner querelarum de tem-pore epistolae sex; accedit iubilum de pace, Goetting. 1782. 4.

§. 36.

Albrecht von **Haller** (Th. 1. §. 50. S. 89.) geb. 1708. Oct. 16. zu Bern † 1777. Dec. 12., alt 69., war zu Göttingen 1736. Sept. — 1753. Märtz, 16½ Jahre, alt 28 — 44½.

* I. Auſſer ben ſchon angefuͤhrten Lebensbeſchreibungen
ſind noch von ihm nachzuſehen: *Elogium* Chr. Gottl. H E Y-
N E, Goett. 1778.; Ern. Gottfr. B A L D I N G E R *oratio
in Halleri meritorum laudes,* Goett. 1778.; Lobrebe auf
ihn von Vinc. Bernh. v. Tſcharner, Bern 1778.; wie
auch von Jeſ. Ant. Fel. von Balthaſar 1778.; *Eloge hi-
ſtorique* par J. S E N E B I E R, 1778.; *Eloge* par le Mar-
quis de L U C H E T, Caſſ. 1778.; Noch von ſolchen Elo-
ges eines der voͤllſtaͤndigſten und intereſſanteſten (von
V I Q D' A Z Y R) in ber *hiſtoire de la ſociété de medecine,*
Par, 1778. vol. 1., und ein anderes vom Marquis de
C O N D O R C E T in der *hiſtoire de l' academie des ſciences*
année 1777. p. 127 - 154.; L I N G V E T *annales* vol. 3.
num. 20., mit Anmerkungen von Joh. Ge. Zimmermann
im Teutſchen Muſeum vom May 1778.; *Epoques raiſon-
nées ſur ſa vie* par Mr. le Comte de L A M B E R G 1779.;
And. Ad. S E N F T *annua magni Halleri memoria cum ad-
notationibus hiſtorico-litterariis* 1780.; *Life of Haller,*
1780.; Alb. v. Haller ein Gebicht von G. F. Staͤublin
1780.; Leop. M. Ant. C A L D A N I *in morte del grande
Alb. di Haller,* 1781.; Noch ein Elogium von T A R G I O-
N I in der *Raccolta d' opuscoli* tom. 22. Flor. 1782. 12.
S. auch Pfenningers und Meiſters beruͤhmte Maͤnner
Helvetiens Th. 1. S. 155., und Blumenbachs mebicini-
ſche Bibliothek W. 2. St. 1. S. 179. Das voͤllſtaͤndigſte
Verzeichniß der Halleriſchen Schriften iſt in den *epiſtolis
ad Hallerum ſcriptis* tom. 6. p. 157 - 198.

* II. Auſſer ben von ihm bekleibeten Stellen, bie ſchon
im 1. Th. benannt ſind, ward Haller noch 1764. Mitglieb
der gelehrten Geſellſchaft zu Harlem; 1770. Mitglied der
Geſellſchaft der Aerzte zu Edinburg; 1771. Praͤſident der
oeconomiſchen Geſellſchaft zu Bern; 1777. Mitglied der
Academie der Wiſſenſchaften zu Petersburg; 1777. Ritter
bes Schwediſchen Norbſternordens. Am 17. Jul. 1777.
beehrte ihn noch Joſeph der II. bey einer Reiſe durch die
Schweiz, wo er Voltairen unbeſucht ließ, mit ſeinem Beſuche und mit einem Geſchenke, deſſen Ankunft er nicht
mehr erlebte.

° III. Von ſeinen ſchon im 1. Th. benannten Schriften ſind noch folgende neue Ausgabe, ober Nachbruͤcke,
und Ueberſetzungen erſchienen: von ſeinen Gebichten die
X. Ausgabe 1768., XI. 1777., ein Nachbruck zu Wien
1765., zu Zuͤrch 1768., zu Ulm 1772.; von deren Ueber-
ſetz

ſetzung Poëſies traduites par Vinc. Bernh. de Tschar-
ner ed. III. 1776.; und eine Italiäniſche Ueberſetzung
Poëſie tradotte di Soresi 1768.; Traduction libre des
Alpes 1764.; Traduction rimée des Alpes 1770.; Gedicht von der Schönheit und dem Nutzen der Alpen, mit
naturhiſtoriſchen Anmerkungen 1773. 1774. Von ſeinen
primis lineis physiologiae ed. II. 1765.; recuſ. Edinburg
1769., Lauſann. 1771.; überſetzt Italiäniſch primi li-
neamenti di Fiſiologia trad. di Bornetti 1765.;
Franzöſiſch Elemens de phyſiologie trad. par Touſſ.
Bordenave 1769.; Teutſch Erſter Umriß der Geſchäffte des körperlichen Lebens überſetzt von Tribolet 1770.;
von ſeinen kleinen Schriften eine neue Ausgabe in 3. Theilen, Bern 1772. Von ſeinen geſammelten disputationi-
bus practicis ſelectis tom. I - VII. 1756 - 1760. eine Ueberſetzung unter dem Titel: Sammlung academiſcher
Streitſchriften zur Geſchichte und Heilung der Krankheiten Auszugsweiſe überſetzt mit Anmerkungen von Flor.
Lor. Fr. Crell, I - III. B. 1779. 1780., und Beyträge
zur Geſchichte und Heilung der Krankheiten B. I. II. 1782.,
III. 1783.; von ſeinen elementis physiologiae ein Nachdruck Neap. et Venet. 1765., eine Teutſche Ueberſetzung
von Joh. Sam. Halle 1760., eine Engliſche im Medical
Magazine 1775. 1776.

* IV. Als Fortſetzungen ſeiner bereits angezeigten Werke ſind zu bemerken *Elementa physiologiae corporis humani*
tom. VI. 1764., VII. 1765., VIII. 1766.; Opera minora
tom. II. 1766., III. 1768.; Ad enumerationem ſtirpium
Helueticarum acceſſiones et auctaria tom. IV. 1762., V.
VI. 1764.

* V. Seine fernere Schriften ſind: 112) De exhala-
tione aquae ſalſae 1764.; 113) Auszug ſeiner Beſchreibung der Salzwerke im Amte Aelen 1765., Franzöſiſch:
Deſcription des Salines du Gouvernement d'Aigles, traduite
par de Leuze 1777.; 114) *Hiſtoria ſtirpium Helueriae*
indigenarum inchoata, Tom. I - III, 1768. fol.; 115)
Ad Stephani Guettardi *comparationem Canadae cum
Heluetia* annotationes, 1769.; 116) Nomenclator ex hiſtoria plantarum indigenarum Heluetiae excerptus, Bern.;
117) Hippocratis *opera* genuina, recenſuit et prae-
ſatus eſt, Tom. I - IV. Lauſann. 1769. 8.; 118) De
plantis pabularibus nuperorum, 1770. Franzöſiſch 1772.;
119) Medicae artis principia T. I - XI. Lauſann. 1770 -

1777.; 120) Erſter Umriß der Geſchäffte des körperlichen Lebens, Berlin; 121) Abhandlung über die Futterkräuter der Neuern, Bern; 122) Erklärung, daß er ſeine Gedanken wegen der Unempfindlichkeit der Sehnen nicht geändert habe, Padua, 1771.; 123) Geſetzbuch für die Landvogtey Aelen, Bern, Franzöſiſch 1772.; 123) *Bibliotheca botanica*, P. I. II., Tiguri 1771-1772. 4.; 124) Uſong, eine orientaliſche Geſchichte in 4. Büchern herausgegeben, Bern 1771. 8. (II. Aufl. Frankf. 1772., III. Bern 1773., IV. 1777.), Franzöſiſch Paris 1772., zwo Engliſche Ueberſetzungen, London 1773., Holländiſch, Amſterdam 1773., Italiäniſch 1777. Nachdruck zu Frankfurt 1772.; 125) Briefe über die wichtigſten Wahrheiten der Offenbarung, 1771. 8. (II. Ausgabe 1772., III. 1773.), Franzöſiſch 1772., Holländiſch Amſterdam 1775.; 126) Epiſtolarum ab eruditis viris ad Alb. Hallerum ſcriptarum P. I. Voll. VI., Bern 1773-1775. 8.; 127) Alfred, König der Angelſachſen, Göttingen und Bern 1773., Nachdruck zu Baſel 1774., Franzöſiſch 1775.; 128) Gedicht von der Schönheit und dem Nutzen der Alpen, Teutſch und Franzöſiſch, Bern, 1773. 4., Zürich 1774. ein Nachdruck; 129) Abhandlung von der Viehſeuche, Bern; 130) Fabius und Cato, ein Stück der Römiſchen Geſchichte, Bern und Göttingen, 1774. 4.; 131) De lue bouilla agri Bernenſis commentatio, 8.; 132) *Bibliotheca anatomica*, qua ſcripta ad anatomen et phyſiologiam facientia a rerum initiis recenſentur Tom. I. Tiguri 4. T. II. 1777.; 133) *Bibliotheca chirurgica* T. I-II., Bern 1774-1775. 4.; 134) Briefe über einige Einwürfe noch lebender Freygeiſter wider die Offenbarung, Th. I. Bern 1775. 8. (Neue Aufl. Bern 1777.), Th. II. 1776. Th. III. 1777.; 135) De opii in corpus humanum efficacia, 1776.; 136) *Bibliotheca medicinae practicae* Tom. I. II., Bern 1776-1777.; 137) Vorrede zu Wagners Proſpecten der Schweizergebürge, Bern 1777.; 138) Morborum grauiorum exempla; 139) De praecipuarum corporis humani partium functionibus Tom. I-V., Bern 1778.

* VI. Unter dem Titel: "Albrechts von Haller Tagebuch ſeiner Beobachtungen über Schriftſteller und über ſich ſelbſt zur Characteriſtik der Philoſophie und Religion dieſes Mannes" (Bern 1787. 8. I. Th. I. Alph. 2. B., II. I. Alph.) hat Herr Johann Georg Heinzmann zu

Bern

Bern aus den mehr als 12. tausend Recensionen, die Haller von 1745. bis 1777. in den hiesigen gelehrten Zeitungen verfertiget, die Urtheile über Werke und Gegenstände der speculativen und practischen Philosophie, der Litteratur des Schönen, und die Grundsätze des Nützlichen, die ihren Verfasser nach seinen oberen Geisteskräften characterisiren, in chronologischer Reihe unter gewisse vom jedesmaligen Hauptgegenstande hergenommene Rubriken zusammengetragen. Hernach findet sich hier unter der Aufschrift Fragmente religiöser Empfindungen (Th. 2. S. 221-319.) ein merkwürdiger getreuer Auszug eines vom sel. Haller über seinen Seelenzustand eigenhändig geschriebenen Tagebuchs von 1736. bis den 29. März 1747. und vom 5. Apr. 1772. bis den 4. Dec. 1777. d. i. acht Tage vor seinem Tode.

° VII. Einen Theil seiner eignen Geschichte hat Haller unter dem Bilde des Oel-fu im 3. Bande des Usong, (Berner Ausg. 1772.) S. 227-233. beschrieben; wie auch in der *bibliotheca anatomica* tom. 2. p. 195. sq.; und in seinen Schreiben an den Freyherrn von Gemmingen über die Vergleichung zwischen Hageborns und seinen Gedichten in Hallers kleinen Teutschen Schriften B. 3. S. 337. Als Urkunden und Belege zu seiner Lebensgeschichte dienen zum Theil die *epistolae ad Hallerum scriptae* tom. I-VI. 1773-1775., und Teutsche Briefe an Herrn von Haller 1777.

§. 37.

Johann Andreas von **Segner** (Th. 1. §. 51. S. 94.) geb. 1704. Oct. 9. zu Presburg † 1777. Oct. 5. war zu Göttingen 1735. Mich. — 1755. Ost. 19½. Jahre, alt 31 — 51.

° Seine Hallische Schriften waren 57) Elementa *analyseos finitorum*, Hal. 1758. 8.; 58) Elementa *analyseos infinitorum*, pars I. 1761., II. 1763. 8.; 59) Elementa *calculi integralis*, pars I. 1768. 8.; 60) Vorrede zur Teutschen Uebersetzung von Euclidis sechs ersten Büchern der geometrischen Anfangsgründe, 1773. 8.; 61) De Ornithone Varronis in Gisneri *script. rei rust.* Lips. 1774.; 62) Astronomische Vorlesungen; eine deutliche

Ans

Anweisung zur gründlichen Kenntniß des Himmels, Th. I. 1775., II. 1776.

§. 38.

Johann Gottfried **Brendel** (Th. 1. §. 31. S. 56.) geb. zu Wittenberg 1712. Febr. † 1758. Jan. 17., war zu Göttingen ins 20. Jahr 1738 — 1758. alt 26 — 46.

* Seine *opuscula* mathematici et medici argumenti, sind hernach gesammelt cura et cum *praef.* Henr. Aug. WRISBERG, tom. I-III. Goetting. 1769 - 1775. 4.

§. 39.

Johann Georg **Roederer** (Th. 1. §. 32. S. 58.) geb. zu Straßburg 1726. May 15. † 1763. Apr. 4., war zu Göttingen 11½ Jahre 1751 — 1763. alt 25½ — 37.

* I. Zu seiner Gelehrtengeschichte gehört noch Abr. Gotth. KAESTNER *elogium* (auch vorgedruckt vor ROEDERER *opusc.* Goetting. 1763.).

° II. Seine *opuscula* medica sind zusammengedruckt Goetting. 1763. 4. Seine *elementa artis obstetriciae* cum *adnot.* Henr. Aug. WRISBERG, sind neu herausgekommen, Goetting. 1766. 8.; so auch sein Tractat de morbo mucoso cum *praef.* H. A. WRISBERG, Goett. 1783. 8.

§. 40.

Johann Gottfried **Zinn** (Th. 1. §. 33. S. 60.) geb. zu Schwabach 1727. † 1759. Apr. 6., war zu Göttingen 6. Jahre 1753 — 1759. alt 26 — 32.

* I. GESNERI *biogr.* Goetting. vol. I. p. 157 - 172.

° II. Seine *descriptio anatomica oculi humani* iconibus illustrata ist neu erschienen: editio II. *supplemento* nouisque tabulis aucta ab Henr. Aug. WRISBERG, Goetting. 1780. 4.

§. 41.

§. 41.

Rudolf-Augustin Vogel (Th. 1. §. 78. S. 158.) geb. zu Erfurt 1724. May 1. † 1774. Apr. 5., seit 1770. auch Mitglied der hiesigen Societät der Wissen= schaften; war zu Göttingen 21. Jahre 1753 — 1774. alt 29 — 50.

* I. Sein *Elogium* von Chr. Gottl. HEYNE 1774. 4.

* II. Seit 1764. sind noch folgende Schriften von ihm erschienen: 25) Diff. de hydrope pectoris 1765.; 26) Diff. de alcali minerali; 27) Diff. definitiones generum morborum; 28) Diff. de infania longa; 29) Diff. de hydropis femiologia; 30; Diff. de analyfi chemica ad virtutes fimplicium determinandas perperam adhibita; 31) Diff. herniarum communia attributa et partitio; 32) Diff. de vtiligine; 33) Diff. de vfu vomitoriorum ad eiiciendos vermes; 34) Diff. de dyfenteriae curationi-bus antiquis; 35) Pathologia rheumatifmi; 36) Diff. ftymatofis, vulgo haemorrhagia penis dicta; 37) Diff. de catarrho pharyngis; 38) Diff. de varia conficiendi re-guli antimonii medicinalis ratione; 39) Diff. Mercurius vitae mercurii non expers, 1766.; 40) Dubia contra nociuum linimentorum fulphureorum vfum in fcabie; 41) Diff. de febre neruofa, 1767.; 42) Diff de partu ferotino valde dubio; 43) Diff. de nonnullis parentum deliciis in morbos infantum degenerantibus; 44) *Opufcu-la medica felecta* Vol. I. 1768. überfetzt von S. G. Vogel unter dem Titel: Auserlesene academische Schriften, Lems go 1778.; 45) Decas obferuationum phyfico - medico-chirurgicarum; 46) Diff. de non acceleranda fecundi-narum extractione; 47) Diff. de Pauli Aeginetae meritis in medicinam imprimis chirurgiam Prolufio I. 1768., II. 1769.; 48) Diff. de tuto et eximio veficatoriorum vfu in acutis; 49) Diff. Fluxus coeliaci genuina notio atque ratio expofita; 50) Diff. de curatione cancri occulti et aperti per aquam calcis viuae potam praeftita, 1769.; 51) Diff. de fimulatis morbis et quomodo eos dignofcere liceat; 52) Diff de variis calcinationis modis potioribus-que corporum inde oriundis mutationibus, 1770.; 53) Diff. de comparata euacuationis et correctionis medicae aeftimatione; 54) Diff. de chirurgia medicinae opem fla-
gi-

gitante;   55) Diſſ. de lienteria;   56) Diſſ. de hodierno
more examinandi aquas minerales nondum ab omnibus
repurgato, 1771.;   57) Schutzſchrift für das Mutterkorn,
als eine angebliche Urſache der ſogenannten Kriebelkrank-
heit, 8.;   58) Praelectiones academicae de cognoſcendis
et curandis praecipuis corporis humani affectibus, 1772.;
59) Diſſ. obſeruationum medico‑chirurgicarum biga,
1773.;   60) Progr. de aſthmate ſingulari ex cartilaginum
coſtarum oſſeſcentia.

§. 42.

Philipp Georg Schröder (Th. 1. §. 79. S. 159.)
geb. zu Marburg 1729. Apr. 21. † 1772. März 14.;
war zu Göttingen 8. Jahre 1764—1772. alt 35—43.

* Seine ſeit 1764. zu Göttingen herausgegebene Schriften ſind   15) Diſſ. de phrenitide et paraphrenitide 1765.;
16) Diſſ. ephemeris variolarum corpori ſuo inſitarum;
17) Diſſ. de febrium prodromis;   18) Diſſ. de puris absque praegreſſa inflammatione origine, 1766.;   19) Diſſ.
de amplitudine generis febrium bilioſarum;   20) Variolarum adultis quibusdam inſitarum hiſtoriae obſeruationi-
bus illuſtratae;   21) Diſſ. de haemoptyſi, 1767.;   22)
Diſſ. de cognitione inter arthritidem et calculum;   23)
Diſſ. de alienata bilis qualitate;   24) Diſſ. de apoplexiae
et praecordiorum vitiis origine;   25) Diſſ. de dyſenteria
analecta practica, 1768.;   26) Diſſ. de febrium putrida-
rum differentiis;   27) Diſſ. de coctionis atque criſeos in
febribus impedimentis;   28) Diſſ. de pleuritidum partitio-
ne, inprimis quoad febrium iis coniunctarum differentias,
1769.;   29) Diſſ. de haemorrhagiis febrilibus;   30) Diſſ.
de febrilibus metaſtaſibus;   31) Diſſ. de arthritide vaga;
32) Diſſ. circa variolarum diſtributionem ratione febrium
cum iis coniunctarum analecta, 1770.;   33) Diſſ. de viribus naturae debilioribus in febrium decurſu recte aeſti-
mandis;   34) Diſſ. de venaeſectionis in febribus inſtituen-
dae cautionibus, 1771.;   35) Diſſ. de febribus eryſipela-
toſis;   36) Diſſ. de haemorrhagia vteri;   37) Diſſ. de inflammatione diaphragmatis. Seine *Opuscula medica* hat I.
C. G. Ackermann zu Nürnberg 1778. 1779. in zwey
Octavbänden herausgegeben.

§. 43.

§. 43.

David Sigismund August **Büttner** (Th. 1. S. 80. S. 161.) geb. zu Chemnitz in Sachsen 1724. Nov. 28. † 1768. – – – war zu Göttingen 8. Jahre 1760-1768. alt 36 — 44.

* Im Druck ist zu Göttingen nichts von ihm erschienen.

§. 44.

Georg **Matthiä** (Th. 1. S. 81. S. 163.) geb. zu Schwesing im Schleswigischen 1708. März 20. † 1773. May 9.; war zu Göttingen als Professor 18. Jahre 1755 — 1773. alt 47 — 65.

* Ausser den im ersten Theil angeführten Schriften hat er noch 20) Neue Zusätze zu Tissots Unterricht zur Gesundheit des gemeinen Volks, Lüneb. 1768. 8. geliefert, und 21) das Register zu Gesners Ausgabe des Quintilians verfertigt. Dann sind noch von ihm 22) Diss. de vera sanitatis humanae notione, 1765.; 23) Diss. de Cornelii Celsi medicina, 1766.

4) Verstorbene ordentliche Lehrer der philosophischen Facultät.

§. 45.

Johann David **Koehler** (Th. 1. S. 34. S. 61.) geb. zu Colditz in Meissen 1684. Jan. 18. † 1755. März 11.; war zu Göttingen 19½. Jahre 1735 — 1755. alt 50½ — 71.

* I. GESNERI biogr. Goetting. vol. I. p. 173 - 200. Schmersahls vermischte Beytr. zur Gesch. jüngstverstorb. Gelehrten St. I.

* II.

° II. Nach seinem Tode ist noch von ihm herausgekommen: Anweisung für reisende Gelehrte 1762., und der Einleitung zur mittlern Geographie Th. 3. von G. Andr. Will 1765. Auch ist seine Teutsche Reichshistorie neu aufgelegt und fortgesetzt von G. Andr. Will 1767. Seine historische Münzbelustigungen betragen zusammen 22. Theile nebst einem Hauptregister von Joh. Gottfr. Bernhold, Nürnb. 1729-1764. 4.

° III. Die im ersten Theile (§. 34. d. Num. 8. S. 62.) angeführte Praef. ad WALTHERI *lex. diplom.* ist zwar auf dem in Kupfer gestochenen Titelblatte dieses Werkes angezeigt, aber nicht aus Koehlers Feder geflossen; wie schon BARINO in *clav. diplom.* (1752.) p. 10. 11. bemerklich gemacht hat. (S. auch Th. 1. §. 59. a. Num. 8. S. 107.).

§. 46.

Johann Matthias Gesner (Th. 1. §. 35. S. 63.) geb. zu Roth im Anspachischen 1691. Apr. 9. † 1761. Aug. 3.; war zu Göttingen 27. Jahre 1734—1761. alt 43 — 70.

° I. Io. Dav. MICHAELIS *memoria Gesneri* findet sich in GESNERI *biogr. Goetting.* vol. 1. p. 245-276. und eben. daselbst Io. Aug. ERNESTI *narratio de I. M. Gesnero ad Dav. Ruhnken* p. 277-328. Auch gehört hieher Io. Nic. NICLAS *epistola familiaris de Gesnero ad Eyringium* in der *biogr. Goetting.* vol. 3. p. 3-180., und Ier. Nic. EYRING *descriptio operum Gesneri*, eben daselbst p. 289-496. Das *elogium Gesneri* aus BRUCKER *pinacoth.* dec. 4. steht auch in GESN. *opusc.* tom. 5. hinter der Vorrede.

° II. Seine Lebensbeschreibungen Göttingischer Gelehrten sind gesammelt unter dem Titel: *Biographia academica Goettingensis*, ed. Ier. Nic. EYRING, III. tomi Hal. et Goetting. 1768. 1769. 8. (S. oben §. 1. II. S. 2.) Seine Isagoge in eruditionem vniuersalem ist nach seinem Tode noch herausgegeben *cum praelectionibus auctoris*, ed. Io. Nic. NICLAS tom. I. II. Lips. 1774. 8. Noch sind von ihm erschienen: Ad PLINII epistolas et panegyricum adnotationes auctiores 1770., und Bedenken über die ersten Studien eines Prinzen 1781.

§. 47.

§. 47.

Samuel Christian **Hollmann** (Th. 1. §. 82. S.
165.) geb. zu Stettin 1696. Dec. 3. — hörte 1784. in
seinem 88. Jahre auf Vorlesungen zu halten, fuhr jedoch
noch immer fort mit anderen gelehrten Arbeiten sich zu beschäfftigen.   Von seiner Magister-Promotion, die 1720.
zu Wittenberg geschehen war, erneuerte die dortige philosophische Facultät das fünfzigjährige Andenken durch ein
ihm zugeschicktes neues Diplom.   Selbst von seinem hiesigen Lehramte erlebte er schon im Herbste 1784. sein Ju-
biläum.   Eben in der nahen Hoffnung auch das bevorste-
hende Jubelfest der Universität mit zu feiern, starb er
1787. Sept. 4., nachdem er sein hiesiges Lehramt 53.
Jahre bekleidet hatte 1734—1787. alt 47¼—90¼.

○ I. In einer anonymisch von ihm herausgegebenen
Schrift unter dem Titel: Zufällige Gedanken 2c. Samml.
6. (Frankf. und Leipz. 1776. 8.) S. 73 - 170. finden sich
"einige (im Jahre 1776. von ihm selbst aufgesetzte) des
Verfassers Leben und Schriften betreffende Anecdoten." S.
auch Baldingers Biograph. jetzlebender Aerzte und Naturforscher B. 1. St. 3. S. 43. Seiner Jubelfeier ward im Uni-
versitätsprogramme zum Anniversarium im Sept. 1784.
unter dem Titel: Historiae naturalis fragmenta ex ostentis,
prodigiis et monstris, aus der Feder des Herrn Hofr. Heyne gedacht, dessen Rede an eben dem Tage diese Jubelfeier zum Hauptgegenstande hatte. Götting. gel. Anz.
1784. S. 1905. u. f.

○ II. Auch in der unterm 17. Aug. 1787. ausgefertig-
ten academischen Einladungsschrift zur bevorstehenden Uni-
versitäts-Jubelfeier (Georgiae Augustae inaugurationis
sacra anniuersaria quinquagesima adeoque semisecularia
sollenniore ritu festisque caerimoniis celebranda etc.)
ward unserm von der Inauguration her noch übrigen einzigen Lehrer zum voraus Glück gewünscht, daß er auch
davon das fünfzigjährige Andenken noch mit feiern würde,
wie sein bisheriger Gesundheitszustand es noch immer hoffen ließ.   Ich hatte also ganz darauf gerechnet, ihn noch
unter die jetztlebenden Lehrer der Universität mit aufführen zu können, als gerade zu der Zeit, da an diesem

Bogen schon in der Druckerey gearbeitet wurde, mir sein
Tod verkündiget ward, um ihn hier noch an seiner nun-
mehrigen Stelle unter den Verstorbenen einrücken zu können.

* III. Seine letzte Schriften sind: 73) Philosophiae
moralis seu ethices primae lineae, 1768. 8.; 74) Lob des
Krieges Th. I. 1765. Th. II. 1770. 8.; 75) Zufällige Gedanken über verschiedene wichtige Materien Samml. I-VI.
Frankf. und Leipz. 1771 — 1776. 8.; 76) Ermahnung
an seine bisherigen und etwa noch zukünftigen Zuhörer
1775. 4.; 77) Commentationum in regia societate scientiarum recensitarum sylloge II., Francof. et Lips. 1775. 4.,
edit. II.; accedit pentacrinorum aliorumque petrefacto-
rum marinorum maxime memorabilium breuis descriptio
cum sex tabulis aeneis, 1784. 4.; 78) Pneumatologiae,
psychologiae et theologiae naturalis paulo vberior per-
tractatio, 1780. 8.; 79) Illorum, quae per vniuersam
philosophiam, aut successiue ab ipsomet reperta, aut magis saltem ab illo illustrata et confirmata sunt, anacepha-
laeosis, 1781. 8.; 80) Nöthiger Unterricht von Barome-
tern und Thermometern, nebst zuverläßiger Nachricht von
den seit 1743. und 1752. in Göttingen verfertigten beiden
Arten, Götting. 1783. 8.

* IV. Noch am 18. May 1787. ließ er eine ausführlichere
Geschichte vom Anfange und Fortgange unserer Universität
auf Subscription ankündigen, wovon schon die Vorrede und
einige Bogen abgedruckt sind. Der Titel sollte seyn: "Die
Georg=Augustus=Universität zu Göttingen in der Wiege, in
ihrer blühenden Jugend und reiferem Alter; mit unpartheyischer Feder entworfen von einem ihrer ersten und nun allein noch übrigen academischen Lehrer." Das Werk soll
in der Handschrift schon so weit fertig seyn, daß der Abdruck ohne Zweifel noch seinen Fortgang erhalten wird.
Im Verzeichnisse der Lehrstunden, zu deren Eröffnung
der 15. Oct. 1787. auf unserer Universität bestimmt ist,
hatte der selige Mann noch vor wenigen Tagen folgende
Anzeige davon einrücken lassen: S. Chr. HOLLMANN
Totus in *absoluendo*, et in lucem publicam nunc *emittendo*,
versatur Opere, quod rerum, ad Academiam pertinentium,
memorabilium, *a primis* inde *initiis* ad praesentem vsque
aetatem gestarum, memoriae dicatum est: *miras* interea
temporis *factas* rerum *conuersiones* omnium oculis, vnico
quasi obtutu, obiiciens.

§. 48.

§. 48.

Johann Friedrich **Penther** (Th. 1. §. 36. S. 66.) geb. zu Fürstenwalde in der Mittelmark 1693. May 17. † 1749. Sept. 17.; war zu Göttingen 13. Jahre 1736 – 1749. alt 43 — 56.

* I. Gesneri *biogr. Goetting.* vol. 1. p. 201-214., Schmersahls Nachr. von jüngstverstorb. Gel. B. 1. St. 4. S. 747-751.

* II. Nach seinem Tode sind von seinen Werken noch folgende Ausgaben erschienen: Praxis Geometriae, Teutsch, 2. Theile, Augsb. 1755. fol.; Gnomonica fundamentalis et mechanica von Verfertigung allerhand Sonnenuhren Augsb. 1760. fol.; Bauanschlag, Augsb. 1765. fol. Auch erschien noch von ihm eine Abhandlung von Fehlern und Verbesserung der Kunstgestänge 1764.

§. 49.

Ludewig Martin **Kahle** (Th. 1. §. 48. S. 86.) geb. zu Magdeburg 1712. May 6. † 1775. Apr. 5. zu Berlin (alt 63.); war zu Göttingen 13½ Jahre 1737 – 1750. alt 25 – 38.

* Seit seinem Abzuge von Marburg nach Berlin sind keine weitere Schriften von ihm bekannt worden. Auf seine Schrift gegen Voltaire (Th. 1. §. 48. S. 87. Num. 15.) erfolgte von diesem *Réponse à Mr. Kahle*, und *Course réponse aux longs Discours d'un Docteur Allemand* in den *Melanges philosophiques* von Voltaire in der grossen Genfer Ausgabe seiner Werke B. 14. S. 195. u. f.

§. 50.

Christian Ernst **Simonetti** (Th. 1. §. 45. S. 78.) geb. zu Berlin 1700. Oct. 30. † 1782. Jan. 20. zu Frankfurt an der Oder (alt 81¼.); war zu Göttingen 10. Jahre 1738 — 1748. alt 38 — 48.

* Nach seinem Abzuge von Göttingen schrieb er noch: 9) Sendschreiben an seine Feinde und Nachsprecher, Ber-

lin

lin 1748.; 10) Die Grundregeln des vernünftigen Gottesdienstes der Christen über Matth. XXVII, 15-22.; 11) Sammlung vermischter Beyträge zum Dienst der Wahrheit, Vernunft, Freyheit und Religion, 4. Stücke, Leipz. 1749. 8.; 12) Gesammlete Gedanken des Glaubens und der Gottseligkeit über die letzten Reden der Mittlerliebe Jesu am Kreuz; 13) Predigten über verschiedene Wahrheiten des vernünftigen Gottesdiensts der Christen, Th. I – VI, Berlin und Potsdam 1750 - 1752. 8.; 14) Bußpredigten, Frankf. an der Oder 1751. 8.; 15) Gründliche Bemühungen des vernünftigen Menschen im Reiche der Wahrheit, ebendas. 1753. 8.

§. 51.

Andreas Georg **Wähner** (Th. 1. §. 37. S. 67.) geb. in der Grafschaft Hoya 1693. Febr. 24. † 1762. Febr. 21.; war zu Göttingen als Professor 24. Jahre 1738 — 1762. alt 45 — 69.

§. 52.

Andreas **Weber** (Th. 1. §. 84. S. 172.) geb. zu Eisleben 1718. März 27. kam 1770. als ordentlicher Lehrer der Philosophie und ausserordentlicher Lehrer der Theologie nach Kiel, wo er bis an sein Ende geblieben ist † 1781. May 26. (alt 63.); war zu Göttingen 20. Jahre 1750 - 1770. alt 32 — 42.

* Seine Kielische Schriften sind: Commentatio de prima Melanchthonis locorum communium editione, Kil. 1771.; Progr. vtrum Iudaeus Mosi vt legislatori solum non ob miracula, quibus conspicuus erat, religiosam obedientiam debeat? Entwurf eines bestimmten Begriffs der Gelehrsamkeit 1772.

§. 53.

Tobias **Mayer** (Th. 1. §. 38. S. 68.) geb. zu Marbach im Würtenbergischen 1723. Febr. 17. † 1762.
Febr.

Febr. 20.; war zu Göttingen 11. Jahre 1751—1762. alt 28—39.

* I. Für die Mondstafeln, welche er 1758. an die Admiralität von Großbritannien geschickt hatte, um die Bestimmung der Meereslänge dadurch befördern zu helfen, ist durch eine Parlamentsacte vom 20. März 1765. seinen Erben noch eine Belohnung von drey tausend Pfund Ster-lings zugebilliget worden, deren Genuß seiner Wittwe und zwey Söhnen sehr zu statten gekommen. Von den Mond-tafeln selbst ist noch folgendes zum Druck gekommen: Ta-bulae lunares cum supplementis Caes. Fr. CASSINI, Ios. H. Fr. DE LA LANDE et Max. HELL, 1764.; Cor-rections de ces Tables par J. Silvain BAILLY 1766.; Ta-bularum motuum solis et lunae et longitudinum metho-dus promota 1770.; Tabulae lunares nouae et correctae iuxta editionem Londinensem, Vienn. 1771. 8.; edit. Ant. PILGRAM 1772.; corrected by K. MASON 1773. für Berlin eingerichtet von G. El. Bode, 1777.

* II. Eine Sammlung seiner ungedruckten Werke ist unter folgendem Titel angefangen: Opera inedita vol. I. ed. Ge. Chph. LICHTENBERG, Goetting. 1774. fol. Darin finden sich von den Schriften, die ich im I. Th. (S. 70.) angezeigt habe, Num. 3. 4. 6. 7. 8. 9. 12. Eini-ge besondere Umstände von Tob. Mayer und seinen hinter-lassenen Manuscripten finden sich in J. H. Lamberts von Bernoulli herausgegebenem Teutschen Briefwechsel B. 2. S. 431. u. f.

§. 54.

Johann Michael Franz (Th. 1. §. 39. S. 71.) geb. zu Oehringen 1700. Sept. 14. † 1761. Sept. 11.; war zu Göttingen 6. Jahre 1755—1761. alt 55—61.

* Verschiedene Nachrichten von ihm finden sich in Bü-schings Beyträgen zur Lebensgeschichte denkwürdiger Per-sonen Th. 3.

§. 55.

Georg Moriz Lowitz (Th. 1. §. 55. S. 100.) geb. zu Fürth 1722. Febr. 17. † 1774. Aug. 13. (alt 52.);

52.); war zu Göttingen 8½ Jahre 1755 — 1763. alt 33 — 41.

* I. Von ihm sind noch nachzusehen: BERNOULLI *nouvelles astronomiques*, Berl. 1776., Ein Schreiben an, und eines von Kästner im Teutschen Museum 1776. Febr. und 1777. März; wie auch Büschings Beytr. zur Lebensgesch. denkw. Pers. Th. 3.

* II. Er ward 1764. Professor zu Petersburg; machte 1770. zu Gurjew im Orenburgischen Gouvernement Beobachtungen der Venus vor der Sonne; besorgte hernach den neuen Canal bey Dmitriewsk im Astrachanischen Gouvernement; erfand einen neuen Hygrometer von Schiefer; kam aber auf eine äusserst unglückliche Weise ums Leben, da er einer Rotte des Pugatscheffs in die Hände fiel, von der er gespießt wurde. Büschings wöchentliche Nachrichten 1775. S. 56. u. f.

* III. In der Vandenhoeckischen Buchhandlung werden noch 10. fertig gestochene Segmente zu seinen in Arbeit gehabten großen Weltkugeln verkauft; wie auch Risse, die er von dem von Bussischen Hause zu Hannover in 14. gestochenen Kupferplatten verfertiget hat. S. vollständ. Verzeichn. der Bücher der Vandenhoeckischen Buchhandlung Th. 1. (1785.) S. 1097.

* IV. Zu seinen Schriften gehört auch noch: Auszug aus den Beobachtungen, welche zu Gurief bey Gelegenheit des Durchgangs der Venus vorbey der Sonnenscheibe angestellet worden, S. Petersburg 1770. 4., und ein Aufsatz von seinen Wahrnehmungen, die er zu Saratow gemacht hat, in den neuen commentariis academiae Petropolitanae, tom. 20. Patrop. 1776. Noch sind viele Aufsätze von ihm in den Hannöverischen gelehrten Anzeigen, und einen großen Theil der neuern Homannischen Landcharten hat man ihm zu danken, ob sie gleich meist ohne seinen Namen erschienen sind.

§. 56.

Otto David Henrich **Becmann** (Th. 1. §. 86. S. 176.) geb. zu Dewitz im Mecklenburg = Strelitzischen 1722. Jun. 29. † 1784. März 19. Im Jahre 1764. ward

warb er ein Mitglied der hiesigen Polizeycommission;
1770. bekam er den Hofraths=Titel; Als Professor war
er zu Göttingen 31. Jahre 1753—1784. alt 31—62.

* I. **Weidlichs** biogr. Nachr. Th. 1. (1781.) S. 57.,
Th. 4. (1785.) S. 31. Joh. Chr. **Koppe** jetztleb. gel.
Mecklenb. St. 3. (Rost. und Leipz. 1784. 8.) S. 18-29.

* II. Er schrieb noch: Ursachen, warum man mehr
die Kriegsbegebenheiten bewundert, als die Friedensgüter
mit Dankbarkeit genießt, 1763. Nach seines Bruders,
Gustav Bernhards Tode besorgte er die Ausgabe von dessen rechtlichen Bedenken unter dem Titel: B E C M A N N O-
R V M fratrum *consultationum et decisionum iuris*, quás
post obitum b. fratris G. B. B E C M A N N I edidit, O. D.
H. B E C M A N N V S, iuncto breui b. fratris vitae curri-
culo, Goetting. tom. I. 1783., II. 1784. 4.

§. 57.

Johann Philipp **Murray** (Th. 1. §. 88. S. 179.)
geb. zu Schleswig 1726. Jul. 30. † 1776. Jan. 12.;
war zu Göttingen als Professor 21. Jahre 1755—1776.
alt 29—50.

* I. Von ihm sind noch nachzusehen **Büschings** wöchentliche Nachrichten 1776. St. 6. und 21., C. G. H E Y-
N E *elogium*, Abr. Gotth. **Kästners** Lobrede.

* II. Von seinen weiteren Schriften sind hier noch zu
merken: 15) Diss. de itineribus Otheri et Wulfstani, a
rege Alfredo descriptis 1765.; 16) Diss. de Runis, 1767.;
17) Rede am Geburtsfeste des Königs, 1768.; 18) Historia annua societatis regiae, 1769.; 19) Traucrede
auf des Curators Freyherrn von Münchhausen Excellenz
1770.; 20) Descriptio terrarum septentrionalium saeculis IX-XI. ex Adamo Bremensi et aliis; 21) De Britan-
nia atque Hibernia saeculis VI-X. litterarum domicilio;
22) Probe einer geographischen und historischen Beschreibung Irlands, 1771.; 23) Hibernia superata ab Henrico II.; 24) De coloniis Scandicis in coloniis Britannicis;
25) Von dem ältesten Norwegischen Geschichtschreiber,
dem Mönche Theoborich im 12ten Jahrhundert; 26) An-

tiquitates ſeptentrionales et Britannicae atque Hibernicae
inter ſe comparatae, 1772.; 27) De re nauali veterum
ſeptentrionalium, 1773.; 28) Achenwalls Europäiſche
Staatengeſchichte vermehrt herausgegeben, und bis auf die
neueſten Zeiten fortgeſetzt, Götting. 1773.; 29) De Py-
thea Maſſilienſi, 1775.; 30) Diſſ. de Philippa regina.

§. 58.

Chriſtian Adolf Kloß (Th. 1. §. 93. S. 186.)
geb. zu Biſchofswerda in Meiſſen 1738. † zu Halle 1771.
Dec. 31. alt 33.; war zu Göttingen 3. Jahre 1762—
1765. alt 24—27.

* I. Carl Renat. Hauſen Leben und Character Klot-
zens, Halle 1772. 8.

✚ II. Seine zu Halle herausgegebene Schriften ſind:
30) Diſſ. de vitiis tragoediarum, quae Senecae tribuun-
tur 1765.; 31) Hiſtoria nummorum contumelioſorum
et ſatyricorum, 8.; 32) Auctarium iurisprudentiae nu-
mismaticae a C. F. Hommelio editae, 8.; 33) Hiſtoria nummorum obſidionalium; 34) Opuſc. varii argumenti 8.; 35) Carmina omnia 8.; 36) Ueber das Studium des
Alterthums 1766. 8.; 37) Diſſ. de veterum poetarum interpretatione 1766.; 38) Editio Saxonis Grammatici cum
coniecturis et prolegomenis 1772.

§. 59.

Georg Chriſtoph Hamberger (Th. 1. §. 91. S.
183.) geb. zu Feuchtwang im Anſpachiſchen 1726. März
28. † 1773. Febr. 8.; war zu Göttingen als Profeſſor
18. Jahre 1755—1773. alt 29—47.

* Seine fernere Schriften ſind: 7) Kurze Nachrichten
von den vornehmſten Schriftſtellern vor dem XVI. Jahrhundert, Lemgo Th. I. II. 1766. 8.; 8) Das gelehrte
Teutſchland oder Lexicon der jetztlebenden Teutſchen Schriftſteller, Lemgo 1767. 1768. und Nachtrag dazu 1770.;
neue durchgehends vermehrte und verbeſſerte Auflage 1772.;
III. Ausgabe von Joh. Ge. Meuſel 1776., IV. 1783. 8.;
9) *Directorium hiſtoricorum medii potiſſimum aeui*; poſt
Marqu.

Marqu. Frehervm et iteratas Io. Dav. Koeleri curas *recognouit, emendauit, auxit*, Goett. 1772. 4.

§. 60.

Johann Andreas **Dieze** (Th. 1. §. 103. S. 197.) geb. zu Leipzig 1729. Sept. † 1785. Sept. 24. zu Mainz (alt 56.); war zu Göttingen als Professor 20. Jahre 1764—1784. alt 35—55.

* I. Er ward 1770. zu Göttingen professor philos. ordinarius; verließ aber Göttingen im Herbste 1784., da er einem nach Mainz erhaltenen Rufe als churfürstlicher Hofrath, Professor und Bibliothecarius folgte, wo er jedoch nur noch kurze Zeit lebte. Die hiesige Societät der Wissenschaften hatte ihn noch im Nov. 1784. zu ihrem Correspondenten ernannt.

° II. Von ihm sind noch zu Göttingen übersetzt worden: 1. Jos. Velasquez Geschichte der Spanischen Dichtkunst 1767.; Die Spanische und Portugiesische Geschichte in Guthries allgemeiner Weltgeschichte Th. 12. (Leipz. 1774. 8.) vermehrt und berichtiget; Pet. Ant. de la **Puente** Reise durch Spanien 1775. 8.; Ant. von Ulloa physische und historische Nachrichten vom südlichen und nordöstlichen America 1781. 8.

§. 61.

Johann Christian Polycarp **Erxleben** geb. zu Quedlinburg 1744., studierte zu Göttingen, ward daselbst 1767. Magister, und nach einer gelehrten Reise 1771. ausserordentlicher, 1775. ordentlicher Professor der Philosophie, auch 1774. Mitglied der Societät der Wissenschaften. Auch war er seit 1771. Mitglied der Batavischen Societät der Experimental-Philosophen zu Rotterdam, † 1777. Aug. 19.; war zu Göttingen als Professor 6. Jahre 1771—1777. alt 27—33.

° I. Abr. Gotth. Kaestneri *elogium I. P. C. Erxleben.*

° II.

* II. Seine Schriften sind: 1) Diss. sistens diiudica-
tionem systematum animalium mammalium, Goetting.
1767.; 2) Anfangsgründe der Naturgeschichte Th. I-II.
Göttingen und Gotha 1768. 8. (II. Aufl. 1774.; vermehrt
von Gmelin 1782.); 3) Betrachtungen über die Ursachen
der Unvollständigkeit der Mineralsysteme; 4) Betrachtungen über das Studium der Vieharzneykunst, 1769.; 5)
Einleitung in die Vieharzneykunst; (ins Holländ. übersetzt,
Haag 1771.); 6) Progr. de dubiis a Bergio contra insi-
tionem luis bouillae nuper propositis; 7) Practischer
Unterricht in der Vieharzneykunst; 8) Das Licht der Natur von Eduard Search aus dem Englischen übersetzt,
Th. I. 1771. 8., Th. II. 1772. 8.; 9) Oratio de arte vete-
rinaria errores suos expurgante; 10) Für die Einimpfung
der Hornviehseuche; 11) Anfangsgründe der Naturlehre,
1772. 8. II. Aufl. 1777.; 12) Betrachtungen über den
Unterricht der Naturgeschichte auf Academien, 1773. 8.;
13) Vitets Unterricht in der Vieharzneykunst, aus dem
Französ. übersetzt und mit Anmerkungen versehen, Th. I-II.,
Lemgo 1773-1776. 8.; 14) Physicalische Bibliothek oder
Nachricht von den neuesten Büchern, die in die Naturkunde einschlagen B. I-III. 1774-1776.; 15) Pallas Naturgeschichte merkwürdiger Thiere, aus dem Lateinischen,
Berlin und Stralsund 1774. 8.; 16) Anmerkungen über
das Mayerische Farbendreyeck, 1775.; 17) Anfangsgründe
der Chemie; 18) Versuche, die Blacksche Theorie von
Kälte betreffend, 1776.; 19) Chemische Abhandlungen
B. I.

---

5) Verstorbene ausserordentliche Lehrer der Got= tesgelehrtheit.

---

§. 62.

Christian **Kortholt** (Th. 1. §. 19. S. 34.) geb.
zu Kiel 1709. März 30. † 1751. Sept. 21.; war zu
Göttingen 9⅓. Jahre 1742—1751. alt 33—42.

* Stolte Göttingische gel. Nachr. 1745. S. 427. u. f.

6) Verstorbene ausserordentliche Lehrer der Rechte.

§. 63.

Gottfried **Sellius** (Th. 1. §. 47. S. 85.) geb. zu Danzig . . . . † 177. . . Er besaß eine beträchtliche Bibliothek und Sammlung von Conchylien und Gemählben. Erstere ist 1737. 1739. zu Leipzig verkauft. Seit 1750. hat er sich zu Paris aufgehalten, und Bücher geschrieben. Zu Göttingen war er nur 1. Jahr 1735 — 1736.

* I. *France litteraire* 1769. tom. 1. p. 404.

* II. Zu seinen Schriften gehören noch folgende: I. F. Christ *dictionnaire des monogrammes*, traduit et augmenté, Paris 1750. 8.; *Recueil des traités de Medecine; Description du Brabant; Voyage de la Baye de Hudson* par H. Ellis; *Histoire naturelle de l' Islande; Histoire des anciennes revolutions de globe terrestre; Traduction des Satyres* de Rabener avec M. du Jardin; *Histoire des Provinces - unies; Les Anti - feuilles.* In der allgemeinen Geschichte der Reisen zu Wasser und zu Lande, B. 19. Leipz. 1769. 4. findet sich auch ein Auszug von Gmelins Sibirischer Reise, die Sellius für Herrn de Lisle übersetzt hatte. Götting. gel. Anz. 1771. Zug. S. 167.

* III. In I. M. Gesneri *praelectionibus ad isagogen in eruditionem vniuerfalem*, ed. Io. Nic. Niclas tom. 2. (Lips. 1775. 8.) p. 660. wird er als ein Beyspiel angeführt, daß reiche Heirathen, wenn sie nicht mit guter Wirthschaft verbunden sind, nicht glücklich machen: "Vxor professoris noftri S°°° minimum centum millia florenorum Belgicorum dote acceperat. Et, quum scholas haberet, in auditorio candelabra et emunctoria conspiceres argentea, et quae funt his fimilia. Pecunia omnium opinione citius erat consumta; nunc Parisiis relationes publicas scribit. Iam vt ex vita Rabneri epistolis eiusdem praefixa cognoui, docet ibi linguam Germanicam."

§. 64.

§. 64.

Christian Ludewig **Scheidt** (Th. 1. §. 28. S. 53.) geb. im Hohenlohischen 1709. Sept. 26. † 1761. Oct. 25. zu Hannover, alt 52.; war zu Göttingen als Professor nur 1. Jahr 1738. 1739. alt 29. 30.

> ° Eine ausführliche Lebensbeschreibung findet sich von ihm in Büschings Beyträgen zur Lebensgeschichte denkwürdiger Personen, Th. 3. (Halle 1785. 8.) S. 265 — 316.; unter andern (S. 286 - 296.) ein eigner Artikel von seinem Einfluß in die Angelegenheiten der Göttingischen Universität, da ihn Münchhausen bey verschiedenen Vorschlägen, z. B. Mosheims Stelle zu ersetzen, die cosmographische Gesellschaft nach Göttingen zu verpflanzen ꝛc. in den Jahren 1751. 1755. zu Rathe gezogen.

§. 65.

Philipp Henrich **Seyberth** geb. im Naffauischen 173. . . . † 1769. Oct. 14., studierte zu Göttingen, ward daselbst Doctor 1767., begleitete einen Freyherrn von Lüttichau aus Norwegen auf einer großen Reise in Frankreich und Italien, ward 1768. Aug. 18. zum ausserordentlichen Lehrer der Rechte zu Göttingen ernannt, starb aber, nachdem er 1769. von jener Reise zurückgekommen war, noch in eben dem Jahre; Ein Mann, der ausserordentliche Talente und selten mit einander verbundene mathematische, philologische und juristische Kenntnisse besaß, zugleich von der besten Gemüthsart und ein Verehrer der Religion war. Sein frühzeitiger Tod war ein wahrer Verlust für die Universität und für die juristische Litteratur.

> * Seine Schriften waren seine Inauguraldisputation de reditu annuo, praesertim vitali, tontina ac fiscis viduarum, 1767.; und ein Programma: Commentatio de diverso syndicorum in Graecia et Latio munere 1768. Auch waren von ihm die juristischen Recensionen in den Götting. gel. Anz. 1769.

7) Vers

7) Verstorbene ausserordentliche Lehrer der Arzney-gelehrsamkeit.

§. 66.

Johann Jacob Huber (Th. 1. §. 52. S. 96.) geb. zu Basel 1707. Sept. 11. † 1778. Jul. zu Cassel, alt 71.; war zu Göttingen 3. Jahre 1739 - 1742. alt 32 - 35.

> * Zu seinen Casselischen Schriften gehören noch 16) Progr. de cicuta, 1764.; 17) Errores aliquot rei medicae populares 1767.; 18) Epistolae ad Albertum Hallerum 1773.; 19) Vom Hervortreten der Lunge unter die Haut über dem Schlüsselbeine 1774.; 20) Quaedam de ortu hominis 1777.

8) Verstorbene ausserordentliche Lehrer der philosophischen Facultät.

§. 67.

Anton Rougemont (Th. 1. §. 40. S. 72.) geb. zu Paris 1699. † 1751. Dec. 28.; war zu Göttingen 16. Jahre 1735 — 1751.

§. 68.

Wolf Balthasar Adolf von Steinwehr (Th. 1. §. 53. S. 98.) geb. in der Neumark 1704. Aug. 9. † 1771. zu Frankfurt an der Oder, alt 67.; war zu Göttingen nur 3. Jahre 1738 — 1741. alt 34 — 37.

> * Zu seinen Schriften gehören noch: Or. de historiarum cognitionis iurisque naturae et gentium scientiae nexu, 1742.; Or. ob pacem redditam 1745.; Diss. de notione obicu-

obſcuritatis in dicendo ſcribendoque, 1746.; Or. pro ingenio Germanorum, 1750.; Diſſ. vtrum beſtias necaré
liceat ſecundum ius naturae 1756.

§. 69.

Friedrich Wilhelm **Kraft** (Th. 1. §. 20. S. 35.)
geb. zu Krautheim im Sachſen ‒ Weimariſchen 1712.
Aug. 19. † 1758. Nov. 19. zu Danzig, alt 46.; war
zu Göttingen nur 3. Jahre 1747 ‒ 1750. alt 35 ‒ 38.

* **Bruckers** Bilderſaal zehntes Zehend; Beyträge zu
den actis hiſt. eccl. B. 2. S. 113.; **Schroeckh** unpartheyiſche Kirchenhiſt. Th. 4. (Jen. 1766. 4.) S. 499 -
502.

§. 70.

Chriſtian Ernſt von **Windheim** (Th. 1. §. 54.
S. 99.) geb. zu Wernigerode 1722. Oct. 29. † 1766.
zu Erlangen alt 44.; war zu Göttingen nur 3. Jahre
1747 ‒ 1750. alt 25 ‒ 28.

* Von ihm ſind noch einige Mosheimiſche Schriften
herausgegeben, als das allgemeine proteſtantiſche Kirchenrecht 1760. und Streittheologie der Chriſten Th. I - III.
1765.

§. 71.

Rudolf **Wedekind** (Th. 1. §. 98. S. 191.) geb.
zu Horſt im Hannoveriſchen 1718. † 1778. Jan. 12.;
war zu Göttingen als Profeſſor 28. Jahre 1750 ‒ 1778.
alt 32 ‒ 60.

* Zu ſeinen Schriften gehören noch: 25) Kurzer Vortrag vom Ziele des menſchlichen Lebens 1767. 8.; 26)
Verſuch einer Erklärung der ſchweren Schriftſtelle Apg.
1, 6. 7. 1768. 8.; 27) Supellex libraria ſcholae Goettingenſis 1772.; 28) Abhandlung von der Spahrſamkeit
1773. 8.; 29) Der Hauslehrer, eine Wochenſchrift 1775.
8.; 30) Heilſame Vorträge zur Vertreibung müßiger
Stun-

Stunden, eine Wochenſchrift 1776. 8.; 31) Göttingiſche
Nebenſtunden, eine Wochenſchrift 1777. 8.

§. 72.

Johann Tompſon (Th. 1. §. 99. S. 192.) geb.
zu London 1693. Apr. 25. † 1768. Oct. 26.; war zu
Göttingen als Profeſſor 17. Jahre 1751 — 1768. alt
58 — 75.

* Von ſeinen Engliſh Miſcellanies erſchien die IV. Auflage in 2. Bänden 1766. 8.

§. 73.

Gerhard von Hemeſſen (Th. 1. §. 56. S. 102.)
geb. zu Bremen 1722. Jul. 10. † 1783. Apr. 29. zu
Bremen, alt 61. Von Aachen war er noch als Prediger nach Bremen gekommen, wo er bis an ſein Ende geblieben iſt. Zu Göttingen war er nur 3. Jahre 1751.
Dec. — 1755. Febr. alt 29—33.

* Zu ſeinen Schriften gehören noch: Gebete und Lieder für Seefahrende und deren Verwandten (vom Pfarrer
Blumenbach zu Bremen), die er mit einer eignen Abhandlung begleitet herausgegeben, Brem. 1779. 8.

§. 74.

Auguſt Benedict Michaelis (Th. 1. §. 57. S.
102.) geb. zu Halle 1725. März 26. † 1768. alt 43.;
war zu Göttingen nur 3. Jahre 1753 - 1756.

* Zu ſeinen Schriften gehören noch: Gedanken über
Fehler heutiger Geſchichtſchreiber, Hamb. 1761.; Vor-
züge neuerer Geſchichtſchreiber vor denen in älteren und
mittleren Zeiten 1762.

§. 75.

§. 75.

Johann Tobias **Koehler** (Th. 1. §. 101. S. 195.)
geb. zu Altorf 1720. Jan. 17. † 1768. Dec. 26.; war
zu Göttingen als Professor 9. Jahre 1759 — 1768. alt
39 — 48.

᷑ Zu seinen Schriften gehöret noch: Sammlung neuer
Reisebeschreibungen aus fremden Sprachen, besonders der
Englischen, übersetzt und mit Anmerkungen erläutert B. 1.
Abth. 1. 1767. 8.

§. 76.

Ernst Adolf **Weber** geb. 175... im Mecklenbur-
gischen, studierte zu Göttingen, ward daselbst 1777. Magister, 1778. Universitätsprediger und 1779. prof. phil.
extraord. folgte aber bald hernach 1780. einem Rufe nach
Jena als prof. ord. theol. † 1781. Aug. 26. zu Jena.
Zu Göttingen war er als Professor kaum 1. Jahr 1779.

* Seine Schriften sind: Diss. de gloria Dei 1777.;
Versuch über die Aehnlichkeit mit Gott 1778.; Predigten 1780.

§. 77.

Michael **Hißmann** geb. zu Hermannstadt in Siebenbürgen 1752. Sept. 25., studierte zu Göttingen,
ward daselbst 1776. Magister, 1782. prof. phil. extraord. † 1784. Aug. 14.; war zu Göttingen als Professor nur 2. Jahre 1782 – 1784. alt 30 – 32.

᷑ Aus Hißmanns Feder sind folgende Schriften geflossen: 1) Rede vom Flore Siebenbürgens unter Theresien
und Joseph, Götting. 1776.; 2) Diss. de infinito; 3)
Geschichte der Lehre von der Association der Ideen nebst
einem Anhang vom Unterschied unter associirten und zusammengesetzten Begriffen und den Ideenreihen; 4) Psy-
chologische Versuche, ein Beytrag zur esoterischen Logik;
5) Ueber Sprache und Schrift, aus dem Französischen
des Präsidenten von Brosses übersetzt und mit Anmer-
kun-

lungen begleitet, 2. Theile, Leipz. 1777. 8.; 6) Bemer=
kungen über einige Regeln für den Geschichtschreiber philo=
sophischer Systeme; über Dutens Untersuchung, und über
die angebohrnen Begriffe des Plato, Descartes und Leib=
niß (im Teutschen Mercur 1777. Num. 10.); 7) Ueber
den Hauptzweck dramatischer Poesie (im Teutschen Mu=
seum 1777. Dec.); 8) Briefe über Gegenstände der Phi=
losophie an Leserinnen und Leser, Gotha, 1778. 8.; 9)
Anleitung zur Kenntniß der auserlesenen Litteratur in al=
len Theilen der Philosophie, Göttingen und Lemgo; 10)
Magazin für die Philosophie und ihre Geschichte aus den
Jahrbüchern der Academien angelegt, Band I - VI., Göt=
tingen und Lemgo 1778 - 1783.; 11) Versuch über den
Ursprung der menschlichen Erkenntniß; aus dem Französi=
schen des Abbe Condillac, Leipz. 1780. 8.; 12) Unter=
suchung über den Stand der Natur, Berlin; 13) Ueber
die Shanscrita, im Götting. Magazin 1780. St. 5.; 14)
Neue Welt = und Menschengeschichte, aus dem Französ.
mit Zusätzen und Anmerkungen versehen. Alte Geschichte
Band I - V. Münster und Leipzig 1781 - 1784. Neuere
Geschichte, Band I - II., ebendas. 1781 - 1782. gr. 8.;
15) Abhandlungen und Auszüge der königlichen Academie
der Inschriften und schönen Wissenschaften zu Paris in
Classen gebracht. Alte Geschichte und Zeitrechnung Asiens,
Band I. Aus dem Französ. mit Anmerkungen, Leipz.
1782. gr. 8.; 16) Versuch über das Leben des Freyherrn
von Leibnitz, Münster 1783. 8.; 17) Demeunier über
Sitten und Gebräuche der Völker; Beyträge zur Geschich=
te der Menschheit herausgegeben und mit einigen Abhand=
lungen vermehrt, Nürnberg 1783. gr. 8. (die Abhandlun=
gen sind nicht erschienen). Mehrere Aufsätze von ihm über
Gegenstände der Philosophie und ihrer Geschichte findet
man im Hannoverschen Magazine und in der Göttingischen
Wochenschrift: Heilsame Vorträge; auch Recensionen in
der Lemgoer auserlesenen Bibliothek und anderwärts.

9) Verſtorbene Privatdocenten.

§. 78.

Von ehemaligen hieſigen Privatlehrern, die ich im erſten Theile noch als lebend angeführt habe, ſind ſeitdem folgende mit Tode abgegangen: I) Von juriſtiſchen 1) Johann Georg **Wernher** (a) (Th. 1. §. 61. S. 108.) † 1786. Jan. 26.; 2) Jobſt Johann Chriſtoph **Wris-berg** (Th. 1. §. 61. S. 108.) † . . . . .; 3) Michael Lorenz **Willich** (Th. 1. §. 105. S. 199.) † 1769.; 4) Johann Henrich **Falkenhagen** (Th. 1. §. 105. S. 200.) † 1784. Jul. 3.; II) Von mediciniſchen 1) Friedrich **Linekogel** (Th. 1. §. 62. S. 109.) † . . . . .; 2) Johann David **Grau** (Th. 1. §. 106. S. 201.) † 1768.; III) Von philoſophiſchen 1) Johann Chriſtian **Göze** (Th. 1. §. 63. S. 110.) † 1768.; 2) Franz Dominicus **Häberlin** (b) (Th. 1. §. 63. S. 110.) als

geheis

(a) Von **Wernher** ſind noch gedruckt: 6) Betrachtungen über die natürliche und geoffenbarte Religion, 1777. 8.

(b) Außer denen im erſten Theile ſchon angeführten Schriften hat **Häberlin** ferner herausgegeben: 20) De vera epocha electionis et mortis Henrici Raſponis, Thuringiae Landgravii et Romanorum regis, 1742. 4.; 21) Progr. de R. Reineccii meritis in hiſtoriam et academiam Iuliam, Helmſtaedt 1746. 4.; 22) Entwurf der politiſchen Hiſtorie des XVIII. Jahrhunderts, Hannover 1746. 8. Zweyte durchgehends vermehrte, und mit tüchtigen Beweisthümern und benöthigten Stammta' In verſehene Ausgabe, Th. I. 1748. 8.; 23) Abriß ein vollſtändigen Hiſtorie der pragmatiſchen Sanction Carls des VI. Helmſt. 1746. 8.; 24) Nachricht von der Republik Genua und den Urſachen ihres jetzigen Schickſals, Th. I. Leipzig und Hannover 1747. 8.; 25) Gedanken von dem von der Krone Frankreich in dem jetzigen Feldzuge in den Niederlanden

bes

geheimer Juſtißrath und ordentlicher Lehrer des Staatsrechts und der Geſchichte zu Helmſtädt † 1787. Apr. 20.;
3)

begangenen politiſchen Fehlern, 4.;   26) Ehrengedächtniß
Franz Dominicus Krauſens; 27) Gedanken und Erläuterungen über die Aachiſche Friedenspräliminarien, 1748. 8.;
28) Statuta Sufatenſia Latina; 29) Diſſ. de lite inter domus Bauaricam et Palatinam ſuper exercitio S. R. I. vi-
cariatus Rhenani amice compoſita; 30) Catalogus bibliothecae F. C. Conradi, cum praefat. 1749. 1750. 8.; 31)
Diſſ. de Conr. Koellino, ordin. Praed.; 32) Trauerrede
auf die Kaiſerinn Eliſabetha Chriſtina, 1751. fol.; 33)
Diſſ. de Friderici Dan. et Noru. principis hered. iuſta et
legitima poſtulatione in Adiutorem epiſcopatus Lubecenſis, 1758.; 34) Progr. ſelecta quaedam de S. Michaele,
archangelo, eius apparitionibus, feſtis et cultu, inprimis
in monte Gargano atque in monte Tumba, illucque factis peregrinationibus; 35) Diſſ. de Auſtraegis generatim, nec non de iure auſtraegarum S. R. I. ciuitatis Vl-
manae, 1759.; 36) Diſſ. de priuilegio electionis fori auguſtae domus Brunſuico-Luneburgicae, 1760. 4.; 37)
Hiſtoriſche Nachricht von Einführung der Souverainität
und Erbgerechtigkeit im Königreich Dännemark, Wolfenb.
und Helmſt. 4.; 38) I. G. Pertſchii et F. D. Haeberlinii
annotationes in I. I. Schmauſſii compendium iuris publici S. R. I. Brunſuig. et Helmſt. 1761.; 39) Entwurf einer pragmatiſchen Teutſchen Reichshiſtorie, Helmſt. 1763.;
40) Anhang oder Staatsverfaſſung des Teutſchen Reichs
vom Kaiſer Maximilian I. bis auf Carl VI. Tod; 41)
Analecta medii aeui, Norimb. et Lipſ. 1764. 8.; 42)
Diſſ. de ficto quodam marchionatu Slesuicenſi et in illum
inique praetenſo S. R. G. imperii iure, Helmſt. 1767. 4.;
(Iſt unter ſeines Collegen Fricks Vorſitze von Matthieſen
vertheidigt worden); 43) Welthiſtorie in einem pragmatiſchen Auszuge — Neue Geſchichte, Band I - XII. Halle 1767 - 1773. gr. 8. (Iſt eigentlich eine Geſchichte des
Teutſchen Reichs bis 1546., fortgeſetzt in folgendem Werke): 44) Neueſte Teutſche Reichsgeſchichte vom Anfang
des Schmalkaldiſchen Kriegs bis auf unſere Zeiten, Band
I - XX. Halle 1774 - 1786. gr. 8.; 45) Römiſches Con-
clave, Leipz. und Helmſt. 1769. 8.; 46) Kleine Schriften
vermiſchten Inhalts aus der Geſchichte und dem Teutſchen
Staats-

3) Ernst August Bertling (Th. I. §. 63. S. 112.)
† 1769. Aug. 10.; 4) Friedrich Andreas Walther
(Th. I. §. 63. S. 113.) † 1769. März 26.; 5) Joh.
Michael Müller (Th. I. §. 104. S. 198.) † 1777.
Jul. 31.; 6) Johann Henrich von Justi (c) (Th. I.
§. 63. S. 113.) † zu Cüstrin 1771. Jul. 20.; 7) Frie‑
drich Wilhelm Stromeyer (Th. I. §. 107. S. 202.)
† 1772. Oct. 21.

    Staatsrecht, Stück I. Helmst. 1774.; II. 1775.; III.
1778.; IV. 1778. 8. Außer noch einigen andern kleinen
Schriften und Aufsätzen in periodischen Schriften.

    (c) Ein *Précis historique sur la Vie de Mr. Justi* par
Madame D. M. in R o z i e r *observations sur la physique*
1777. Mai. p. 323. enthält eine Menge ungegründeter
Nachrichten und Urtheile von Justi's Leben und Schicksa‑
len, die sich zum Theil berichtiget finden in Joh. Beck‑
mans physicalisch‑oeconomischer Bibliothek B. 10. St. 4.
(Göttingen 1779.) S. 458‑460.

§. 79.

    Hierzu kommen noch folgende, die im ersten Theile
nicht benannt sind : I) im theologischen Fache Johann
Ernst Faber (a), geb. zu Hildburghausen 17. . . , studier‑
te zu Göttingen, ward daselbst 1769. Magister und Re‑
petent, kam 1770. als Professor der orientalischen Spra‑
chen nach Kiel † 1774. Apr. 15. II) B. F. D. Ball‑
horn (b), Repetent 1775. hernach Prediger zu Hanno‑
ver

    (a) Fabers Schriften sind: 1) Descriptio commenta‑
rii in septuaginta interpretes, Goett. 1768. 4.; 2) Ueber
eine Encyclopädie der biblischen Philologie des Alten Testa‑
ments, 1769. 4.; 3) Diss. de animalibus, quorum sit
mentio Zephan. II, 14.; 4) Anmerkungen zur Erläute‑
rung des Talmudischen und Rabbinischen, 1770. 8.; 5)
Progr. de Christi natalium opportunitate. Dann war er
auch 6) einer von den Verfassern der Kielischen gelehrten
Zeitungen.

    (b) Von Ballhorn ist nur gedruckt eine Schrift de
intercessione Christi sacerdotali 1775.

ber † ; III) im juriſtiſchen Fache: Johann Henrich Fricke (c) geb. zu Wolfenbüttel, ſtubierte zu Göttingen, warb daſelbſt 1770. Doctor unb Univerſitäts-Actuarius, aber auch noch in eben dem Jahre prof. iur. ord. zu Kiel, hernach 177... prof. iur. ord. zu Halle † 1775. Jan. 9.; IV) im philoſophiſch philologiſchen Fache Carl Henrich Frömmichen (d), geb. zu Erfurt 1736., ſtubierte unb ſchrieb zu Helmſtädt, fieng 1769. an zu Göttingen Lehrſtunben zu halten, unb kam 1773. als Director des gymnaſii

(c) Frickens Schriften ſinb: 1) Diſſ. de commendatorum ordinis Teutonici qualitate ciuili et foro eorum in actionibus perſonalibus, Goetting. 1770.; 2) progr. de moratorio, Kil. 1770.; 3) vom Rechte ber Handwerker, Gött. 1771. 8.; 4) commentatio de noctambulis, 1773.; 5) Ueber die Werbung, in einem Schreiben an einen Werbofficier, eine Abhandlung in ben wöchentlichen Halliſchen Anzeigen 1774. Num. 37. 38. S. 593-599., S. 609-613. (S. 609. wurde als ein Druckfehler bemerkt, in ber Aufſchrift müße es heiſſen: an einen Würtenbergiſchen Werbeofficier. Es hat aber doch nicht gehindert, daß über dieſe Beurtheilung unwillkührlicher Werbungen Klage an ben König gekommen iſt.) Noch waren von ihm verſchiebene Recenſionen in ben Göttingiſchen gelehrten Anzeigen, hernach in ber Berliner allgemeinen Bibliothek unb im 7. Bande des Teutſchen Mercurs.

(d) Frömmichens Schriften ſinb: 1) diſſ. de discernendo ab abſtracto mentis cogitato, Helmſt. 1761. 4.; 2) Regeln ber Klugheit für junge Frauenzimmer unb Mannsperſonen, 1766. 8.; 3) Tellers Predigten mit ſeiner Vorrede herausgegeben, Braunſchweig 1768. 8.; 4) Enucleationes ad philoſophiam, practicam maxime, Helmſt. 1769. 8.; 5) Diſſ. de philoſophia academica, Goett. 1770. 8.; 6) Briefe philoſophiſchen Inhalts, 1771. 8.; 7) Ueber die Lehre des Wahrſcheinlichen unb ben politiſchen Gebrauch deſſelben, wobey zugleich eine Theorie des Wahrſcheinlichen angezeigt wirb, Braunſchw. unb Hilbesheim 1773. 4.; 8) Progr. de inſtitutione ſcholaſtica genio ſaeculi accommodanda; 9) Progr. de Perſio, 1775.

naſii nach Hildesheim † 1782.; V) im hiſtoriſch und ſta-
tiſtiſchen Fache J. H. E. Meyer (e), geb. zu Hannover
1741. May 18., war als Fähndrich, hernach 1775. als
Lieutenant unter dem Zaſtrowiſchen Regimente zu Göttingen in Beſaßung, und hielt ſtatiſtiſche Vorleſungen † 1783.
Nov. 16.; VI) im orientaliſch-philologiſchen Fache Johann Chriſtian Wilhelm Diederichs (f) geb. zu Pyrmont

. (e) J. H. E. Meyer ließ drucken: 1) Etwas zur Probe, 1770. 8.; 2) Etwas zur Beurtheilung Paläſtina's
1773.; 3) Preſtons Erläuterung der Freymaurerey aus
dem Engliſchen überſetzt, 1776. 8.; 4) Lucie und Cleon,
oder die geprüfte Liebe, eine Operette in 2. Aufzügen; 5)
Die neue Teutſchheit nuniger Zeitverſtreichungen, XII.
Pröbchen 1775-1777. 8. 6) Briefe über Rußland Th. I.
II. 1778-1779.

(f) Diederichs Schriften ſind: 1) Diſſ. ſpecimen
variantium lectionum codicum Hebraicorum manuſcripto-
rum Erfurtenſium in Pſalmos, Goetting. 1775. 4.; 2)
Vom Nutzen der Bibelerklärung aus Reiſebeſchreibungen, in den Götting. Unterhaltungen 1775.; 3) Diſſ.
Obſervationes philologico-criticae ad loca quaedam V.
T.; 4) Vermuthungen zu Verbeſſerungen einiger Lesarten im Samuel, 1776. 4.; 5) Ueber die ſchweren Haare
des Abſalom, 4.; 6) Von der Hinrichtung des Agags
durch Samuel; 7) Spicilegium obſervationum quarum-
dam Arabico-Syrarum ad loca nonnulla Vet. Teſt. 1777.
4. Auch Aufſätze in Wochenſchriften und Journälen: 8)
Beſchreibung zweyer Hebräiſchen Fragmente, in Michaelis
orient. Bibl. Th. VI.; 9) Vom Nutzen morgenländiſcher
Reiſebeſchreibungen zur Erläuterung der heil. Schrift, in
den Götting. gemeinnützigen Unterhaltungen 1775.; 10)
Von der Hinrichtung des unglücklichen Reinhold von Pat-
kul, aus dem Engl. ebendaſ. 1775.; 11) Von Abulfeda
und ſeinen Schriften, im Hannov. Magazin 1776.; 12)
Von den Reiſen des Ritters Bruce in Aegypten und Abeſ-
ſinien, ebendaſ. 1777. St. 19. 20.; 13) Ueber die körper-
liche Schönheit Jeſu Chriſti, in den Götting. Nebenſtunden 1777.; 14) Bemerkungen über die Aegyptier, im
Hannov. Magazin 1777. St. 73.; 15) Samuel Chand-
lers critiſche Lebensgeſchichte Davids, aus dem Engl.
Th. I.

mont 1750. Aug. 29. studierte zu Göttingen, schrieb und lehrte daselbst seit 1775., ward hernach 1780. ordentlicher Lehrer der morgenländischen Litteratur zu Königsberg † 1781. März 28.

Th. I. Bremen und Leipz.; 16) Beschreibung der Artopöischen Psalmenausgabe, in Hirts Wirtenberg. Bibl. Th. II.; 17) Hebräische Grammatik für Anfänger, Lemgo 1778. 8.; (Er gab auch 18) die Göttingischen Nebenstunden seit dem VI. St. 1778. heraus; und war Verfasser vieler Recensionen in Journalen und Zeitungen.

E 4   III. Ver

III. Verzeichniß anderwärts beförderter, oder sonst abgegangener, noch lebender Göttingischer Lehrer, nebst ihren vornehmsten Lebensumständen und Schriften.

1) Anderwärts beförderte und noch lebende Lehrer der Gottesgelahrtheit.

§. 80.

Paul Jacob **Förtsch** (Th. 1. §. 66. S. 124.) geb. zu Großenhain in Meissen 1722. Nov. 17.; ward 1766. Generalsuperintendent zu Göttingen, und 1773. Generalsuperintendent zu Haarburg; war zu Göttingen 22. Jahre 1751 — 1773. alt 29 — 51.

* Seine ferner noch zu Göttingen herausgegebene Schriften sind: 17) Obseruationes ad Matth. 1, 18. 1766.; 18) Obseruationes ad Matth. 1, 20 - 23. 1768.; 19) Christus Θανατοκτονος Hos. 13, 14. 1769.; 20) Kurze Nachricht von den Lebensumständen eines zu Christo bekehrten Jüdischen Schulmeisters, Hirsch Marcus, nebst den dabey gehaltenen geistlichen Reden 1771. 8.; 20) De scopo euangelii ad Rom. 1, 16. 1772.

§. 81.

Johann Benjamin **Koppe** geb. zu Danzig 1750. Aug. 19., studierte zu Leipzig und Göttingen, ward hier 1772. Repetent bey der theologischen Facultät, dann 1774. Professor zu Mietau, hernach 1776. prof. theol. ord. zu Göttingen, auch 1777. erster Universitätsprediger; folgte aber 1784., nachdem ihm seine bisherige Collegen noch die theologische Doctorwürde ertheilt hatten,

und

und nach seiner noch zu Göttingen vom Herrn Consistorialrath Leß geschehenen Ordination, einem Rufe nach Gotha
als dortiger Generalsuperintendent, Oberconsistorialrath
und Oberpfarrer; war zu Göttingen als Professor 8. Jahre 1776—1784. alt 26—34.

* Seine Schriften sind: 1) Vindiciae oraculorum a
daemonum aeque imperio ac sacerdotum fraudibus Goett.
1774. 8.; 2) Die Tugend der Menschen, der Hauptzweck
aller Göttlichen Religion; 3) Pindari interpretatio Latina
emendata; 4) Progr. quis sit ὁ ἀνθρωπος τῆς ἁμαρτίας
et quis ὁ κατέχων 2. Thessal. II, 3-13., 1776. 4.; 5)
Progr. Israelitas non 215., sed 430. annos in Aegypto
commoratos esse, 1777. 4.; 6) *Nouum testamentum*,
Graece *perpetua annotatione illustratum*, Vol. I-IV., 1778-
1783. 8. mai.; 7) Progr. de colloquio Christi cum Nico-
demo; 8) Genauere Bestimmung des Erbaulichen im Predigen, zur Ankündigung des Predigerseminarii; 8) Progr.
Interpretatio Iesaiae VIII. 23., 1780.; 9) D. Robert
Lowths Jesaias, neu übersetzt, nebst einer Einleitung
und critischen, philologischen und erläuternden Anmerkungen; aus dem Engl. mit Zusätzen und Anmerkungen,
3. Bände, Leipz. 1779-1780. gr. 8.; 10) Progr. ad Matth.
XII, 31., 1781.; 11) Progr. de peccato in spiritum s.;
12) Progr. super euangelio sancti Marci, 1782.; 13)
Progr. Explicatio 2. Mos. III, 14. Goetting. 1783.; 14)
Progr. Marcus non epitomator Matthaei.

---

2) Anderwärts beförderte noch lebende ordentliche Lehrer der Rechte.

§. 82.

Johann Henrich Christian von **Selchow** (Th. 1.
§. 75. S. 152.) geb. in der Mark Brandenburg 1732.
Jul. 26.; ward zu Göttingen noch 1770. Hofrath und
1781. viertes ordentliches Mitglied der Juristenfacultät,

E 5 folg-

folgte aber 1782. einem Rufe nach Marburg als dortiger
geheimer Rath und Vicecanzler, wo er ferner 1783. Canzler wurde, war zu Göttingen als Professor 25. Jahre
1757 — 1782. alt 25 — 50.

* I. Seine ferner noch zu Göttingen herausgegebene
Schriften sind: 16) Joh. Jac. Schmauß compendium
iuris publici mit Anmerkungen 1765.; 17) Diff. de differentiis praediorum rusticorum et feudorum, praesertim
quoad fuccessionem 1766.; 18) Geschichte der in Teutschland geltenden fremden und einheimischen Rechte 1767.,
II. Aufl. 1768., III. 1778. 8.; 19) WÜRFEL *iurispru-*
dentia ciuilis definitiua adnotationibus aucta, Francof. ad
M. 1768. 8. mai.; 20) *Elementa iuris publici Germanici,*
Tom. I II., 1769-1772. 8. mai.; 21) Diff. felecta capita doctrinae de infamia, 1770.; 22) Electa iuris Germanorum publici et priuati, Lipf. 1771. 8. mai.; 23) Grundriß der Teutschen Reichsgeschichte, 1775. 8.; 24) Diff.
de poenis mercatorum foro cedentium; 25) Einleitung
in den Reichshofrathsproceß, aus einer Handschrift herausgegeben und mit vielen Zusätzen vermehrt, B. I - III.,
Lemgo 1778 - 1781. gr. 4.; 26) Magazin für die Teutschen Rechte und Geschichte, B. I. II., Göttingen und
Lemgo 1779. gr. 8.; 27) Concepte der Reichscammerge-
richtsordnung, auf Befehl der jüngsten Visitation entworfen, (von den C. G. Assessoren von Loßkant und von
Harpprecht, von Cramer und von Albini, und von Riede-
fel, nach dem von der Visitation veranstalteten Abdrucke
von neuem abgedruckt) 3. Theile, 1782. gr. 8.; 28)
Rechtsfälle enthaltend Gutachten und Entscheidungen, vorzüglich aus dem Teutschen Staats- und Privatrecht, B.
I - V., 1782 - 1785. 4.; 29) Zusammenhang seiner Vorlesungen über das Territorialstaatsrecht der gesammten
Reichsstände, 1783. 8.

* II. Von seinen schon angezeigten Büchern sind seitdem folgende neue Ausgaben und Fortsetzungen erschienen:
Elementa antiquitatum iuris Romani edit. II. auctior 1778.
8. mai.; Grundsätze des Wechselrechts II. verbesserte Ausgabe 1777. 8.; Elementa iuris Germanici priuati hodier-
ni, edit. II. 1762. III. 1766. IV. 1771. V. 1775. VI.
prioribus auctior et emendatior 1779.; VII. 1787.; Allgemeine juristische Bibliothek B. II. 1768. B. III. 1770.
B. IV. 1780. B. V. 1781. 8.

§. 83.

§. 83.

Carl Henrich **Geißler,** geb. zu Pforta 1742., stu=
dierte zu Leipzig, ward daselbst 1768. Doctor, 1771.
Professor zu Erlangen, 1774. Regierungsrath und Pro=
feffor zu Marburg, 1783. Hofrath und prof. iur. ord.
zu Göttingen; folgte aber 1784. einem Rufe nach Wit=
tenberg als Hofrath und Ordinarius der dortigen Juri=
stenfacultät; war zu Göttingen nur 1. Jahr 1783. 1784.
alt 41. 42.

* Seine Schriften sind: 1) Diff. de coniunctione comitum Holfatiae cum ducatu Saxoniae, Lipf. 1768.,
pars II. 1769.; 2) Diff. de pecunia in feudo conftituta,
Lipf. 1770.; 3) De interpretatione pacis Weftphalicae
commentatio I. Erlang. 1771., II. Marb. 1775., III.
Marb. 1776.; 4) Commentatio de grauaminibus religionis auctoritate iudiciorum imperii tollendis, Erl. 1771.;
5) Diff. de hypotheca tacita domini ex caufa canonis
emphyteutici, Erlang. 1773.; 6) Progr. de iudicio fuper
religione aliorum ferendo, Marb. 1779.; 7) Progr. de
loco inueftiturae breues animaduerfiones; 8) Progr. de
antiquitatibus iuris publici ex difciplina Byzantina repe-
tendis; 9) Progr. Nonnulla de retractu gentilitio inter
nobiles imperii immediatos ex priuilegiis ftatutisque eque-
ftribus non fundando, 1780.; 10) Progr. de iure fifci
ciuitatum imperii; 11) Diff. de confociatione bonorum
diuiforum; 12) Commentationis de Landfaffiatu lib. I.,
Francof. ad M. 1781. 8.; 13) Diff. de feudo emtitio,
Marburgi 1782. 4.; 14) Progr. de poteftate imperatoris
ordinandi regimen bonorum ecclefiafticorum imperii im-
mediatorum, Goetting. 1783.; 15) Progr. Obferuationes
nonnullae de protocollis comitialibus, 1784.; 16) Progr.
de analogia iuris publici, Viteb. 1784. Er schrieb auch
eine Zeitlang die ehemaligen Ephemerides Lipfiacas.

3) Anderwärts beförderte noch lebende ordentliche Lehrer der Arzneygelehrsamkeit.

§. 84.

Ernst Gottfried **Baldinger** geb. zu Großvargula bey Erfurt 1738. May 18., war bis 1763. Arzt der Preussischen Armee unter des Prinzen Heinrichs Befehlshabung; hernach 1763. Physicus zu Langensalze, 1767. prof. ord. med. zu Jena, 1773. prof. ord. primar. med. zu Göttingen; 1782. Hofrath und erster Leibarzt zu Cassel; 1785. Hofrath und prof. med. ord. prim. zu Marburg; war zu Göttingen 9. Jahre 1773 — 1782. alt 35 — 44.

* I. Ehe er nach Göttingen kam, war schon folgendes von ihm im Druck: 1) Diff. de effectibus salutaribus, qui fiunt in morbis, Ien. 1760.; 2) Diff. de methodo medendi morbis, quae adftruit: per morbos produci effectus salutares, Ienae 1761. 4.; 3) Ueber die Gränzen der Naturlehre, Torgau 1762. 4.; 4) De militum morbis inprimis exercitus regis Boruffiae, Viteb. 1763. 4.; 5) G. C. Hamberger*i methodus medendi morbis*, cum *praefatione* de praeftantia theoriae Hambergeri prae ceteris; 6) Introductio in notitiam fcriptorum medicinae militaris, Berol. 1764. 8.; 7) P. A. Marherr chymische Abhandlung von der Verwandtschaft der Körper, aus dem Lateinischen übersetzt, Leipz. 1764. 8.; 8) Von den Krankheiten einer Armee aus eignen Wahrnehmungen, Langensalza 1765. 8. (II. vermehrte Aufl. 1775.); 9) Arzeneyen, eine physicalisch-medicinische Monathsschrift, II. Bände, Langensalza 1766. 8.; 10) Tiffot von Marktschreyern; 11) C. a Linne' *clavis medicinae* duplex, exterior et interior, cum *praefatione*, 1767. 8.; 12) Neue Arzeneyen, II. Bände, (dreymal aufgelegt); 13) Ehrengedächtniß des Prof. Mangolds zu Erfurt; 14) Tiffots und Rosensteins Abhandlungen von der Natur und Cur der Kinderblattern, mit einer Vorrede von den herrschenden Vorurtheilen bey der Blattercur; 15) Leben des Apothekers

thekers Meier in Osnabrück, in Wieglebs chymischen
Abhandlungen; 16) Tiffot über die Einimpfung der Blattern, mit einer Vorrede über die Vortheile, welche die
Staaten von der Aufnahme der Arzneywiſſenſchaft erwarten können, Langenſalza 1768. 8. (Neue ohne ſein Wiſſen
veranſtaltete Auflage von dieſer Tiffotiſchen Schrift und
von den angeführten Abhandlungen Tiffots und Roſen-
ſteins, Leipz. 1778. 8.); 17) Progr. de lectione Hippocratis medicis ſumme neceſſaria, Ien. ; 18) Io. Moul-
taie diſſ. de febre maligna biliofa Americae, Anglice
the yellow fever, edidit et praefatus eſt; 19) Biographien
jetzt lebender Aerzte und Naturforſcher, B. I. ; 20) Catalogus diſſertationum, quae medicamentorum hiſtoriam, fa-
ta et vires exponunt; 21) De profeſſore medico, eiusque
officiis praecipuis commentatio ſubitanea; 22) Progr. de
camphorae connubiis, 1769.; 23) Tissoti opuscula
medica Tom. I. collegit et edidit, Cellis 1769. 8., Tom.
II., Ienae 1770. 8.; 24) Auszüge aus den neueſten Diſſertationen über die Naturlehre, Arzneywiſſenſchaft und
alle Theile derſelben, B. 1., 6. Stück, Berlin und Stralſund 1769-1773. 8.; 25) J. F. Caſſebohms methodus
ſecandi, neue verbeſſerte Ausgabe, Berlin 1769. 8.; 26)
Ueber das Studium der Botanik und die Erlernung derſelben, 1770.; 27) Progr. III. de Iano Cornario; 28) P.
S. Pallas Naturgeſchichte merkwürdiger Thiere — aus
dem Lateiniſchen, 3. Sammlungen, Berlin und Stralſund
1770-1771. 4.; 29) Progr. de ſede pleuritidis contro-
verſa, ibid. 1771. 4.; 30) Thomae Glass commentarii duodecim de febribus ad Hippocratis diſciplinam ac-
commodati ed. nou. Ien. et Lipſ.; 31) Herm. Boer-
have rariorum morborum hiſtoriae prior et altera, Francof. et Lipſ. ; 32) Progr. in Aretae Lib. II. Cap VIII.
de venae cauae acuto morbo commentariolus; 33) Progr.
ſecale cornutum perperam a nonnullis ab infamia libera-
ri; 34) Henr. Cox demonſtratio medico-practica pro-
gnoſticorum Hippocratis ea conferendo cum aegrotorum
hiſtoriis in libro I. et II. epidemiorum deſcriptis denuo
edidit, Ienae 1772. 8.; 35) Progr. de Fried. Hoffman-
ni et Herm. Boerhauii meritis in medicinam practicam;
36) Progr. Exanthemata non a vermibus oriri; 37) Lobrede auf den Freyherrn van Swieten; 38) Meckels Beſchreibung der Krankheit des Herrn Leibarztes Zimmermann
und der dabey angewandten Operation, aus dem Lateiniſchen; 39) Progr. obſeruationes de morbis ex metaſtaſi
lactis

lactis in puerperis; 40) Index plantarum horti et agri Ienenfis 1773. 8.

* II. Seine Göttingische Schriften sind: 41) Progr. de iis, quae hoc feculo inuenta in arte medica, Goett. 1773. 4.; 42) Börners Nachrichten von jetztlebenden Aerzten und Naturforschern, ergänzt von E. G. Balbinger, Braunschweig 8.; 43) Magazin für Aerzte St. I-XII., Cleve und hernach Leipzig 1775-1778. gr. 8.; 44) Neues Magazin für Aerzte, B. I-VII., Leipz. 1779-1785. des VIII. Bandes 3-5. Stück 1786.; 45) Progr. de optima medicamentorum mixtione 1775.; 46) Progr. quo illuftrat malignitatem in morbis, ex mente Hippocratis, per recentiorum irritabilitatem et fenfibilitatem; 47) Progr. veftigia irritabilitatis Hallerianae in veterum monumentis, exemplo calidi innati; 48) Progr. vindiciae irritabilitatis Hallerianae; 49) *Pharmacopoea Edinburgenfis*, additamentis aucta, Bremae 1776. 8. Editio noua additamentis aucta Bremae 1784.; 50) Sylloge felectiorum opusculorum argumenti medico-practici, Vol. I-VI., 1776-1782. gr. 8.; 51) Progr. epitome neurologiae phyf. pathol. 1778.; 52) Progr. de magnetis fatis et viribus ad morbos fanandos; 53) Progr. alexiteria et alexipharmaca contra diabolum; 54) Progr. de oculorum morbis fine ophthalmicis fanandis; 55) Progr. de abufu fanguinis miffionis in variis morbis; 56) Progr. gonorrhoeae virus ab amore meretricio defenfum; 57) Oratio in obitum Alberti de Haller; 58) Joh. Clemens Tode, Buchkunftrichter in Kiobenhaven, eine litterarisch-medicinische Abhandlung, mit pfychologischen Anmerkungen, theoretisch und practisch erläutert, männiglich zum Unterricht; 59) Progr. IV. hiftoria Mercurii et mercurialium medica 1780. (1783. wieder neu aufgelegt unter dem Titel: Hiftoria Mercurii et mercurialium libellus primus, II. et III. Goett. 1785. 8.); 60) G. G. Richteri querelarum de tempore epiftolae fex; accedit iubilum de pace, 1782. 4.; 61) Selecta doctorum virorum opuscula, in quibus Hippocrates explicatur, denuo edita; 62) Nachricht vom medicinischen Lefeinftitut zu Göttingen, nebft einem Vorberichte vom Studiren.

* III. Seitdem er Göttingen verlaffen, ift noch folgendes von ihm herausgekommen: 63) Ueber Medicinalverfaffung. Eine Rede am Gebuhrtöfeft des Herrn Landgrafen

fen von Heſſen-Caſſel, Offenb. 1782. 8.; 64) Mediciniſ
ſches Journal, St. 1-VI. oder 2. Bände, 1784-1785.
St. IX. uhd X. 1786. gr. 8.; 65) Progr. über das Wun-
derbare in der Medicin, Caſſel 1785.; 66) Trauerrede
auf das Abſterben des Herrn Landgrafen Friedrichs II. 4.;
Seine Jenaiſchen Diſſertationen ſind in Gruners Delectu
diſſert. Ienenſ. wieder abgedruckt. Auſſerdem iſt er auch
Mitarbeiter an den Jenaiſchen gelehrten Zeitungen von
1765-1772. geweſen; an der Halliſchen von 1773. bis
jetzt und an der Lemgoer Bibliothek vom 1. bis 7. Band
incl. Er iſt auch Verfaſſer mehrerer zu Erfurt, Halle,
Straßburg, Jena und Göttingen von anderen gehaltener
Diſputationen, und hat an mehreren andern einigen Antheil.

§. 85.

Johann Peter **Frank**, geb. zu Rothalben in der
Badiſchen Herrſchaft Grävenſtein 1745. März 19., war
erſt practiſcher Arzt zu Bitſch in Lothringen und zu Ba-
ben in der Marggrafſchaft; warb 1769. Hofarzt am Ba-
benbadiſchen Hofe, auch nach deſſen Erlöſchung 1770.
vom Landesfolger in eben dem Character beſtätiget und
zum Hebammenlehrer ernannt. Er gieng aber 1772.
als Hofrath und Stadt- und Landphyſicus nach Bruchſal,
wo ihn ferner 1775. der Fürſtbiſchof zu Speier zum Leibarzt und 1776. zum geheimen Rath ernannte. Zugleich
ſtand er dem Hebammenweſen im Bisthum Speier als
Lehrer vor, und lehrte ſeit 1778. auch Anatomie und
Phyſiologie bey dem chirurgiſchen Inſtitute zu Bruchſal.
Auch warb er 1781. zum Mitgliede der Churmainziſchen
Academie der Wiſſenſchaften erwehlt. Um Oſtern 1784.
folgte er einem Rufe nach Göttingen als Hofrath und ordentlicher Lehrer der practiſchen Arzneywiſſenſchaft, da er
dann auch das cliniſche Inſtitut als Vorſteher beſorgte,
und zugleich ein Mitglied der Societät der Wiſſenſchaften
wurde. Aber auch ſchon um Oſtern 1785. folgte er einem anderweiten Rufe nach Pavia, wo er an Tiſſots
Stel-

Stelle Profeſſor der Clinik wurde. Zu Göttingen war er alſo nur 1. Jahr 1784. 1785. alt 39. 40.

> * Seine Schriften ſind: 1) Epiſtola inuitatoria ad eruditos de communicandis, quae ad politiam medicam ſpectant, principum ac legislatorum decretis, Manhem. 1776. 8.; 2) Sendſchreiben eines Rheiniſchen Arztes an G. P. in C. über einige im Unterrichte vom Collegium der Aerzte zu Münſter angenommene Grundſätze, Manheim 1778.; 3) Syſtem einer vollſtändigen mediciniſchen Poli zey, Manheim B. I. 1779. (neue vermehrte Aufl. 1784.), II. 1781., III. 1783. 8.; 4) Obſeruationes medico - chi rurgicae in den actis academiae Moguntinae 1782.; 5) Ueber die Uneinigkeiten der Aerzte in Scherfs Archive der mediciniſchen Polizey B. I. 1783.; 6) Progr. de laruis morborum bilioſis, Goetting. 1784.; 7) Ankündigung des cliniſchen Inſtitutes zu Göttingen; 8) Diſſ. de magi ſtratu medico feliciſſimo; 9) Obſeruationes medico - chi rurgicae in actis societ. Goetting.; 10) *Delectus opuscu lorum medicorum* antehac in Germaniae diuerſis academiis editorum; quae in auditorum commodum collegit et cum notis hinc inde aucta recudi curauit, Papiae 1785. 8. mai.

---

4) Anderwärts noch lebende, zu Göttingen geweſe ne ordentliche Lehrer der Philoſophie.

§. 86.

Anton Friedrich **Büſching** (Th. 1. §. 58. S. 103.) geb. zu Stadthagen 1724. Sept. 27. — legte ſeine Stel le zu Petersburg 1765. nieder, privatiſirte hernach eini ge Zeit zu Altona, und ward endlich 1767. königlich Preuſſiſcher Oberconſiſtorialrath und Director des Gym naſiums im grauen Kloſter und der davon abhangenden Schulen zu Berlin; war zu Göttingen 7. Jahre 1754— 1761. alt 30—37.

° I. Seine fernere zahlreiche Schriften sind: 32) Abbildung und Erläuterung der Bestuchefischen Schaumünzen,
Hamb. 1765. 4.; 33) Geschichte der evangelisch Lutherischen Gemeinen im Russischen Reiche, Th. I. II. Altona
1766. 8.; 34) Die vier Evangelisten mit ihren eigenen
Worten zusammengesetzt und mit Erklärungen versehen;
35) Progr. Gedanken von den bisher geschehenen Vorschlägen und Versuchen zur Verbesserung der Schulen, Berlin
1767. 4.; 36) Magazin für die Historie und Geographie
der neuern Zeiten, B. I-XX., 1767-1786. 4. (Vom
zweyten Theil erschien 1769. die 2te Auflage, und vom
erſten Theil 1779. die 2te verbesserte Auflage); 37) Der
Christ bey den Särgen, 1767. 8. Hamb. 1769. 8.; 38)
Liber Latinus in vsum puerorum Latinam linguam discen-
tium editus, Berol. et Stralſ. (edit. II. 1770. III. 1773.
IV. 1780. 8.); 39) Chronologischer Grundriß der allgemeinen Weltgeschichte, fol., (II. veränderte Auflage 1771.
8., III. 1772., IV. Aufl. 1780.); 40) Libri Latini particula IV., fragmenta geographica et historica et indicem
atque interpretationem verborum difficiliorum continens,
Berol. et Stralſ. 1768., edit. II. 1769., III. 1770., IV.
1772. 8.; 41) Ausführliche Nachricht von der jetzigen
Verfaſſung des Berlinischen Gymnasi, ein Programm,
Berlin 1768. 4.; 42) Lehrbuch für die Jugend, Zürich
1769. 8.; 43) Allgemeine Anmerkungen über die symbolischen Schriften der Evangelisch=Lutherischen Kirche, und
besonders Erläuterungen der Augsburgischen Confeſſion,
Hamburg 1770. 8., II. Aufl. 1771.; 44) Programm
Grundriß einer Geschichte der Philosophie, Berlin 1771.;
45) Grundriß einer Geschichte der Philosophie und einiger
wichtigen Lehrsätze derselben, Th. I. Berlin 1772., II.
1774. 8.; 46) Grundriß der Redekunſt, ein Programm;
47) Geschichte und Grundsätze der schönen Künſte und
Wiſſenschaften Th. I. II. Berlin, 1772-1774. 8.; 48)
Versuch, die Kenntniß der Natur den Kindern leicht und
faßlich zu machen, ein Progr. (II. Aufl. Berlin 1772. 8.);
49) Einige Gedanken und gesammelte Nachrichten von der
Tarantel; 50) *Les premiers principes de la langue Françoise*; 51) *Recueil de paſſages propres à former l'eſprit,
le goût, et le coeur de la jeuneſſe, tirés des oeuvres du Phi-
loſophe de Sans-Souci*; 52) Io. ab IRAX scripta verſionem
Vlphilanam et linguam Moeso-Gothicam illustrantia, Berol. 1773. 4.; 53) Programm von gewiſſen wichtigen
und nützlichen Dingen, die keiner, als ein aufmerksamer

Leser

Leſer dieſer Schrift erfahren wird; 54) Wöchentliche
Nachrichten von neuen Landcharten, geographiſchen, ſtati=
ſtiſchen und hiſtoriſchen Büchern, Berlin, 1773 1786.;
55) Aeſthetiſche Lehrſätze und Regeln, Hamburg 1774. 8.
(II. Aufl. ebendaſ. 1776. 8. Sind von dem erſten Theile
der Geſchichte und Grundſätze der ſchönen Künſte abgeſon=
dert und mit einigen Verbeſſerungen und Zuſätzen verſehen
worden); 56) Geſchichte der Grundſätze der Steinſchnei=
derkunſt, (ſteht auch im zweyten Theil der Geſchichte und
Grundſätze der ſchönen Künſte); 57) Progr. Geſchichte
des Berliniſchen Gymnaſii im grauen Kloſter, (ſteht ver=
mehrt und verbeſſert in der Sammlung aller Schriften,
welche bey der zweyten hundertjährigen Jubelfeier des
Gymnaſiums vom D. C. K. Spalding und Teller ge=
ſchrieben worden, und macht die zweyte Abtheilung der=
ſelben aus, in der erſten ſteht ſeine Jubelrede); 58)
Progr. von demjenigen, was die hohen und niedern Schu=
len für den Kriegsſtaat thun können; 59) Vollſtändige
Topographie der Mark Brandenburg, Hamburg 1775. 4.;
60) Unterricht in der Naturgeſchichte für diejenigen, wel=
che noch wenig oder gar nichts davon wiſſen, (II. recht=
mäßige Aufl. Berlin 1776., III. vermehrte Ausgabe eben=
daſ. 1778. 8. Nachgedruckt zu Nürnberg 1776. 8.); 61)
Beſchreibung ſeiner Reiſe von Berlin über Potsdam nach
Rekahn unweit Brandenburg, Berlin und Leipzig (II.
ſtark vermehrte Ausgabe Frankf. und Leipz. 1780. gr. 8.);
62) Progr. von den Gränzſtreitigkeiten zwiſchen den hohen
und niedern Schulen; 63) Nachrichten von dem Charac=
ter und den merkwürdigen Lebensumſtänden des berühm=
ten morgenländiſchen Fürſten Scheik Daher Amer zu Acca
in Paläſtina, Berlin 1776. 8. (Iſt aus den wöchentlichen
Nachrichten abgedruckt worden); 64) Grundſätze der all=
gemeinen Haushaltungswiſſenſchaft, zum Nutzen der Ju=
gend entworfen, Hamburg 1776. 8. (II. Ausg. 1777. 8.);
65) Progr. Lebensbeſchreibung des Herrn Siegmund
Streit, ehemaligen Kaufmanns zu Venedig in 4. und 8.;
66) Progr. von der Socratiſchen Methode, Berlin 1777.;
67) Vorrede zu S. G. Donats Auszug aus D. Joh. Jac.
Scheuchzers physica ſacra; 68) Zum Gedächtniß der Frau
Polyxene Chriſtiane Auguſte Büſching, geb. Dilthey;
69) Churſächſiſcher Finanzſtaat in der neueſten Zeit. (Iſt
aus dem XIII. Theil ſeines Magazins beſonders abge=
druckt); 70) Progr. von dem Dictiren der Gelehrten
überhaupt, und der Lehrer inſonderheit, Berlin 1778. 4.;
71)

71) Programm von der Einrichtung der vereinigten Berlinischen und Cölnischen Gymnasien; 72) Progr. wie schwer
es sey, ein wahrer Gelehrter zu werden, Berlin 1779.;
73) Zum Gedächtniß der Stiftsfräulein im adelichen evangelischen Closter zu Itzehoe in Hollstein, Sophie Ernestine
von Alefeldt; 74) Geschichte der Jüdischen Religion oder
des Gesetzes, ein Grundriß; 75) Beschreibung seiner Reise von Berlin nach Kyritz in der Prignitz, welche er vom
26. Sept. bis zum 2. October 1779. verrichtet hat, Leipz.
1780. gr. 8.; 76) Progr. von dem Satz der Stoiker, daß
ein Weiser keine Meynungen haben müsse; 77) Progr.
Beantwortung der Frage: Wer soll studiren? Berlin 1781.;
78) Gespräch zwischen zwey Berliner Bürgern über das
neue Gesangbuch zum Gottesdienstlichen Gebrauch in den
königlich Preußischen Landen; 79) Rede zum Gedächtniß des Herrn Johann Dan. Diterichs, königl. Preuß.
Kriegsraths, ersten Bürgermeisters der Stadt Berlin;
80) Entwurf einer Geschichte der zeichnenden schönen Künste; 81) Zum Gedächtniß des Herrn Professors M. Joh.
Georg Zierlein, Berlin 1782. gr. 8.; 82) Zum Gedächtniß des Herrn Johann Gustav Reinbecks, ersten Predigers
an der Cölnischen Vorstadtkirche zu Berlin. Mit einem
Anhange von Nachrichten zur Geschichte dieser Kirche;
83) Progr. I. und II. daß der Staat den Lehrern seiner
öffentlichen Stadtschulen größere Ehrentitel und Besoldun-
gen ertheilen müsse, 1782. 1783.; 84) Beyträge zu der
Lebensgeschichte denkwürdiger Personen, insonderheit gelehrter Männer, Th. I – III., Halle 1783 – 1785.; 85)
Neueste Geschichte der Evangelischen beider Confessionen
im Königreich Polen und Großherzogthum Litthauen von
1768. bis 1783., nebst der besondern Geschichte der Evan-
gelisch-Lutherischen Gemeine zu Warschau, Th. I., Halle
1784. 4. (steht auch in seinem Magazin, Th. XVIII.)
Th. II., ebendas. 1785. 4. (auch in seinem Magazin Th.
XIX.); 86) Programm, daß die Schulen keine Spielör-
ter und die Lehrer in denselben keine Spielmeister seyn müssen;
87) Vergleichung der Griechischen Philosophie mit der
neuern; ein Versuch und eine Probe, Berlin 1785. 8.; 88)
Verbesserungen und Zusätze zu der Französischen Uebersetzung seiner Erdbeschreibung; 89) Anmerkungen zur Teutschen Uebersetzung von Voltairens Geschichte Peter des
Großen; 90) Progr. Vorschlag, daß der Unterricht in
der Christlichen Religion weder von den Schullehrern in
den Städten, noch von den Schulmeistern und Küstern

F 2   auf

auf den Dörfern, sondern von den Predigern ertheilt werden solle, 1785.; 91) Ueber die frühe Beerdigung der Juden, in der Berlinischen Monathsschrift 1785. Febr.

° II. Von seinen im 1. Th. schon angezeigten Schriften sind nachher noch folgende Fortsetzungen und neue Ausgaben erschienen: Von den beiden ersten Theilen der neuen Erdbeschreibung erschien die V. Ausgabe 1764., VI. 1769. 1770., VII. 1777. Vom dritten Theil erschien die IV. Aufl. 1769., V. 1771., VI. 1779. Vom vierten Theil erschien die IV. Ausg. 1773., des fünften Theils erste Abtheilung erschien 1768. II. Ausg. 1771. III. verbesserte und vermehrte Ausgabe 1781.; Vom Auszuge seiner Erdbeschreibung erschien die VI. Ausgabe 1785.; Von der Vorbereitung zur Kenntniß der geographischen Beschaffenheit und Staatsverfassung der Europäischen Reiche und Republiken, IV. Ausg. 1768., V. 1776., VI. 1785., Berlin, 8.; Vom Grundriß des Unterrichts, wie besonders Lehrer und Hofmeister der Kinder und Jünglinge sich pflichtmäßig, wohlanständig und klüglich verhalten müssen, erschien die II. Ausg. 1763., III. 1773., IV. 1775.; Von den gelehrten Abhandlungen und Nachrichten aus und von Rußland erschien das II. Stück Leipz. 1765. 8.

§. 87.

Christian Wilhelm **Büttner** (Th. 1. §. 92. S. 184.) geb. zu Wolfenbüttel 1716. Febr. 26., überließ der Göttingischen Universität 1773. seine Naturalien-Sammlung, und 1783. dem Herzoge von Sachsen-Weimar seine Bibliothek; seitdem lebt er als Sachsen-Weimarischer Hofrath zu Jena. Zu Göttingen war er als Professor 25. Jahre 1758—1783. alt 42—67.

* Noch zu Göttingen ließ er drucken: 1) Vergleichungstafeln der Schriftarten verschiedener Völker in den vergangenen und gegenwärtigen Zeiten St. I. 1771., II. 1781. 4.; 2) Erklärung eines Japanischen Staatsverzeichnisses 1773.; 3) Beobachtungen über so genannte Band- oder Kettenwürmer, 1774.; 4) Tabula alphabetorum hodiernorum 1776.; 5) Süd-Asiatische Thier-Namen, aus dessen Handschriften gesammelt durch Eckard 1780.

5) An-

5) Anderwärts noch lebende zu Göttingen gewesene ausserordentliche Lehrer der Rechte.

§. 88.

Anton Ludewig **Seip** (Th. 1. §. 49. S. 88.) geb. zu Pyrmont 1723.; jetzt geheimer Rath zu Strelitz; war zu Göttingen als Profeſſor 3. Jahre 1750 — 1752. alt 27 — 29.

§. 89.

Chriſtian Hartmann Samuel **Gatzert** (Th. 1. §. 95. S. 188.) geb. zu Meinungen 1740. Jun. 4.; kam 1767. von Göttingen als prof. iur. ord. und Regierungs‑ rath nach Gieſſen, und 1782. als geheimer Rath nach Darmſtadt; war zu Göttingen als Profeſſor 3. Jahre 1764 — 1767. alt 24 — 27.

° Seine fernere Schriften ſind : 3) De natali Papiniani, f. ad §. 4. conſtit. Iuſtin. ad antec. commentarius, 1766. 8.; 4) Einige Deductionen die Succeſſion Reichsadelicher Töchter in Allodialgüter betreffend, 1766. 1767. fol.; 5) Progr. de oppignoratione bonorum equeſtrium ad manus mortuas ſtatuto non prohibita, 1767.; 6) Tra‑ ctatus de Iudaeorum in Haſſia iuribus atque obligationi‑ bus tum in genere, tum ſpeciatim parochialibus, Gieſſ. 1771. 4.; 7) Progr. III. de dominio Moeni, quatenus inprimis ſpectat ad Sereniſſimos Haſſiae Landgrauios tam‑ quam comites in Catimeliboc.; 8) Beytrag zur Geſchich‑ te der ehemaligen Mainziſchen Gerichtbarkeit in Heſſen; 9) Abhandlung von der Dauer der ehemaligen Viſitation des kaiſerlichen und Reichscammergerichts, Gieſſen 1772. 4.; 10) Progr. de reſtitutionis in integrum effectu non‑ numquam declaratorio in ſupremis imperii iudiciis, Gieſſ. 1773.; 11) Progr. de cura rei opificiariae illuſtris magi‑ ſtratus Francofurtani arbitrio iam ab antiquis inde tem‑ poribus vnice relicta; 12) Progr. de S. R. I. principum comitumue liberis ex matrimonio conſcientiae illegiti‑ mis; 13) Progr. de iudiciorum equeſtrium habitu atque

F 3   ratio‑

ratione erga Auſtraegas et ſuprema imperii tribunalia, Gieſſ. 1780.; 14) Progr. de Hermanno, Haſſiae Land-grauio, artium magiſtro et canonico, Gieſſ. 1781.; 15) Progr. S. R. I. ciuitatis Francofurtanae priuilegium: de filiabus neptibusque libere nuptum collocantibus.

§. 90.

Zwey anderswo noch lebende Rechtsgelehrten waren als auſſerordentliche Lehrer der Rechte zu Göttingen ſchon in den hieſigen Verzeichniſſen der Lehrſtunden angezeiget; haben aber ihre Stellen hier nicht angetreten, ſondern in-zwiſchen anderweite Beförderungen angenommen. Nehm-lich I) Carl Friedrich Walch (a), geb. zu Jena 1734. Sept. 22., war 1755. als prof. iur. extraord. hieher be-rufen, und nach einer zurückgelegten gelehrten Reiſe 1756. im Begriff dieſe Stelle anzutreten, als er einen ähnlichen Antrag zu Jena mit der fünften Stelle im dortigen Schöp-penſtuhle annahm, wo er ſeitdem ferner 1759. ordentli-cher Profeſſor, 1764. ordentlicher Beyſitzer der Juriſten-facultät, 1770. Hofrath, 1774. Senior des Schöppen-ſtuhls, 1778. Senior der Juriſtenfacultät, 1783. gehei-mer Juſtizrath geworden iſt. II) Ernſt Ludewig Poſ-ſelt (b), geb. zu Durlach 1763., ſtudierte zu Göttingen und Gieſſen, und warb 1783. als auſſerordentlicher Leh-rer der Rechte in den Verzeichniſſen der hieſigen Lehrer angekündiget, zog aber die Beförderung vor, die er als geheimer Secretär und Profeſſor zu Carlsruh in ſeinem Vaterlande erhielt.

(a) Weidlichs biogr. Nachr. Th. 2. S. 428.

(b) Weidlichs biogr. Nachr. Th. 4. (1785.) S. 161. Joh. Ge. Meuſels erſter Nachtrag zur vierten Ausgabe des gel. Teutſchl. (Lemgo 1786. 8.) S. 499.

6) Anderwärts noch lebende zu Göttingen gewesene ausserordentliche Lehrer der Philosophie.

§. 91.

Johann Bernhard **Roehler**, geb. zu Lübeck 1742. Febr. 10.; ward 1766. prof. extraord. phil. zu Kiel, 1770. eben das zu Göttingen, wo er 1772. auch Doctor der Rechte wurde, aber 1773. seine Stelle niederlegte. Seitdem privatisirte er zu Lübeck, bis er 1781. ordentlicher Lehrer der Griechischen und morgenländischen Sprachen zu Königsberg wurde. Aber auch diese Stelle hat er 1786. niedergelegt, und lebt jetzt wieder zu Lübeck. Zu Göttingen war er 4. Jahre 1770 — 1773. alt 28 — 31.

* I. Ge. Chr. Gebauer progr. III. in quo MSti cuiusdam Brencmanniani specimina continuat, Goett. 1772.; Weidlichs biogr. Nachr. Th. 1. (1781.) S. 422.

* II. Seine Schriften sind: 1) Eclogae archaeologicae de Hymenaeo et Thalassione, Diis Graecorum ac Romanorum nuptialibus, Lubecae 1757. 4.; 2) Diff de dote apud veteres Hebraeos nubentium; 3) Obseruationes in sacrum codicem, maxime ex scriptoribus Graecis et Arabicis, Lips. 1763. 4. (Beide Schriften sind auch unter dem Titel: Obseruationes in selecta S. C. loca, Lugd. Batau. 1765. 8. zusammengedruckt); 4) Abulfedae *tabula Syriae*, cum excerpto geographico ex Ihn ol Wardii geographia et historia naturali Arabice edidit, Latine vertit, notis explanauit, Lips. 1766. 4.; 5) De noua editione Hesiodi adornanda consilium, Kilon. 1766. 4.; 6) Notae et emendationes in Theocritum, Lubec. 1767. 8.; 7) Plato's Phädon, aus dem Griechischen, Lübeck, 1769. 8.; 8) Emendationes in Dionis Chrysoftomi orationes Tarsicas, Goett. 1770. 4.; 9) Verisimilium iuris specimen I. 1771.; 10) D. Iustiniani institutiones e recens. I. Cuiacii, curauit et animaduersiones adiecit, 1772. 8.; 11) Iphigenia in aulis, ein Trauerspiel des Euripides, aus dem Griechischen, Berlin 1777. 8.; 12) Nachrichten von einigen Arabischen Geschichtschreibern,

im

im Repert. für biblische und morgenländische Litteratur,
Th. I. Leipz. 1777. 8. St. II. im 2ten Theil 1778., St.
III. im 3ten Theil 1778.; 13) Verbesserung der Lesart
in einigen Stellen des alten Testaments, im Repert. Th.
II.; 14) Critische Anmerkungen über die Psalmen, eben=
daf. Th. III., 1778. Fortsetzung Th. IV. und V. 1779.,
Th. VI. und VII. 1780., Th. IX. 1781., Th. X. 1782.,
Th. XVIII. 1785.; 15) Nachlese einiger Anmerkungen
über das Siegeslied der Debora, ebendaf. Th. III.; 16)
Nachtrag noch einiger Erläuterungen des Liebs der Debo=
ra, ebendaf. Th. XII. 1783.; 17) Obseruationes ad El-
macini historiam Saracenicam, ebendaf. Th. VII. 1780.,
Fortsetzung Th. XI. XIV. XVII. 1785.; 18) Progr. Prae-
termissa ad constitutionem Δέδωκεν, Regiomonti 1781. 4.;
19) Obseruationes criticae ad Ecclesiastae caput vltimum,
Regiomont. 1781. 4. (editio altera emendatior 1782.
auch 1783., editio noua passim emendata et aucta 1785.);
20) Bemerkungen über die Hebräischen Bibelhandschriften
in Königsberg, im Repert. Th. XVI., 1785.; 21) Ue=
ber Sprüchw. VII, 22. 23. ebendaf.; 22) Uebersetzung
und Anmerkungen über einige Stellen des Propheten Obad=
ja, ebendaf. Th. XV. 1784.

7) Anderwärts noch lebende ehemalige Göttingische Privatdocenten.

§. 92.

Noch leben beide Männer, die ich im ersten Theile
(§. 59. S. 106.) als ehemalige Universitäts=Secreta=
rien, die zugleich Lehrer abgegeben haben, namhaft ge=
macht habe; nehmlich I) Johann Henrich Jung (a),
Hof=

(a) Zu den Jungischen Schriften gehören noch ferner
16) *Historiae antiquissimae comitatus Benthemiensis* libri
tres, Hannouerae et Osnabrugi 1773. 4.; 17) *Originum
Guelficarum* Tom. V. continens praeter chronicon Wein-
gartense e codice Vindobonensi transcriptum, varia ad
illius

Hofrath, Bibliothecarius und Historiograph zu Hannover, und II) Eobald Totze (b) ordentlicher Lehrer der Geschichte zu Bützow.

illius supplementa, chartas et diplomata aeneis tabulis expressa aliaque monumenta historica, quibus multa, quae in prioribus IV. tomis ad historiam vniuersae Germaniae, praecipue ad res Brunsuico-Luneburgicas, regionum finitimarum hominumque quauis causa illustrium memoriae prodita sunt, cum emendantur, tum nouis probationibus illustrantur; accedit in hosce V. tomos duplex index etc. Hannov. 1780. fol.; 18) Disquisitio antiquaria de reliquiis et profanis et sacris, eorumque cultu; accedit Lipsanographia siue thesaurus reliquiarum electoralis Brunsuico-Luneburgicus, editio IV. animaduersionibus aucta et tabulis aeneis illustrata, Hannov. 1783. 4., auch von J. A. E. Thon ins Teutsche übersetzt, unter dem Titel: "Ueber Reliquien, ein Auszug aus dem Lateinischen des Herrn Hofr. Jung", Hannov. 1784. gr. 8. Weidlichs biogr. Nachr. Th. 1. (1781.) S. 386., Th. 4. (1785.) S. 142.

(b) Die Totzische Uebersetzung der allgemeinen Geschichte der vereinigten Niederlande beträgt überhaupt VIII. Theile, Leipz. 1756-1767. 4. Dann gehören noch hieher: 6) J. Campbells Leben und Thaten der Admirale und anderer berühmter Britannischer Seeleute, 2. Theile Göttingen 1755. 4.; 7) Der gegenwärtige Zustand von Europa, worin die natürliche und politische Beschaffenheit der Europäischen Reiche und Staaten aus bewährten Nachrichten beschrieben wird, II. Theile, Bützow 1767. gr. 8.; 8) Geschichte der vereinigten Niederlande, oder Neue Welthistorie, XVI. Th. Halle 1770. XVII. Theil 1771. 4.; 9) Auszug aus der Niederländischen Geschichte, der den XV. Band des Auszugs aus der allgemeinen Welthistorie ausmacht, Halle 1775. gr. 8.; 10) Don Carlos und Alexei, Luines und Bukingham, ein Versuch in verglichenen Lebensbeschreibungen, Greifswald 1776. 8.; 11) Einleitung zur allgemeinen und besondern Europäischen Staatskunde, Th. I. von Europa überhaupt, Spanien, Portugal, Großbritannien; Th. II. von den vereinigten Niederlanden, Dänemark, Schweden, Polen, Rußland, Bützow und Wißmar 1779. gr. 8. (eigentlich umgearbeitete Aus-

Ausgabe seines Gegenwärtigen Zustandes von Europa) III.
Ausg. 1785.

§. 93.

Von ehemaligen hiesigen theologischen Privatlehrern
leben anderwärts noch folgende: I) Friedrich Benjamin
Gaußsch (a) (Th. 1. §. 60. S. 108.) geb. zu Staucha
bey Oschatz 1731. Superintendent zu Hoya; II) Johann
Michael Kern (b) (Th. 1. §. 107. III. S. 202.) ward
1766. Adjunct der theologischen Facultät, hernach Oberpfarrer zu Walsrode, und 1780. Doctor der Theologie;
III) Christian Friedrich Schnurrer (c) geb. zu Canstadt
1742.

(a) Von Gaußsch sind noch folgende Schriften im
Druck erschienen: 3) Die Schöpfung, ein Gedicht, Bremen 1769.; 4) Die Gebuhrt des Erlösers besungen, Bremen 1769. 4.; 5) Erklärung der Sprüche in dem Celli-
schen Catechismo, 1772. 8.; 6) Specimen exercitationum
grammaticarum ad illustrandum nouum testamentum e
versione LXX. interpretum, Bremae 1778. 8. Francof.
et Lipf. 1786. 8.

(b) Von Kerns Diss. Stoicorum dogmata de Deo
erschien der zweyte Theil, Gött. 1765.; Dann sind ferner
von ihm 11) Doctrina symbolica de operationibus gratiae
ordinariis, 1766. 4.; 12) Schreiben über Jes. VII, 14.
15. 16. 1767. 4.; 13) Drey geistliche Amtsreden, welche vor und bey der Einsegnung der Kinder und bey der
Beerdigung eines von denselben gehalten worden, Hannover 1776. 8.; 14) Versuch einer neuen Erklärung der
Weissagung des Jesais VII, 14. 15. von Jesu Christo,
nach den eignen Worten des Propheten, Bremen 1781. 8.

(c) Schnurrers Schriften sind: 1) Vindiciae verita-
tis renelatae ab insultibus libelli: *Catechisme de l' honnê-
se homme*, Tubing. 1765. 4.; 2) Diss. de codicum Vet.
Test. MSS. aetate difficulter determinanda, Tüb. 1772.;
3) Diss. inaugural. in canticum Deborae, Iudicum V.,
1775. 4.; 4) Observationes ad quaedam loca Prouerbiorum Salomonis, 1776. 4.; 5) Fasciculus I. et II. anim-
aduersionum ad quaedam loca Psalmorum, 1778. 4.; 6)
Diss.

1742. Oct. 28., war 1766. zu Göttingen Repetent, hernach ordentlicher Lehrer der orientalischen Sprachen zu Tübingen; IV) Christian Ludewig Gerling (d), geb. zu
Rostock 1745., studierte zu Rostock und zu Göttingen,
ward hier 1769. Magister und Nachmittagsprediger an
der Universitätskirche, 1771. Abjunct der theologischen
Facultät, 1773. zweyter Prediger bey der Teutschen Hof-
capel-

Diss. in Psalm. X. 1779.; 7) Diss. de Pentateucho Ara-
bico-polyglotto, 1780.; 8) Samaritanischer Briefwechsel,
im Repert. für bibl. und morgenl. Litteratur 1781.; 9)
Diss. Obseruationes ad vaticinia Iesaiae, 1781.; 10) Diss.
I. et II. Animaduersiones ad quaedam loca Iobi, 1781.
1782.; 11) Specimen variarum lectionum sacri textus et
Chaldaica Estheris addimenta cum Latina versione et notis. Ex singulari codice priuatae bibliothecae Pii VI. P.
O. M. edidit variisque dissertationibus illustrauit I. B. de
Rossi, editio altera, Tub. 1783. 8.; 12) Diss. in Psal-
mum LXVIII. 1784.; 13) Diss. in Iesaiae cap. XXVII.
1785.; 14) Probe eines Samaritanischen biblischen Com-
mentars über I. B. Mos. XLIX. im Repert. für biblische
und morgenl. Litteratur 1785.; 15) Diss. ad carmen Cha-
bacuci cap. III. Tubing. 1786.

(d) Gerlings Schriften sind: 1) Diss. philos. inaug.
de cognitione Dei rerumque diuinarum analogica, 1769.;
2) Diss. theolog. de concordia rationis et fidei in describenda labe hominis naturali, P. I. 1770.; P. II. 1771.;
3) Nachricht von seinen Vorlesungen über die practische
Theologie 1771.; 4) Predigt am Neujahrstage, 1772.;
5) Von der Vorbereitung zum Tode, London 1774. 8.;
6) Predigt bey Einführung M. Wolfs, London 1775.;
7) Diss. inaug. selecta capita doctrinae de summa atque
aeterna Iesu Christi diuinitate, recentiorum quorumdam
erroribus opposita, Goetting. 1776. 4.; 8) Antritts- und
Abschiedspredigt zu Rostock, Rostock 1777.; 9) Antritts-
predigt zu Hamburg, Hamb. 1777. 8.; 10) Auszüge
aus seinen Sonntags-Fest- und Passionspredigten, Jahrgang I - VII. 1778 - 1784. 8.; 11) Sammlung geistli-
cher Lieder und Gesänge, 1779. gr. 8. Ein biographischer
Artikel von ihm ist in Joh. Chr. Koppe jetztleb. gelehrten
Mecklenburg St. I. (Rost. und Leipz. 1783. 8.) S. 44-
48.

capelle zu London, 1776. Doctor der Theologie und ordentlicher Lehrer der Theologie zu Rostock, 1777. Haupt-
pastor an der Jacobskirche zu Hamburg, 1784. Senior
unter den Predigern zu Hamburg; V) Johann Christoph
Friedrich Schulz (e), geb. zu Wertheim 1746., stubierte

(e) Schulzens Schriften sind : 1) Psalmus XLIX.
varietate lectionis, obseruationibusque philologicis illustratus, P. I. 1769. P. II. 1771. 4.; 2) Geschichte des
Osmannischen Reichs nach dem Französischen des Herrn
de la Croix, mit Verbesserungen, Band I-III. Frankfurt
und Leipzig 1769-1771. 8.; 3) Proben morgenländi-
scher Poesien, St. I. Leipz. 1770. 8.; 4) Gedanken über
das Studium der morgenländischen Sprachen, ein Programm, Götting. 1770. 4.; 5) Harwoods Einleitung
in das neue Testament Th. I-III. mit Anmerkungen und
eignen Abhandlungen, Halle 1770-1772.; 6) Nachricht
von seinen cursorischen Vorlesungen über das alte Testament, 1771. 4.; 7) Bibliothek der Griechischen Litteratur,
Giessen 8. II. vermehrte und verbesserte Ausgabe 1775. 8.;
8) Bibliothek der vorzüglichsten Englischen Predigten,
VIII. Theile, Giessen 1772-1776. 8.; 9) KENNICOT
notae criticae in Psalm. XLII. XLIII. XLVIII. XLIX. —
notulas adspersit et praefatus est; 10) Die Psalmen aus
dem Hebräischen übersetzt und mit Commentarien erläutert,
Th. I. 1772.; 11) Nachricht von dem in Giessen errichteten Predigerseminario, ein Programm; 12) Geschichte
der Kennicotischen Bemühungen um die Verbesserung des
Originaltextes des alten Testaments, in Walchs neuester
Religionsgeschichte Th. I.; 13) Zusätze zur Bibliothek der
Griechischen Litteratur, Nachtrag I. Giessen 1773. 8.;
14) Das alte Testament aus dem Hebräischen übersetzt,
Band I. Leipz.; 15) Das neue Testament aus dem Griechischen übersetzt, mit Anmerkungen für Leser aus allen
Classen, Band I.; 16) Harwoods Abhandlung über
den Socinianismus, aus dem Englischen; 17) Untersuchungen über die Bedeutungen des Wortes Satan, aus
dem Englischen mit einer Vorrede, Leipz. 1774. 8.; 18)
Enfields Predigten für Familien, aus dem Englischen;
19) Conjecturen über das neue Testament, zuerst gesammlet von Wilh. Bowyer, aus dem Englischen übersetzt und
durchaus mit Zusätzen und Berichtigungen bereichert, II.
Theil

te zu Göttingen, warb 1770. Repetent, kam 1771. als
Professor der morgenländischen und Griechischen Litteratur
nach Giessen, wo er ferner 1783. Professor der Theologie wurde, und 1786. zugleich Superintendent; VI) Lorenz

Theile; 20) Progr. II. Recensio duorum fragmentorum
Vet. Test. Hebraicorum manu exaratorum, quae in bibliotheca Gissensi seruantur, Gissae 1775-1776.; 21)
Allgemeine Englische Bibliothek, XII. Stücke, (viele Recensionen haben andere übersetzt); 22) England über die
Moral der Alten, aus dem Englischen; 23) Benj. Blai-
ney über die 70. Wochen Daniels, aus dem Englischen,
Halle 1777. 8.; 24) Burns und Enfields Sammlung
der besten Predigten über die Moral, aus dem Englischen VI. Bände, 1777-1781.; 25) Amner über die
Taufe, aus dem Englischen; 26) Io. COCCEII Lexicon
et Commentarius sermonis Hebraici et Chaldaici, post hunc
et Io. Henr. MAIVM longe, quam antehac, correctius
et emendatius edidit; 27) Harris Abhandlungen, aus
dem Englischen, Halle 1780. 8.; 28) Hebräisches Elemen-
tarbuch, Prosaischer Theil, Halle 1780. — Poetischer Theil,
ebendas. 1781. 8.; 29) Mohammeds Leben von Turpin,
aus dem Französ. Halle 1781. gr. 8.; 30) C. T. WAL-
THERI ellipses Hebraicae siue de vocibus, quae in codice Hebraico per ellipsin supprimuntur; post C. SCHOETT-
GENIVM denuo edidit et obseruationes nouas adiecit, P. I.
Halae 1782.; P. II. 1784.; 31) Scholia in Vetus Testamentum, Vol. I. Norimb. 1783. 8. mai.; Vol. II. 1784.;
Vol. III. 1785.; 32) Pauli erster Brief an die Corinthier,
herausgegeben und erklärt, Halle 1784. 8.; 33) Grays
Vorlesungen über die Gleichnißreden unsers Heilandes;
nebst einer vorläufigen Abhandlung über Gleichnißreden
und allegorische Werke überhaupt, Hannover 1784. 8.;
34) Briefe aus Mainz während der Restaurationsfeierlich-
keiten der Universität vom 15. bis 19. November 1784.
Mit 2. Denkmünzen; 35) Die in Mietau herausgekomme-
ne allgemeine theologische Bibliothek hat er vom 5. bis zum
10. Bande dirigirt; 36) Verschiedene Aufsätze im Britti-
schen theologischen Magazin und in Michaelis orientalischer
Bibliothek, auch Recensionen in einigen Journalen und gelehrten Zeitungen z. B. in den Frankfurtischen und Göttingischen, doch an letztern nur bis zum Jahre 1785.

renz Ancher (f) geb. zu Coppenhagen 17..., stubierte
zu Göttingen, warb daselbst 1770. Repetent, hernach
1773. ausserordentlicher Professor der Theologie zu Coppenhagen, dann Probst zu Odensee; VII) Esbras Henrich Muzenbecher (g), geb. zu Hamburg 1744., warb
1774. Abjunct der theologischen Facultät und Nachmittagsprediger bey der Universitätskirche zu Göttingen, warb
hernach 1775. Lutherischer Prediger zum Haag, 1779.
Prediger bey der Teutschen Gemeinde zu Amsterdam;
VIII) Johann Wilhelm Rau (h), geb. zu Rentweinsdorf

(f) Ancher schrieb 1) diatr. in fragmenta geographi-
corum Eratosthenis, Goett. 1770.; 2) philologische Bibliothek St. 1–9. Götting. 1770–1772.

(g) Muzenbecher besorgte 1) die Göttingische Sammlung neuer Reisebeschreibungen B. 1. Abth. 2. Göttingen
und Gotha 1769. 8.; 2) Die Göttingische philologische
Bibliothek 1773. 1774.; Dann sind ferner von ihm gedruckt 3) Predigt am Neujahrstage 1775. über Ps. 67.,
Götting. 1775. 8.; 4) Nachricht von dem Leben, Character und den Schriften des seligen E. A. Parbey, Predigers
in Hannover, Hannover 1776. 8.; 5) Io. Christ. Biel
nouus thesaurus philologicus; siue Lexicon in LXX. et
alios interpretes, et scriptores apocryphos Veteris Testa-
menti, cum *praef.*, Hagae Comitum 1779–1780. III. Partes in 8. mai.; 6) Drey Predigten bey ausserordentlichen
Gelegenheiten gehalten, Haag und Hamburg 1780. 8.;
7) Ausserdem hat er auch noch Antheil an den Hamburgischen Unterhaltungen und an einigen Journalen.

(h) Die Rauischen Schriften sind: 1) Anmerkungen
über das Betragen und den Character des Judas Ischa-
rioth, aus dem Englischen, Lemgo 1773. 8.; 2) Ad locum Virgilii Georg. I. 511–514. illustrandum progr.;
3) Progr. breuis inquisitio, quo consilio Christus parabo-
lam de filio perdito Luc. XV, 11–32. narrauerit, Tremoniae 1776. 4.; 4) Ueber die 6. Tagwerke in der Mosaischen Schöpfungsgeschichte; 5) Obseruationes philologi-
cae ad locum Pauli Phil. III. 8. 9.; 6) Obseruationes
exegeticae ad locum Iacobi I. 9. 10. Tremoniae 1778.;
7) Etwas über die neuere gelehrte Erziehung; 8) Progr.
de

dorf in Franken 1745. März 9., ſtudierte zu Göttingen,
und ward daſelbſt 1773. Repetent, bald darauf Rector
zu Peina, 1776. Profeſſor der Theologie zu Dortmund,
1779. eben das zu Erlangen, auch 1783. Pfarrer der
Altſtädter Gemeinde daſelbſt; IX) Johann Henrich Walther (i), geb. zu Blankenburg an der Saale 1748. Sept.
22.,

de fictione Moſaica falſo adſerta, Erlang. 1770.; 9) Diſſ.
inaug. theol. de dignitate religionis Chriſtianae ex eius
cum Moſaicis legibus comparatione, Sect. I. Erlang. 1781.;
Sect. II. 1782. 4.; 10) Ueber Pſalm LI. 8. in Harleſens
critiſchen Nachrichten B. I. St. 3. 1783.; 11) Freymüthige Unterſuchung über die Typologie, Erlangen 1784. 8.;
12) Progr. de Ioannis Baptiſtae in rem Chriſtianam ſtu-
diis, 1785.; 13) Progr. de Chriſto coelis altiore ad Hebr.
VII. 26. Comment. I. Erlang. 1784.; Comment. II. 1785.;
14) Progr. de Ioannis Baptiſtae in rem Chriſtianam ſtu-
diis Sect. II. 1786.; 15) Recenſionen in der Erlang. gel.
Zeitung und in Seilers gemeinnützigen Betrachtungen.

(i) Walthers Schriften ſind: 1) Exercitationes exegeticae in Matth. XXII. 22-23. cap. XXV. 31-46. Ienae
1771.; 2) Geſchichte der Streitigkeiten über die Complu-
tenſiſche Bibel, in Walchs neueſter Religionsgeſchichte;
3) Geſchichte der neueſten Streitigkeit über den thuenden
Gehorſam Chriſti, ebendaſ.; 4) Fortſetzung der Geſchichte der Kennicotiſchen critiſchen Bibelausgabe, ebendaſ.; 5)
Ueberſetzung des Propheten Jeſaias mit philologiſchen und
erläuternden Anmerkungen, Halle 1774.; 6) Auserleſene
theologiſche Abhandlungen, Leipz. 1774. 8.; 7) Commentatio de immortalitate animarum a Sadducaeis negata,
Neobrandenb. 1776. 4.; 8) Abhandlung von der nützlichen Art, die claſſiſchen Schriften der Alten mit der Jugend zu erklären (II. Aufl. Berlin 1778. 8.); 9) Progr.
de ratione, iuuentutem litterarum ſtudioſam examinandi
vera, vtili et honeſta, Neobrandenb. 1779. 4.; 10) Commentatio de rationibus veris, ob quas veteres religionis
Chriſtianae doctores ludos ſcenicos pompas Satanae voca-
verint, ibid. 1781. 4.; 11) Fragment eines Geſprächs
von der Nothwendigkeit, die ſtudierende Jugend bey ihrer
Erziehung und Unterweiſung zur Aufmerkſamkeit und Ge-
duld zu gewöhnen, ebendaſ. 1782. 4.; Auſſerdem hat er
auch noch verſchiedene Programmen geſchrieben.

22., studierte zu Jena, und Göttingen, wo er 1775. Repetent war, seit 1776. Rector am Gymnasium zu Neubrandenburg; X) Paul Caspar Dürr (k), geb. zu Leutkirch 1750. May 25., studierte zu Göttingen und ward daselbst 1776. Repetent, hernach 1782. Prediger zu Münden; XI) Daniel Gotthilf Moldenhawer (l), geb. zu Königsberg 1752., studierte zu Göttingen und ward daselbst Repetent 1777., aber noch in eben dem Jahre ordentlicher Professor der Griechischen und Orientalischen Sprachen zu Kiel, und 1779. daselbst ordentlicher Professor der Theologie; XII) Johann Christian Henrich Krause (m), geb. zu Quedlinburg 1757. Apr. 30., studierte seit Ostern 1775. zu Göttingen, war daselbst von Michaelis 1776. bis Ostern 1779. im philologischen Seminarium, und von Ostern 1779. bis Ostern 1783. Repetent, fuhr auch noch bis Mich. 1783. fort daselbst exegetischen

(k) Dürrs Schriften sind: 1) Commentatio inauguralis philologica super voce דבר multoties et multifariam in vetustissimis litterarum monumentis obuia, Goetting. 1776. 4.; 2) Nachricht von den neuesten Streitigkeiten über den Canon, in Walchs neuesten Religionsgeschichten, Th. VII. S. 243. u. ff.; 3) Genealogia Iesu, hominis optimi maximi, cum chronologico vaticiniorum de Messia indice in vsum auditorum, 1778. 8.; 4) Diss. de antiquissima fidei et morum regula, 1781. 4.

(l) Moldenhawers Schriften sind: 1) Versuche über das erste Buch Mosis, Leipz. 1780. 8.; 2) Neue Uebersetzung des Hiobs, Th. I. Leipz. 1780., Th. II. 1781. 8.

(m) Von Krausen ist folgendes gedruckt: 1) In historiam atque orationem Stephani protomartyris commentatio, 1780. 8.; 2) Diss. de vsu vocabulorum φῶς et σωτία in N. T. 1782.; 3) Progr.: Was verliehrt der zum Gelehrten bestimmte Jüngling, der auf Schulen kein Griechisch lernt? Jever 1785. 4.; 4) Progr.: Wer hat Beruf ein Gelehrter zu werden? Erstes Stück, 1787. 4. (Der Schluß der letztern Abhandlung wird Ostern 1788. gedruckt werden).

tischen und philologischen Unterricht zu geben. Seit Michaelis 1783. ist er Professor und Rector an der Provin-
cialschule zu Jever; XIII) Georg Hermann Richerz (n),
geb. zu Lübeck 1756. Apr. 1., studierte von Ostern 1775.
an drey Jahre in Göttingen, besuchte Jena, Leipzig, Halle und Wittenberg im Sommer 1778., kehrte um Michaelis dieses Jahres nach Göttingen zurück, und ward
zweyter Universitätsprediger am Ende des Jahres 1779.
Von hier ward er um Mich. 1785. als Pastor Primarius
nach Harpstedt in der Grafschaft Hoya versetzt; XIV)
Johann Philipp Gabler (o), geb. zu Frankfurt am
Main

(n) Von Richerz sind folgende Schriften gedruckt: 1)
Die unter Koppens Namen und Aufsicht herausgekom-
mene Uebersetzung von Bischofs Lowth Jesaias, wovon
der erste Theil mit Zuziehung des Hebräischen Originals
verfertigt ward, und die drey folgenden die Anmerkungen
des Englischen Bischofs enthielten, Leipzig 1779-1781. 8.;
2) Predigten, Hannover und Göttingen 1782. 8., zweyte Sammlung, ebendas. 1783. 8.; 3) Leben der Donna
Olimpia Maldachini, aus dem Italiänischen übersetzt und
mit Anmerkungen begleitet, Leipzig 1783. 8.; 4) Ludewig
Anton Muratori über die Einbildungskraft des Menschen,
mit vielen Zusätzen herausgegeben, erster und zweyter
Theil, Leipzig 1785. 8.

(o) Gablers Schriften sind: 1) Beweis für die Ewig-
keit der Welt, Rudelst. 1775. 8.; 2) Diss. super Hebr. 3,
1-6., Ien. 1778.; 3) Diss. critica de capitibus vltimis
IX-XIII. poster. epistolae Pauli ad Corinth. ab eadem
haud separandis, Goett. 1782. 8. mai.; 4) G. I. Zachariä paraphrastische Erklärung der beiden Briefe an die
Corinther, mit verbessernden und erläuternden Anmerkungen, 1783. 8.; 5) Revision des Campischen neuen meta-
physischen Beweises für die Unsterblichkeit der Seele, II.
Abtheilungen, Dortmund 1785. 4.; 6) Einsegnungsrede
bey dem Sarge des Herrn C. A. Führers, Altdorf 1786.
4. Er hat auch Antheil an den Recensionen in der Nürn-
bergischen gelehrten Zeitung, und war ehedem auch Mitarbeiter an den Annal. Helmstad. litter.

G

Main 1751., ftubierte unb promovirte 1778. als Magi-
fter zu Jena, kam hernach nach Göttingen, wo er 1781.
Repetent wurde. Im Jahre 1783. ward er Profeſſor
am Archigymnaſium unb Director des niedern Gymnaſiums zu Dortmund, und 1785. dritter Profeſſor der
Theologie zu Altorf; XV) David Julius Pott (p), geb.
zu Detmold 17..., ftubierte zu Göttingen, und war das
daſelbſt 1784. Repetent. Seit Mich. 1786. iſt er orbent-
licher Profeſſor der Theologie zu Helmſtädt.

(p) Von Pott ſind gebruckt Epiſtolae catholicae Graece, perpetua annotatione illuſtratae, Vol. I. complettens
epiſtolam Iacobi, 1786. 8. mai.

§. 94.

Von ehemaligen juriſtiſchen Privatlehrern leben an-
berswo noch I) Jacob Gottlieb Sieber (a) (Th. 1. §.
61. III. S. 109.) geb. zu Uelzen 1729. Dec. 8. ſeit 1762.
Syndicus zu Goslar; II) Wilhelm Auguſt Rudloff (b),
geb.

(a) Siebers Lebensumſtände finden ſich in G. L.
Boehmer progr. *de iure circa conductionem, orto ad-
verſus conductorem obaeratum concurſu*, Goett. 1758. und
in Weidl. biogr. Nachr. Th. 2. S. 365 - 367. Zu ſeinen
Schriften gehören noch folgende: 9) Anweiſung vom Verhalten der Vormünder, Leipz. 1749. 8.; 10) Abhandl. von
den Schwierigkeiten in den Reichsſtädten, das Reichsgeſetz
vom 16. Auguſt 1731. wegen der Mißbräuche bey den
Zünften zu vollziehen, Goslar und Leipzig 1771. 8.; 11)
Abhandlung von der Macht der Reichsſtände und Gerichts-
herren, ſelbſt Recht zu ſprechen, Göttingen und Kiel
1774. 8.

(b) Rudloffs Leben iſt beſchrieben in meinem progr.
II. *de inſtauratione imperii Romani*, Goett. 1767., in
Weidlichs biogr. Nachr. Th. 2. S. 250 - 253., und in
J. E. Koppe jetztleb. gel. Meckl. St. 3. (Roſt. und Leipz.
1784. 8.) S. 178 - 184. Seine Schriften ſind: 1) Diſſ.
de

geb. zu Rostock 1747. Febr. 11., studierte seit 1762. zu
Bützow, seit 1764. zu Göttingen, ward daselbst Doctor
und Privatlehrer 1767., hernach 1768. ordentlicher Leh=
rer der Rechte zu Bützow, kam 1773. als Hofrath und
aduocatus patriae nach Hannover, wo er ferner 1775.
zweyter Archivar, 1777. zweyter geheimer Secretär und
erster Archivar, 1784. geheimer Justizrath, und 1786.
erster

de litteris connocatoriis ad comitia. Acc. litterarum con-
vocatoriarum antiquiorum appendix, 1767.; 2) Commentatio de iure Germanico iusta methodo tractando, 4.;
3) Versuch einer pragmatischen Einleitung zur Geschichte
und heutigen Verfassung der Teutschen chur= und fürstli=
chen Häuser, Th. I. Göttingen und Gotha 1768. 8.; 4)
Vorbereitung zu einem Collegium über das Teutsche Recht
und den Reichsproceß, an seine Zuhörer; 5) Versuch von
den Senaten am kaiserlichen und Reichscammergericht,
Bützow 1769. 4.; 6) De iure senii in familiis illustribus; 7) De pactis successoriis illustrium et nobilium Germaniae, praecipue iis, quae pacta confraternitatis adpel-
lantur, libellus singularis, Rost. 1770.; 8) Abhandlun=
gen von der Aehnlichkeit der Teutschen Hofgerichte mit dem
kaiserlichen und Reichscammergericht; 9) Commentatio
de confirmatione caesarea iuris primogeniturae in familiis
illustribus Germaniae, imprimis intuitu feudorum imperii, 1771. 4.; 10) Unpartheyischer Bericht vom Turnus,
oder der persönlichen Reihe im Referiren am l. und R.
Cammergericht; 11) Pr. Petitione renouationis inuestitu-
rae quouis modo neglecta feudum amitti; 12) De con-
sensu in alienationem feudi interposito retractum non ex-
cludente exercitatio; 13) De reuisionis effectu suspensi-
vo in causis ecclesiasticis et religionis, Hamburg. et But-
zov. 1772. 4.; 14) Ueber die so genannte entscheidende
Stimme des Cammerrichters bey einer Stimmengleichheit
der Beysitzer, 1773. 4.; 15) Standhafte Behauptung der
Freyheit des Ehestandes der evangelischen Domcapitularen
zu Osnabrück, welche ihnen von dem Domcapitel daselbst
beym höchstpreislichen Reichshofrath bestritten werden wollen, Hannov. 1775. fol.; 16) Verschiedene Aufsätze in den
gelehrten Beyträgen zu den Mecklenburg=Schwerinischen
Anzeigen.

erster geheimer Secretär wurde; III) Carl Adolf Limmer (c), geb. zu Löbau in der Oberlausitz 1741. Jul. 19.,
stubierte 1762. zu Leipzig, 1763. zu Wittenberg, 1765.
zu Göttingen, ward daselbst 1767. Doctor, hernach Ad-
vocat zu Osterode, jetzt Bürgermeister und Syndicus zu
Walsrode im Lüneburgischen; IV) Georg Brökel (d),
geb. zu Hannover 1748. März 4., stubierte zu Göttingen
seit 1765., promovirte und las daselbst 1770., und ward
1772. Professor zu Kiel; V) Carl Christoph Hofak-
ker (e), geb. zu Böringsweiler im Würtenbergischen
1749.

(c) Limmers Schriften sind: 1) Diss. de rotulo re-
probatoriali, Goett. 1767.; 2) de arrhis emtionum im-
perfectarum, aduersus Chr. Thomasium, Goett. 1768.
Weidlichs biogr. Nachr. Th. 3. (1783.) S. 193.

(d) Brökels Inaugural-Dissertation war de vsuris
pretii, an et a quo tempore mercator illas exigere possit?
Goetting. 1770., Weidlichs biogr. Nachr. Th. 1. S. 100.

(e) Hofackers Schriften sind: 1) Diss. inaug. de ori-
ginibus et satis successionis ex iure primogeniturae in familiis illustribus Germaniae, 1771.; 2) Entwurf einer
systematischen Methode im Vortrage des ungemischten Römischen Rechts; 3) Tabulae synopticae iuris Romani,
1772.; 4) *Institutiones iuris Romani* methodo systematica adornatae 1773. 8. (Die II. sehr veränderte Ausgabe
erschien 1785. unter dem Titel: Elementa iuris ciuilis
Romanorum); 5) Von der Glaubwürdigkeit Eginhards,
des Verfassers der Lebensgeschichte Carl des Großen, in
der allgem. historischen Bibliothek, Band XIV.; 6) Nähere Entwickelung und Vertheidigung seiner systematischen
Methode im Vortrage des Römischen Rechts; 7) Diss. de
iure consuetudinis secundum doctrinam iuris nat. et Rom.
Tubing. 1774. 4.; 8) Oratio aditialis de studio iurisprudentiae naturalis iurisconsulto necessario; 9) Diss. ad
fragmenta, quae ex Alfeni Vari libris XL. Digest. super-
sunt, 1775.; 10) Diss. de efficacia statutorum in res
extra territorium sitas, 1778.; 11) Historia iuris ciuilis
de exheredatione et praeteritione; ad interpretationem
Nouellae CXV. et L. 4. C. de lib. praeter. Tubing. 1782.
4. Weidlichs biogr. Nachr. Th. 1. S. 312 - 314.

1749. Febr. 26., ſtudierte 1765. zu Tübingen und 1768. zu Göttingen, ward hier 1771. Doctor und Privatlehrer, hernach 1774. Profeſſor zu Tübingen; VI) Johann Daniel Henrich Muſäus (f), geb. zu Meinungen 1749. Aug. 31., ſtudierte 1767. zu Gieſſen, und 1769. zu Göttingen, ward daſelbſt 1773. Doctor und Privatlehrer, hernach 1776. auſſerordentlicher, 1781. ordentlicher Profeſſor zu Kiel, 1782. Profeſſor und Regierungsrath zu Gieſſen; VII) Johann Carl von der Becke (g), geb. zu Iſerlohn 1756. März 27., ſtudierte 1772. zu Göttingen, brachte hernach ein Jahr auf einer gelehrten Reiſe in Teutſchland, beſonders zu Weßlar, Regensburg und

(f) Muſäus hat geſchrieben: 1) Diſſ. inaug. de iure commiſſionum, quae in concurſu illuſtrium ſolent conſtitui, prodromus, Goetting. 1773.; 2) Commentatio de iure commiſſionum, quae in concurſu illuſtrium ſolent conſtitui, 1774.; 3) Diſſ. de traſſato litteras cambiales in honorem acceptante, 1775.; 4) Entwurf des Wechſelrechts; 5) Anfangsgründe des Wechſelrechts, Hamburg und Kiel 1777. 8.; 6) Commentatio de cauſis praecipuis, cur diuiſio Germaniae in pagos ſenſim deſierit, Kil. 1778. 4.; 7) Juriſtiſche Beyträge, Sammlung I. Altona 1781. 8.; 8) Progr. disquiſitio, quatenus aedificia fundo feudali a vaſallo impoſita iure clientelari communi allodialia eſſe cenſeantur, Giſſ. 1782.; 9) Grundſätze des Handlungsrechts zum Gebrauche academiſcher Vorleſungen, Hamb. und Kiel 1785. 8.; 10) Sachenregiſter zum zweyten Bande der Pütteriſchen Rechtsfälle. Mehrere Diſſertationen ſind von ihm unter fremden Namen erſchienen. Auch hat er Antheil an den Recenſionen juriſtiſcher Schriften in den Götting. gel. Anzeigen von 1775. und 1776. Weidlichs biogr. Nachr. Th. 2. S. 120., und Nachträge zum 1-3. Th. S. 207.

(g) Die von der Beckiſchen Schriften ſind: 1) Diſſ. inaug. de die decretorio pace Weſtphalica poſito, maxime ad §. 25. 26. I. P. W. 1776. 4.; 2) Abhandlung von der allgemeinen Brauchbarkeit mehrerer Theile der poſitiven Rechtsgelehrſamkeit, nebſt einer Anzeige ſeiner Som-

mer-

und Wien, zu, promovirte zu Göttingen 1776., las auch daselbst, und wurde ausserordentlicher Beysitzer der Juristenfacultät, kam aber 1782. als Regierungsrath nach Gotha; VIII) Peter Joseph Meyron (h), geb. zu Altbrandenburg 1740., führte nach einander zwey Herren von Uechtritz als Hofmeister zu Göttingen, ward daselbst 1778. Doctor und Privatlehrer, hernach 1782. Professor des Staatsrechts und Syndicus am Carolinum zu Braunschweig; IX) Johann Henrich Christian Erxleben (i), geb. zu Queblinburg 1753. Apr. 14., studierte 1771. zu Göttingen, promovirte, las und advocirte daselbst 1778., ward 1783. ordentlicher Professor zu Marburg;

mervorlesungen, und einem Plane von einem Handlungs- Wechsel- und See-Recht, 1777. 8. Weidlichs biogr. Nachr. Th. I. S. 49.

(h) Meyrons Schriften sind: 1) *Essai historique et politique sur les garanties et en general sur les diverses methodes des anciens et des nations modernes de l'Europe d' assurer les traités publics*, 1777. 8.; 2) Diff. inaugur. de vi foederum inter gentes, speciatim de obligatione succesoris ex foedere antecessoris, ex natura rei et usu moratiorüm populorum petita; 3) *Principes du droit des gens Européens conventionel et coutumier*, ou bien Précis historique et juridique des droits et obligations, que les Etats de l'Europe se sont acquis et imposés par des conventions et des usages reçus, que l'interêt commun a rendu necesaires, à Bronsvic 1783. 8. Weidlichs biogr. Nachr. Th. 2. S. 150., Nachtr. S. 210., Th. 4. S. 181.

(i) Erxlebens Schriften sind: 1) Diff. inaug. de eo, quod iuris est circa fictam possessionem, maxime quoad rei vindicationem et hereditatis petitionem, 1778.; 2) Principia de iure pignorum et hypothecarum, 1779. 8.; 3) Progr. Erläuterung der Frage: In wiefern die Gelegenheit zum Verbrechen die Strafe desselben mildert?; 4) Oratio aditialis de necessitate confessionis ad sententiam aduersus delinquentem ferendam, Marburg. 1784. 4. Weidlichs biogr. Nachr. Th. I. S. 169. und Nachtr. S. 73.

burg; X) Johann Martin Abele (k), geb. zu Darmstadt 1753. März 31., stubierte zu Göttingen, ward
daselbst 1778. Doctor und Privatlehrer, hernach 1779.
Syndicus der Reichsstadt Kempten; XI) Henrich Meurer (l), geb. zu Kirchheim-Bolanden 175.., stubierte
zu

(k) Von Abele sind folgende Schriften gedruckt: 1)
Diss. inaug. de iure circa sacra nobilitatis imperii imme-
diatae, 1778.; 2) Magazin für Kirchenrecht und Kirchengeschichte Band I. St. I - II. Leipz. 1778 - 1779.; 3)
Diss. inaug. de nexu inter magistratum et ciues ciuitatum
imperii, 1779. (unter einem andern Namen); 4) Diss.
inaugur. de eo, quod iustum est circa matrimonia speciatim secundum statuta Hamburgensia 1779. (unter anderm
Namen); 5) Robertsons Geschichte Kaiser Carls V.;
herausgegeben und mit einigen Anmerkungen versehen,
Band I - III. Kempten 1781 - 1783. 8.; 6) Joh. Ulr.
Freyhr. von Cramers academische Reden über die gemeine
bürgerliche Rechtslehre, durchgesehen und verbessert, II.
Bände, Ulm 1782 - 1784. 4.; 7) Wilh. Thomas Raynals
philosophische und politische Geschichte der Besitzungen
und Handlung der Europäer in beiden Indien, nach der
neuesten Ausgabe übersetzt und mit Anmerkungen versehen,
Band I - IV. Kempten 1783 - 1785. 8. Recensionen von
ihm stehen auch in Selchows jurist. Bibliothek Band III.
St. 2. und 3.; wie auch in den Götting. gel. Anzeigen
1776. 1777. 1778. Weidlichs biogr. Nachr. Th. 1. S.
1. Nachtr. S. 1.

(l) Meurers Schriften sind: 1) Diss. inaug. de ratione diuersitatis, quae inter legata iurium in res et iurium in personas intuitu adquisitionis intercedit, 1779. 4.;
2) Abgenöthigte Schutzschrift für seine kleine Inaugural-
Dissertation in Selchows jurist. Bibl. B. 4. S. 731 -
736.; 3) Von dem Werthe der Gebauerischen Ausgabe
der Institutionen und Pandecten; 4) Juristische Abhandlungen und Beobachtungen, Sammlung 1. Leipz. 1780.
8.; 5) Von der Succession in Lehen und Stammgüter
unter dem hohen und niedern Teutschen Adel St. 1. Leipz.
1781. 8. In der Selchowischen juristischen Bibliothek
B. 4. St. 2. sind von ihm die sieben ersten Recensionen.
Weidlichs biogr. Nachr. Th. 2. S. 31., Nachtr. S. 194.

zu Göttingen, advocirte einige Zeit zu Weilburg, ward 1779. zu Göttingen Doctor und Privatlehrer, gieng 178... seiner Gesundheit wegen in sein Vaterland zurück; XII) Johann Gottfried Sigmund Albrecht Büchner (m), geb. zu Frankfurt am Main 1754., studierte zu Jena und Göttingen, ward hier 1779. Doctor und Privatlehrer, hernach 1781. Professor zu Giessen; XIII) Just Ludewig Bechtold Boehmer (n), geb. zu Göttingen 1755. Jun. 23., studierte daselbst, promovirte 1780., ward Privat- lehrer und ausserordentlicher Beysitzer der Juristenfacultät; hernach 1783. Hof= und Canzleyrath zu Hannover; XIV) Johann Friedrich Reitemeier (o), geb. zu Göttingen
175...,

(m) Büchners Schriften sind: 1) Diff. inaug. de probatione per litterarum comparationem, Goett. 1779.; 2) Progr. von der Anzahl der Zeugen, 1780.; 3) Commen- tatio de bonae fidei auctore singulari, a restitutione lucri, quod ex re rursus vendita percipit, etiam eo in casu, quo verus dominus rem suam vindicare nequit, immuni; 4) Untersuchung der Frage: Ob derjenige, welchem eine Hand- schrift zur Anerkennung oder eidlichen Ableugnung vorge- legt worden, die Unterschrift derselben anerkennen, den Inhalt aber eidlich ableugnen dürfe?; 5) Progr. Beweis, daß das einem Schuldner ertheilte Moratorium den Bürgen nichts nütze; 6) Examen doctrinae, qua maiestas in rea- lem et personalem diuiditur, Giff. 1781. 8.; 7) Antwort auf des Herrn Professor Scheidemantels Schreiben die Re- cension der neuen Ausgabe des Buderischen Repertoriums betreffend, Giessen 1782. 4. Weidlichs biogr. Nachr. Th. I. S. 102., Nachträge S. 40.

(n) Von J. L. B. Böhmer ist nur gedruckt seine In- aug. Diff. de filio vasalli successore in feudum, Goett. 1780.

(o) Reitemeiers Schriften sind: 1) Beantwortung der Preisfrage: Welches war der Luxus der Athenienser und seine Folgen für den Staat? welche das erste Accessit erhalten hat, Göttingen 1781. 8.; 2) Ergänzungen und Berichtigungen im vierten Band des fünften Theils von Guthrie's und Gray's allgemeinen Weltgeschichte, Leipz.
1783.

175..., studierte daselbst anfangs Philologie, hernach
die Rechte, ward 1783. Doctor und Privatlehrer, kam
aber 1785. als ordentlicher Professor nach Frankfurt an
der Ober; XV) Theodor Hagemann (p), geb. zu Stie-
ge im Blankenburgischen 1762. März 14., studierte zu
Helmstädt und Göttingen, ward hier 1785. Doctor und
Privatlehrer, hernach 1786. Professor zu Helmstädt.

1783. gr. 8.; 3) Diff. inaug. de origine et ratione quae-
stionis per tormenta apud Graecos et Romanos commentatio, 8. mai.; 4) Confpectus iuris Romani ad eius naturam ordine dispositi, in vfum lectionum academicarum,
1784. 8.; 5) Zosimi hiftoriae Graece et Latine; re-
cenfuit, notis criticis et comment. hiftor. illuftrauit &c.; 6)
Encyclopädie und Geschichte der Rechte in Teutschland, zum
Gebrauch academ. Vorlesungen, 1785. 8.; 7) Geschichte des
Bergbaues und Hüttenwesens bey den alten Völkern; eine
Preißschrift der königl. Gesellschaft der Wissenschaften zu
Göttingen. Weidlichs biogr. Nachr. Th. 4. S. 170.

(p) Von Hagemann sind gedruckt: 1) Diff. inaug.
de feudo infignium vulgo Wapenlehen, 1785.; 2) Diff.
de feudo Halsbergae fiue Loricae vulgo Panzerlehen 8.
mai.; 3) Abhandlung über das Perfonal-Lehn (ein Programm) Göttingen 1785. 8.; 4) Confpectus iuris feudalis figillatim Brunsuico-Lüneburgici in vfum lectionum
academicarum, 1786. 8. mai.; 5) Disp. de expectatiuis
feudalibus in terris Brunsuico-Lüneburgicis, Helmft.;
6) Progr. de feudo iniurato, vulgo Handlehn dicto; 7)
Analecta iuris feudalis Brunsuico-Lüneburgici Tom. I.

§. 95.

Anderswo noch lebende Aerzte, die hier zuvor Privatlehrer gewesen, sind folgende: I) Friedrich Wilhelm
Weiß (a), geb. zu Göttingen 1744., studierte daselbst
und

(a) Von Weiß sind gedruckt: 1) Plantae cryptoga-
micae florae Gottingenfis, 1771. 8.; 2) Betrachtung
über die nutzbare Einrichtung academischer Vorlesungen in
der Botanik, 1774. 4.; 3) Entwurf seiner Forstbotanik
zum Gebrauch academischer Vorlesungen, Band. I. 1775.
gr. 8.;

und promovirte 1769., kam 1784. als Hofrath und Leibmedicus in Dienste des Herrn Landgrafen von Hessen-Ro-
thenburg; II) Carl Wilhelm Christian Müller (b),
geb. zu Homburg vor der Höhe 1755., studierte zu Göttingen und promovirte daselbst 1778.; kam 1779. als Professor nach Giessen; III) Johann Franz Wilhelm Boehmer (c), geb. zu Göttingen 1754. Apr. 2., studierte daselbst, und promovirte 1777., that eine gelehrte Reise
in England, ward zu Göttingen 1780. Privatlehrer und
Arzt des neuen Hospitals, auch 1782. Aufseher über das
Clinicum; und 1784. Berg- und Stadt-Physicus zu
Clausthal; IV) Theodor Wilhelm Schröder (d), geb.
zu Rinteln 1759. Nov. 2., kam mit seinem Vater, dem
Leibmedicus Philipp Georg 1764. nach Göttingen, studierte daselbst, und promovirte 1779., gieng hernach als
practi-

gr. 8.; 4) Vorbereitung zum Unterricht in den Grund-
kenntnissen der Botanik, 1782. 8.

(b) C. W. C. Müllers Schriften sind: 1) Diss. de
adulterationibus oleorum aethereorum, Goetting. 1778.;
2) Beschreibung der Epidemie, welche im Frühjahr des
1782ten Jahres in mehrern Gegenden von Europa geherrscht
und unter dem Namen der Russischen Krankheit bekannt
geworden, Giessen 1782. 8.; 3) Progr. de aëre dephlo-
gisticato, Gissae 1784. 4.

(c) J. F. W. Böhmers Schriften sind: 1) Diss. de
nono pare neruorum cerebri, Goett. 1777.; 2) secura
hydropem curandi ratio, Goetting. 1780.

(d) Von T. W. Schröder sind bisher gedruckt: 1)
tractatus medicus de pleumonide eiusque speciebus 1779.
4.; 2) Beantwortung der Frage: Ob die Wasserscheu auch
ohne vorhergegangene Ansteckung im menschlichen Körper
entstehen könne?; 3) Progr. de venaesectionis in phthisi
ex vlcere praesertim pulmonali vsu, 1780.; 4) De phthisi hepatica sectio prima, symptomatologiam sistens 1783.
8. mai.; 5) Historia febris bilioso-pituitoso-putridae,
quae ab initio mensis Decembris 1783. ad finem vsque
mensis Augusti 1784. in variis Hassiae regionibus grassa-
ta est, 1784. 8.

practischer Arzt nach Caſſel, wo er ſeit 1786. Profeſſor am dortigen Carolinum iſt; V) Joachim Dieberich Bran-dis (e), geb. zu Hilbesheim 1762. März 22., ſtudierte zu Göttingen, gewann den medicniſch. Preis 1785., promo-virte daſelbſt 1786., gieng aber 1787. als practiſcher Arzt in ſein Vaterland zurück.

(e) Von J. D. Brandis iſt folgendes gedruckt: 1) De oleorum vnguinoſorum natura (eine Preisſchrift) 1785. 4.; 2) Ueberſicht der allgemeinen Geſundheitslehre, zur Ankündigung academiſcher Vorleſungen, 1786. 8.; 3) Ver-ſuch einer Naturgeſchichte von Chili, von Abbé J. Ignatz Molina; aus dem Italiäniſchen überſetzt.

§. 96.

Von ehemaligen hieſigen Privatlehrern der philoſophi-ſchen Facultät leben an andern Orten noch: I) Johann Friedrich Jacobi (a) (Th. I. §. 63. I. S. 110.) geb.

zu

(a) Von Jacobi ſind ſeit 1764. ferner gedruckt: 11) Sendſchreiben an einen Weltlichen 1765. 8.; 12) Beytrag zur Paſtoraltheologie, oder Regeln und Muſter für ange-hende Geiſtliche zu einer heilſamen Führung ihres Amts, Hannover 1766. 1768. 1774.; Th. II. 1782. 8.; 13) Die erſten Lehren der Chriſtlichen Religion, Hannover 1768. 1771. 8.; 14) Vertheidigung der Spiele, Tänze und Schauſpiele 1770. 8.; 15) Das durch eine leichte und ungekünſtelte Erklärung von ſeinen Vorwürfen gerettete Hohe Lied, Zelle 1771. 8.; 16) Geſänge und Gebete zum Gebrauch bey Kranken und Sterbenden, Hannover 1771. 8.; 17) Die Chriſtliche Sittenlehre in kurze und leichte Fragen und Antworten gefaſſet, Hannover 1772. 8.; 18) Abhandlungen über wichtige Gegenſtände der Religion, Th. I. Zelle 1773. (II. Aufl. 1776.); Th. II. 1776.; Th. III. 1777.; Th. IV. 1778. 8.; 19) Nähere Entdeckung eines neuen Lehrgebäudes der Religion nebſt einer Prü-fung deſſelben; 20) Schriftliche Unterredung mit den ſämmtlichen Lehrern an den Kirchen und Schulen der Pro-vinz Halberſtadt bey dem Anfange des neuen Jahrs 1775. Halberſtadt 8.; 21) Das von ſeinen Vorwürfen gerettete
Pre-

zu Wellershausen im Grubenhagischen 1712,, war zu
Göttingen von Michaelis 1734. bis Ostern 1738. Privatlehrer mathematischer und philosophischer Wissenschaften,
erhielt auch inzwischen 1735. die Magisterwürde, kam
hernach 1738. als Pastor nach Osterode, von da nach
Hannover, wo er Consistorialrath wurde, endlich als Generalsuperintendent nach Zelle, half das Andenken der vor
50. Jahren geschehenen Einweihung unserer Universität,
der er damals schon als Magister beygewohnt hatte, am
17. Sept. 1787. persönlich mit feiern, und bekam bey dieser Gelegenheit die theologische Doctorwürde; II) Johann
Christoph Erich Springer (b), geb. zu Schwabach im
An-

Predigerbuch Salomons, Zelle 1779. 8.; 22) D. Bahrdts
Glaubensbekenntniß mit Anmerkungen; 23) Sämmtliche
Schriften, Band I. Th. I. und II. Hannover 1781. Th.
III. 1784. gr. 8.; 24) Alles in der Natur lebt, Zelle
1783. 8.; 25) Zusätze zu dieser Abhandlung, Zelle 1785.
8.; 26) Beantwortung erneuerter Einwürfe gegen die Lehre von der Aussöhnung der Sünde durch einen Mittler;
27) Schreiben an eine vornehme Frau über Zweifel bey
dem heiligen Abendmahle; 28) Trostgründe der Christen,
wo die Vernunft keine hat; in Briefen an zärtliche Müt-
ter bey dem Verlust geliebter Kinder, Zelle 1786. 8.; 29)
Die vorzügliche Gewißheit des Glaubens und der Hoffnung
der Christen, dem Herrn Senior Vollmann in Hannover
bey seiner Amtsjubelfeier — als Denkmahl freundschaft-
licher Theilnehmung gewidmet; 30) Leichter und überzeu-
gender Beweis von Gott und von der Wahrheit der Christlichen Religion, für Personen, welche sich den gelehrten
Wissenschaften nicht gewidmet. Bey der funfzigjährigen
Jubelfeier der Georg-Augustus-Universität zu Göttingen
herausgegeben und dem Andenken derselben gewidmet,
Zelle 1787. 8.

(b) Die zahlreichen Springerischen Schriften sind
folgende: 1) Observatio de iure dotium circa modum
probandi et repetendi contra creditores mariti, Norimb.
1750. 8.; 2) Facti species und Bedenken de alienandis
immobilibus minorum absque decreto principis, Francof.
1755. 4.; 3) *Mémoires sur les droits et la pratique de la*
pro-

Anspachischen 1727. Aug. 11., bekam 1766. von Hannover aus die Erlaubniß die Cameralwissenschaft zu Göttins

provocation ex L. Diffam. *dans les tribunaux d' Allemagne,* Ansbac 1758. 4.; 4) Species facti in Sachen Herrn Gotthard Friedrichs Freyherrn von Appolt — contra J. G. Späth auf Altheimersberghof bey Pappenheim. Appellationis ad aulam Caesar., Nürnberg 1759. fol.; 5) Rechtliche Gedanken von der actione Seruiana vtili siue hypothecaria, 1766. 4.; 6) Grundriß der Cameralwissenschaft, Anspach 1766. fol.; 7) Progr. de definitione scientiarum oeconomicarum; 8) Die Gränzen der Cameralöconomie = Finanz und Polizeywissenschaft in ihrer Verbindung, Halle 1767. 8.; 9) Noua methodus calculandi in foro; 10) Physicalisch = practische und dogmatische Abhandlung vom Teutschen Getraidbau; 11) Einleitung in die Lehre von der Cameralwirthschaft und der Allgemeinheit ihres Nutzens, den sie aus dem ganzen Reiche der Wissenschaften zieht; der Zuschauer in der Wirthschaft der Regenten und des Volks, Basel 1768. 8.; 12) Natürliche Geschichte des menschlichen Geschlechts, aus dem Französischen mit einem Vorbericht von dem wahren Nutzen der Geschichtskunde; 13) Betrachtungen über die Frage: ob das flache Pflügen nicht nur in allen Teutschen, sondern auch in fremden Provinzen mit Nutzen einzuführen sey; 14) Schulzens Abhandlung von den Mitteln, ein hohes Alter zu erreichen, aus dem Schwedischen, mit einigen Anmerkungen begleitet, bey der Hamburgischen Ausgabe von Tissots Anweisung für den gemeinen Mann 1768. Petersburg 1774. 8.; 15) Geschichtsmäßig und archivalischer Beweis, daß der Herr Graf S. A. zur Lippe = Detmold nicht befugt sey, den Herrn Grafen P. E. zu Schaumburg = Lippe mit Kriegsvolk zu überziehen; 16) Physicalische Untersuchung, ob auch Patagonische Riesen möglich, und die Erzehlungen davon wahr sind, Leipzig 1769. 8.; 17) Versuch eines Beweises, daß Tacitus seine Erzehlungen von den alten Teutschen aus Westphalen genommen habe; in Gatterers histor. Biblioth. B. IX.; 18) Physicalisch = practisch = dogmatische Abhandlung von dem Teutschen Weinbaue; 19) Commentatio de caulae continentia Germanica, quatenus distat a Romana, siue connexitate causarum, Monat. 1770. 4.; 20) Einleitung zu gründlicher Kenntniß der Kaufmannschaft und dahin einschlagender Geschäffte, wie auch der

tingen zu lehren, gieng 1768. in gräflich Lippe-Alverdiſſiſche Dienſte, 1771. als Profeſſor des Staatsrechts und
der

der Art, ſich bey allen Handelsgeſchäfften nach richtigen
Begriffen und kunſtmäßig auszudrücken, Frankfurt und
Leipzig 1771. 8.; 21) Oeconomiſche und cameraliſche Tabellen, mit einem Vorberichte von den Schickſalen der Cameralwiſſenſchaft; 22) Puimaret von Eſpagnac menſchenfreundliche Erfindung, die Früchte zu trocknen bey einer
naſſen Erndte, mit Anmerkungen; 23) Betrachtungen über
das Staatsrecht, Erfurt 1772. 8.; 24) Meditatio an S.
ſedes Moguntina ante S. Bonifacium fuerit ſedes archiepiſcopalis?; 25) Briefe eines Teutſchen über öffentliche
Gegenſtände des Vaterlands; 26) Abhandlung von der
Würde der Wiſſenſchaften und der Nothwendigkeit der academiſchen Polizey; 27) Methodiſcher Verſuch zu einer Einleitung in die Politik für Teutſchland, nach der gegenwärtigen Lage ſeiner öffentlichen Angelegenheiten entworfen,
1773. 4.; 28) Abdruck einer merkwürdigen Reichscammergerichts-Paritori-Urthel, mit Anmerkungen zur Erläuterung der §§. 502. 541. in den von Selchowſchen elementis iur. publ. Tom. II. die libertatem perſonarum illuſtrium ineundi matrimonia betreffend; 29) Von den Gränzen des hohen und niedern Teutſchen Adels, Erfurt 1774.
4.; 30) Die Wahlcapitulationen der Römiſchen Kaiſer und
Teutſchen Könige betrachtet ein Teutſcher Bürger; Fortſetzung I. Mietau und Leipzig 1774.; II. Riga und Leipzig
1776.; III. 1777. 8.; 31) Der König in Preuſſen, aus
dem Franzöſiſchen; 32) Patriotiſche Gedanken vom Teutſchen Buchhandel; 33) Bedenken, ob die Reſignationen
der Präbenden in proteſtantiſchen Stiftern nach dem canoniſchen oder weltlichen Rechte anzuſehen, und wie die über
die Reſignationsverträge entſtehenden Streitigkeiten zu entſcheiden ſind?; 34) An einen Teutſchen Cammerpräſidenten ein Teutſcher Bürger, Abſchnitt I. Von den Ausgaben des Staats, Riga 1775.; Abſchnitt II. Von den Einnahmen des Staats aus den Domänen; im Pflanzenreiche
1775.; des II. Abſchnittes Fortſetzung I. 1776.; Fortſetzung II. von den Einnahmen im Mineralreiche 1777.;
35) Betrachtungen über die Quellen der Geſchichte aus der
Natur, in Meuſels Geſchichtforſcher Th. I. Halle 1775.
gr. 8.; 36) Beyträge zur Thüringiſchen Statiſtik, von
den natürlichen und bürgerlichen Vortheilen der Stadt Erfurt

der Cameralwissenschaften, mit dem Titel Regierungsrath,
nach Erfurt, 1777. als geheimer Regierungsrath und
Cam-

furt und ihres Gebiets, Halle 1776. 4.; 37) Briefe an
junge Teutsche Standespersonen über die Gesetze des bürgerlichen Rechts nach der Ordnung der Institutionen und
Pandecten; 38) Gedanken über den Umlauf des baaren
Geldes, im Gothaischen Magazine St. I. 1776.; 39)
Betrachtungen, Teutschen Patrioten heilig, Theil I. Frankfurt und Leipzig 1776. 8.; Fortsetzung oder Theil II. 1778.;
Fortsetzung II. oder Theil III. 1780. 8.; 40) Gedanken
über die Evidenz, in Iselins Ephemeriden St. VI. 1777.
8.; 41) Diss. inaug. an testamenta magis inter leges,
quam inter contractus improprios siue quasi contractus
sint referenda?; 42) Betrachtungen über die Frage: kann
man das Römische, in Teutschland sogenannte allgemeine
Recht auf wenige einfache und allgemeine Regeln bringen?;
43) Obseruationes de origine ciuitatis Wormatiensis;
44) Historia aratri prisci ad vsque eius vsum apud Germanos receptum; in actis acad. Erford. ad a. 1778. et
1779.; 45) Diatribe ex iure canonico de litis contestatione, Francof. 1778.; 46) Versuch eines Handbuchs für
diejenigen, welche die Cameralwissenschaft nicht als ein
Handwerk lernen wollen, sondern wünschen, vernünftige
und natürliche Grundsätze darin zu finden und mit der
Landwirthschaft den Anfang zu machen; 47) Commentatio de cessione nominum minori pretio facta pro nulla ex
lege Anastasiana habenda, Francof. 1779. 4.; 48) Betrachtungen über die wahre Würde eines hohen Schul-Leh-
rers der Rechte in Teutschland, Kiel, Riga und Leipzig
8.; 49) De idiomate Germanico, fonte historiarum patriae, vt plurimum non curato; 50) Betrachtungen über
die Rechenkunst der Teutschen Beamten und Einnehmer;
51) Diatribe ex iure canonico de litis contestatione in
6tum L. II. Tit. III. Cap. I. peremtoria litis contestatio-
nem non impediri, nisi sit de re semel finita, Francof. et
Lips. 1780. 4.; 52) Ueber das physiocratische System; ein
Beytrag von dem Verfasser der öconomischen und cameras-
lischen Tabellen, (auch in Weßhrlins Chronologen Band
VII. und VIII.); 53) Versuch in landwirthschaftlichen
Gesprächen; 54) Libellus restitutionis in integrum siue
expositio humillima causalium restitutionis in integrum
contra sententiam paritoriam d. 21. Oct. 1779. latam &c.

Cammerdirector nach Darmstadt, 1779. als gräflich
Schaumburg=Lippischer Canzler und Cammerdirector nach
Bückeburg; III) Johann Tobias Mayer (c), ein Sohn
Tobias Mayers (Th. 1. §. 38. S. 68.) geb. zu Göttingen 1752. May 5., studierte zu Göttingen, promovirte daselbst 1773. und gab Unterricht in der Mathematik,
kam 1780. als Professor nach Altorf, 1786. als Hofrath
und Professor nach Erlangen; IV) Johann Georg Philipp Thiele (d), geb. zu Hamburg 1748. May 9., stu-
diers

in Sachen Schaumburg=Lippe contra Lippe=Detmold ꝛc.
die praetense usurpirte und prärivirte vormalig Lippe=Bra-
kische Aemter Blomberg und Schieder betreffend, Bückeburg 1782. fol.; 55) Ausserdem auch noch mehr einzelne
Abhandlungen und Aufsätze in den Commentarien verschiedener Academien der Wissenschaften, wie auch in den Iselinischen Ephemeriden, Gattererschen, Meuselschen historischen periodischen Schriften, Erfurtischen gelehrten Zeitung, Jverdonischen Französischen und Frankfurtischen
Teutschen Encyclopädie, und in verschiednen bekannten
Teutschen Journalen. Auch sind verschiedne Deductionen
von ihm ohne seinen Namen erschienen.

(c) Von J. T. Mayer ist bisher folgendes gedruckt:
1) Diss. tetragonometriae speeimen I. Gotting. 1773.;
2) Gründlicher und ausführlicher Unterricht zur practischen
Geometrie Th. I. 1778.; Th. III. 1779. 8.; 3) Progr.
aditiale de refractionibus astronomicis, Altorf. 1781.; 4)
Unterricht zur practischen Rechenkunst, zu geometrischen,
perspectivischen und optischen Zeichnungen und Berechnun-
gen, nützlich für Anfänger und Liebhaber dieser Wissenschaften, Nürnberg und Leipzig 1785. gr. 8.; 5) Progr.
de aberrationibus stellarum fixarum computandis 1787.

(d) Von Thiele ist folgendes zum Druck gekommen:
1) Johann Calas zwey Heldenbriefe an seine Gemahlinn,
seine Kinder und seine Richter, aus dem Französ. 1766. 4.;
2) Diss. inaugur. de Aristaeo mellificii aliarumque rerum
inuentore, 1774.; 3) Proben Teutschen Gefühls und Geschmacks, in Gedichten und Uebersetzungen aus Griechen
und Römern, Frankf. am Main 1774. 8.; 4) Einige Aufsätze in dem zu Cleve herausgekommenen encyclopädischen
Jour-

dierte zu Göttingen, ward daselbst 1774. Magister, kam
als Lehrer an das Philanthropin zu Marschlins in Grau-
bünden, hernach 1777. an die Pfeffelische Kriegsschule zu
Colmar, dann als Rector an die lutherische Schule zu
Heidelberg, ward 1781. Pfarrer zu Mosbach in der
Pfalz; und nachdem er 1782. zu Zweybrücken, 1783. zu
Chur privatisirt, 1784. Rector zu Chur in Graubünden;
V) Henrich Würzer (e), geb. zu Hainburg 17... studierte zu Göttingen, bekam die Söhne des Grafen von
Wallmoden zu Wien und Lausanne zu unterrichten, ward
1779. zu Göttingen Privatlehrer und Magister, gieng
darauf 1783. nach Hamburg zurück; VI) Blasius Merrem (f), geb. zu Bremen .... war zu Göttingen Privatlehrer 1781., ward 1784. Professor der Mathematik
und Physik zu Duisburg; VII) Christian Wilhelm Jacob

Journale 1775. 8.; 5) Lateinische Sprachlehre in Tafeln
und bündigen Regeln der Bedürfniß unsrer Zeit gemäß verfaßt und unter vorangesetzten Bedingungen des sehr abge-
kürzten Unterrichts gewiß, 1778. 8.; 6) An die Jünglinge von der Bildung durch Lectüre, dem Abt Resewitz gewidmet, Mannheim 1781. 8.; 7) Einige Aufsätze in den
Iselinischen Ephemeriden der Menschheit; 8) Antheil an
der Zweybrückischen Ausgabe alter Classiker; auch Recensionen in der Götting. philolog. Bibl.

(e) Von Würzer ist gedruckt: 1) Diss. de origine et
natura poeseos, Goetting. 1780.; 2) Ankündigung eines
lang vermißten Werks über die neuere Litteratur, besonders in Teutschland, 1782. 8.; 3) Teutsche Annalen
Num. I-V. Hamburg 1784. 8.

(f) Von Merrem ist gedruckt: 1) Vermischte Abhandlungen aus der Thiergeschichte, Göttingen 1781. 4.
2) Diss. de animalibus Scythicis apud Plinium; 3) Ueber seine Entdeckungen der Luftwerkzeuge der Vögel, im
Leipziger Magazin St. I-II. 1783.; 4) Beyträge zur
besondern Geschichte der Vögel, Heft I. 1784. II. 1786.
gr. 4.; 5) Kurzer Entwurf der Naturlehre, Duisburg
1786. 8.

H

cob Gatterer (g), ein Sohn Johann Christophs (Th.
I. §. 87. S. 177.) geb. zu Göttingen 1759. Dec. 2.,
studierte daselbst, und gab als Privatlehrer Unterricht in
der Mineralogie und anderen Theilen der Naturkunde,
kam 1787. als Professor der Cameralwissenschaften nach
Heidelberg; VIII) Gottfried Ernst Groddeck (h), geb.
zu Danzig . . . ., studierte zu Göttingen, gewann 1785.
einen Preis von der theologischen Facultät, ward 1786.
Magister und folgte noch in eben dem Jahre einem Rufe
nach Polen zum Fürsten Czartorinsky; X) Ludewig Voel-
kel (i), geb. zu Cassel 1763., studierte zu Göttingen
1779 — 1782. vorzüglich die orientalischen Sprachen, und
seit 1784. von neuem nur die Griechische und Römische
Litteratur, worin er zugleich Unterricht gab, bis er im
Sommer 1787. einem Rufe nach Marburg als ausserordentlicher Professor der Philosophie folgte.

(g) C. W. J. Gatterers Schriften sind: 1) Breuiarium zoologiae Pars I. Mammalia, Goetting. 1780. 8.
mai.; 2) Abhandlung vom Nutzen und Schaden der Thiere, nebst den vornehmsten Arten, dieselben zu fangen und
die schädlichen zu vermindern, Band I. von den Säug-
thieren, Leipz. 1781. gr. 8.; Band II. 1783.; 3) Anleitung für diejenigen, welche den Harz und andre Bergwerke mit Nutzen bereisen wollen, Th. I. Göttingen 1785.
8.; 4) Verzeichniß der vornehmsten Schriftsteller über
alle Theile des Bergwesens; zweytes Stück, Litteratur
des Harzes (Eigentlich ist es der Anfang des zweyten
Theils seiner Anleitung, den Harz mit Nutzen zu bereisen).

(h) Groddecks Schriften sind: 1) Commentatio in
primum Idyllium Theocriti, Gedani, 1782. 4.; 2) Commentatio de morte voluntaria, in concertatione ciuium
academiae Georgiae Augustae d. 4. Iun. 1785. ab ordine
theologorum praemio ornata; 3) De hymnorum Homeri
reliquiis; 4) De oraculorum in Herodoto natura et indole.

(i) Völkel gab um Ostern 1787. Beyer's *history
of the legal policy of the Roman state*, Auszugsweise von
ihm übersetzt heraus, mit Anmerkungen und zwey Abhandlungen, einer über die legem regiam, und der andern über
die anecdota Procopii.

IV. Der-

IV. Verzeichniß der jetzigen Lehrer zu Göttingen nebst ihren Lebensumständen, Schriften und Lehrstunden.

A) Oeffentliche Lehrer, nach der Ordnung, wie sie im catalogo praelectionum angezeigt werden.

1) Ordentliche Lehrer der Gottesgelahrtheit.

§. 97.

Gottfried Leß (Th. 1. §. 94. S. 187.) geb. zu Conitz in Polnisch-Preussen 1736. Jan. 31. — 1763. prof. theol. extraord., ward 1765. prof. theol. ord., auch 1766. Doctor der Theologie, that 1774. seiner Gesundheit wegen eine Reise in die Schweiz und Frankreich; ward 1784. Consistorialrath und Primarius der theologischen Facultät; war bisher zu Göttingen 24. Jahre alt 27 — 51.

° I. Von seinen Lebensumständen handelt noch das neue gelehrte Europa Th. 20. und Goldbeck in seinen litterarischen Nachrichten von Preussen S. 171. und Th. 2. S. 153.

° II. Seine fernere Schriften sind: 6) Betrachtungen über einige neuere Fehler im Predigen, welche das Rührende des Kanzelvortrages hindern, 1765. 4., 1767. 4.; 7) Progr. Quantum theologi intersit, humanae mentis affectus curatius nosse, 1765.; 8) De commodis ex curatiore affectuum cognitione ad theologiam redundantibus; 9) Leß et C. G. Braemer sententiae Lutheranae de praesentia reali, vnione et manducatione ac bibitione sacramentali corporis et sanguinis Christi in sacra coena expositio; 10) De donis spiritus sancti miraculosis commentatio, 1766. 4.; 11) Abriß der theologischen Moral, 1767. 8.;

H 2   (III.

(III. Aufl. 1787.); 12) Die Chriſtliche Lehre von dem Gebete in 10. Predigten, Gotha und Göttingen 1768. 8.
(III. Aufl. 1783.); 13) Paraphraſe des 12. und 13. Capi-
tels an die Römer, Götting.; 14) Predigt von der un-
verånderlichen Pflicht der Chriſten, kein ungerechtes Gut
zu beſißen, 8.; 15) Erinnerung an die Leſer der Voltai-
riſchen Schriften, 1771. 8.; 16) Beweis der Wahrheit
der Chriſtlichen Religion, Bremen 1769. 8. (II. Auflage
Göttingen und Bremen 1773.; III. 1775.; IV. 1777.;
V. 1785.; VI. 1786.); 17) De locutionibus biblicis a theologo caute adhibendis; 18) Die Lehre von der Chriſtlichen Mäßigkeit und Keuſchheit in 12. Predigten, 1772. 8.
(II. Aufl. 1780.); 19) Gottgefälliger Dank für die Wohl-
that der Reformation, eine Predigt, 8.; 20) Chriſtliche
Lehre vom innern Gottesdienſt in 10. Predigten, nebſt einem Anhange (II. Auflage 1781.) 8. II. Anhang 1786.;
21) Die Chriſtliche Lehre von der Arbeitſamkeit und Ge-
duld, 1773. (II. Aufl. 1782.); 22) Progr. de ſublimita-
te ſermonum Chriſti Ioh. 13, 16. 1774. 4.; 23) Predigt
wider das Vorurtheil: Ich bin gut, denn ich handle immer nach Gewiſſen, 1775. 8.; 24) Predigt von den Vortheilen und rechtem Gebrauch der Reformation Lutheri, 8.;
25) Neueſte Geſchichte der Proteſtanten in Frankreich, oder
der ſogenannten Ehen in der Wüſten; in Walchs neueſten
Religionsgeſch. Th. 5. 1775.; 26) Erklärung der Sonntagsevangelien, 8. (III. Aufl. 1781.); 27) Progr. de Ga-
lilaea opportuno ſervatoris miraculorum theatro; 28)
Erklärung der Sonntagsevangelien, Fortſeßung, Göttingen 1776. 8. (Nachdruck, Schafhauſen, 1778. 8.); 29)
Vergleichung Pariſer Handſchriften des N. T. im 9. Theil
von Michaelis oriental. Bibliothek; 30) Paſſionspredig-
ten, nebſt einem Anhang; 1776. (II. Aufl. mit 2. Anhän-
gen, 1778.; neue vermehrte Auflage 2. Theile 1780.) 8.;
31) Die Chriſtliche Lehre vom Gebet und der Bekehrung,
nebſt einem Anhange, 8.; 32) Progr. de filio Dei; 33)
Chriſtliche Moral, zweyte ganz umgearbeitete Ausgabe,
1777. 8. (II. Ausgabe 1780. III. 1787.); 34) Progr. Ie-
ſus σωτηρ. 4.; 35) Parallel zwiſchen dem Genius des
Socrates und den Wundern Chriſti, wider einen Aufſaß
im Teutſchen Muſeum; (ſteht auch im 2. Theil des neuen
Schlözeriſchen Briefwechſels) 8.; 36) Gegenwärtiger Zuſtand der Proteſtanten in Frankreich, in Walchs neueſter
Religionsgeſch. Th. 6. 1777.; 37) Chriſtliche Lehre von
den geſellſchaftlichen Tugenden, in Predigten, 8. (II. Auflage,

lage, nebſt einem Zuſatz dreyer Predigten 1785.); 38)
Progr. de σοφια λόγου a Paulo impugnata, 4.; 39) Vom
Selbſtmorde, 8. (II. Auflage 1778.); 40) Progr. de filio
hominis; 41) Anhang zu den Predigten über die Paſſion
und den Chriſtlichen Gottesdienſt, 1778. 8.; 42) Zwey
Predigten von der bewahrten Unſchuld, 8.; 43) Troſt
bey dem Grabe eines einzigen Kindes, Dor. Salome Leß,
4. II. Ausgabe 1786.; 44) Pauli 3. Briefe an die Corinther: Teutſch, als Proben einer Ueberſetzung des ganzen N. Teſtaments, 8.; 45) Chriſtliche Religionstheorie
fürs gemeine Leben, oder Verſuch einer practiſchen Dogmatik, 1779. 8. (II. verbeſſerte und vermehrte Auflage 1780.);
46) Progr. ſuper Gal. III, 20.; 47) Auferſtehungsgeſchich-
te nach allen vier Evangeliſten, gegen die Wolfenbüttel-
ſchen Fragmente, 8.; 48) Zweyter Anhang zu den Paſſionsprebigten, 8.; 49) Neues Göttingiſches Geſangbuch
von ihm und D. Miller; 50) Opuscula theologica exege-
tici atque homiletici argumenti, 1780. 8. (tom. II. 1781.);
51) Vermiſchte Schriften 1. Theil, 1781. 8.; 52) Vorrede zu den Briefen zweyer catholiſchen Geiſtlichen über die
Gültigkeit der Ehen der Proteſtanten in Frankreich; 53)
Progr. I. II. ſuper Ioſephi de Chriſto teſtimonio; 54) Anhang zu der erſten Ausgabe der Predigten von der Arbeitſamkeit und Gebuld, 1782. 8.; 55) Leſs contra Leſſing,
nebſt einer Vorrede von Reuß, 8.; 56) Ueber die Religion, ihre Geſchichte, Wahl und Beſtätigung in drey Theilen, 1783. 8. Theil I. und II. (II. Auflage 1786.); 57)
Schreiben über die Furcht vor der Mittheilung anſteckender
Krankheiten durch den Nachtmahlskelch; 58) Progr. ſuper
Hebr. II, 14. 1784. 4.; 59) Dritter Anhang zu den Pre-
bigten über die Paſſion, 1784. 8.; 60) Rede bey der Ordination des Herrn Profeſſor Koppe, als berufenen Ober-
conſiſtorialraths und Generalſuperintendenten des Herzog-
thums Gotha, in der Univerſitätskirche zu Göttingen, gr.
8.; 61) Zwey Predigten über die Spuhren der göttlichen
Güte in den zahlloſen Gefahren unſrer Tugend, als Beylage zum dritten Anhange ſeiner Paſſionsprebigten, 8.;
62) Dem Andenken ihres unvergeßlichen Freundes, Herrn
Conſiſtorialrath D. C. W. F. Walchs von der theologiſchen
Facultät zu Göttingen; 63) Vorrede zu von Melle Nachricht von dem Leben des D. Pomerius ꝛc.; 64) Progr.
Praetermiſſa in Actor. III. 1785.; 65) Kann die Todes-
ſtrafe auf den Kindermord ohne Verletzung der göttlichen
Geſetze abgeſchafft werden, und iſt es rathſam, dieſes zu

thun,

thun, oder nicht? in Poffelts Magazin 1. Heft, 1785.;
66) Dankpredigt für die Erhaltung des Königes; nebst
einer Predigt über die weise heil. Vorsicht, 1786.; 67)
Progr. de remediis theurgici noſtrae aetatis morbi e Co-
loſſ. 2, 18 - 33. 1787.; 68) Progr. quo trium theologiae
doctorum reuerendiſſimi abbatis Luccenſis CHAPPVZEAV
ac conſiliariorum regis in conſiſt. eccl. IACOBI et SCHLE-
GEL virorum venerandorum renunciationem inter ipſa
ſollennia ſemiſecularia peragendam ſignificat, praefatus
nonnulla ſuper Pauli dicto 2. Timoth. 3, 1 - 13. de ſana-
ticiſmo in mores diſſolutiſſimos flagitiaque teterrima
erumpente; 69) Renunciatio ſollennis quatuor doctorum
theologiae, d. 17. Sept. 1787., quo quinquageſima academiae anniuerſaria peragebantur, facta.

  ° III. In ſeinen Lehrſtunden pflegt er alle halbe Jahre
um 8. und um 3. 1) Dogmatik, 2) Moral, 3) Apolo-
getik, 4) Antideiſtik, 5) Homiletik, wie auch 6) Erklärungen des alten und neuen Teſtaments abwechſelnd vorzutragen.

§. 98.

Johann Peter Miller, geb. zu Leipheim bey Ulm
1725. April 26., ſtudierte zu Helmſtädt, kam 1747.
mit dem Canzler Mosheim als Hofmeiſter deſſen jüngerer
Kinder nach Göttingen, ward daſelbſt 1749. Magiſter,
hernach 1751. Rector zu Helmſtädt und 1756. zu Halle,
von da er 1765. als prof. theol. ord. nach Göttingen kam;
war zu Göttingen bisher 21. Jahre 1766 — 1787. alt
41 — 62.

  * I. Seine Schriften ſind: 1) Diſſ. de eo, quod circa curam pauperum generatim obſeruandum eſt, Goett.
1749.; 2) Joh. Lor. von Mosheim Teutſche vermiſchte
Abhandlungen, nebſt einem ausführlichen Verzeichniſſe
aller übrigen Schriften deſſelben, Hamburg 1749. 8.; 3)
Ioh. Laur. de MOSHEIM commentationes et orationes varii argumenti, cum praefatione, 1751. 8.; 4) Progr. de
catechetico veteris eccleſiae docendi genere, Helmſt. 1751.
4.; 5) Diſſ. de Ieſu Chriſti regis in amplificanda tuen-
daque ciuitate ſacra prouidentia, 4.; 6) Compendium
Moshemiarum inſtitutionum hiſtoriae chriſtianae, 1752.
u. 1783. 8.; 7) Hiſtoriſch-moraliſche Schilderungen zur
Bil-

Bildung eines edlen Herzens in der Jugend, 5. Theile, Helmstädt 1753. bis 1764. 8. (des I. Theils V. Auflage Leipz. 1781.); 8) Chrestomathia Latina, Helmstädt 1755. (öfters aufgelegt, auch nachgedruckt); 9) Erbauliche Erzehlungen der vornehmsten biblischen Geschichten, 1759. 8. (III. Aufl. Leipz. 1769.); 10) Geschichte der vornehmsten Begebenheiten in der Christlichen Kirche vom ersten bis zum siebenten Jahrhunderte im fünften Theile der Erläuterungsschriften und Zusätze zur allgemeinen Welthistorie von S. I. bis 194., Halle 1761. 4.; 11) Schule des Vergnügens, in 9. Abhandlungen, Halle 1765. 8.; 12) Die Hoffnung besserer Zeiten für die Schulen, Halle 1765. 8.; 13) Vollständiger Auszug aus den sieben Theilen der Mosheimischen Sittenlehre der heiligen Schrift, Halle 1765. 8. (II. verbesserte Auflage 1777.); 14) Mosheims Sittenlehre, 6 – 9. Theil, Halle 1762 – 1770. 8.; 15) Diss. de orthodoxia cum dogmatica tum ethica iuste invicem coniungenda, Halae 1766.; 16) De consecratis inde a Christo nato litterarum studiis, Goett. 1766. 4.; 17) Institutiones theologiae dogmaticae, 1767.; 18) Anweisung zur Wohlredenheit, nach den auserlesensten Mustern Französischer Redner, II. Auflage Leipz. 1767. 8. (III. vermehrte Aufl. 1777.); 19) Anleitung zur Kenntniß der besten Bücher in allen Wissenschaften, 1766. 8.; 20) Holbergs moralische Gedanken, mit Anmerkungen, 2. Theile, Flensburg 1767. 8.; 21) Oratio de theologo amabili, Götting. 1768. 4.; 22) Compendium theologiae polemicae, Lips. 8.; 23) Grundsätze einer weisen und Christlichen Erziehungskunst, Leipz. 1769. 8. (Neue und sehr vermehrte Auflage 1771.); 24) De sacra coena, non mortis magis, quam vitae reditusque Christi monimento, 1770.; 25) Mosheimische Sittenlehre 9. Theil, 1770. 8.; 26) Progr. contra Tindalium, Götting. 1771.; 27) Abhandlung von den Pflichten der Christen vor und in der Ehe und im häuslichen Leben, Leipz. 8.; 28) Anleitung zum heilsamen Gebrauche des heiligen Abendmahls, 8.; 29) Pflichten der Christen in Ansehung der Feinde, der Processe und der Zweykämpfe, 8.; 30) Von der tugendhaften Erhaltung des Lebens, und von der richtigen Beurtheilung des Selbstmordes, 8.; 31) Vom Eide, Meineide und Gelübben, 8.; 32) Vom rechtmäßigen Gebrauche der Zeit und unschuldiger Ergötzlichkeiten, 1772. 8.; 33) Progr. iustis Iesum auxilio venisse contra Tindalium, 4.; 34) Einleitung in die theologische Moral überhaupt und in

H 4

die

die Mosheimische insonberheit; 4.; 35) De haud temere
recens reuocanda in ecclesiam veterum illa disciplina ar-
cani; 36) Lehrbuch der Christlichen Moral, II. Ausgabe 1777., III. 1783. 8.; 37) Systematische Anleitung
zur Kenntniß auserlesener Bücher in der Theologie und
den damit verbundenen Wissenschaften, für Liebhaber der
Litteratur eingerichtet 1773. 8. (II. verbesserte und vermehrte Ausgabe 1775.; III. vermehrte Ausgabe 1781.);
38) Grundsätze eines blühenden Staats 1774. 8.; 39)
Ausführliche Anleitung zur weisen und gewissenhaften Ver-
waltung des evangelischen Lehramts, 1774. 8.; 40) Lehrbuch der ganzen Christlichen Moral, 8.; 41) Progr. de
fide Abrahamea &c. 1775.; 42) Progr. num typorum
hi, quos ἀγγραφους theologia vocat, vt Pauli, ita etiam
ipsius Iesu domini, auctoritate sese tueri queant; 43)
Progr. vindiciae libertatis Dei; 44) Progr. de propheta
τισω a Iudaeis CLX. annis ante Christum natum exspe-
ctato; 45) Religionsbuch, oder Anleitung zu catecheti-
schen Unterredungen über den gemeinnützigsten Inhalt der
heiligen Schrift, 1777. 8.; (II. Aufl. Leipz. 1779.; nachgedruckt zu Tübingen und anderswo 1780.); 46) Anleitung zur Catechisirkunst, oder zu Religionsgesprächen,
mit vielen Beyspielen, Leipz. 1778. 8.; 47) De Iesu a
Paulo viso; 48) Neues Göttingisches Gesangbuch von
ihm und Conf. R. Leß 1779.; 49) Progr. de sententia
Iudaeorum de Messia et futuro eius regno; 50) Vorrede
zum patriotischen Landprediger, 8.; 51) Unterhaltungen
für denkende Christen zur täglichen Vermehrung ihrer Ue-
berzeugung, Tugend und Gemüthsruhe, 4. Theile, Halle
1781. 1782. gr. 8.; 52) Progr. Inquisitio in veram concordiae inter varios Christianorum coetus indole, Götting.
1782. 4.; 53) Progr. de vi argumenti, quod pro diuinitate vera Iesu Christi ex patratis cum ab eo, tum nomine ipsius ab apostolis ducitur, Götting. 1780. 4.; 54)
Diss. de antiquissima fidei ac morum regula, 1781.; 55)
Progr. Maximiliani II. erga coetus euangelicos in terris
suis Austriacis insignis indulgentiae memoria, tamquam
publicae laetitiae prolusio, recolitur, 1783.; Auch unter
der Aufschrift de ecclesiae euangelicae in Austria sub Fer-
dinando I. et Maximiliano II. fatis succincta narratio,
besonders gedruckt; 56) Progr. in principem percussio-
num Christi finem inquisitio, 1784.; 57) Progr. in quo
inquiritur in locum grauissimum de vniuersali animorum
humanorum peruersitate; 58) Theologiae dogmaticae
com-

compendium theoretico-practicum, Lipf. 1785. 8. und
Teutſcher Auszug daraus 1785.; 59) Vorrede zu den
Chriſtlichen Catechiſationen über die zehen Gebote für die
Landjugend; 60) Die meiſten Aufſätze in der Halliſchen
Wochenſchrift: das Reich der Natur und Sitten. Sie
ſind am Ende mit M gezeichnet; 61) Progr. de miſſioni-
bus euangelicis pie ſapienterque regundis, 1787.

* II. In ſeinen Lehrſtunden pflegt er um 8. die Dogmatik, um 10. die Moral, abwechſelnd die Polemik (und
zwar die letztere als Critik der Dogmatik) um allmälich
Misverſtändniſſe zu heben und die Partheyen unter den Chriſten einander näher zu bringen; folglich nicht ſowohl als
Streits, ſondern vielmehr als Friedenstheologie; oder auch
eine theologiſche Encyclopädie nach ſeiner Anleitung zur
Kenntniß auserleſener Bücher vorzutragen. Daneben
pflegt er um 2. aus den hiſtoriſchen Büchern des neuen
Teſtamentes inſonderheit die charracteriſtiſchen Züge der
handelnden Perſonen bemerklich zu machen, auch wöchentlich einmal catechetiſche Uebungen unter ſeiner Anleitung
mit Stadtkindern anſtellen zu laſſen.

§. 99.

Gottlieb Jacob Plank, geb. zu Nürtingen im Würtenbergiſchen 1751. Nov. 15., ſtubierte zu Tübingen,
warb daſelbſt 1774. Magiſter und Repetent, 1780. zu
Stuttgard bey der dortigen Academie Prediger und 1781.
Profeſſor daſelbſt, bis er 1784. dem Rüfe als prof. theol.
ord. nach Göttingen folgte, wo er am Tage der academiſchen Jubelfeier 1787. Sept. 17. mit einem von der theologiſchen Facultät zu Tübingen ihm zugefertigten Doctor-
diplome überraſcht wurde; war bisher zu Göttingen 3.
Jahre 1784 — 1787. alt 33 — 36.

* I. Seine Schriften ſind: 1) Gedicht vom Gefühle
des Schönen, Tüb. 1771. 4.; 2) Entwurf einiger Abhandlungen vom Herzen, Stuttgard 1773. 8.; 3) Diſſ.
de canone hermeneutico, quo ſcripturam per ſcripturam
interpretari iubemur, Tub. 1774.; 4) Geſchichte des proteſtantiſchen Lehrbegriffs ſeit den Zeiten der Reformation
bis auf die formulam concordiae, I. Theil, Leipz. 8.;

II. Th.

§. 101.

Johann Stephan **Pütter** (Th. 1. §. 71. S. 142.) geb. zu Iserlohn 1725. Jun. 25. — warb 1770. geheimer Justizrath, 1781. Ehrenmitglied der Gesellschaft der Alterthümer zu Cassel, und wandte die Zwischenzeit zwischen den Göttingischen Sommer- und Wintervorlesungen noch zu einigen gelehrten Reisen an, als 1778. nach Wetzlar, Frankfurt, Manheim, Carlsruhe, Straßburg, 1782. nach Stuttgard, Augsburg, München, 1783. nach Dresden und Leipzig; warb den 25. Sept. 1787. zum auswärtigen Mitgliede der Societät der Wissenschaften zu Berlin ernannt; war bisher zu Göttingen 40. Jahre 1747—1787., alt 22—62.

* I. **Winklers** Nachrichten von Niedersächsischen berühmten Leuten B. 1. S. 161-173.; **Weidlichs** biogr. Nachr. Th. 2. (1781.) S. 193—213., Nachträge (1783.) S. 215—218.

* II. Von seinen im 1. Th. angeführten Schriften sind noch folgende neue Ausgaben oder Fortsetzungen erschienen: Von den *elementis iuris Germanici* priuati (num. 8.) edit. III. 1776. (ein unveränderter neuer Abdruck); Von der practischen Sammlung neuer C. G. und R. H. R. Sachen (Num. 17.) II. unveränderte Auflage 1768.; Von der Anleitung zur juristischen Praxi Th. 1. III. Ausgabe 1765., IV. 1780., und Th. 2. III. Ausgabe 1765. IV. 1780., (alle unverändert, außer einer neuen Vorrede bey der IV. Ausgabe, worin eine neue Einrichtung der practischen Lehrstunden beschrieben wird); Von den *elementis iuris publici* Germanici (num. 24.) edit. legitima IV. 1766. 8.; Vom *conspectu iuris Germanici* (num. 25.) edit. II. 1776. 8. (unverändert); Von der juristischen Encyclopädie (Num. 31.) ein neuer Versuch (meist ganz umgearbeitet) 1767. 8.; Von der noua epitome *processus imperii* edit. II. 1769., III. 1777. (mit sehr veränderter Ordnung), IV. 1786.; Von den auserlesenen Rechtsfällen sind ferner folgende Theile nach einander herausgekommen Band I. Th. 2. 3. 1767., Th. 4. 1768.; B. II. Th. 1. 2. 1771., Th. 3. 4. 1774.; B. III. Th. 1. 1777., Th. 2. 1778., Th. 3. 1785.; Vom Handbuche der Teutschen Reichshist. Ausg.

Ausg. II. 1772.; Vom kurzen Begriff des T. Staatsrechts Ausg. II. 1768.; Vom Grundriß der Staatsver-
änberungen des T. Reichs, Ausg. IV. 1769., V. 1776.

* III. Seine fernere Schriften find: 54) Verſuch einer academiſchen Gelehrten-Geſchichte von der Georg-Auguſtus-Univerſität zu Göttingen, 1765. 8.; 55) Diſſ. de
ordine iudiciario ab Auſtraegis obſeruando, 1766.; 56)
Progr. 1-X. de inſtauratione imperii Romani ſub Carolo
M. et Ottonibus facta eiusque effectibus, 1766 — 1780.
(mit drey weiteren Fortſetzungen hernach zuſammengebruckt
1784. 8.); 57) Diſſ. de praeuentione in cauſis appellationis, ſpeciatim ſummorum imperii tribunalium; 58)
Actenmäßiger Verlauf derer von des regierenden Fürſten
von Anhalt-Cöthen Durchl. und höchſtbero nachgeſetzter
Regierung der löblichen Ritterſchaft des Fürſtenthums Anhalt-Cöthiſchen Antheils währenden letzten Krieges zugefügten Beſchwerden, fol.; 59) Grunbfeſte der Anhaltiſchen Landes- und Steuerverfaſſung, wie auch inſonderheit der ritterſchaftlichen Steuerfreyheit in dem Landtags-
abſchiede 1654., und deſſen Erläuterung aus ältern und
neuern Zeiten, insbeſondre ſo viel den Anhalt-Cöthiſchen
Landesantheil anbetrifft, fol.; 60) Kurze Vorſtellung der
Anhaltiſchen Landes- und Steuer-Verfaſſung und derer
bagegen der Anhalt-Cötheniſchen Ritterſchaft zugefügten
Beſchwerden, fol. (Dieſe drey Deductionen ſind in den
Rechtsfällen B. 1. Th. 3. S. 536-735.); 61) Opuscula
rem iudiciariam imperii illuſtrantia, 1767. 4. (Ein Göb-
hardiſcher Nachdruck davon erſchien 1768.); 62) Neuer
Verſuch einer juriſtiſchen Encyclopädie und Methobologie,
8. (umgearbeitet von Num. 31.); 63) Diſſ. de iurisdictione in feuda imperii, (iſt bloß die Arbeit des Reſpon-
benten Ge. Chph. Oelhafen de Schoellenbach); 64)
Ungrund der Regrebienterbſchaft, welche am Reichshofrath
unter der Rubrik: Hohenlohe-Ingelfingen gegen die Lim-
burgiſchen Allobialerben eingeflagt werden wollen, fol.;
65) Patriotiſche Gedanken über einige das kaiferliche und
Reichscammergericht und deſſen Viſitation betreffende Fragen, 1768. 4.; 66) Primae lineae *iuris priuati princi-*
pum ſpeciatim Germaniae, 1768. 8. (II. Ausgabe 1779.
8. mai.); 67) Weitere Ausführung der Frage: Ob die
erſte Claſſe der zur Cammergerichtsviſitation beſtimmten
aufferordentlichen Reichsbeputation auf den 2. November
abzulöſen, thunlich und rathſam ſey, 4.; 68) *Tabulae*
genea-

genealogicae ad illuſtrandam hiſtoriam imperii Germaniam-
que principem, 4.; 69) Von der Sollicitatur am kaiſerlichen und Reichscammergerichte, 8.; 70) Unumſtößliche
Grundſätze, vermöge deren nach Abgang der gräflich
Truchſeß-Trauchburgiſchen Wilhelmiſchen Linie die Succeſſion in deren Gütern und Ländern der gräflich Truch-
ſeß-Friederichiſchen Linie in Preuſſen zukömmt, fol.; 71)
Sylloge commentationum ius priuatum principum illu-
ſtrantium, 8. (II. Ausgabe 1779. 8.); 72) Rechtliches
Bedenken in Sachen der Bürgerſchaft zu Roſtock, Kläger
und jetziger Appellaten, entgegen Bürgermeiſter und Rath,
wie auch die ſogenannten Hundertmänner daſelbſt, Beklag-
te, und jetzige Appellanten; den dermalen zwiſchen beiden
höchſten Reichsgerichten in Frage ſtehenden conflictum iu-
risdictionis betreffend, 1769. fol.; 73) Unpartheyiſche
Gedanken über die in dem Cammergerichtsviſitations-Be-
richte, vom 16. Julius 1768. enthaltenen Materien: 1)
die Eintheilung der Senate, 2) die ſogenannte Recurrenz,
und 3) den turnum betreffend, 4.; 74) Verſuch einer
richtigen Beſtimmung des kaiſerlichen Ratificationsrechts
bey Schlüſſen reichsſtändiſcher Verſammlungen, inſonderheit der Viſitation des Cammergerichts, 4.; 75) Ungrund
der Corveyiſchen Anſprüche auf das ehemalige Kloſter Kem-
nade, 1770. fol.; 76) Diſſ. de ſemiſſe comitiorum et
ſupremae in I. R. G. poteſtatis, doctorum iuris publici an-
tiquorum figmento, (iſt bloß die Arbeit des Reſpondenten
Ad. F. C. Reinhard); 77) *Inſtitutiones iuris publici*,
1770. 8., edit. II. 1776., III. 1782., IV. 1787.; 78)
Vollſtändiger Gegenbeweis, daß der zu Kaiſerswerth erhobene Churcöllniſche Licent kein Zubehör des Kaiſers-
wehrter Zolles ſey; 79) Unbeſtand des Licentherrn zu
Kaiſerswerth, oder Beſtätigung des Churcöllniſchen Gegen-
beweiſes, daß der zu Kaiſerswerth erhobene Churcöllniſche
Licent kein Zubehör des dortigen Zolles ſey, 1771.; 80)
Kurze Erörterung der Geſchichte und Rechtspuncte, worauf es wegen des zu Kaiſerswerth erhobenen Licentes in
der zwiſchen Churpfalz als klagendem und Churcölln als
beklagtem Theile am kaiſerlichen und Reichscammergerichte
darüber rechtshängigen Sache ankömmt; 81) Der einzige Weg zur wahren Glückſeligkeit, deren jeder Menſch fä-
hig iſt, 1772. 8., II. vermehrte Ausgabe 1774. 8.; III.
von neuem vermehrte Ausgabe 1776. 8. Franzöſiſch nach
der erſten Ausgabe: *La ſeule route au ſupreme bonheur à
la portée de tout le monde* traduit par G. J. Laurillard
dit

dit Fallot, Pasteur de l'Eglise Françoise à Cleves, 1775.
8.; Holländisch nach der II. Ausgabe: De eenige Weg
tot de waare Glukzaligheid, Groningen 1780. 8.; 82)
Spicilegium ad supplendam passim et emendandam processus imperii nouam epitomen, 8.; 83) Freymüthige
Betrachtungen über die Senate am kaiserlichen und Reichscammergerichte, 4.; 84) Unpartheyisches rechtliches Bedenken über die zwischen der Krone Böhmen und den Herren von Zedtwitz wegen Mittelbarkeit oder Unmittelbarkeit
der Herrschaft Asch obwaltenden Streitigkeit, 1772. fol.;
85) Kurzer Begriff von der ganzen Zedtwitzischen Sache,
die von der Krone Böhmen bestrittene Reichsunmittelbar-
keit der Herrschaft Asch betreffend, 4.; 86) Rechtliches
Bedenken über einige landschaftliche Beschwerden der Reus-
sischen Herrschaft Gera 1773. fol.; 87) Tabulae iuris
publici synopticae ad filum institutionum iuris publici
1770. editarum 1773. fol.; 88) Der Büchernachdruck,
nach ächten Grundsätzen des Rechts geprüft, 1774. 4.;
89) *La propriété litteraire defendue ou memoire abrégé
dans lequel on examine jusqu' à quel point la contrefaçon
peut être legisime* (aus einem nachher in den Beyträgen
zum Teutschen Staats- und Fürstenrechte Th. I. S. 241.
eingerückten Aufsatze übersetzt von Franz Joseph Grafen
O. Donell zu Tyrconell, oben S. 18. Num. 85.); 90)
Nähere Erläuterung und Begründung des landschaftlich
Geraischen Mandatsgesuches 1774. fol.; 91) Gegenbe-
richtliche Befestigung dieses Mandatsgesuches ıc. 1775.
fol.; 92) Etwas für alle Stände, und etwas zur täglichen Andacht für die, welche ihre Gesinnung damit über-
einstimmend finden werden, 1775. 8. (II. Ausgabe Etwas
zur täglichen Andacht ıc. und Etwas für alle Stände, jedes besonders, 1776. 8.); 93) Litteratur des Teutschen
Staatsrechts, Th. I. 1776.; II. 1781.; III. 1783. gr. 8.;
94) Die Augsburgische Confession, in einem neuen Abdruck und mit einer Vorrede, worin unter andern der Unterschied der evangelischen Reformation und der catholischen
Gegenreformation, wie auch der wahre Grund der evangelischen Kirchenverfassung aus der Augsburgischen Confession selbst erläutert wird, 1776. 8.; 95) Empfehlung einer vernünftigen neuen Mode Teutscher Aufschriften auf
Teutschen Briefen, 8.; 96) Neuester Reichsschluß über
einige Verbesserungen des kaiserlichen und Reichscammergerichts, mit einer Vorrede zu näherer Erläuterung des
cammergerichtlichen Präsentationswesens, 1776. 4.; 97)
Wah-

Wahre Bewandtniß der am 8. May 1776. erfolgten Trennung der bisherigen Visitation des kaiserlichen und Reichscammergerichts, 4.; 98) Rechtliches Bedenken über eine
von der Marquise de Favras gegen den Fürsten Carl Ludewig zu Anhalt-Schaumburg im Druck bekannt gemachte Schrift und andere dahin einschlagende Actenstücke, fol.;
auch ins Holländische übersetzt 1776. fol.; 99) Nachtrag
zu diesem rechtlichen Bedenken, 1777. fol.; 100) Beyträge zur nähern Erläuterung und richtigen Bestimmung
einiger Lehren des Teutschen Staats- und Fürstenrechts,
Th. I. 1777., II. 1779. 8.; 101) Historische und litterarische Erläuterungen des ehemaligen Successionsfalls der
mit Herzog Johannes von Baiern erloschenen Straubingi-
schen Linie, im 14. Heft des neuen Schlözerischen Briefwechsels 1778.; 102) Ueber den Unterschied zwischen öffentlichen und Privat-Schulen, insonderheit im Hochstift
Osnabrück, 4.; 103) Teutsche Reichsgeschichte in ihrem
Hauptfaden entwickelt, gr. 8. (II. Ausgabe 1783.); 104)
Die Christliche Religion in ihrem wahren Zusammenhange
und in ihrer Vortrefflichkeit vorgestellt, 1779. 8.; 105)
Ueber die Rechtmäßigkeit der Lotterien, insonderheit der
Zahlen-Lotterien; eine rechtliche Erörterung: im Göttingischen Magazin Jahrg. 1. St. 3. (Nachgedruckt Frankf.
1780. 8.); 106) Ueber die Regalität des Salpeters; in
Beckmanns Beyträgen zur Oeconomie rc. Th. 3. S. 408-
426.; 107) Ueber die Richtigkeit und Rechtschreibung der
Teutschen Sprache, einige Bemerkungen, gr. 8.; 108)
Kurzer Begriff der Teutschen Reichsgeschichte zum Gebrauch in seinen Lehrstunden, gr. 8.; 109) Rechtliches
Bedenken über die wegen der Aemter Blomberg und Schieder 1777. von Lippe-Detmold gegen Schaumburg-Lippe
beym kaiserlichen Reichshofrathe anhängig gemachte Man-
datssache. Nebst einer Stammtafel des gräflichen Hauses
Lippe und mit beygefügten Erläuterungen des seit 1777.
über die Hälfte der Aemter Blomberg und Schieder zwischen Lippe-Detmold und Schaumburg-Lippe am kaiserlichen Reichshofrath verhandelten Rechtsstreits, fol.; 110)
Praefatio de vtilitate et praestantia iuris publici specialis
singulorum Germaniae territoriorum; praemissa Wilh. Car.
Frid. S a m e s *Delineationi iuris publici Münzenbergici*
Gissae, 1781. 4.; 111) Ueber das Präsentationswesen
am Cammergerichte, insonderheit die jetzige Lage der Churpfälzischen Präsentation betreffend, 4.; 112) Specimen
iuris publici et gentium medii aeui de instauratione imperii

perii Romani sub Carolo M. et Ottone M. facta, eiusque effectibus, 1784. 8.; 113) Ueber den Werth der Conventionsmünze, eine für jedermann verständliche Abhandlung, 8.; 114) Rechtliches Bedenken über die in Beni. Car. Henr. HEYDENREICH diss. *de iure apanagii comitum S. R. I. mediatorum in Saxonia consurbata re familiari* (Lips. 1785.) aufgestellten Grundsätze, insonderheit in Anwendung derselben auf den daselbst §. 7. p. 19. erwehnten Rechtsfall der Herren Grafen zu Stolberg-Stolberg, 1785. 4.; 115) Historische Entwickelung der heutigen Staatsverfassung des Teutschen Reichs, Th. I. 1786. bis 1558.; Th. II. bis 1740.; Th. III. 1787. bis 1786.; 116) Eigentliche Beschaffenheit des im Febr. 1787. mit Hessischen Kriegsvölkern geschehenen Ueberzuges der Grafschaft Schaumburg Lippischen Antheils 1787. fol.

* IV. Seine Lehrstunden sind seit mehreren Jahren so eingerichtet, daß er 1) alle halbe Jahre drey practische Lehrstunden hält, die nach Gutfinden mit einander vereiniget, oder in drey oder zwey halben Jahren getrennt werden können, im Sommer um 9., im Winter um 3. Damit verbindet er 2) abwechselnd einen Tag um den andern öffentliche Lehrvorträge im Sommer um 9. über den Reichsproceß, und 3) im Winter um 3. über das Teutsche Fürstenrecht. Uebrigens trägt er 4) im Sommer um 3. die Reichsgeschichte, 5) im Winter um 11. das Teutsche Staatsrecht vor. Auch hat er seit etlichen Jahren 6) im Winter die Sonnabendsstunde um 3. zum allgemeinen Kirchenstaatsrechte oder auch 7) zur juristischen Encyclopädie angewandt.

§. 102.

Justus **Claproth** (Th. I. §. 76. S. 153.) geb. zu Cassel 1728. Dec. 29. — ward 1755. Mitglied der hiesigen Teutschen Gesellschaft, 1775. Mitglied der landwirthschaftlichen Gesellschaft zu Zelle, 1783. Hofrath, 1785. Mitglied der Hessen-Casselischen Gesellschaft des Ackerbaues und der Künste; war bisher zu Göttingen als Professor 28. Jahre 1759 — 1787. alt 31 — 59.

* I. Weidlichs biogr. Nachr. Th. I. S. 116-120., Nachträge S. 48.

* II.

* II. Seine fernere Schriften sind: 14) Der neueste
Zustand der Rechtsgelehrsamkeit in England (von W.
Blackstone) aus dem Englischen übersetzt, 1767. 8.; 15)
Ohnmaßgeblicher Entwurf eines Gesetzbuchs 1770. 4.;
dessen Fortf. I. 1774. II. 1776.; 16) Von dem Nutzen eines gesetzlichen Fruchtpreises, Leipz. 1772. 4.; 17) Unterricht für Vormünder, Göttingen 1773. 8. (Nachgedruckt
zu Homburg an der Höhe 1774.); 18) Die Sache des
unglücklichen Montbailly und dessen Ehefrau nebst einem
Gedicht des Herrn von Voltaire, aus dem Französischen
mit Anmerkungen, 1774. 8.; 19) Eine Erfindung, aus ge-
drucktem Papier wiederum neues Papier zu machen und
die Druckerfarbe völlig herauszuwaschen, 1774. 8.; 20)
Einleitung in sämmtliche summarische Processe 1777., vermehrt 1785. gr. 8.; 21) Einleitung in den ordentlichen
bürgerlichen Proceß, Th. I. 1779. vermehrt 1786., Th.
II. 1780. vermehrt 1787. gr. 8.; 22) Sammlung verschiedener gerichtlichen vollständigen Acten, zum Gebrauch
practischer Vorlesungen 1781. fol.; 23) Das Bild eines angehenden Richters, 1782.; 24) Haushaltsregister über
Einnahme und Ausgabe; 25) Die peinliche Untersuchung
wider Daniel Macgennis wegen der Entleibung des John
Hardy, eine Uebersetzung aus dem Englischen, imgleichen
eine andere peinliche Sache aus dem Mercure de France,
1783. fol.

* III. Von seinen im ersten Theile schon angezeigten
Schriften sind noch folgende neue Ausgaben und Fortsetzungen erschienen: Von der Iurisprudentia heurematica
erschien der dritte Theil 1782.; dritte und ins Teutsche
übersetzte verbesserte Auflage seiner Iurisprudentia heurematica unter dem Titel: Rechtswissenschaft von richtiger
und vorsichtiger Eingehung der Verträge und Contracte,
II. Theile 1786. gr. 8.

* IV. Er hält gewöhnlich alle halbe Jahre zweyerley
practische Lehrstunden, eine über den Proceß um 8., und
ein Relatorium Sommers um 7., Winters um 9.

§. 103.

Johann Nicolaus Möckert, geb. zu Königssee im
Schwarzburgischen 1732. Febr. 2., studierte zu Jena von
1750 — 1754. Theologie, kam hierauf als Instructor
zu

zu den fürſtlichen Kindern Wilhelm Ludewigs, Prinzen
von Schwarzburg; lehrte 1755. wieder nach Jena, legte
ſich auf die Jurisprudenz, wurde daſelbſt 1758. Magiſter,
1759. Doctor der Rechte und Privatdocent; ward 1764.
ordentlicher Lehrer der Rechte und der Sittenlehre zu Rinteln, und 1784. Hofrath, ordentlicher Lehrer der Rechte
und Beyſitzer der Juriſtenfacultät zu Göttingen; war alſo
bisher zu Göttingen 3. Jahre 1784 — 1787. alt 52 —
55.

° I. Weiblichs biographiſche Nachrichten Th. 2. S.
34.

* II. Seine Schriften ſind: 1) Diſſ. de iure praece-
dentiae ex iure gentium, Ien. 1758.; 2) Diſſ. de dona-
tione inter vivos revocabili et mortis cauſa irrevocabili,
Ien. 1759.; 3) Diſſ. de bonae fidei poſſeſſore ſingulari
a reſtitutione fructuum perceptorum immuni, 1763.; 4)
Diſſ. de eo, quod noſtris cum primis temporibus nimium
in elegantiorum litterarum ſtudio videtur, Rintel. 1765.;
5) Diſſ. de actione reſciſſoria ob laeſionem liberis heredi-
bus non deneganda, 1767.; 6) Diſſ. de protutoris obligatione ex iure Romano per ſtatuta Hamburgenſia numquam abrogata, 1768.; 7) Diſſ. de iureiurando retrahen-
do, 1769.; 8) Diſſ. de affirmatione in iure ad varias ſpe-
cies adplicata, 1773.; 9) Diſſ. de neceſſaria in praeſcri-
ptione actionum perſonalium bona fide, 1777.; 10) Diſſ.
ſpecimen de indole praeſumtionum iuris, 1782.; 11)
Diſſ. de culparum praeſtationibus in contractibus, ex prae-
ceptis iuris Romani; 12) Progr. ſpecim. II. de indole
praeſumtionum iuris, Götting. 1784.; 13) Diſſ. de agna-
to in feudo citra conſenſum obligato, 1785.

* III. In ſeinen Lehrſtunden pflegt er im Sommer um
8. und 10. Pandecten, im Winter um 8. das Naturrecht,
und das peinliche Recht im Sommer um 7., im Winter
um 3. zu erklären. Seine öffentliche Lehrſtunden ſind bald
dem Kriegsrechte, bald Disputirübungen, bisweilen auch
einzelnen Stücken des Privatrechts gewidmet.

§. 104.

Juſtus Friedrich **Runde**, geb. zu Wernigerode 1741. May 27., ſtudierte zu Halle und Göttingen anfänglich Theologie, hernach die Rechte; warb zu Göttingen 1770. Doctor und Privatdocent, hernach 1771. Profeſſor der Rechte und Reichsgeſchichte am collegio illuſtri Carolino zu Caſſel, auch 1775. der dortigen Geſellſchaft des Ackers baues und der Künſte beſtändiger Secretär; endlich 1784. Hofrath und ordentlicher Lehrer der Rechte, auch Beyſißer der Juriſtenfacultät zu Göttingen; war alſo bisher zu Göttingen 3. Jahre 1784 — 1787. alt 43 — 46.

* I. **Weidlichs** biographiſche Nachrichten Th. 2. S. 258 - 261., und Nachträge dazu S. 204.

* II. Seine Schriften ſind: 1) Diſſ. inaug. de confirmatione caeſarea iuris primogeniturae in familiis illuſtribus Germaniae, Goett. 1770.; 2) Abhandlung vom Urſprung der Reichsſtandſchaft der Biſchöfe und Aebte, welcher von königl. Societät der Wiſſenſchaften zu Göttingen der Preis zuerkannt worden, 1775. 4.; 3) Vom Urſprung und Einrichtung der hochfürſtlich Heſſen-Caſſeliſchen Geſellſchaft des Ackerbaues und der Künſte; eine Vorrede zu den Abhandlungen vom Surrogat der Hand- und Spanndienſte, welchen dieſe Geſellſchaft Preiſe zuerkannt hat, Caſſel 1775. 8.; 4) Vorrede zu zwey Preisſchriften über die Frage: Ob für Heſſen der 20. oder 24. Guldenfuß vortheilhafter ſey, Caſſel 1776.; 5) Progr. de vſu longaeuo cautelae, quam vocant Socini, ante ipſam Socinum, 1776. 4.; 6) und 7) Progr. de iure conuocandi electores ad electionem regis Romanorum ante Auream Bullam. Comment. I. et II., Caſſell. 1776. 4.; 8) Progr. Vertheidigung der Rechtmäſſigkeit der Todesſtrafen aus Grundſätzen des allgemeinen Staatsrechts, 1776. 4. (auch mit einigen Zuſätzen im Teutſchen Muſeum 1777. St. 4.); 9) Von den Mitteln, den gefallenen Werth der Grundſtücke ſteigen zu machen, zwey Preisabhandlungen, die er als Herausgeber mit einer Vorrede begleitet; leßtere giebt Nachricht von dem Fortgange der Bemühungen der Geſellſchaft des Ackerbaues und der Künſte, 1777. 8.; 10) Von der gegenwärtigen Beſchaffenheit der Khevenhülleriſchen Annalen;

len; im Teutſchen Muſeum 1777. November; 11) Des
Grafen Franz Chriſtoph von Rhevenhüller Ferdinandei-
ſche Jahrbücher, in einen pragmatiſchen Auszug gebracht
und berichtiget, IV. Theile von 1578 — 1597., Leipzig
1778 - 1781. gr. 8.; 12) Nachricht von dem Fortgang
der geſellſchaftlichen Bemühungen der Caſſeliſchen Geſellſchaft des Ackerbaues; vor zwey Abhandlungen von Mo-
nopolien, Caſſel 1778. 8.; 13) Weitere Nachricht glei-
ches Inhalts vor W. J. C. G. Caſparſons Preisſchrift
von Verhütung des Bettelns in einer Haupt- und Reſidenz-
ſtadt, Caſſel 1783.; 14) Wie kömmt der Teutſche zum
Gebrauch des Römiſchen Rechts? im Teutſchen Muſeum,
1780. St. 1.; 15) Vergleichung der Römiſchen Monaths-
namen mit denen, welche Carl der Groſſe einführte; ebendaſ. 1781. St. 1.; 16) Ueber das Erbrecht der Götter
bey den Römern, nebſt einem Commentar über Ulpians
Fragmente Tit. II. §. 6.; in den Mem. de la Societ. de
Caſſel, Tom. I. S. 241-254. 1780.; 17) Vergleichung
des ehemaligen und heutigen Zuſtandes der Teutſchen Bau-
ern, und Unterſuchung der Mittel, wodurch die erfolgten
Veränderungen in dem Teutſchen Bauernſtande bewirkt worden ſind, ebendaſelbſt S. 255-272.; 18) Anmerkungen
und berichtigende Zuſätze zu dem Buriſchen Lehnrechte,
Gieſſen 1783. 4.; 19) Ueber die bürgerliche Verbeſſerung
der Juden; im 1. Stück der Heſſiſchen Beyträge, 1784.;
20) Beytrag zur Geſchichte der Aufwands-Geſetze; ebendaſelbſt im zweyten Stücke. Auch einige Recenſionen in
beiden Stücken; 21) Strafe der Männer, welche ſich von
ihren Weibern ſchlagen laſſen, aus Teutſchen Geſetzen;
im Teutſchen Mercur 1784. Monath September; 22)
Progr. Commentatio de Auguſtae imperatricis iure prima-
riarum precum, Sect. I. Götting. 1784. 4.; 23) Zuſätze
zu einer Abhandlung über die Abbankung der Dienerſchaft;
in Schlözers Staatsanzeigen Heft 29.; 24) Erinnerungen und Anmerkungen zu Schlözers Ludewig Ernſt; 25)
In der Teutſchen Encyclopädie, die zu Frankfurt am Main
ſeit 1778. herauskömmt, ſind die mit der Zahl 15. unterzeichneten Artikel aus dem Teutſchen Staats- und Privatrechte von ihm ausgearbeitet; 26) Recenſionen in der allgemeinen Teutſchen Bibliothek und in den Göttingiſchen
Anzeigen. Noch einige ſeiner Diſſertationen juriſtiſchen
Inhalts ſind unter fremden Namen zu Marburg und Göttingen gedruckt; 27) Ohne ſeinen Namen iſt auch im
Teutſchen Muſeum 1776. Monath December S. 1117 —
1128.

1128. gedruckt: Auch ein Vorschlag zur Verbesserung des Sustentationswesens des kaiserlichen und Reichscammerge-richts.

* III. In seinen Lehrstunden pflegt er 1) das Teutsche Privatrecht im Sommer um 7., im Winter um 8., 2) im Sommer um 3. das Teutsche Staatsrecht, 3) im Win-ter um 10. das Lehnrecht vorzutragen.

§. 105.

Georg August **Spangenberg,** geb. zu Göttingen 1738. Dec. 4., studierte daselbst, und führte 1761 — 1766. zwey Grafen von **Stolberg-Stolberg** als Hofmei-ster unter gräflich Stolbergischem Rathscharacter; ward endlich 1771. ausserordentlicher und 1784. ordentlicher Lehrer der Rechte; war also zu Göttingen als Professor 16. Jahre, alt 33 — 48.

* I. **Weidlichs** biographische Nachrichten Th. 2. S. 371 — 374.

* II. Seine Schriften sind: 1) Exercitatio, antiqua doni Germanorum matutini, quod vulgo Morgengabam appellant, qua originem, qua rem sistens, Götting. 1767. 4.; 2) Commentatio de muliere ob testium solemnita-tem testimonii ferundi in codicillis experte 1770. 4.; 3) *Corpus iuris ciuilis*, codicibus veteribus manuscriptis et optimis quibusque editionibus collatis recensuit G. C. GEBAVER — et post eius obitum editionem curauit G. A. S. — T. I. Institutiones ex optima Cuiacii editione repraesentatas, nec non Digesta ad Florent. exemplar ex-pressa continens &c. Götting. 1776. 4. med.; 4) Codi-cis repetitae praelectionis propediem typis mandandi pro-dromus, ad explorandas doctorum virorum sententias, 4.

* III. Seine Lehrvorträge sind gewöhnlich 1) Pandec-ten im Sommer um 8. 10. und 1., im Winter um 9. und 2.; 2) Institutionen alle halbe Jahre um 11.; 3) über den so genannten kleinen Struv im Sommer um 7.; 4) über das alte Römische Staats- und Privatrecht nach der Selchowischen Anleitung im Sommer um 4. oder im Winter um 5.

§. 106.

§. 106.

Johann Peter **Waldeck**, geb. zu Caſſel 1751. May 20., ſtudierte und promovirte zu Rinteln, ſetzte ſeine Studien auch noch zu Göttingen fort, und eröffnete daſelbſt als Privatdocent ſeine Lehrſtunden. Im Jahre 1782. ward er hier auſſerordentlicher, 1784. ordentlicher Lehrer der Rechte, auch Beyſitzer der Juriſtenfacultät; war alſo bisher zu Göttingen als Profeſſor 5. Jahre, alt 31 – 36.

* I. Weidlichs biographiſche Nachrichten Th. 2. S. 435. und Nachtrag S. 284.

* II. Seine Inauguraldiſſertation hielt er zu Rinteln unter Möckerts Vorſitz de vicinia et conſpectu praediorum ad conſtituendam ſeruitutem paſſim requiſitis, ſubtilitatibus iuris Romani non adnumerandis, Rint. 1776. Seine Göttingiſche Schriften ſind: 1) Litterariſcher Beytrag zu dem hiſtoriſchen Journal auf das Jahr 1777. II. Stück; 2) Litteratur der Rechtsgelehrſamkeit, Göttingen 1778. gr. 8.; 3) Teutſchlands litterariſche Annalen der Rechtsgelehrſamkeit, I. Band: Litteratur vom Jahre 1778. Leipzig 1780. 8.; 4) Neuer Vorſchlag mit Ausarbeitungen verknüpfter Lehrſtunden über das gemeine bürgerliche Recht, Göttingen 1783. 4.

⚬ III. Seine Lehrvorträge ſind gewöhnlich 1) alle halbe Jahre um 11. Inſtitutionen; wie auch 2) um 4. ein Examinatorium über die Pandecten; 3) im Sommer um 8. 10. und 1. Pandecten; 4) im Winter um 10. der kleine Struv; 5) um 1. Recenſion practiſcher Ausarbeitungen über einzelne Materien des bürgerlichen Rechts, und 6) Theorie des Civil-Proceſſes; in abwechſelnden Stunden.

§. 107.

Johann Friedrich Eberhard **Böhmer** (ein Sohn Georg Ludewigs), geb. zu Götting. 1753. April 9., ſtudierte daſelbſt, ward 1779. Doctor und Privatdocent, 1780. auſſerordentlicher Beyſitzer der Juriſtenfacultät, 1782. auſſerordentlicher, 1784. ordentlicher Lehrer der Rechte; war alſo zu Göttingen als Profeſſor 5. Jahre alt 29–34.

J 4 * I.

* I. Weidlichs biogr. Nachr. Th. 3. S. 22.

° II. Seine Schriften sind: 1) Diss. inaug. de iure occupandi statuendique de bonis exstincti ordinis Iesuitarum, maxime ex formula pacis Osnabrugensis, 1779. (auch ins Teutsche übersetzt: Abhandlung über die gesetzmäßige Besitznehmung der Jesuitergüter nach Erlöschung ihres Ordens, Ulm 1781. 4.); 2) Prolusio de iure episcoporum innouandi fundationes ecclesiasticas, 1784.

° III. In seinen Lehrstunden pflegt er 1) die Rechtsgeschichte im Sommer um 10., 2) das Recht der Natur im Sommer und Winter um 8., 3) das canonische Recht im Winter, 4) den Proceß öffentlich im Sommer um 10. zu erklären.

§. 108.

Georg Jacob Friedrich **Meister** (ein Sohn Christian Friedrich Georgs oben §. 31.), geb. zu Göttingen 1755. Oct. 11., studierte daselbst, warb 1778. Doctor und Privatdocent, 1780. ausserordentlicher Beysitzer im Spruchcollegio, 1782. ausserordentlicher, 1784. ordentlicher Lehrer der Rechte; war bisher als Professor zu Göttingen 5. Jahre 1782 — 1787. alt 27 — 32.

* I. Weidlichs biograph. Nachr. Th. 2. S. 29., Nachtr. S. 194.

° II. Seine Schriften sind: 1) Diss. inaug. de euangelica religionis qualitate voti curiati collegii comitum Franconicorum in comitiis imperii vniuersalibus, Goett. 1778.; 2) Versuch einer Bestimmung der Grundsätze, wornach die Religionsbeschaffenheit der Teutschen Reichstagsstimmen am richtigsten zu beurtheilen ist, 1780. 8.; 3) Progr. de iure ergastula instituendi, ex iurisdictione criminali patrimoniali haud fluente, 1784. 4.; 4) Abhandlung über den Einfluß, welchen der Stand des Verbrechers auf die Strafen und das Verfahren in Straffachen hat, nach den Grundsätzen des allgemeinen Criminalrechts verfasset, und aus dem Römisch-Teutschen Criminalrechte erläutert, Götting. 1784. 4.

* III. In seinen Lehrstunden erklärt er alle halbe Jahre 1) um 3. das peinliche Recht, 2) um 11. die Institutionen,

men, auch 3) zu Zeiten im Sommer um. 8. und 10. die Pandecten.

§. 109.

Georg Friedrich **Martens** geb. zu Hamburg 1756. Febr. 22., studierte zu Göttingen, hielt sich einige Zeit zu Wetzlar, Regensburg und Wien auf, promovirte 1780. zu Göttingen, und ward daselbst Privatdocent; 1783. auſſerordentlicher, 1784. ordentlicher Lehrer der Rechte, auch Beysitzer der Juristenfacultät; war also als Profeſſor zu Göttingen bisher 4. Jahre 1783 — 1787. alt 27–31.

* I. **Weidlichs** biogr. Nachr. Th. 3. S. 200., Th. 4. S. 166.

° II. Seine Schriften sind: 1) Diſſ. inaug. de foro S. R. I. principum cum subditis suis litigantium, Goett. 1780.; 2) *Eſſai sur la legitimation des Envoyés de la part des Comtes d' Empire à la diète de Ratisbonne, particuliérement de l' Envoyé d' aujourdhui du College des Comtes de la Franconie après la mort du Directeur de ce College*, Goett. 1782. 8.; 3) *Primae lineae iuris gentium Europaearum practici*, Goetting. 1785. 8.; 4) Versuch über die Existenz eines positiven Europäischen Völkerrechts und den Nutzen dieser Wiſſenschaft, nebst einer Anzeige seiner Wintervorlesungen 1787.

* III. In seinen Lehrvorträgen erklärt er 1) im Sommer um 8., im Winter um 10. das practische Europäische Völkerrecht, womit er zugleich 2) zweyerley practische Lehrstunden über Völkerrechtsgeschäffte verbindet, da in einer Teutsche, in der andern Franzöſische Ausarbeitungen dieser Art gemacht werden. Dann pflegt er 3) im Sommer um 10. das Teutsche Staatsrecht, auch wohl 4) um 2., oder im Winter um 8. das Staatsrecht der vornehmsten übrigen Europäischen Staaten, und 5) im Winter um 1. das Handelsrecht, insbesondere das Wechsel- und See-Recht vorzutragen.

3) Or-

3) Ordentliche Lehrer der Arzneywissenschaft.

§. 110.

Johann Andreas **Murray** (Th. 1. §. 96. S. 189.) ein Bruder Johann Philipps (oben §. 57. S. 55.), geb. zu Stockholm 1740. Jan. 27. st. vet., — ward 1768. Doctor der Philosophie, 1769. prof. med. ord. und bekam zugleich die Aufsicht über den hiesigen königlichen botanischen Garten, ward auch inzwischen 1768. Mitglied der Academie der Wissenschaften zu Stockholm, und 1770. Mitglied der hiesigen Societät der Wissenschaften; 1771. belegte Linneus ihm zu Ehren einen Ostindischen Baum mit dem Namen Murraya exotica, so wie er auch vorhin ein von ihm entdecktes Insect Cassida Murrayi genannt hatte; 1772. ward er Mitglied der landwirthschaftlichen Gesellschaft zu Zelle und der zu Bern, 1776. der medicinischen Gesellschaft zu Copenhagen, 1779. der Gesellschaft der Wissenschaften zu Götheborg und der zu Upsala, 1780. der zu Lund, 1782. der medicinischen Gesellschaft zu Paris und Nancy, 1784. der Gesellschaft der Wissenschaften zu Florenz, Lyon, Vlissingen und der Gesellschaft der Georgofili zu Florenz, 1785. der Gesellschaft der Wissenschaften zu Orleans und 1786. der zu Dijon, wie auch 1787. der oeconomischen Gesellschaft zu Paris. Im Jahr 1780. ward er Ritter des königlich Schwedischen Wasaordens, und 1782. bekam er vom Könige von Großbritannien den Hofrathscharacter. Als Professor war er bisher zu Göttingen 23. Jahre, 1764 — 1787. alt 24 — 47.

* I. Baldingers Biographien jetztlebender Aerzte B. 1. St. 3. S. 69 — 80.

° II. Seine fernere Schriften sind: 9) Rosen von Rosenstein Anweisung zur Kenntniß und Cur der Kinderkrankheiten,

heiten, überfetzt und mit Anmerkungen erläutert, Gotha
und Göttingen 1766. 8. (II. vermehrte Auflage 1768. 8. ;
III. vermehrte und verbefferte Aufl. 1774. 8.; IV. vermehrte und verbefferte Aufl. 1781. 8.; V. vermehrte und
verbefferte Aufl. 1785. 8.); 10) Diff. de hydrophobia fine morfu praeuio, Bafil. 1765.; 11) Diff. de puris absque praegreffa inflammatione origine, 1766.*; 12) Diff.
de cognatione inter arthritidem et calculum, 1767. *;
13) Hiftoria infitionis variolarum in Suecia, 1767. 8.;
14) Obferuationes de vermibus in lepra obuiis, iuncta
leprofi hiftoria et de lumbricorum fetis, 1769. 8.； 15)
Schulzens Unterricht von der Einpfropfung der Pocken,
aus dem Schwedifchen, Göttingen und Gotha, 8.; 16)
Prodromus defignationis ftirpium Goettingenfium, 1770.
8.; 17) Befchreibung und Abbildung der Aletris capenfis
in K. Vet. Acad. Handlingar.; 18) Commentatio naturam foliorum de arboribus cadentium expendens, in no-
vis comment. foc. Reg. Scient. Goett. Tom. II. 1771. *;
19) Diff. de conciliandis medicis quoad variolas internas
diffentientibus, 1771.; 20) Retzii primae lineae phar-
maciae ex Suecico idiomate verfae; 21) Tal om de på
Djur anftäldte Röns och Förföks opålitelighet vid til-
lämpningen på Människans kropp. Stockh. 1772. 8. *
(ins Lateinifche überfetzt in des Verfaffers Opusculis tom.
I. pag. 227. fqq. unter dem Titel: de obferuationibus et
experimentis apud bruta captis caute ad corpus humanum
adplicandis); 22) Defcriptiones et icones ftirpium nouarum vel rariorum, in nou. comment. Soc. Reg. Scient.
Goetting. tom. III. 1772. (die Pflanzen find: Heuchera
dichotoma Mvrr. Vinca pufilla L. Gifekia pharnacioi-
des Linn. Calendula gibbofa Mvrr. Ocymum polyfta-
chion L. Chondrilla nudicaulis L. Sida vrens L. Sper-
macoce hifpida L. Cacalia fonchifolia L. Sifymbrium
Islandicum Ord. Peziza polymorpha Ord. Peziza mini-
ma Mvrr. Lycoperdon minimum Mvrr.); 23) Enumeratio librorum praecipuorum medici argumenti, Lipf.
1773. 8.; 24) Commentatio de polypis bronchiorum,
in nou. comment. Soc. Reg. Scient. Goetting. tom. IV.
1773.*; 25) Caroli a Linne' fyftema vegetabilium, Edit.
XIII. 1774.; Edit. XIV. praecedente longe auctior et
correctior, 1784. 8.; 26) Defcriptiones et icones ftirpium nouarum vel rariorum, in nou. comment. Soc. Reg.
Scient. Goett. tom. V. 1774. (Die Pflanzen find: Thlafpi
ceratocarpon Mvrr. Geum Virginianum L. Geum Ca-

na-

nadenſe Mʏʀʀ. Polygonum vndulatum Mʏʀʀ. Polygonum craſſifolium Mʏʀʀ. Colutea perennans Iᴀᴄqv. Ceſtrum
veſpertinum L. Oenothera ſinuata L. Rumex dentatus L.
Raphanas Sibiricus L. Rheum hybridum Mʏʀʀ. absque
fig.); 27) Medicinisch practische Bibliothek, III. Bände
1774-1781. 8.; 28) Deſcriptiones et icones ſtirpium no-
varum et rariorum in nou. comment. Soc. Reg. Scient.
Goett. tom. VI. 1775. (Die Pflanzen find: Oenothera
muricata L. Amomum Zerumbet L. Allium Pallaſii
Mʏʀʀ. Allium Schoenopraſum β L. Sedum hybridum
L. Arabis pendula L.); 29) Apparatus medicaminum
tam ſimplicium, quam praeparatorum et compoſitorum
in praxeos adiumentum conſideratus, vol. I. 1776., II.
1779., III. 1784., IV. 1787. (Iſt ins Teutsche überſetzt
von D. Seger, Braunschweig 8.); 30) Progr. de phthi-
ſi pituitoſa, 1776. * (Iſt vermehrt abgedruckt in Bᴀʟ-
ᴅɪɴɢᴇʀ. *ſylloge ſelectior. opusculor.* vol. V.); 31)
Progr. de tempore corticis Peruuiani in tuſſi conuulſiua
exhibendi 1776. *; 32) Deſcriptiones et icones ſtirp. nou.
et rar. in nou. comm. Soc. Reg. Scient. Goett. tom. VII.
1776. (Die Pflanzen find: Goſſypium latifolium Mʏʀʀ.
Lithoſpermum orientale L. Lonicera media Mʏʀʀ. Iris
flexuoſa Mʏʀʀ. Cotyledon ſpinoſa L. Braſſica polymorpha Mʏʀʀ. Aſphodelus ramoſus L.); 33) Progr. de
redintegratione partium cochleis limacibusque praeciſa-
rum 1776. *; 34) Deſcriptiones et icones ſtirpium nou.
et rar. in nou. comment. Soc. Reg. Scient. Goett. tom.
VIII. 1777. (Die Pflanzen find: Erythrina Corolloden-
drum L. Ranunculus plantaginifolius Mʏʀʀ. Bunias
cochlearioides Mʏʀʀ. Leonurus criſpus Mʏʀʀ. Ocymum
thyrſiſlorum L.); 35) Olof Acrells chirurgische Vorfälle im königl. Lazarethe und anderswo geſammelt, aus
dem Schwed. II. Bände 1778.; 36) Deſcriptiones et icones ſtirpium nou. et rarior. in commentar. Soc. Reg. Scient.
Goett. vol. I. 1778. (Die Pflanzen find: Saluia coccinea
Ivss. Saluia Nilotica Ivss. Saluia Nubia Ivss. Sideritis
elegans Mʏʀʀ. Plantago exigua Ivss. Sophora alba L.);
37) Diſſ. de Aſcaride lumbricoide Linnei vermium inte-
ſtinalium apud homines vulgatiſſimo, 1779. *; 38) Diſſ.
de Catechu; 39) Progr. obſeruationum et animaduerſio-
num ſuper variolarum inſitione Sect. I-III. *; 40) Oratio de limitanda laude librorum medicorum practicorum
vſui populari deſtinatorum; 41) Diſſ. dulcium naturam
et vires expendens; 42) Deſcriptiones et icones ſtirpium
nou.

nou. et rar. in commentat. Soc. Reg. Scient. Goett. vol.
II. 1779. (Die Pflanzen sind: Rheum hybridum Mvxx.
cum fig. Lycium Ruthenicum Mvxx. Betonica hirsuta
L. Verbesina dichotoma Mvxx. Commelina Benghalen-
sis L. Malua virgata L. Asclepias Sibirica L.); 43)
Progr. Spinae bifidae ex mala ossium conformatione initia,
1780.; 44) Descriptiones et icones stirp. nou. et rar. in
comment. Soc. Reg. Scient. Goett. vol. III. 1780. (Die
Pflanzen sind: Cercodia erecta Banks. Aquilegia viri-
diflora Pallas. Geranium Reichardi Mvxx. Geranium
daucifolium Mvxx. Othonna Tagetes L. Plantago in-
curuata Ivss. Hypericum prolificum L.); 45) Rosen's
von Rosenstein Haus= und Reise=Apotheke, aus dem
Schwedischen übersetzt 1781. 8.; 46) Descriptiones et icones stirpium nouar. et rarior. in commentat. Soc. Reg.
Scient. Goetting. vol. IV. 1781. (Die Pflanzen sind:
Saxifraga ligulata Mvxx. Scrophularia Altaica Mvxx.
Plantago squarrosa Mvxx. Croton argenteum L. Hya-
cinthus viridis L.); 47) Oratio: praestet vno medico,
an pluribus iunctim vti? 1781.*; 48) Diss. difficultates
in curatione morborum infantilium obuenientes 1782.;
49) Diss. de tempore exhibendi emetica in febribus inter-
mittentibus maxime opportuno; 50) Descriptiones et
icones stirpium nou. et rar. in commentat. Societ. Reg.
Scient. Goetting. V. 1782. (Die Pflanzen sind: Lysimachia attopurpurea L. Lysimachia Ephemerum L. Vero-
nica peregrina L. Scabiosa vralensis Mvxx. Celolia procumbens Iacqv.); 51) Progr. I. et II. Vindiciae nominum triuialium, stirpibus a Linneo Equ. impertitorum
1782. * (Nachgedruckt in Gilibert Sylt. plant Europ.
praef. p. 47.); 52) Progr. de medendi tineae capitis ratione paralipomena 1782.; 53) Descriptiones et icones
stirpium nou. et rar. in commentat. Soc. Reg. Scient. vol.
VI. 1783. (Die Pflanzen sind: Spilanthus saliusria Domb.
Lycium heterophyllum Mvxx. Gypsophila viscosa Mvxx.
Solanum marginatum L, Tetragonia expansa Mvxx.);
54) Desgleichen in comment. Soc. Reg. Scient. Goetting.
vol. VI. 1784. (Die Pflanzen sind: Solandra lobata Mvxx.
Forskohlea angustifolia. Rhus semialatum Mvxx. Xan-
thium echinatum Mvxx. Carduus ciliatus Mvxx. Ber-
beris Sibirica Pallas.; 55) Desgleichen in den Commentat.
Soc. Reg. Scient. Goett. vol. VII. 1785.. über: Euphorbia
cyathophora Mvxx. Silene procumbens Mvxx. Hibiscus
arenarius Rottböll. Geranium terebinthinaceum Ait.

Paeonia anomala L. - Paeonia integra Murr.); 56)
Progr. L. II. de materia arthritica ad verenda aberrante,
1785. * (Eingerückt mit Zusätzen in Frank delect. opusc.
med. vol. II.); 57) Progr. Succi aloes amari initia, 1785.
* ; 58) Opuscula, in quibus commentationes varias tam
medicas, quam ad rem naturalem spectantes retractauit,
emendauit, auxit, cum figg. aen. vol. I. 1785., II. 1786.
8. mai., worin die hier mit einem Stern bezeichneten
Schriften zum Theil sehr vermehrt abgedruckt sind. Ausserdem hat er auch einen Theil der Abbildungen zur Flora
Danica, die Kaltenhover hieselbst in Kupfer stach, besorgt; danebst hat er Antheil an Vogels medicinischer Bibliothek, an der allgemeinen Teutschen Bibliothek, an den
Commentariis de rebus in scient. nat. et med. gestis, am
Hannoverschen Magazin und an den Göttingischen Unterhaltungen gehabt; so wie er, seit dem Jahre 1765. an den
Göttingischen gelehrten Anzeigen arbeitet.

* III. In seinen Lehrstunden gibt er 1) im Sommer
um 7. in der Botanik Unterricht; geht auch 2) Sonnabends um 2. mit seinen Zuhörern Botanisiren. 3) Die
Pharmacie erklärt er im Sommer um 9.; 4) Die Materia medica im Winter um 8.; 5) die Pathologie im Winter um 9. Auch pflegt er 6) eine mit Examiniren, Disputiren und Beurtheilung der Recepte verbundene practische
Anleitung zur Specialtherapie zu geben; und abwechselnd
7) die allgemeine Therapie und 8) auserlesene medicinische Gegenstände, wie von den Würmern im menschlichen
Leibe, von den Giften, von der Einpfropfung der Pocken,
u. s. w. vorzutragen. Nicht weniger machen 9) die Kinderkrankheiten einen Gegenstand seiner Vorlesungen aus.

§. III.

Henrich August **Wrisberg** (Th. 1. §. 97. S. 190.)
geb. zu St. Andreasberge auf dem Harze 1739. Jun.
20. — ward 1770. prof. med. ord., auch Mitglied der
hiesigen Societät der Wissenschaften, und 1785. Hofrath;
war bisher als Professor zu Göttingen 23. Jahre 1764-
1787. alt 25 - 48.

* L

* I. Seine fernere Schriften ſind : 6) Progr. de inſitione variolarum, 1765. ; 7) Io. Gottfr. BRENDEL opuscula mathematici et medici argumenti, pars I - III. Goett.
1769 - 1775. 4. ; 8) Beytråge zur Pockengeſchichte Th.
I. 1770. 4. ; 9) Obſeruationes et Analecta de foetu na-
tibus in partu prodeunte ; 10) Obſeruationes anatomicae
de quinto pare neruorum encephali, 1774. 4. mai. ; 11)
De membrana foetus pupillari; in nqu. comment. ſoc.
Götting. 1771. ; 12) De vita foetuum humanorum in
vtero diiudicanda, 1772. ibid.; 13) De ſecundinarum
humanarum varietate, 1773. ib. ; 14) De variolis, quibus in-
ternae corporis humani partes contaminari dicuntur, 1774.
ib.; 15) De vena azyga duplici, 1777. ibid. ; 16) De prae-
ternaturali et raro inteſtini cum veſica vrinaria coalitu et
inde pendente ani defeclu, ibid.; 17) Diſſ. de Nuckii
diuerticulis ib. ; 18) De teſticulorum ex abdomine in ſcro-
tum deſcenſu, ibid. (Beide letztere ſind auch beſonders
gedruckt) 1780.; 19) Obſeru. Medico - obſtetr. Particula de
ſignis viui foetus et mortui in partu difficili rite interpretandis ; 20) Orat. de diuerſa Gentis Guelficae Aug.
conditione ſub Henrico Leone et noſtris temporibus,
in templo Acad.; 21) Obſeruat. obſtetriciar. decas de
partu clunibus praeuiis peracto; 22) Obſeruationum
anatomicarum de neruis viſcerum abdominalium particula I., quae de ganglio plexuque ſeminari agit, 1780. 4. ;
23) ZINNII deſcriptio oculi humani, edit. II. 1780. 4.;
24) Obſeruationes de febribus continuis longis cum me-
lancholia coniunctis, 1781. ; 25) Experimenta et obſervationes anatomicae de vtero grauido, tubis, ouariis et
corpore luteo quorumdam animalium cum iisdem parti-
bus in homine collatis; 26) I. G. ROEDERERI et C. G.
WAGLERI tractatus de morbo mucoſo, denuo recuſus
annexaque praefatione de Trithuridibus novo vermium
genere editus, 1783.; 27) Obſeruationes anatom. obſtetr.
de ſtructura oui et ſecundinarum humanarum in partu
maturo et perfecto collectae, 4. (Steht auch in den Actis
ſociet. Goetting.); 28) Alb. de HALLER primae lineae
phyſiologiae mit Verbeſſerungen und neuen Zuſätzen, 1780.
8. mai.; 29) De ſignis viui foetus et mortui in partu
difficili rite interpretandis ; 30) Vteri humani grauidi et
nonnullorum animalium quadrupedum comparatio, P. I.
1781. II. 1782.; 31) De membranarum ac inuolucrorum
continuationibus partim dubiis partim veris; 32) Obſeruat. de neruis ceruicis, 1784.; 33) Obſeruationes
anat.

anat. phyſiologicae de neruis arterias venasque comitanti-
bus, 1784.; 34) Obſeruationes anatomico-medicae de
neruis pharyngis, 1735. (ſind alle 3. zuſammen erſchienen
unter dem Titel: Sylloge commentationum anatomicar.
1786.); 35) Oratio quo iure et ſenſu dici poſſit ſaecu-
lum 18., praeterlapſa et praecipue 17. antecellere, in templo acad. habita; 36) Commentatio de vteri mox poſt
partum naturalem reſectione non lethali, obſeruatione illuſtrata, cum breuiſſima principiorum lethalitatis ſciagra-
phia, 1787.

II. In ſeinen Lehrſtunden erklärt er 1) im Sommer
früh um 6. und 8. die Phyſiologie, und 2) um 2. die
Hebammenkunſt im Sommer, und die Weiberkrankheiten
im Winter; 3) Im Winter bringt er den Vormittag auf
der Anatomie mit Sectionen zu, worüber 4) um 2. De-
monſtrationen gehalten werden. Auch erklärt er 5) im
Winter Abends um 6. die legale Medicin mit der mediciniſchen Polizey verbunden. Noch hat er ſich neuerlich ent-
ſchloſſen, durch ſeine beträchtliche Sammlung von Reiſebeſchreibungen unterſtützt, hiſtoriſch practiſche Kenntniſſe
von allen über den ganzen Erdboden angeſtellten Reiſen in
beſonderen Vorleſungen zu ertheilen.

§. 112.

Auguſt Gottlob **Richter**, geb. zu Zörbig in Sachſen
1742. Apr. 13., ſtudierte ſeit 1760. zu Göttingen, ward
daſelbſt Doctor 1764., und nach einer gelehrten Reiſe
vom Oct. 1764. bis in Jun. 1766., da er ſich vorzüglich
zu Straßburg, Paris, London, Oxfort, Leiden, Amſterdam und Gröningen aufhielt, ward er 1766. zu Göttingen prof. med. extraord., 1771. ord., 1780. Leibmedicus, 1782. Hofrath, auch ſeit 1770. auſſerordentliches
und 1776. ordentliches Mitglied der hieſigen Societät der
Wiſſenſchaften, that im Sommer 1786. noch eine halb-
jährige Reiſe in die Schweiz und in Frankreich; war als
Profeſſor zu Göttingen bisher 21. Jahre 1766—1787.
alt 24—45.

* I.

* I. Seine Schriften sind: 1) Diff. de prisca Roma in medicos suos haud iniqua, Goett. 1764.; 2) Diff. de intumescente et calloso pyloro cum triplici hydrope, 1764.; 3) Progr. de variis cataractam extrahendi methodis, 1766.; 4) Observationum chirurgicarum fasciculus I., Goetting. 1770.; II. 1776.; III. 1780. 8.; 5) Chirurgische Bibliothek VIII. Bände 1771-1787. 8.; 6) Beobachtungen vom schwarzen Staar, 1773.; 7) Abhandlung von der Ausziehung des grauen Staares; 8) Abhandlung von den Brüchen I. Band, 1777.; II. 1779. 8. (II. vermehrte Ausgabe 1785.); 9) Progr. Herniam incarceratam vni cum sacco suo reponi per annulum abdominalem posse, contra chirurgum Gallum cel. Lovis monet; 10) Anfangsgründe der Wundarzneykunst, I. Band, 1782. (II. vermehrte Aufl. 1786.) gr. 8. II. Band 1786.; 11) Progr. de Agarico officin. 1780.; 12) Progr. de remediis antiphlogisticis externis, 4.; 13) Progr. de cranii fracturis; Ausserdem stehen folgende Abhandlungen von ihm in nov. comment. societ. reg. scientiar. Goetting.: 14) Observationes de bronchotomia et de herniis, tom. II. 1771.; 15) Observationes de morbis sinuum frontalium tom. III. 1772.; 16) Observationes de amaurosi, tom. IV. 1773.; 17) De opportuno herniotomiam peragendi tempore, tom. V. 1774.; 18) Observationes de staphylomate, tom. VI. 1775.; 19) Observationes chirurgicae de hernia 1775. ibid.; 20) Observationes de Pterigio, tom. VIII. 1777.; In den Comment. Soc. Reg. Scient. Goett. stehen folgende Abhandlungen von ihm: 21) Observationes de fistula lacrymali vol. I. 1778.; 22) Observationes chirurgicae vol. II. 1779.; 23) Observationes chirurgicae vol. III. 1780.

* II. In seinen Lehrstunden erklärt er 1) alle halbe Jahre die specielle Therapie um 10., allenfalls mit Abtheilung der hitzigen Krankheiten im Winter, der chronischen im Sommer; desgleichen 2) die Chirurgie, im Winter um 3. die medicinische, im Sommer um 11. die Manual-Chirurgie; daneben noch 3) im Sommer um 3. die Augenkrankheiten, 4) im Winter um 11. zweymal die Woche die Knochenkrankheiten, im Sommer die Diätetik. Ausserdem dirigirt er 5) im Hospitale täglich um 1. die clinischen Uebungen, und trägt auch noch 6) die generelle Therapie und 7) Semiotik vor.

§. 113.

Johann Friedrich **Gmelin**, geb. zu Tübingen 1748.
Aug. 8., ein Sohn von Phil. Fr. Gmelin, Professor der
Arzneykunst, Chemie und Kräuterkunde, studierte daselbst,
und wurde 1769. allda Doctor, that eine gelehrte Reise
nach Holland, und nach einem beynahe jährigen Aufenthalt
daselbst nach England, und durch die Oesterreichischen Niederlande, und mehrere Teutsche Universitäten nach Wien,
kam 1771. nach seiner Vaterstadt zurück, beschäfftigte sich
hauptsächlich mit Vorlesungen über Naturgeschichte und
Kräuterkunde, ward von der physicalischen Gesellschaft zu
Zürich, und von der Römisch kaiserlichen Academie der
Naturforscher zum Mitgliede ernannt, 1772. prof. med.
extraord. zu Tübingen, mit Anfang 1775. prof. phil. ord.
und med. extraord., 1778. prof. med. ord. zu Göttingen, auch Mitglied der hiesigen Societät der Wissenschaften, 1779. von der hiesigen philosophischen Facultät zum
Doctor der Philosophie, 1780. von der Churmainzischen
Academie der Wissenschaften zu Erfurt zum Mitgliede,
1784. zum Beysitzer der medicinischen Facultät, 1787.
zum ausserordentlichen Mitgliede der Societät der Berg-
baukunde ernannt; war bisher zu Göttingen 12. Jahre
1775 — 1787. alt 27 — 39.

° I. Von seinem Leben sind nachzusehen: 1) Böck Geschichte der Eberhard-Carls-Universität zu Tübingen S.
250.; 2) Progr. quo oratio initialis muneris professoris
medicinae Tübingensis indicatur, Tübing. 1773.

* II. Seine Schriften sind: 1) Rede über die Frage:
warum schöpft der Mensch Athem? Tübingen 1767. 4.;
2) Irritabilitas vegetabilium, in singulis plantarum par-
tibus explorata, vlterioribusque experimentis confirmata,
Tübing. 1768. 4.; 3) Enumeratio stirpium agro Tubin-
genssi indigenarum, ibid. 1772. 8.; 4) Disquisitio, an
adstringentia et roborantia stricte sic dicta ferreo princi-
pio suam debeant efficaciam? ibid. 1773. 4.; 5) Abe
handlung von den giftigen Gewächsen, die in Teutschland
wild

wild wachſen, Ulm 1775. 8.; 6) Progr. de alcalibus et precipitationibus chemicis ope eorum factis, Götting. 1775. 4.; 7) Von dem Einfluß der Naturgeſchichte in die Haushaltungskunſt; im 2. Stück des Magazins für Aerzte 1775.; 8) Von den Gewächſen, deren knollichte Wurzeln geſpeiſet werden, ebendaſ.; 9) Onomatologia botanica completa, oder vollſtändiges botaniſches Wörterbuch, nach den Lehren des Ritters von Linne' abgefaßt, 9. Theile, Franckf. und Leipz. 1771-1777. 8. (Nur im 1. Theil ſtehen auch Artikel von andern; die folgenden hat er allein ausgearbeitet); 10) Abhandlung von denjenigen Rinden, welche die Stelle der Fieberrinde vertreten können; im 1. Stück des Magazins für Aerzte 1775.; 11) Beobachtungen von dem unglücklichen Erfolg äuſſerlicher Mittel in der Krätze: in Gesners Sammlung von Beobachtungen, Nördlingen 1776. 8.; 12) Allgemeine Geſchichte der Gifte, I. Theil Leipz. 1776. 8.; II. Theil unter dem Titel: Allgemeine Geſchichte der Pflanzengifte, Nürnberg 1777.; III. Theil oder allgemeine Geſchichte der mineraliſchen Gifte nebſt Regiſter über alle 3. Theile, ebendaſ. 1777. 8.; 13) Die Kunſt, zu beobachten, von Joh. Senebier, Prediger und Bibliothecar zu Genf aus dem Franzöſ. mit Zuſätzen, ebendaſ. 8.; 14) Verſuch über eine beſſere Art, das Spießglasöhl zu machen; im 8. Stück des Magazins für Aerzte, 1777.; 15) Linnéiſches vollſtändiges Syſtem des Mineralreichs, in einer freyen und vermehrten Ueberſetzung, Nürnberg I. Th. 1777. II. III. 1778.; IV. 1779. gr. 8.; 16) Abhandlung von den Arten des Unkrauts und deſſen Benutzung, nebſt einer Zugabe von Ausrottung deſſelben, von dem Herausgeber Herrn G. Wallbaum, Lübek, 1779. 8.; 17) Einleitung in die Chemie zum Gebrauch auf Univerſitäten, Nürnb. 1780. 8.; 18) Mineralogiſche Beobachtungen über die Eiſengrube bey Rio und in andern Gegenden der Inſel Elba, von Ermenegildo Pini; aus dem Italiäniſchen ins Teutſche überſetzt und mit den neuen Bemerkungen Herrn Röſlins und anderer vermehrt, nebſt einer Abhandlung von beſondern Kriſtallgeſtalten des Feldſpats herausgegeben, Halle 1780. 8.; 19) Einleitung in die Mineralogie, zum Gebrauch academiſcher Vorleſungen, Nürnberg; 20) Einleitung in die Pharmacie, ebendaſ. 1781. 8.; 21) Erxlebens Anfangsgründe der Naturgeſchichte mit Zuſätzen, Götting. 1782. 8.; 22) Beyträge zur Geſchichte des Teutſchen Bergbaues, vornehmlich aus den mittlern und ſpätern Jahr-

K 2 hund-

hunderten unsrer Zeitrechnung, Halle 1783. 8.; 23) Ueber die neuern Entdeckungen in der Lehre von der Luft und
deren Anwendung auf Arzneykunst, in Briefen an einen
Arzt, Berlin 1784. 8.; 24) Comment. de tingendo,
per nitri acidum siue nudum, siue terra aut metallo satu-
ratum, serico, Erford. 1785. 4.; 25) Léseke Materia
medica durchgängig verbessert und mit den neuern Entdeckungen bereichert, Berlin und Stettin 1785. 8.; 26)
Grundriß der technischen Chemie, Halle 1786. 8.; 27)
Chemische Grundsätze der Probir- und Schmelzkunde,
Halle 1786. 8.; 28) Abhandlung über die Wurmtrockniß, Leipzig 1787. 8.; 29) Abhandlungen in den comment. societ. reg. scient. Goetting., Act. acad. Caes. Nat.
Curios. und Acad. Elect. scient. vtil. Mogunt. Ueberdieß
arbeitet er an den Göttingischen gelehrten Anzeigen, an Beckmanns physicalisch ökonomischer Bibliothek, an dem Naturforscher, der Teutschen Encyclopädie, der allgemeinen
Naturgeschichte, den chemischen periodischen Schriften,
deren Herausgabe H. Bergr. Crell besorgt, und andern
periodischen Schriften, als: dem chemischen Journal, den
neuesten Entdeckungen in der Chemie, den chemischen Annalen.

* II. Er gibt alle halbe Jahre 1) in der Chemie Unterricht, mit Experimenten vereiniget im Sommer um 9.,
im Winter um 3., 2) auch wohl noch besonders in der
technischen oder auf Handwerker und Künste angewandten
Chemie im Winter um 9. Dann erklärt er 3) im Sommer um 8. die Pharmacie mit Versuchen und Arbeiten,
4) um 11. die Mineralogie, und 5) im Winter um 11.
die Probir- und Schmelzkunst.

§. 114.

Johann Friedrich **Blumenbach**, geb. zu Gotha
1752. May 11., studierte zu Jena, hernach zu Göttingen, ward hier 1775. Doctor und 1776. Aufseher des
Naturaliencabinets, auch 1776. ausserordentlicher und
1778. ordentlicher Lehrer der Arzneygelehrsamkeit, machte im Sommer 1783. noch eine gelehrte Reise in die
Schweiz; war bisher zu Göttingen als Professor 11. Jahre 1776.—1787. alt 24—35.

* I.

c I. Sein Leben steht in BALDINGER progr. *de ma-
lignitate in morbis ex mente Hippocratis*, 1775.

c II. Seine Schriften sind: 1) Diss. inaug. de generis humani varietate nativa, Goett. 1776. 8., edit. II.
1781. 8., edit. III. 1787. 8.; 2) Uebersetzung des medicinischen und botanischen Anhangs zum 2. Theil von Jves
Reisen, Leipz. 1775. 8.; 3) Handbuch der Naturgeschichte, Th. I. 1779., II. 1780.; II. Ausg. 1782. 8., III. Ausg.
1787. 8.; 4) Prolusio anatomica de sinibus frontalibus,
1779. 4.; 5) Ueber den Bildungstrieb und das Zeugungs-
geschäffte, 1781. 8., II. Ausg. 1787. 8.; 6) Von den
Zähnen der alten Aegyptier und von den Mumien, im
Göttingischen Magazin, 1780.; 7) Von den Feberbusch-
polypen in den Göttingischen Gewässern, ebendas.; 8)
Ueber den Bildungstrieb und seinen Einfluß auf die Ge-
neration und Reproduction, ebendas.; 9) Ueber die Liebe
der Thiere, ebendas. 1781.; 10) Medicinische Bibliothek
B. I. St. 1–4.; B. II. St. 1–4., Göttingen 1783—
1787. 8. (wird fortgesetzt); 11) Anzeige verschiedner vorzüglicher Abbildungen von Thieren in älteren Kupferstichen
und Holzschnitten, im Göttingischen Magazin 1781. St.
4.; 12) Einige zerstreute Bemerkungen über die Fähigkeiten und Sitten der Wilden, ebendas. 1781. St. 6.; 13)
De oculis leucaethiopum et iridis motu in comment. soc.
reg. scient. tom. VII.; 14) Introductio in historiam medicinae litterariam, 1786. 8.; 15) Geschichte und Beschreibung der Knochen des menschlichen Körpers, 1786.
8.; 16) Institutiones physiologicae 1787. 8.; 17) De
nisu formativo et generationis negotio nuperae observationes in comment. soc. reg. scient. Goett. tom. VIII.; 18)
Specimen physiologiae comparatae inter animantia calidi
et frigidi sanguinis, ibid.; 19) De vi vitali sanguinis
(eine Vorlesung unter den Jubelschriften vom 18. Sept.
1787.)

c III. In seinen Lehrstunden erklärt er 1) alle halbe
Jahre um 5. die Naturgeschichte; 2) im Sommer um
8. die Physiologie, und 3) um 4. die Osteologie; 4) im
Winter um 9. die medicinische Gelehrtengeschichte, und 5)
um 4. die Pathologie. Auch pflegt er 6) in öffentlichen
Lehrstunden auserlesene Gegenstände der anatomia comparata abzuhandeln.

§. 115.

Johann Friedrich **Stromeyer**, geb. zu Göttingen 1750. Jun. 4., studierte daselbst, promovirte 1772., und ward nach einer gelehrten Reise, da er sich vorzüglich zu Wien und Berlin aufhielt, 1776. Stadtphysicus und prof. med. extraord., hernach 1784. ord.; war also als Professor zu Göttingen bisher 11. Jahre 1776 — 1787. alt **26 — 37.**

° I. Seine Inauguraldissertation war de plantarum solanacearum ordine, Goett. 1772.

° II. In seinen Lehrstunden trägt er 1) im Winter um 3. die allgemeine Therapie vor; sodann 2) von der besonderen Therapie den ersten Theil über die hitzigen Krankheiten im Sommer früh um 6., 3) den zweyten Theil über die chronischen Krankheiten im Winter um 4. Dann erklärt er 4) im Sommer um 4. die besondere Pathologie, auch wohl nach Befinden 5) die allgemeine Pathologie, oder 6) die Materia medica, und 7) alle halbe Jahre gibt er Dienstags, Mittwochs und Freytags, im Sommer um 7., im Winter um 8. clinische Anleitung im Hospitale ꝛc. Er lieset auch noch wohl besonders 8) über die Kunst Recepte zu schreiben, oder hält auch 9) ein practisches Casuale, worin über einzelne Fälle Ausarbeitungen gemacht werden.

§. 116.

Johann Henrich **Fischer**, geb. zu Coburg 1759. Jul. 11., studierte zu Würzburg, Erlangen und Göttingen, ward zu Göttingen 1781. Doctor, und während einer gelehrten Reise, da er sich hauptsächlich zu Cassel, Franecker, Leiden, Amsterdam, London, Rouen, Paris, Lyon, Marseille, Montpellier ꝛc. verweilte, schon 1782. zum prof. med. extraord. zu Göttingen ernannt, trat diese Stelle 1785. an, bekam auch die Aufsicht über die neue Hebammenanstalt, und über das königliche clinische Institut, und ward 1786. prof. med. ord. daselbst,

bis-

bisher also zu Göttingen Professor 5. Jahre 1782 – 1787. alt 23 – 28.

° I. Seine Schriften sind: 1) Diss. inaug. de cerebri eiusque membranarum inflammatione et suppuratione occulta, Goett. 1781.; 2) Progr. de morbis cutaneis, 1785.; 3) Wilh. Cvllen genera morborum 1786.

° II. Seine Lehrstunden sind 1) alle halbe Jahre um 9. der Gebuhrtshülfe gewidmet, so daß er viermal die Woche die Steinische Anleitung dazu erkläret, auch dabey die Handgriffe an einer Machine (Französisch Fantôme) zeigt, und Mittwochs und Sonnabends in dem zur Gebuhrtshülfe bestimmten Hospitale practische Anleitung gibt. Daneben erklärt er 2) im Sommer um 8. die Pathologie mit der Semiotik verbunden, und 3) im Winter um 8. die weiblichen Krankheiten. Auch pflegt er 4) examinatoria, disputatoria und elaboratoria zu halten.

---

4) Ordentliche Lehrer der Weltweisheit.

---

§. 117.

Johann David **Michaelis** (Th. 1. §. 83. S. 168.) geb. zu Halle im Magdeburgischen 1717. Febr. 27. — ward 1764. Correspondent der Academie des Inscriptions zu Paris und Mitglied der gelehrten Gesellschaft zu Haerlem; trat 1770. aus der hiesigen Societät der Wissenschaften; ward 1775. Ritter des königlich Schwedischen Orbens vom Nordstern; bisher zu Göttingen als Professor 41. Jahre 1745 — 1787. alt 29 — 70.

* I. Seine fernere Schriften sind: 57) Adnotationes ad Glocestrii Ridley diss. de versionibus N. T. Syriacis, 1766.; 58) Programma von seinen collegiis über die LXX. Dollmetscher 1767. 8.; 59) Prolegomena in Iobum s. epimetron ad Lowthi praelectionem XXII. de poesi Hebraeorum 1767. 8.; 60) Abhandlung von der

Syri

Syrischen Sprache und ihrem Gebrauche, nebst dem I.
Theile einer Syrischen Chrestomathie, 1768. 8.; 61) Spicilegium geographiae Hebraeorum exterae post Bochar-
tvm pars I. 1769., II. 1780. 4.; 62) Räsonnement über
die protestantischen Universitäten (ohne sich bey den ersten
III. Theilen zu nennen), Th. I–IV. Frankf. 1769–1776.
8.; 63) Mosaisches Recht Th. I–VI. Frkf. 1770–1775. 8.;
zweyte vermehrte Ausg. 1775. u. f.; 64) Teutsche Uebersetzung des A. T. mit Anmerkungen für Ungelehrte, Th.
I–XIII. 1770–1785. 4.; 65) Versuch einer Erklärung
der siebenzig Jahrwochen Daniels, 1771. 8.; 66) Gram-
matica Chaldaica, 1771. 8.; 67) Arabische Grammatik
und Chrestomathie; 68) Orientalische und exegetische Bibliothek Th. I–XXIII. Frankf. 1771–1785. 8.; 69) Daniel secundum septuaginta, Goetting. 1773. 8.; 70) Her-
manni von der Hardt Hoseas illustratus, 1775.; 71)
Abvlfedae tabulae Aegypti; 72) Etwas von der
ältesten Geschichte der Pferde und Pferdezucht in Palästina
und den benachbarten Ländern, sonderlich Aegypten und
Arabien, Frankf. am Main 1776. 8.; 73) Teutsche Uebersetzung des ersten Buchs der Maccabäer, mit Anmerk.,
Göttingen und Leipzig 1777. 4.; 74) Gedanken über die
Lehre der heiligen Schrift von Sünde und Genugthuung,
als eine der Vernunft gemässe Lehre; neue völlig umgearbeitete Ausgabe, 1779. 8.; 75) Schreiben an den Herrn
Professor Schlözer, die Zeitrechnung von der Sündfluth
bis auf Salomon betreffend; im Götting. Magazin 1780.
St. 5.; 76) Erklärung der Begräbniß- und Auferstehungsgeschichte Jesu, aus den vier Evangelisten, mit Rücksicht
auf die in den Fragmenten gemachten Einwürfe und deren
Beantwortung, 1783. 8.; 77) Dogmatik, II. ganz umgearbeitete und Teutsch verfaßte Ausgabe, 1784. 8.; 78)
Supplementorum ad lexica Hebraica P. I. literas א et ב
complexa, 1784.; P. II. ג, ד et ה complexa, 1785. 4.;
P. III. literas ו, ז et ח complexa 1786.; P. IV. literas
ט, י et כ complexa 1787.; 79) Das fünfte Fragment
selbst aus Lessings viertem Beytrage mit J. D. Michaelis Anmerkungen; als ein Anhang zur Begräbniß- und
Auferstehungsgeschichte Christi, Halle 1785. 8.; 80) Gram-
matica Syriaca, Halae 4.; 81) Von den Gewölbern unter
dem Tempelberge und Berge Zion zur Aufklärung der Geschichte, sonderlich beym Tempelbau Julians und bey He-
rodes Plünderung des Grabes Davids ausbrechenden
Flammen; in dem Götting. Magazin, Jahrg. 3. St. 6.
1783.;

1783. ; 82) Zusätze zu seinem Mosaischen Recht: Warum
hat Mose in seinem Gesetze nichts vom Kindermord? im
Göttingischen Magazin IV. Jahrg. Stück II. 1785. ; 83)
Neue orientalische und exegetische Bibliothek, II. Theile,
1786. gr. 8.

° II. Er pflegt 1) in seinen öffentlichen Lehrstunden
alle halbe Jahre Sonnabends von 1. bis 3. einen gewissen
Theil der Bibel zu erklären. Dann hält er abwechselnd
exegetische Lehrvorträge 2) um 9. über einen Theil des
neuen, 3) um 10. über einen Theil des alten Testaments.
Und 4) um 1. gibt er abwechselnd von einem halben Jahre zum andern zur Hebräischen oder Arabischen oder Syrischen Sprache Anleitung.

§. 118.

Abraham Gotthelf **Kästner** (Th. 1. §. 85. S. 173.)
geb. zu Leipzig 1719. Sept. 27. — ward 1765. Hofrath,
1776. Mitglied der landwirthschaftlichen Gesellschaft zu
Zelle, 1786. Mitglied der kaiserlichen Academie der Wissenschaften zu St. Petersburg; war bisher zu Göttingen
31. Jahre 1756 — 1787. alt 37 — 68.

° I. Zwey von ihm selbst entworfene Lebensbeschreibungen finden sich, eine in Baldingers Biographien jetztle-
benber Aerzte und Naturforscher B. 1. St. 1. (Jena 1768.)
S. 46 - 74., die andere in einem Programme vom Professor Ernesti, woraus sie bey Gelegenheit der Jubelfeier
seiner vor 50. Jahren zu Leipzig erhaltenen Magisterwür-
be vom Prof. Carl Friedrich Hindenburg zu Leipzig von
neuem herausgegeben worden, unter dem Titel: Vita viri
ill. atque celeb. Abr. Gotth. KAESTNERI magistri se-
misecularis Lipsiae d. 22. Febr. 1787. renunciati iterum
edita (2. B.) 8. Doch ist darin nur der Theil seines
Lebens beschrieben, der sich mit seinem Aufenthalte zu Leipzig endiget.

* II. Seine fernere Schriften sind: 55) Dissertationes
mathematicae et physicae, quas Soc. Reg. Scient. Goett.
annis 1756 — 1766. exhibuit A. G. K. Altenb. 1771.
(Darin sind die Vorlesungen von seiner Ankunft zu Göttingen bis zu der Zeit, da die Arbeiten der Societät wie-

derum geſammelt erſchienen, welches anfangs durch Krieg, dann durch Todesfälle und andere Urſachen war unterbrochen worden. Mit den Vorleſungen 1769. giengen Noui commentarii an, jährlich erſchien ein Band, der achte für 1777. Seitdem führt die Sammlung den Titel: Commentationes, Band I. für 1778., Band VIII. für 1785. und 1786. Jedes Jahr iſt von ihm eine Vorleſung geliefert worden; 1777. las er auch in der Societät: Elogium Io. Chriſtiani Polycarpi Erxleben, qui rebus humanis exceſſit d. xviii. Auguſti cɔ Iɔcclxxvii.); 56) Nachricht von demjenigen, was bey höchſter Gegenwart des Herzogs von York zu Göttingen vorgegangen, 1765. 8.; 57) Sammlung einiger die Bienenzucht, beſonders in den churfürſtlich Braunſchweig-Lüneburgiſchen Landen betreffende Aufſätze und Nachrichten, Gotha und Göttingen 1766. 8.; 58) Ueber die Lehre der Schöpfung aus Nichts, Götting. 1767. 8.; 59) Einige Vorleſungen in der königl. Teutſchen Geſellſchaft zu Göttingen-gehalten, Altenb. 1768. 8.; II. Sammlung ſeiner Vorleſungen 1773. 8.; 60) Nachricht von demjenigen, was bey höchſter Gegenwart des Herzog Ferdinands von Braunſchweig und Lüneburg zu Göttingen vorgegangen, 1768.; 61) Lobſchrift auf G. W. Leibnitz, Altenburg 1769. 8.; 62) Aſtronomiſche Abhandlungen, Th. I. 1772., II. 1774. 8.; 63) Anfangsgründe der Arithmetik, III. verbeſſerte Ausgabe 1774. 8.; 64) Fortſetzung der Rechenkunſt in Anwendung auf mancherley Geſchäffte, oder der mathemat. Anfangsgr. I. Theils II. Abtheil. 1786. 8.; 65) Anmerkungen über die Markſcheidekunſt nebſt einer Abhandlung von Höhenmeſſungen durch das Barometer, 1775. 8.; 66) Der Erinnerung Herrn Joh. Phil. Murray gewidmet, eine Vorleſung, 1776. 4.; 67) Theoria proiectionis ſuperficiei ſphaericae in planum tangens, oculo in centro poſito; in act. acad. elector. Mog. Erfort. ad a. 1776., Erfort. 1777. 4.; 68) Problema ſtaticum tigni ad parietem inclinati reperire preſſiones, ibid. ad a. 1777., Erfort. 1778.; 69) Quanta incertitudine deſignentur vertices angulorum acutiorum, ibid. ad a. 1778. et 1779., Erfurt. 1780.; 70) Latus trianguli ſphaerici ex duobus lateribus cum angulo intercepto, computandi formulae, ibid.; 71) Aufſätze im Teutſchen Muſeum, Leipzig 1776. 1777.; 72) Recenſionen und Aufſätze in der neuen philol. Bibliothek, Leipzig 1777.; 73) Vorrede zu J. N. Müllers Vorbereitung zur Geometrie für Kinder, 1778. 8.; 74) Ueber die Aenderung des

Gan-

Ganges der Pendeluhren im Sommer und Winter; 75) Vorrede und einige Erinnerungen zu Martins Philosophia Britannica, Leipz. 1778. III. Th. 8.; 76) An Herrn Hofrath und Leibmedicus Zimmermann in Hannover, Altenb. 1780. 8.; 77) An Herrn Johann Beckmann, Professor zu Göttingen, 1781. 8.; 78) Vorrede zu Florencourts Abhandlungen aus der juristischen und politischen Rechenkunst, Altenb. 4.; 79) Neueste großentheils noch ungedruckte Sinngedichte und Einfälle, Gießen 8. (Ohne seine Theilnehmung gedruckt; er hat sie aber fast alle mit einer Vorerinnerung als Anhang der dritten Auflage seiner vermischten Schriften Altenb. 1783. beygefügt); 80) De obiecti e duobus locis dissitis visi inuenienda distantia a superficie terrae, Erford. 1784. 4.; 81) In optica quaedam Boerhauii et Halleri commentatio, Lipf. 1785. 8.; 82) Nachricht, was zu Beobachtung der Mondfinsterniß zwischen dem 10. und 11. September 1783. auf der Göttingischen Sternwarte gethan worden ist, nebst einigen geographischen Anwendungen; in dem Göttingischen Magazin, Jahrg. 3. St. 6. 1783.; 83) Bemerkungen über den Vortrag gelehrter Kenntnisse in der Teutschen Sprache 1787. 4. (auch unter den Schriften der academisch. Jubelfeier vom 18. Sept. 1787.); Ausserdem sind von ihm 84) noch viele Abhandlungen in den Actis Eruditorum Lipf. und den *Memoires de l'academie de Berlin*, ingleichen 85) Recensionen alter rarer mathematischer Bücher in F R E Y T A G I I apparatu litterario T. II. p. 1419. seqq. Er besorgt auch 86) die Uebersetzung der Abhandlungen der königlich Schwedischen Academie der Wissenschaften vom dritten Bande ab, wovon jetzt 41. Bände nebst Universalregister über den 26 — 41. bereits erschienen sind. (Seit 1784. erschienen sie unter dem Titel: Neue Abhandlungen u. s. w. der IV. Band 1785.); Endlich 87) hat er Antheil an den Belustigungen des Verstandes und Witzes; und arbeitet in verschiedene gelehrte Journale; Sinngedichte in den Musenalmanachen, und in dem Leipziger Taschenbuche für Dichter und Dichterfreunde.

* III. Von seinen schon angezeigten Schriften sind nachher noch folgende Fortsetzungen und neue Ausgaben erschienen: Von den Anfangsgründen der Arithmetik, Geometrie ꝛc. ist 1786. die IV. Ausgabe; von den Anfangsgründen der angewandten Mathematik ist 1781. die III. Ausgabe; von den Anfangsgründen der Analysis endlicher Größen

Größen 1767. die II. Ausgabe; von den Anfangsgründen der Analyſis des Unendlichen 1770. die II. Ausgabe. Von den vermiſchten Schriften ſind bis jetzt III. Bände erſchienen, von beiden erſten Theilen erſchien auch die dritte Ausgabe, Altenburg 1783. 8.

* IV. In ſeinen Lehrſtunden pflegt er täglich um 10. Uhr im Winter die reine, im Sommer die angewandte Mathematik, und Montags und Donnerſtags um 5. öffentlich einen Theil ſeiner aſtronomiſchen Abhandlungen zu erklären.

§. 119.

Johann Chriſtoph **Gatterer** (Th. 1. §. 87. S. 177.) geb. zu Lichtenau im Nürnbergiſchen Gebiete 1727. Jul. 13., — ward 1767. Director des 1764. von ihm errichteten hiſtoriſchen Inſtitutes, 1770. Hofrath, und 1776. Mitglied der hieſigen Societät der Wiſſenſchaften; war bisher zu Göttingen 28. Jahre 1759 — 1787. alt 32 — 60.

* I. Seine fernere Schriften ſind: 17) Synopſis hiſtoriae vniuerſalis ſex tabulis comprehenſa 1766. fol.; edit. II. auct. et emend. 1769. fol.; 18) Allgemeine hiſtoriſche Bibliothek Band I — XVI. Halle 1767 — 1771. 8.; 19) Münchhauſen, eine Vorleſung, 1770. 8.; 20) Einleitung in die ſynchroniſtiſche Univerſalhiſtorie, zur Erläuterung ſeiner Tabellen, I. und II. Theil 1771. 8.; 21) Ideal einer allgemeinen Weltſtatiſtik, 1773. 8.; 22) Abriß der Univerſalhiſtorie in ihrem ganzen Umfange, II. umgearbeitete Auflage; 23) Abriß der Heraldik; 24) Grundriß der Numiſmatik; 25) Epitome Diplomatices; 26) Hiſtoriſches Journal, Theil I — XVI. 1773 — 1781. 8.; 27) Vorreden zum 32. 33. 34. 35. Theil der allgemeinen Welthiſtorie, die zu Halle herauskömmt; 28) Vorrede zu Io. Ge. FRANK praelufione chronologiae fundamentalis 1774. 4.; 29) Ueber die Manethoniſchen Dynaſtien, im encyclop. Journal, St. 8. 1775.; 30) Abriß der Geographie 1775. gr. 8.; 31) Abriß der Chronologie, 1777. gr. 8.; 32) Vorrede zu FRANKII nouo ſyſtemate chronol. fund. 1778. fol.; 33) De diplomatibus confirmationis, in nou. comment. ſociet. ſcient. Goetting. tom. VII. 1777.;

1777.; 34) De chronologia Brahmanum commentatio prior, in comment. eiusd. societ. tom. VIII. 1778.; 35) De linguae Germanicae epocha diplomatica, in comment. eiusd. societ. per a. 1779.; 36) De anno meteorologico fundamentali, ibid. per a. 1780.; 37) De epocha linguae Theotiscae in publicis Imperii conſtitutionibus, ibid. per a. 1780.; 38) De Herodoti ac Thucydidis Thracia, ibid. per a. 1781.; 39) Die II. Vorleſung de Herodoti ac Thucydidis Thracia ſteht in den comment. societ. reg. ſcient. per a. 1782.; 40) Memoria ſaeculi Hildebrandini, 1782. 8.; 41) Die III. Vorleſung de Herodoti ac Thucydidis Thracia, in comment. soc. ſcient. Goett. per a. 1783. et 1784.; 42) Die I. und II. Vorleſung de Theogonia Aegyptiorum, ibid. per a. 1785.; 43) Weltgeſchichte in ihrem ganzen Umfange, Th. I. 1785. 8.; Th. II. Stück I. 1787.; 44) De methodo aetatis codicum MSS. definiendae, in comment. soc. ſcient. Goett. per a. 1785. et 1786.; 45) Eine Vorleſung über Jubelfeier und Jubelmünzen (unter den Schriften der academiſchen Jubelfeier vom 18. Sept. 1787.)

* II. In ſeinen Lehrſtunden trägt er 1) im Sommer um 4. die allgemeine Weltgeſchichte vor; 2) im Winter um 10. die Geographie. 3) In der Diplomatik gibt er alle halbe Jahre um 1. oder 2., und auſſerdem noch beſonders um Oſtern und Michaelis in der Zwiſchenzeit zwiſchen den gewöhnlichen halbjährigen Vorleſungen um 9. 11. und 1. theoretiſch = practiſchen Unterricht. Auch pflegt er 4) über Heraldik, Chronologie und Numismatik nach Befinden vereinigte oder beſondere Lehrſtunden zu halten. 5) Unter dem Namen einer hiſtoriſchen Encyclopädie vereinigt er, ſeit 1786., in einem eignen Lehrvortrage um 2. oder in einer andern, den Zuhörern bequemen Stunde die Hauptſtücke der Heraldik, Geographie, Chronologie, Numismatik, Genealogie, Diplomatik und der allgemeinen Weltgeſchichte. 6) In öffentlichen Vorleſungen, gewöhnlich um 6. Uhr des Abends, erklärt er die allgemeine Geographie, zuweilen auch die Geſchichte der Völkerwanderung, oder Taciti Germaniam &c.

§. 120.

§. 120.

Chriſtian Gottlob **Heyne** (Th. 1. §. 89. S. 180.)
geb. zu Chemniß im Erzgebirge 1729. Sept. 26. — ward
1770. Hofrath, und beſtändiger Secretär der Societät der
Wiſſenſchaften; bekam die Direction der gelehrten Anzei=
gen, und 1774. die Aufſicht über die Freytiſche, wie auch
über das Pädagogium zu Jlefeld ſeit 1770., ſo wie über
das philologiſche Seminarium ſeit 1763.; Mitglied der
hieſigen Teutſchen Geſellſchaft ſeit 1765., der Churmain=
ziſchen Academie nüßlicher Wiſſenſchaften zu Erfurt 1777.,
der Utrechtiſchen Genoſſenſchaft der Künſte und Wiſſen=
ſchaften 1779., der Society of Antiquarians zu London
1781., der königlichen Academie der Wiſſenſchaften zu
Berlin 1787., und Ehrenmitglied der Ruſſiſch kaiſerlichen
Academie der Künſte zu Petersburg ſeit 1780.; war
bisher zu Göttingen 24. Jahre 1763 — 1787. alt 34 —
58.

* I. Seine fernere Schriften ſind: 21) **Allgemeine
Weltgeſchichte**, ausgefertigt von Wilhelm Guthrie u. a.,
aus den Originalſchriften berichtigt und mit Anmerkungen
verſehen, B. I - IV. VI. und VII. 1765 — 1772. gr. 8.;
22) P. Virgilii Maronis opera varietate lectionis et
perpetua adnotatione illuſtrata, T. I - IV. Lipſ. 1767 —
1775. 8. mai.; 23) De fontibus et cauſis errorum in
hiſtoria mythica, ſiue temporum mythicorum memoria a
corruptelis vindicata 1763. (in Commentat. Societ. tom.
VIII.); 24) De Graecorum origine e ſeptentrionali plaga
1764. (ebendaſ.); 25) Muſarum religio eiusque origines et cauſae 1766. (ebendaſ.); 26) De publicis priuatae frugalitatis vtilitatibus Progr. I. II. III. 1765. 1766.
fol.; 27) Progr. de elegantiorum artium ac ſtudiorum
vſu et fructu ad diſciplinam academicam publicam 1766.
fol.; 28) Progr. ad Inſtitutum hiſtoricum in a. d. 23.
Dec. 1766. inſugurandum 1766. fol.; 29) De veterum
coloniarum iure eiusque cauſis Progr. I. II. 1766. 1767.
fol.; 30) Origines panificii frugumque inuentarum initia Progr. I. II. III. 1768. 1769. fol.; 31) Legum Locris
a Zaleuco ſcriptarum fragmenta, Progr. I. II. 1767. 1768.;

32)

32) Progr. I - IV. de legibus Charondae, 1768 - 1770.
fol. ; 33) Ueber den Kaften des Cypfelus, ein altes Kunft=
werk zu Olympia mit erhabenen Figuren, nach dem Pau=
fanias. Eine Vorlefung für die Teutfche Gefellfchaft, 1770.
8. ; 34) Memoria Frid. Chr. de Buchwald 1765.
fol.; 35) Memoria Schreiberiae Ge. G. Richtero nuptae
1766. fol. ; 36) Memoria Alexandri Bafilii F. Smirnoff,
1770. fol. ; 37) Parentale facrum Georgiae Auguftae in
honorem ac memoriam Münchhufii indicit 1770. (über=
fetzt durch Eb. Glieb. Glandorf 1770. 8.); 38) Oratio in
follennibus parentalibus Georgiae Auguftae in honorem
et memoriam Münchhufianam, 1770. fol. (Teutfch durch
E. G. Glandorf 1771. 8.); 39) Pietas focietatis regiae
fcientiarum Goettingenfis in Münchhufii funere declarata,
1770. 4.; 40) Progr. I. II. III. de Sybaritarum ac Thu-
riorum rep. et legibus, 1771 - 1772. fol. ; 41) Progr.
quo gratulatur Academia nouum Curatorem de Behr
1771. fol. ; 42) Berichtigung und Ergänzung der Win=
kelmannifchen Gefchichte der Kunft des Alterthums in den
Teutfchen Schriften der Societät I. Band, 1771. 8. ; 43)
Epiftola praefixa fragmentis Stelichori lyrici collectis a Io.
Andr. Svchfort 1771. 4.; 44) Progr. in obitum
Acad. Curatoris Behrii, 1772. fol.; 45) Pietas fociet.
reg. fcientiar. Goetting. in B. C. de Behr funere, 1772.
4. ; 46) Elogium Ger. L. B. de Meermann, 1772. 4.;
47) Progr. de literarum artiumque inter antiquiores Graecos conditione, quatenus illa ex Muferum aliisque deorum nominibus muniisque intelligitur, 1772. fol. ; 48)
Memoria G. C. Gebaueri, 1773. fol. ; 49) Progr. Notatio corporis iuris gloffati MSti bibliothecae Georgiae Auguftae, 1773 fol.; 50) Einleitung in das Stubium der
Antike, (Göttingen und Gotha, 1772. 8.; 51) Pindari carmina cum varietate lectionis, 1773. 4. min.; 52)
Eadem ex interpretatione Latina emendatiore, 1774.
4. min. 53) Progr. de Crotoniatarum rep. et legibus,
1774.; 54) Progr. de reliquis poft Sybaritas et Croto-
nienfes magnae Graeciae ciuitatibus, quae Achaicis infti-
tutis et iuribus funt vfae 1774. fol.; 55) Progr. de Ar-
cadibus luna antiquioribus, 1775. fol.; 56) Progr. Inftituta et leges ciuitatum ftirpis Dorienfium, nunc qui-
dem Tarentinorum, 1775. fol.; 56) Progr. Inftituta et
leges Heraclienfium, quae Tarentinorum fuit colonia,
1776. fol.; 57) Elogium Rudolfi Auguft. Vogel, 1774.
4.; 58) Memoria Caroli comitis de Giech, 1774. fol. ;
59)

59) Memoria G. H. Ayreri 1774. fol.; 60) Memoria G. G. Richter, 1775. fol.; 61) Elogium I. P. Murray, 1776. 4.; 62) Oratio in anniuerſariis inaugurationis ſacris Acad. Georgiae Auguſtae 1776. habita: *Nemo vir magnus ſine aliquo afflatu diuino vnquam fuit*, 4.; 63) Epicteti *Enchiridion* Gr. et Lat. c. nouis animaduerſ. altera Editio emendatior et auctior 1776. 8.; 64) Albii Tibvlli *carmina* nouis curis caſtigata, 1777. gr. 8.; 65) Vorrede zu Glandorfs Ausgabe des Phocylides, 1776. 8.; 66) Vorrede zu Tiedemanns Syſtem der Stoiſchen Philoſophie, Leipz. 1776. 8.; 67) Progr. de reliquis rebus publ. Magnae Graeciae et Siciliae ſtirpis Doricae, tum de Chalcidicis et reliquis, 1777. fol.; 68) Progr. I. II. III. quibus recenſentur numi familiarum Romanarum, qui in Muſeo acad. aſſeruantur, Götting. 1777. 1778. fol.; 69) Elogium Alb. de Haller. 1778. 4.; 70) Vorrede zu Facii Ausgabe des Euripidiſchen Oreſtes, Coburg 1778. 8.; 71) Sammlung antiquariſcher Aufſätze, II. Stücke, Leipz. 1778—1779. gr. 8.; 72) Lobſchrift auf Winkelmann, welche bey der Heſſen-Caſſeliſchen Geſellſchaft der Alterthümer den ausgeſetzten Preis erhalten hat, Caſſel 1778. 4.; Leipz. 1778. 8.; und in der Litterariſchen Chronik 1785. 8. ins Franzöſiſche überſetzt von Herrn Brack 1783. 8. in den Memoires de la Societé des Antiquités de Caſſel, tom. I. und in der Franzöſiſchen Ueberſetzung der Winkelmanniſchen Geſchichte der Kunſt, ſo wie auch in das Italiäniſche, in den beiden Italiäniſchen Ueberſetzungen dieſes Werks; 73) P. Virgilii Maronis *opera*; in tironum gratiam perpetua annotatione *nouis curis* illuſtrata, tom. I. et II. Lipſ. 1779. 8.; 74) Antiquitas Romana, inprimis iuris Romani; in vſum lectionum academicarum adumbrata, 1779. 8.; 75) Progr. I. II. Vita antiquiſſimorum hominum, Graeciae maxime, ex ſeruorum et barbarorum populorum comparatione illuſtrata, 1779. fol.; 76) Progr. I. II. quibus foedera Carthaginienſium cum Romanis ſuper nauigatione et mercatura facta illuſtrantur, 1780. fol.; 77) Nachricht von der gegenwärtigen Einrichtung des königl. Pädagogii zu Ilefeld, 1780. 4. (ſteht auch im 9. Stück des Archivs für die ausübende Erziehungskunſt, Gieſſen 1783.); 78) Von den Elementar- und Schulbüchern auf den beiden königlichen Schulen zu Weſtmünſter und Eaton; im 6. Stück des Göttingiſchen Magazins, 1780.; 79) Epiſtola praefixa edit. Simonidis G. D. Koeleri, 1781. 8.; 80) Progr. de

Ro-

Romanorum prudentia in coloniis regendis, 1781. fol.;
81) Progr. de animabus ficcis ex Heracliteo placito opti-
me ad fapientiam et virtutem inſtruŭtis, 1781. fol.; 82)
Progr. de febribus epidemicis Romae falſo in peſtium cen-
fum relatis, 1782. fol.; 83) Progr. de Leone M. Pontif.
Rom. Attilae et Genferico fupplice faĉto, 1782. fol.; 84)
Abhandlungen und Auszüge aus den Schriften der königs
lichen Academie der Innſchriften und ſchönen Wiſſenſchaf
ten, erſter Band das Griechiſche Alterthum: vom Prof.
Schweighäuſer aus dem Franzöſiſchen überſetzt und mit
des Herrn H. Anmerkungen begleitet; der erſte Band ins
Holländiſche überſetzt 1783. Leipzig 1781. gr. 8.; 85)
Epiſtola cum emendationibus in allegorias Homericas,
quae ſub Heraclidis nomine feruntur, editas a Nic. Schow.
1782. 8.; 86) Apollodori bibliothecae libri tres, ad
codd. Mſſ. fidem recenſiti, 1782. 8.; 87) Ad Apollodori, Athenienſis, bibliothecam notae; cum commentatio-
ne de Apollodoro, argumento et conſilio operis, et cum
Apollodori fragmentis, Pars I. II. III. 1783. 8.; 88)
Progr. de belli Romanorum ſocialis cauſis et euentu, re-
ſpectu ad bellum cum coloniis Americanis geſtum habito,
1783. fol.; 89) Epiſtola, in qua obiter conſilia de noua
Homeri edit. agitantur, adnexa Tychſen. commentationi de
Quinti Smyrn. Paralipomenis Homeri, 1783. 8. mai.; 90)
Progr. Foederatarum rerumpublicar. coalitio vix vnquam
fatis fida exemplis ex antiquitate illuſtrata, 1783. fol.;
91) Elogium Venerab. Walchii, 1784.; 92) Vorrede zu
F. Eckards allgem. Regiſter über die Göttingiſchen gelehrten Anzeigen, 1784.; 93) Animaduerſiones nonnullae
ad Reitemeieri Zoſimum, Lipſ. 1784. gr. 8.; 94) Epiſtola ad Fr. Aug. Wolfium ſubiecta huius editioni Theogoniae
Heſiodeae, Hal. 1783. 8.; 95) Pr. cur virgis caeſi Romano
more, qui mox ſecuri percutiendi eſſent, 1784. fol.;
96) Hiſtoriae naturalis fragmenta ex oſtentis, prodigiis
et monſtris commentat. I. 1784.; II. 1785. fol.; 97)
Progr. ad indicendam munificentiam regiam in praemiis
academicae iuuentuti conſtituendis, 1784. fol.; 98)
Progr. ad promulganda nomina eorum, qui praemia in
IV. Iunii propoſita Ordinum Academicorum iudiciis reportarunt &c. 1785. fol.; 99) Praefatio ad Io. Chph.
Raschii Lexicon vniuerſae rei numariae veterum, 1785.
gr. 8.; 100) Opuscula academica collecta et animaduer-
fionibus locupletata, vol. I. 1785., II. III. 1787. gr. 8.;
101) Progr. de foederum ad Romanorum opes imminuen-

des initorum euentis eorumque caulis, 1785. fol.; 102) Notulae ad librum de mirab. aufcultat. a Io. BECKMANNO editum 1786. 4. 103) Fragmenta e Procli chreftomathia illuftrata in der Bibliothek der alten Litteratur und Kunft, I. Stück, 1786. 8.; 104) Progr. Demogorgon feu Demiurgus, e difciplina magica repetitus, 1786. fol.; 105) Progr. ad promulganda nomina eorum, qui praemia in IV. Iunii propofita Ordinum Academicorum iudiciis reportarunt &c. 1786. fol.; 106) Progr. faeculi felicitas in numis 1786. fol.; 107) Obferuationum ad leges et respublicas magnae Graeciae fupplementum 1786. fol.; 108) Res a Phocione in rep. Athenienfium geftae in disceptationem vocatae, 1787. fol.; 109) Progr. ad promulganda nomina eorum, qui praemis in IV. Iunii propofita Ordinum Academicorum iudiciis reportarunt, 1787. fol.; 110) Progr. Rerum Cherfonefi Tauricae memoria breuiter expofita 1787. fol.; 111) Progr. ad indicenda inaugurationis facra anniuerfaria quinquagefima Georgiae Auguftae, 1787. fol.; 112) Oratio follennis in facro femifaeculari habita, 1787. fol.; 113) Sacrum femifaeculare Georgiae Auguftae, fol.; die Jubelfeier der Georg-Auguftus-Univerfität, 1787. fol.; 114) Vorrede zu Mart. Gottfr. Hermanns Handbuch der Mythologie, 1787. 8. Dann folgende Abhandlungen in Nouis Commentariis Societ. reg. fcient. Goetting.; 115) Super Caftoris epochis populorum qui maris imperium habuere Comment. I. II. 1769. 1771. in tom. I. II.; 116) Super veterum ebore eburneisque fignis Comm. I. II. 1770.; 117) De fabularum religionumque Graecarum ab Etrufca arte frequentatarum naturis et caufis, 1772. tom. III.; 118) Monumentorum Etrufcae artis ad genera fua et tempora reuocatorum illuftratio Comment. I. II. 1773. 1774. in tom. IV. V.; 119) De veftigiis domefticae religionis patriique ritus in artis Etrufcae operibus, 1775. tom. VI.; 120) Etrufca antiquitas a commentitiis interpretamentis liberata 1776. in tom. VII.; 121) De origine et caufis fabularum Homericarum 1777. tom. VIII. Hierauf in den Commentatt. Soc. Reg. Scient. Gotting. 122) De Androgynis et Eunuchis Scytharum et de hermaphroditis Floridae, 1778. vol. I.; 123) De Theogonia ab Hefiodo condita ad Herodot. II, 52. 1779. vol. II.; 124) De Hercule Mufageta nominisque caufis 1780. vol. III.; 125) Spicilegium antiquitatis mumiarum 1780. vol. eod. Emendanda et addenda vol. IV.; 126) Mumiae, quae ex regis Daniae libera-

beralitate in Muſeo academico ſeruatur, accuratior notitia 1781. vol. IV.; 127) De numo Iuniae Fadillae Auguſtae et de numo Othonis aereo Graeco e Muſeo Illuſtri-
ſimae Comitis de Bentink, vol. IV.; 128) Noua armo-
rum inuenta in vetere Graecia eorumque effectus 1782.
vol. V.; 129) De Diodori fide et auctoritate aeſtimanda
ex auctorum fide, quos ſequitur, Comment. I. vol. V.
Comm. II. 1784. vol. VII. Comm. III. 1785. vol. VII.;
130) De Acie Homerica et de oppugnatione caſtrorum a
Troianis facta, 1783. vol. VI.; 131) De auctoribus for-
marum, quibus dii effinguntur 1786. in vol. VIII.; 132)
Religionum et ſacrorum cum furore peractorum origines
et cauſae ad Strabon. lib. X. 1786. vol. VIII.; 133) An-
tiquae artis epochae et auctores, Comm. I. 1781. vol. IX.
Er hat die Ausgabe der Societätsſchriften von 1769. und
1770. an beſorgt, erſt unter der Aufſchrift Noui Commentarii Societ. Reg. Scient. Goetting. tom. I. 1771 —
tom. VIII. 1777. 4.; dann Commentationes Soc. Reg. Sc.
Goett. per a. 1778. u. f. bisher acht Bände. Jedem Bande iſt von ihm eine Vorrede und eine Jahrgeſchichte der
Societät vorgeſetzt, auch einige Allocutiones an den Stif-
tungstagen eingedruckt. Von eben dieſer Zeit 1770. an
beſorget er die Ausgabe der gel. Anzeigen. Er begleitet
auch die academiſchen Lectionsverzeichniſſe Oſtern und Michaelis mit einem Eingang ſeit 1763.

II. In ſeinen Lehrſtunden um 11. 2. 5. erklärt er bald
den Horaz, bald den Homer, und den Pindar: Als eine
Art von Curſus trägt er hinter einander die Römiſche und
die Griechiſche Litteratur, d. i. die Geſchichte der Sprache, der Künſte und der Wiſſenſchaften, bey den Römern
und bey den Griechen, die Notiz der claſſiſchen Schriftſteller, ihre Schriften, deren Inhalt und critiſche Bearbeitung; ferner das Griechiſche, und das Römiſche Alterthum vor; von Zeit zu Zeit auch die Grundſätze der Hermeneutik und der Critik, nebſt den Grundſätzen eines guten
Ausdrucks und Vortrages, mit Uebungen, es ſey im Teutſchen, oder im Lateiniſchen; ingleichen die Mythologie.
Daneben unterhält er alle halbe Jahre ein philologiſches
Seminarium mit Uebungen ſowohl in Erklärung alter
ſchwerer Schriftſteller inſonderheit Tragiker, als in eignen Ausarbeitungen und gelehrten Unterredungen. Auch
pflegt er im Sommer, Abends um 5. oder 6. auch wohl
früh, auf der Bibliothek eine Anleitung zur Kenntniß der

An-

Antike, unter dem gewöhnlichen Namen eines Collegii über die Archäologie zu geben.

§. 121.

Lüber **Aulenkamp** (Th. 1. §. 90. S. 182.) geb. zu Bremen 1724. Dec. 8. — ward bey der academischen Jubelfeier 1787. Sept. 17. von der Göttingischen theologischen Facultät zum Doctor der Theologie erklärt; war bisher zu Göttingen 32. Jahre 1755 — 1787. alt 31 — 63.

* I. Seine fernere Schriften sind: 5) Specimen obseruationum et emendationum in etymologicum magnum 1766. 4.; 6) Von dem Alter eines in der Askewischen Sammlung befindlichen Manuscriptes, welches die Schriften des neuen Testaments enthält, im Teutsch. Muf. 1776. St. 3.

* II. In seinen Lehrstunden pflegt er ein oder andern Griechischen bald prosaischen bald poetischen Schriftsteller zu erklären.

§. 122.

Johann Georg Henrich **Feder**, geb. zu Schornweissach im Bayreuthischen 1740. May. 15., studierte seit Ostern 1757. zu Erlangen; ward 1760. Hofmeister bey etlichen Freyherren von Wöllwarth, mit denen er wieder nach Erlangen kam. Hier erhielt er 1765. die Magisterwürde, und Erlaubniß Vorlesungen zu halten; ward aber noch in eben dem Jahre Professor zu Coburg, und 1768. prof. phil. ord. zu Göttingen, auch 1782. Hofrath; war bisher zu Göttingen 19. Jahre 1768 — 1787. alt 28 — 47.

* I. Seine erste Schriften waren: 1) Diff. fex dies creationis quales fuerint, Erlang. 1759.; 2) Polyphemi amor ex Theocrito, Ouidio et Metastasio, Erlang. 1765.;

3)

3) Homo natura non ferus, diff. II. ibid.; 4) Diff. I.
de morte voluntaria, ibid.; 5) De simplici animae natura et palmario, quo ea demonstrari solet, argumento,
Coburg. 1765. 4.; 6) De morte voluntaria, diff. II.,
Cob. 1766.; 7) Positionum metaphysicarum syllogae IV.
Cob. 1766 — 1767.; 8) Vom Werth des systematischen
Denkens, 1767.; 9) Grundriß der philosophischen Wissenschaften nebst der nöthigen Geschichte; 10) Positionum
ex iure naturae sylloge prima; 11) Der neue Emil, oder
von der Erziehung nach bewährten Grundsätzen, Th. I.
Erlang. 1768. (II. Ausgabe 1770.; III. 1774.); Th. II.
1774. 8.

* II. Seine Göttingische Schriften sind: 12) Progr.
de sensu interno, Goetting. 1768.; 13) Logik und Metaphysik im Grundriß, Götting. 1769. (1771. 1772. 1774.
1777. 1786. 8.); 14) Lehrbuch der practischen Philosophie, 1770. 8. (II. Aufl. 1771.; III. 1773.; IV. 1778.);
15) Abhandlung von dem Plan eines philosophischen Wör-
terbuchs. (Sie steht in dem zu Cleve herausgekommenen
encyclopädischen Journal, 1775.); 16) Abhandlung von
dem moralischen Gefühle; im Teutschen Museum 1776.;
17) Aphorismi paedagogici, in usum collegii disputato-
rii, 8.; 18) Vorrede zu Raffs Geographie für Kinder;
19) Institutiones logicae et metaphysicae, 1777. (edit.
II. emendata 1781. 8.; III. 1787.; 20) Von den Mitteln, die Aufmerksamkeit der Jugend zu gewinnen, in den
pädag. Unterhaltungen St. 2., Dessau 1777. 8.; 21)
Ueber die Todesstrafen, Anmerkungen zur Erläuterung des
Streits und zur nähern Bestimmung des Ziels der Untersuchung, im Teutschen Museum 1777. Nov.; 22) Untersuchung über den menschlichen Willen, dessen Naturtriebe,
Veränderlichkeit, Verhältniß zur Tugend und Glückseligkeit, und die Grundregeln, die menschlichen Gemüther zu
erkennen und zu regieren, Th. I. Lemgo 1779. gr. 8.;
Th. II. 1782. gr. 8.; Th. III. 1786. (Des ersten Theils
II. vermehrte Auflage erschien zu Lemgo 1785., und vom
zweyten Theil 1787. gr. 8.); 23) Neuer Versuch einer
einleuchtenden Darstellung der Gründe für das Eigenthum
des Bücherverlags, nach Grundsätzen des natürlichen
Rechts und der Staatsklugheit, im Göttingischen Magazin 1780. Stück 1. und 2.; 24) Grundlehren zur Kenntniß des menschlichen Willens und der natürlichen Gesetze
des Rechtverhaltens, Götting. 1783. 8., II. Aufl. 1785.;

L 3   25)

25) Abriß der wahrſcheinlichen Geſchichte des Urſprungs der Sprachen, in der Berlin. Monathsſchrift 1783. Nov.; 26) Ueber den Unterricht verſchiedner Religionsgenoſſen in gemeinſchaftlichen Schulen, 1786. gr. 8.; 27) Ueber Raum und Cauſalität, zur Prüfung der Kantiſchen Philoſophie, Götting. 1787. 8. Er hatte auch Antheil an dem zu Erlangen herausgekommenen neuen Sammler; und hat verſchiedene Aufſätze im Hannoveriſch. Magazine und in den Göttingiſchen gemeinnützigen Anzeigen verfertiget. Auch ſind von ihm viele Recenſionen in den Göttingiſchen gelehrten Anzeigen.

* III. In ſeinen Lehrſtunden erklärt er 1) alle halbe Jahre um 9. die Logik und Metaphyſik; 2) im Sommer um 5. das Recht der Natur mit der Staatsklugheit verbunden; 3) im Winter um 3. die philoſophiſche Moral. Auch pflegt er 4) im Sommer um 7., im Winter um 11. wöchentlich ein= oder zweymal in einer öffentlichen Lehrſtunde Diſputirübungen halten zu laſſen.

§. 123.

Auguſt Ludewig **Schlözer,** geb. zu Jagſtadt im Hohenlohe = Kirchbergiſchen 1735. Jul. 5., ſtudierte ſeit 1751. in Wittenberg, und ſeit 1754. in Göttingen; kam 1755. nach Schweden, war im Winter 1756 — 1757. in Upſala, und in den folgenden anderthalb Jahren in Stockholm, brachte den Winter 1758 — 1759. in Lübeck zu, und kam, um ſich zu einer damals vorgehabten Reiſe nach dem Orient vorzubereiten, zum zweytenmal im Frühjahr 1759. nach Göttingen. Von hier gieng er auf des ſel. Profeſſor Müllers Ruf und auf deſſen Verſprechen, ſeine Reiſe nach dem Orient von Rußland aus zu befördern, 1761. nach Petersburg ab, ward daſelbſt 1762. Adjunct der Kaiſerlichen Academie der Wiſſenſchaften, bekam 1764. den Titel als Profeſſor zu Göttingen, wurde zu Ausgang dieſes Jahres auf ſpeciellen Befehl der Kaiſerinn prof. ord. hiſtor. in bemeldter Academie, mit beſonderem Auftrag in der alten Ruſſiſchen Geſchichte zu arbeiten; reiſete
ins

Indeſſen zweymal nach Teutſchland, erbat ſich nach Ablauf ſeines erſten Contracts im Jahre 1769. ſeine
Dimiſſion aus Ruſſiſchen Dienſten, wurde gleich darauf
prof. phil. ord. zu Göttingen, erhielt nach des ſel. Achenwalls Tode von der Regierung zu Hannover den ſpeciellen
Auftrag, Statiſtik, Politik und Europäiſche Geſchichte
zu lehren, that im Winter 1773—1774. eine Reiſe nach
Frankreich, und im Winter 1781 — 1782. nach Italien
bis Rom, ward 1782. Hofrath, und erſter proteſtan-
tiſcher Doctor der Rechte in Insbruck; war alſo bisher zu
Göttingen als Profeſſor 18. Jahre 1769 — 1787. alt
34 — 52.

° I. Seine Schriften ſind: 1) Diſſ. de vita Dei,
Viteb. 1754.; 2) Neueſte Geſchichte der Gelehrſamkeit
in Schweden St. I - V., Roſtock und Wismar 1757 —
1760. 8.; 3) Förſök til en allmänn Hiſtoria om Handel
och Sjöfart, Stockh. 1758. 8. (Teutſch überſetzt vom
Herrn Profeſſor Gadebuſch, Roſtock 1761.); 4) Schwediſche Biographie Th. I. Altona 1760. 8.; Th. II. 1768.;
5) Schwediſche Anecdoten (ohne Namen) 1761.; 6) Ruſſiſche Grammatik, St. Petersburg 1763. 8. (nur 11. gedruckte Bogen, die aber nie ins Publicum gekommen ſind);
7) O izbranii Korolei v' Polſzě &c. Von der Polniſchen
Königswahl, Ruſſiſch, 1764. 8.; 8) Epigrammata, in
quibus tirocinium ponere Latinae linguae ſtudioſi queant,
Petrop. 1767. 12.; 9) Prawda Ruskaja &c. Ruſſiſches
Recht vom Großfürſten Jaroſlav und ſeinen Söhnen
im XI. ſaec. gegeben, 8.; 10) Ruskaja Lětopis po Ni-
konowu ſpisku &c. Ruſſiſche Annalen, aus der Niconi-
ſchen Handſchrift, unter der Aufſicht der kaiſerlichen Academie der Wiſſenſchaften von ihm herausgegeben, Th. I.
4.; 11) Abhandlung über die Aufgabe aus der Polniſchen
Geſchichte von der Ankunft des Lechs in Polen, in der
Sammlung der Jablonowskiſchen Preißſchriften, Danzig.
(Neue Aufl. 1770. 4.); 12) Unter dem Namen M. Hai-
golds (ſeines mütterlichen Großvaters): Neu verändertes Rußland, Riga und Leipzig 1767. 1768. 1771. 8.;
Th. II. 1772.; 13) Probe Ruſſiſcher Annalen, Bremen
und Göttingen 1768. 8.; 14) Von der Unſchädlichkeit der
Pocken in Rußland, und Rußlands Bevölkerung überhaupt,

Göt-

Göttingen und Gotha, 8.; 15) Tableau de l'histoire de Russie, Russisch, auch Französisch im Petersburger historischen Calender, 1768. 12. — Französisch, Göttingen und Gotha 1769. 12. — Teutsch und erweitert, Göttingen 1769. 12.; auch Dänisch, und Italiänisch im Venetianischen Calender übersetzt; 16) Beylagen zu dem neuveränderten Rußland, Th. I. 1769. 8.; Th. II. 1770.; 17) Catharina der zweyten Instruction für die Verfertigung des Entwurfs zu einem neuen Gesetzbuche verordnete Commission, (steht auch im *Neuv. Rußl.* Th. II.); 18) M. Erich Laxmanns Sibirische Briefe mit Anmerkungen von ihm herausgegeben, 8.; 19) Kleine Weltgeschichte, N. 1, Corsica; N. 2. Rußland, (oben N. 15.); 20) I. C. Fischeri quaestiones Petropolitanae, 8.; 21) De Lecho, eine zweyte Preißschrift in den Actis Societ. Iablonovianae, Lipf. 4.; 22) De la Chalotais Versuch über den Kinderunterricht, mit Anmerkungen und einer Vorrede, über die Unbrauchbarkeit und Schädlichkeit der Basedowschen Erziehungsprojecte, 1771. 8.; Beylage 1771. 8.; 23) Vorstellung seiner Universalhistorie, Götting. 1772. 8. (II. veränderte Auflage 1775. 8.) Th. II. oder Vertheidigung des ersten gegen Herder, 1773. 8. Die dritte sehr veränderte Ausgabe siehe unten Num. 50.; 24) Systema politices; 25) Schwedische Protomathie; 26) Allgemeine Nordische Geschichte oder 31. Theil der allgemeinen Weltgeschichte, Halle, 4.; 27) Oskold und Dir, eine Russische Geschichte critisch beschrieben; 28) Beyträge zur Jsländischen Litteratur; 29) Ueber den Ostindischen Handel, im encyclopädischen Journal, St. 6., Cleve 1774.; 30) Dortchens Reise, ein A B C Buch; 31) Versuch eines Briefwechsels meist statistischen Inhalts, 1775. 8.; 32) Summarische Geschichte von Nord-Afrika — zum Gebrauch seiner Vorlesungen; 33) Kleine Chronik von Leipzig, Th. I. bis zum Jahr 1466., Leipz. 1776. 8.; 34) Briefwechsel meist historischen und politischen Inhalts, Th. I-X. (Heft I-LX.) 1776-1782. gr. 8. (Die ersten Hefte sind neu, einige darunter zum vierten mal, aufgelegt worden); 35) Historische Untersuchung über Rußlands Reichsgrundgesetze, Gotha 1777. 8.; 36) Die aus dem Engl. übers. neue Erdbeschreibung von ganz America von ihm durchgesehen und herausgegeben, II. Theile, Götting. und Leipz.; 37) Le Jouet des jolis petits garçons; 38) Le Joujou des petites filles (beide zweymal aufgelegt); 39) Entwurf zu einem Reisecollegio, nebst einer Anzeige seines Zeitungscollegii; 40) Le=

Leben, Thaten, Reisen und Tod eines sehr klugen und sehr
artigen vierjährigen Kindes, Christian Heinrich Heinecken
aus Lübeck, beschrieben von seinem Lehrer Christian von
Schönaich, II. veränderte Auflage, Göttingen und Lübeck
1779. 8.; 41) Vorbereitung zur Weltgeschichte für Kinder, 12.; 42) Neujahrsgeschenk aus Jamaica in Westin-
dien, für ein Kind in Europa, 1780. 8.; 43) Ueber die
Chaldäer, im Repertorio für biblische und morgenländische
Litteratur, Th. VIII. (auch besonders gedruckt); 44)
Achenwalls Statistik, sechste von ihm vermehrte Ausgabe, Th. I. 1781. 8.; 45) Staatsanzeigen, wovon bis
jetzt 41. Hefte, jeder zu 8. Bogen, erschienen sind; 46)
Vorrede zu Mably's Art die Geschichte zu schreiben;
aus dem Französischen, Straßb. 1783. 8.; 47) Vorrede
zu den von Jacobi und Lüder herausgegebenen Holländi-
schen Staatsanzeigen; 48) Neujahrsgeschenk aus Westphalen für einen Teutschen Knaben, St. I.: oder Geschichte
des Schneider- und Schwärmerkönigs, Jan van Leyden, in
Münster, 1784. gr. 12.; 49) Briefe nach Eichstädt; zur
Vertheidigung der Publicität überhaupt, und der Schlö-
zerschen Staatsanzeigen insonderheit, Frankf. und Eichstädt 1785. 8.; 50) Weltgeschichte nach ihren Haupttheil-
len im Auszug und Zusammenhang, Th. I. 1785. 8.; 51)
Geschichte von Lithauen, im 50. Theil der allgemeinen
Welthistorie; 52) Ludewig Ernst, Herzog zu Braunschweig
und Lüneburg, kaiserl. königl. und des heil. Römischen
Reichs Feldmarschall ꝛc. Ein Actenmäßiger Bericht von
dem Verfahren gegen dessen Person, so lange Höchstdersel-
be die erhabenen Posten als Feldmarschall, Vormund und
Repräsentant des Herrn Erbstatthalters, Fürst Wilhelms
V. von Oranien, in der Republik der vereinten Niederlande bekleidet hat, 1786. 8. III. Auflage 1787. (Holländisch übersetzt 1787.). Außerdem ist er noch Verfasser verschiedener Aufsätze, Uebersetzungen und Recensionen
in dem Stockholmischen Swenska Mercurius; den Peters-
burgischen Soczinenys; dem Hamburgischen und Hannoverischen Magazin, den Göttingischen Unterhaltungen; auch
Recensionen in den Göttingischen gelehrt. Anzeigen und der
allgemeinen Teutschen Bibliothek bis zum Jahr 1774.

* II. In seinen Lehrstunden pflegt er im Sommer 1)
die Europäische Staatengeschichte um 11., 2) die allgemeine Weltgeschichte um 4., 3) die Statistik um 5.; dann
im Winter 4) die Nordische besonders Russische Geschich-

te

te nm 3. und 5) die Politik mit dem allgemeinen Staats-
rechte verbunden um 4. vorzutragen, auch abwechſelnd zu
Zeiten ein Reiſecollegium, mit Vorzeigung ſeines Münz-
Cabinets, zu halten.

§. 124.

Albrecht Ludewig Friedrich **Meiſter** (Th. 1. §.
102. S. 196.) geb. zu Weikersheim im Hohenlohiſchen
1724. — hielt ſich 1765. auf einer gelehrten Reiſe einige Monathe zu Paris auf; ward 1765. auſſerordentliches, 1776. ordentliches Mitglied der Societät der Wiſſenſchaften, 1770. prof. philoſ. ord., 1784. Hofrath;
war bisher zu Göttingen als Profeſſor 23. Jahre 1764-
1787. alt 40-63.

ͮ I. Seine fernere Schriften ſind: 5) Abhandlung
vom Kriegsunterrichte und Nachricht von den königlich
Franzöſiſchen Kriegsſchulen 1766. 4.; 6) Commentatio
de Catapulta polybola, locum Philonis Mechanici in libro
IV. de telorum conſtructione obuiam, illuſtrans 1768. 4.
Seine Abhandlungen in den Nouis Commentariis Societ.
Reg. Scient. Goetting. ſind folgende: 7) De geneli et
affectionibus figurarum planarum; 8) De aberratione at-
tritus a lege inertiae; 9) De veterum hydraulo; 10)
De ſcalae thermometricae interpolatione; 11) De Hero-
nis fonte educendis aquis adhibito; 12) De veterum pi-
ctorum, ſculptorum, architectorum ſapientia optica; 13)
De pyramidum Aegyptiarum fabrica et fine; 14) Iterum
de optica veterum; 15) Examen organi libellatorii hy-
droſtatici vulgaris, in quo bulla humido inſidens librati
ſitus indicium facit; 16) De quibusdam viarum compendiis. In den Commentationibus Soc. Reg. Scient. Goetting. ſtehen von ihm folgende Abhandlungen: 17) De
celebratis quibusdam olei aquae ſuperfuſi effectibus opti-
cis et mechanicis; 18) De variis architectorum conatibus,
optimam munimenti formam ope analyſis definiendi; 19)
De tormentorum bellicorum in aggeres et acies effectu
computando; 20) De arationum compendiis ab ordine
ſulcorum petitis; 21) Vtrum montium origo explicari
poſſit per axis terreſtris mutationem et inde ſequentes
aquarum motus; 22) De ſolidis geometricis; 23) Deſcriptio et examen ſcalae goniometricae reductoriae.

Dann

Dann ist noch von ihm 24) Beobachtung merkwürdiger Gestalten der Wolken, in dem Göttingischen Magazin 1780. St. I.; 25) Etwas über die Mouches Volantes, ebendas. St. 4.; 26) Beobachtungen über den Vesuv, ebendas. 1781. St. I.

* II. In seinen Lehrstunden erklärt er 1) alle halbe Jahre um 10. die reine Mathematik, auch 2) im Sommer um 8. die bürgerliche Baukunst, 3) um 5. die practische Geometrie, und 4) wenn es verlangt wird, Algeber und 5) Tactik.

§. 125.

Johann **Beckmann**, geb. zu Hoya 1739. Jun. 4., studierte von 1759. bis 1762. zu Göttingen; hielt sich einige Zeit in den Niederlanden auf, um sich mehr Kenntniß der Naturgeschichte, der Manufacturen und Handlung zu erwerben; gieng 1763. als Lehrer der Physik und Naturgeschichte bey der St. Petersschule nach St. Petersburg. In den Jahren 1765. und 1766. hielt er sich in Schweden auf, bereisete die dortigen Bergwerke, und benutzte den Unterricht des Herrn Archiaters von Linné, besuchte nachher die Naturaliensammlungen, Bibliotheken und Manufacturen in Coppenhagen und anderen Gegenden von Dänemark, wie auch zu Hamburg und in anderen Städten. Um Michaelis 1766. ward er prof. philos. extraord. in Göttingen, 1770. prof. ord. oeconom. und Mitglied der Societät der Wissenschaften, auch 1784. Hofrath. Er ist Mitglied der kaiserlichen Academie der Naturforscher, der Norwegischen und Churmainzischen Academie der Wissenschaften, auch der physiographischen in Lund, so wie der meisten Teutschen und ausländischen oeconomischen Gesellschaften. Als Professor war er bisher zu Göttingen 21. Jahre 1766—1787. alt 27—48.

* I. Seine Schriften sind: 1) De historia naturali veterum, Goett. 1766. 8.; 2) Anfangsgründe der Naturhistorie, Bremen 1767. 8. (die an verschiedenen Orten einis

einigemal nachgedruckt sind); 3) **Tilas Entwurf** einer
Schwedischen Mineralhistorie, aus dem Schwedischen übersetzt, Leipz. 1767. 8.; 4) Gedanken von der Einrichtung
öconomischer Vorlesungen, Götting. 1767. 4.; 5) Grundsätze der Teutschen Landwirthschaft, 1769. 8. (II. verbesserte und vermehrte Ausgabe 1775.; III. vermehrte Ausgabe 1783.); 6) Mit Herrn Schlözer zugleich hat er
Laxmanns Sibirische Briefe herausgegeben; 7) **Phy-**
sicalisch-öconomische Bibliothek, worin von den neuesten Büchern, welche die Naturgeschichte, Naturlehre und
die Land- und Stadtwirthschaft betreffen, zuverlässige und
vollständige Nachrichten ertheilt werden, Band I-XIV.
von 1770-1787.; 8) Pet. **Moscati** von dem körperlichen wesentlichen Unterschiede zwischen der Structur der
Thiere und der Menschen, aus dem Italiänischen übersetzt
1771. 8.; 9) Lauenburgischer Taschencalender, auch größtentheils die andern inländischen öconomischen Calender
vom Jahre 1771-1780.; 10) **Linnæi** terminologia con-
chyliologiæ, 1772.; 11) **Linnæi** systema naturae in
epitomen redactum, II. voll. 8.; 12) **Sage** chemische Untersuchung einiger Mineralien, mit Anmerkungen, 1775. 8.;
13) Anleitung zur **Technologie**, oder zur Kenntniß der
Handwerke, Fabriken und Manufacturen 1778. 8. (II. vermehrte Ausgabe 1780.; III. vermehrte Ausgabe 1787.);
14) Grundriß zu Vorlesungen über die **Naturlehre** 1778. 8.
(II. Ausgabe 1785.); 15) **Beyträge zur Oeconomie,**
Technologie, Polizey- und Cameral-Wissenschaft, Th. I-
X. seit 1779. 8.; 16) Von **Justi** Abhandlung von den Manufacturen und Fabriken, mit Anmerkungen, Berlin 1780.
8.; 17) Beyträge zur **Geschichte der Erfindungen,**
Th. I-II. Leipz. seit 1780. 8. (wovon der erste zum an-
dernmal gedruckt worden); 18) Von **Justi** Grundsätze
der Polizeywissenschaft, dritte Ausgabe mit Anmerkungen,
1782. 8.; 19) Sammlung auserlesener Landesgesetze, welche das Polizey- und Cameralwesen zum Gegenstand haben, Franff. am Main Th. I-V. seit 1783.; 20) **Ari-**
stotelis liber *de mirabilibus auscultationibus* explicatus,
cum notis variorum, 1786. 4. Außerdem sind in den
Schriften der hiesigen Societät der Wissenschaften von ihm
folgende Vorlesungen: 21) De reductione rerum fossi-
lium ad genera naturalia protyporum; 22) De vsu tinctorio florum carthami; 23) De laccis rubiae tinctoriae;
24) De emendando rubiae vsu tinctorio; 25) Experimenta ceram dealbandi; 26) Experimenta ligna tin-
gen-

gendi ad opera tessellata; 27) De spuma maris, e qua
capitula ad fistulas Nicotianas finguntur; 28) Historia aluminis; 29) Historia sacchari; 30) In der neuen
Sammlung der öconomischen Gesellschaft in Krain ist
von ihm die Preißschrift über die besten Nebenarbeiten
der Landleute. Ferner sind von ihm 31) verschiedene
Aufsätze im Hannoverischen Magazine seit dem Jahre
1761.; wie auch 32) in Büschings gelehrten Abhandlungen von und aus Rußland; 33) in den Schriften der
Churpfälzischen öconomischen Gesellschaft; 34) im Naturforscher; 35) in den Schriften der Berlinischen Naturfor-
schenden Gesellschaft. 36) Mehrere Recensionen aus seiner Feder sind in den Göttingischen gelehrten Anzeigen,
in der Lemgoer auserlesenen Bibliothek, in Gatterers historischer Bibliothek, auch in der Berliner allgem. Teutschen Bibliothek in den Theilen von 1769 - 1779. und in
andern periodischen Schriften. Endlich finden sich Vorreden von ihm: 37) vor Rulfs Abhandlung von Werk-
und Zuchthäusern 1783. 4. (neue Ausgabe 1785. 8.);
38) vor Bischoffs Geschichte der Färberkunst, 1780. 8.;
39) vor Jacobsons technologischem Wörterbuche 1781.;
40) vor Kerners Abbildung aller öconomischen Pflanzen,
Stuttgard 1786. 4.

* II. Seine Lehrstunden sind: 1) die Mineralogie,
vornehmlich in Anwendung auf Landwirthschaft und Technologie, mit Vorzeigung der Mineralien und der metallurgischen Modelle, Winters um 1. Uhr; 2) die Landwirthschaft, Sommers um 4. Uhr, wobey er im öconomischen
Garten die Kenntniß und Gewinnung der Pflanzen durch
Vorzeigung erleichtert; 3) die Technologie, Sommers um
10. Uhr, wobey er mit seinen Zuhörern die hiesigen und
benachbarten Handwerke, Manufacturen, Fabriken und
Salzwerke besucht; 4) die Waarenkunde oder Kenntniß
der ausländischen Waaren, Winters wöchentlich 2. Stunden um 10. Uhr; 5) die Handlungs-Wissenschaft, die
Lehre vom Wechselwesen, Wechselcurs, Banken, Buchhalten u. s. w. Winters um 10. Uhr; 6) Polizey- und
Cameral-Wissenschaft, Winters um 2. Uhr; 7) Practi-
cum camerale, worin Ausarbeitungen, die in die Oeconomie, oder in das Polizey- und Cameralwesen einschlagen,
gemacht werden, Mittwochs, Winters um 10. Uhr, Sommers um 11. Uhr. Zuweilen oder wenn es verlangt wird,
lieset er auch 8) Encyclopädie und Litteratur der sämmtlichen öconomischen Wissenschaften, ingleichen 9) eine Vor-
berei-

bereitung zur nützlichen Bereiſung des Harzes, und 10)
Kenntniß der Verſteinerungen. Ehemals hat er auch einige
Jahre Naturgeſchichte, Phyſik, reine Mathematik, wie auch
über Büſchings Vorbereitung zur Kenntniß der Staatsverfaſſung geleſen.

§. 126.

Georg Chriſtoph **Lichtenberg,** geb. zu Oberram-
ſtadt im Darmſtädtiſchen 1744. Jul. 1., ſtudierte ſeit 1763.
zu Göttingen, hielt ſich) 1770. 1774. 1775. in England
auf, ward zu Göttingen 1770. prof. philoſ. extraord.,
1775. ord., auch 1774. auſſerordentliches und 1776.
ordentliches Mitglied der Societät der Wiſſenſchaften.
Als Profeſſor war er zu Göttingen (den Aufenthalt in
England abgerechnet) 17. Jahre 1770 — 1787. alt
26 — 43.

  * I. Seine Schriften ſind: 1) Betrachtungen über
einige Methoden, eine gewiſſe Schwierigkeit in der Berechnung der Wahrſcheinlichkeit beym Spiel zu heben,
1770.; 2) Berechnung der Mondsfinſterniß im Oct.
1771. nebſt einigen Betrachtungen, Hannoveriſch. Magaz.
1771.; 3) Neue Verſuche mit Polypen im Hannoveriſchen
Magazin 1773.; 4) Timorus, d. i. Vertheidigung
zweyer Iſraeliten, die durch die Kräftigkeit der Lava-
teriſchen Beweisgründe und der Göttingiſchen Mettwür-
ſte bewogen, den wahren Glauben angenommen haben,
von Conrad Photorin, der Theologie und belles lettres
Candidaten, Berlin 1773. 8.; 5) Tob. MAYERI *opera*
inedita vol. I. edidit et obſeruat. appendicem adiecit,
1774.; 6) Briefe aus England, im Teutſchen Muſeum
1776. 1777.; 7) Obſeruationes aſtronomicae per annum
1772. et 1773. ad ſitum *Hannouerae, Osnabrugi* et *Sradae*
determinandum inſtitutae, in den Nov. Comment. Soc.
Reg. Scient. Goetting. tom. VII. p. 210.; 8) Epiſtel an
Tobias Göbhard in Bamberg, 1776. 8.; 9) Friedrich
Eckard an Tob. Göbhard. 10) Seit 1778. gibt er den Göttingiſchen Taſchencalender heraus mit Abhandlungen, z. B.
in dem Calender für das Jahr 1778. über die Phyſiogno-
mik ꝛc. (In den folgenden Jahrgängen kömmt, auſſer verſchiedenen aſtronomiſchen Abhandlungen, Berichtigungen
popu-

populärer Irrthümer ꝛc. eine Erklärung der Hogarthischen
Kupferstiche von ihm vor, welche noch immer fortgesetzt
wird. Auch hat er den Chodowieckischen Kupferstichen die‐
ses Taschenbuchs die nöthigen Erklärungen beständig bey‐
gefügt); 11) Ueber Physiognomik, wider die Physiogno‐
men, zur Beförderung der Menschenliebe und Menschen‐
kenntniß, II. vermehrte Auflage, 1778. 8.; 12) De no‐
va methodo, naturam ac motum fluidi electrici inuesti‐
gandi commentatio I. et II., 1779. 4. (Stehen auch in
den comment. nou. societ. Goetting. 1777. et 1778.) In
Gesellschaft des Prof. Forsters ist von ihm herausgegeben:
Göttingisches Magazin der Wissenschaften und Litteratur
1780., 6. Stücke; 1781., 6. Stücke; 1782., 6. Stücke;
1785. des vierten Jahrgangs erstes Stück. Von ihm sind
darin folgende Aufsätze: 13) Ueber eine Naturerscheinung
an Herrn D. Erxleben (1780. St. 2.); 14) Einige Le‐
bensumstände von Capt. James Cook, größtentheils aus
schriftlichen Nachrichten einiger seiner Bekannten gezogen;
15) Vorschlag zu einem Orbis pictus für Teutsche drama‐
tische Schriftsteller, Romandichter und Schauspieler, nebst
einigen Beyträgen dazu (1780. St. 3.); 16) Gnädig‐
stes Sendschreiben der Erde an den Mond (1780. St. 6.);
17) Einige Betrachtungen über die Mondsflecken (1781.
St. 1.); 18) Ueber die Pronunciation der Schöpse des
alten Griechenlands, verglichen mit der Pronunciation ih‐
rer neuen Brüder an der Elbe; oder über Beh, Beh und
Bäh, Bäh (1781. St. 3.); 19) Anmerkungen über einen
Aufsatz des Herrn Tib. Cavallo in den philosoph. Transact.
(1781. St. 4.); 20) Noch ein Wort über Herrn Ziehens
Weissagungen (1781. St. 5.); 21) Nachricht von eini‐
gen Eudiometrischen Beobachtungen (1781. St. 6.); 22)
Ueber Herrn Vossens Vertheidigung gegen ihn im März
des Teutschen Museums 1782. (1782. St. 1.); 23) Ue‐
bersetzung von Popens Leben, (ebendas.); 24) Electrische
Versuche (1782. St. 2.); 25) Brief an Herrn Forster
über die electrischen Versuche (ebendas.); 26) Ueber die
aerostatischen Maschinen (1783. St. 6.); 27) Nachricht
von den Lebensumständen Herrn Wilh. Herschels, des Ent‐
deckers des neuen Planeten (1783. St. 4.); 28) Bemer‐
kungen über eine Abhandlung über das Derenburger Echo,
(ebendas.); 29) Sendschreiben über die Polypen, an Herrn
Prof. Forster, (ebendas.); 30) Antwort auf das Send‐
schreiben eines Ungenannten über die Schwärmerey unserer
Zeiten, (ebendas.); 31) Simple jedoch authentische Re‐
lation

lation von den curieuſen ſchwimmenden Batterien ꝛc. (ebendaſ.); 32) Briefwechſel mit Herrn Ritter Michaelis über die Abſicht oder Folgen der Spitzen auf Salomons Tempel (1783. St. 5.); 33) Bemerkungen über ein Paar Stellen in der Berliner Monathsſchrift Dec. 1783. die Ziehenſche Weiſſagung und Herrn Prevoſi's Abfertigung derſelben betreffend (1783. St. 6.); 34) Orbis pictus erſte Fortſetzung (1785. St. 1.); 35) Erxlebens Phyſik mit Zuſätzen, 1784. 8. Neue Auflage 1787. 8. Ohne verſchiedener Aufſätze im Hannoveriſchen Magazine, dem Teutſchen Muſeum und mehrerer Recenſionen zu gedenken.

° II. In ſeinen Lehrſtunden trägt er alle halbe Jahre die Experimentalphyſik vor im Sommer um 4., im Winter um 2.; alsdann aber um 4. Aſtronomie, mathematiſche Geographie, Theorie der Erde und Meteorologie; daneben in unbeſtimmten Stunden bald reine Mathematik, bald Algeber ꝛc.

§. 127.

Chriſtoph **Meiners**, geb. zu Otterndorf im Lande Hadeln 1747. Jul. 31., ſtudierte 1767 — 1770. zu Göttingen, ward daſelbſt 1772. prof. phil. extraord., 1775. ord., und 1776. Mitglied der Societät der Wiſſenſchaften, machte 1776. eine gelehrte Reiſe nach Berlin, Deſſau, Leipzig, desgleichen 1777. nach Stuttgard und Straßburg, ferner im Sommer 1782. in die Schweiz, 1784. nach Mainz, Coblenz, Bonn, Cölln, und 1786. nach Fulda und Würzburg. Zu Göttingen war er als Profeſſor 15. Jahre 1772 — 1787. alt 25 — 40.

* 1. Seine Schriften ſind: 1) Abhandlung über die Neigungen, die bey der Academie der Wiſſenſchaften zu Berlin das Acceſſit erhalten hat; 2) Reviſion der Philoſophie, Th. I. Göttingen und Gotha 1772. 8.; 3) Kurzer Abriß der Pſychologie, 1773. 8.; 4) Verſuch über die Religionsgeſchichte der älteſten Völker, beſonders der Aegypter, 1774. 8.; 5) Recenſionen in Gatterers allgem. hiſtoriſcher Bibliothek und in der philolog. Bibliothek; 6) Abhandlungen in der philolog. Bibliothek und in den Göttingi-

tingischen gemeinnützigen Abhandlungen größtentheils gesammelt unter dem Titel: Vermischte philosophische Schriften, III. Theile, 1775 - 1776. 8.; 7) Gedanken über die
Natur des Vergnügens; aus dem Italiänischen übersetzt
und mit Anmerkungen begleitet, Leipz. 1777. 8.; 8) Anmerkungen und Zusätze zu dem ersten Band der Teutschen
Uebersetzung der Abhandlungen Sinesischer Jesuiten, Leipz.
1778. gr. 8.; 9) De Zoroastris vita, institutis, doctrina,
et libris, comment. I. in nou. comment. societ. scient.
Goetting. tom. VIII. 1778.; comment. II. in comment.
per ann. 1779.; comment. III. ibid. per ann. 1780.; 10)
Historia doctrinae de vero deo, omnium rerum auctore et
rectore, pars I. et II. Lemgou. 1780. 8.; 11) Beurtheilung
einer kleinen Schrift, die den Titel führt: A specimen of
the civil and military institutes of Timour &c. im Göttingischen Magazin 1780. St. 4.; 12) Geschichte des Luxus der Athenienser von den ältesten Zeiten an bis auf den
Tod Philipps von Macedonien; eine Preißschrift, Cassel
1781. 8. Lemgo 1782. 8.; 13) Geschichte des Ursprungs,
Fortgangs und Verfalls der Wissenschaften in Griechenland
und Rom, II. Bände, Lemgo 1781 - 1782. gr. 8.; 14)
Iudicium de libro, qui de mysteriis Aegyptiorum inscri-
bitur et Iamblicho plerumque vindicari solet, in comment.
societ. scient. Goetting. per ann. 1781.; 15) Geschichte
des Verfalls der Sitten und der Staatsverfassung der Römer, Leipz. 1782. 8.; 16) Beytrag zur Geschichte der
Denkart der ersten Jahrhunderte nach Christi Gebuhrt, in
einigen Betrachtungen über die neu = Platonische Philosophie,
Leipz. 1782. 8.; 17) Briefe über die Schweiz, II. Theile,
Berlin 1784. gr. 8.; 18) De Socraticorum reliquiis, in
comment. soc. scient. Goetting. per ann. 1782.; 19) De
M. Antonini moribus, ibid. per ann. 1783.; 20) De
falsarum religionum origine ac differentia, ibid. per ann.
1784 - 1785.; 21) Betrachtungen über die Hinrichtung
mit dem Schwerdte, in der Berliner Monathsschrift 1785.
Stück 5.; 22) Kurze Geschichte der verbesserten Schulan-
stalten in der Stadt und dem Bisthum Würzburg, in dem
Berliner Magazin Band II. St. 1.; 23) De Anthropo-
phagis; 24) De sacrificiis humanis; 25) Grundriß der
Geschichte aller Religionen, Lemgo 1785. 8.; zweyte Auflage 1787.; 26) Grundriß der Geschichte der Menschheit,
Lemgo 1786. 8.; 27) Grundriß der Geschichte der Welt-
weisheit, 1786. 8.; 28) Beschreibung alter Denkmäler in
allen Theilen der Erde, deren Urheber und Errichtung uns
be-

M

bekannt oder ungewiß ſind, Nürnb. 1786. 8.; 29) Grundriß der Seelenlehre, 1787. 8.; 30) Grundriß der Aeſthetik, 1787. 8. — Im Göttingiſchen hiſtoriſchen Magazine,
das er 1787. gemeinſchaftlich mit Prof. Spittler herauszugeben angefangen, ſind von ihm folgende Abhandlungen: 31) Ueber die Begriffe verſchiedener Völker vom
Werthe der Jungfrauſchaft B. 1. St. 1. S. 1-25.; 32)
Betrachtungen über die Männer = Wochen und über die
freywilligen Verſtümmelungen unter verſchiedenen Völkern,
ebendaſ. S. 26-39.; 33) Kurze Geſchichte der Meynungen roher Völker von der Natur des Himmels, der Ge-
ſtirne, der Erde und der vornehmſten Naturerſcheinungen
am Himmel und auf der Erde, ebendaſ. S. 106-124.;
34) Beweis, daß die ſüdlichen Völker einen viel ſtärkern
Hang zu hitzigen und betäubenden Getränken und Droguen
haben, als die nördlichen, ebendaſ. S. 125-142.; 35)
Bemerkungen und Fragen eines Reiſenden über die Cultur
und den Anblick einiger Gegenden in Nieder = Sachſen,
Franken und Thüringen, ebendaſ. S. 143-151.; 36) Einige Nachrichten über den Weinbau am Rhein und in Franken B. 1. St. 2. S. 193-210.; 37) Ueber die große
Verſchiedenheit der Biegſamkeit und Unbiegſamkeit, der
Härte und Weichheit der verſchiedenen Stämme und Racen
der Menſchen, ebendaſ. S. 210-246.; 38) Ueber den
Hang vieler Völker zu fetten Speiſen und Getränken, ebendaſ. S. 247-250.; 39) Ueber den Hang verſchiedener
Völker zur Völlerey, ebendaſ. S. 251-262.; 40) Un-
maßgebliche Gedanken über die Poſten und Wegegelder
in einigen Gegenden von Teutſchland, ebendaſ. S. 263-
269.; 41) Nachricht von dem in Würzburg neuerrichte-
ten Werkhauſe und Zuchthauſe, ebendaſ. S. 270-275.;
42) Ueber einige Verzierungen der Zähne unter verſchiedenen Völkern, ebendaſ. S. 337-342.; 43) Kurze Geſchichte des Adels unter den verſchiedenen Völkern der Erde B. 1.
St. 3. S. 385-441.; 44) Nachrichten über die neueſten
Verbeſſerungen des Julius=Hoſpitals in Würzburg, nebſt
eingerücktem Stiftungsbriefe deſſelben vom 12. Mart.
1579., ebendaſ. S. 441-469.; 45) Nachrichten von dem
neuen Waiſenhauſe in Schafhauſen, ebendaſ. S. 532-545.;
46) Kurze Geſchichte des Teutſchen Adels, B. 1. St. 4.
S. 577-643.; 47) Urtheil über die berühmte Rheinfahrt
von Bingen nach Coblenz, ebendaſ. S. 690-698.; 48)
Beſchreibung des Exterſteins in der Grafſchaft Lippe = Detmold, ebendaſ. S. 699-703.; 49) Ueber den Anbau des
Wai-

Waizens und Weinstocks im heißen Erdgürtel, ebendaf.
S. 709‑712. — Auch sind 50) verschiedene Recensionen
von ihm in den Göttingischen gelehrten Anzeigen.

* II. In seinen Lehrstunden pflegt er im Sommer um
7. abwechselnd entweder 1) die philosophische Geschichte,
oder 2) unter dem Namen der Aesthetik die Anfangsgrün‑
de und Geschichte der schönen Wissenschaften vorzutragen,
3) um 9. die Geschichte der Religionen; 4) im Winter um
8. die Psychologie und 5) um 4. die Geschichte der Mensch‑
heit. Eine öffentliche Lehrstunde ist philosophischen Dispu‑
tirübungen gewidmet.

§. 128.

Ludewig Timotheus Spittler, geb. zu Stuttgard
1752. Nov. 10., studierte 1771 — 1775. zu Tübingen,
und ward daselbst 1772. Magister; hörte 1776. 1777.
noch einige Lehrer zu Göttingen, ward 1777. Repetent
zu Tübingen, 1779. prof. philos. ord. zu Göttingen,
auch 1784. Mitglied der Societät der Wissenschaften;
war als Professor zu Göttingen 8. Jahre 1779 — 1787.
alt 27 — 35.

* I. Von ihm sind nachzusehen Haugs Schwäbisches
Magazin 1777. S. 681., und Weidlichs biographische
Nachrichten Th. 3. S. 311.

* II. Seine Schriften sind: 1) Diff. de spario vfu
paedagogico religionis naturalis, Tüb. 1775.; 2) Criti‑
sche Untersuchung des 60. Laodicenischen Canons, Bremen
1777. 8.; 3) Critische Untersuchung der Sarbicensischen
Schlüsse, in Meusels Geschichtforscher, Th. IV., 1777.;
4) Entdeckung des wahren Verfassers der Angilramnischen
Capitel, ebendaf.; 5) Historische Anmerkung über Bam‑
bergs Exemtion, ebendaf. Th. 6. 1778.; 6) Neue Er‑
läuterungen der ältesten Würtenbergischen Geschichte, in
Meusels historischen Untersuchungen Th. I., 1779.; 7)
Ueber Wirtembergs Bevölkerung vor dem dreyßigjährigen
Kriege, ebendaf.; 8) Geschichte des canonischen Rechts
bis auf die Zeiten des falschen Isidors, (ohne seinen Na‑
men) Halle 1778. 8.; 9) De vfu textus Alexandrini
apud Iosephum, 1779. 4.; 10) Geschichte des Kelchs im

Abend‑

Abendmahle, Lemgo 1780. gr. 8.; 11) Grundriß der Geschichte der Christlichen Kirche, 1782. 8. (II. verbesserte Ausgabe 1785. 8.); 12) Geschichte Würtenbergs unter der Regierung der Grafen und Herzoge, 1783. 8.; 13) Historische Beyträge zur rechtlichen Untersuchung über das Würtenbergische Privilegium de non appellando; 14) Vorrede zum II. Theil des Walchischen Entwurfs einer vollständigen Historie der Ketzereyen, Leipz. 1785.; 15) Geschichte des Fürstenthums Hannover, II. Theile 1786. 8. — Im Göttingischen historischen Magazine, das er 1787. gemeinschaftlich mit Prof. Meiners herauszugeben angefangen, sind von ihm folgende Abhandlungen: 16) Historischer Commentar über das erste Grundgesetz der ganzen Würtenbergischen Landesverfassung B. I. St. I. S. 49 - 105.; 17) Boventhen kein Eigenthum der alten Herren von Plesse, sondern bloß ein Pfandschafts = Stück, das die Herzoge von Braunschweig noch nicht gelöset hatten, als der Plessische Stamm 1571. ausstarb, ebendas. S. 181 - 192.; 18) Reglement der Göttingschen Professors-Wittwencasse vom 5. Aug. 1743. sammt Anmerkungen, die den gegenwärtigen Zustand derselben aufklären, B. I. St. 2. S. 276 - 285.; 19) Berechnung des Flächeninhalts aller Churhannoverischen Lande, wie sich dieselbe als Resultat der jüngst vollendeten allgemeinen Ausmessung ergab, nebst Anmerkungen über die Populationsverhältnisse derselben, ebendas. S. 284 - 293.; 20) Geschichte der Fundamentalgesetze der Teutschcatholischen Kirche im Verhältniß zum Römischen Stuhle, ebendas. S. 347 - 384. und St. 3. S. 474 - 499.; 21) Historische Bemerkungen über die in den Oesterreichischen Niederlanden ausgebrochene Unruhen, nebst beygefügter Joyeufe Entrée von Brabant, B. I. St. 4. S. 714 - 752. — Ausserdem hat er 22) bis 1779. viele Recensionen in der Erfurter gelehrten Zeitung und in Meusels historischen Journalen verfertiget; Noch jetzt macht er historische Recensionen in den Göttingischen gelehrten Anzeigen.

* III. In seinen Lehrvorträgen erklärt er 1) im Sommer um 7. die wichtigsten Europäischen Staatsbegebenheiten seit dem Anfange des XVI. Jahrhunderts; 2) um 9. die Geschichte der weltlichen Teutschen Reichsstände; 3) im Winter um 8. die Europäische Staatengeschichte, 4) um 3. die allgemeine Weltgeschichte; 5) um 4. die Teutsche Reichsgeschichte. Auch pflegt er einzelne Stücke der

der Geſchichte, z. B. der Mönchsorden, der Kreuzzüge
u. ſ. w. in öffentlichen Lehrſtunden vorzutragen.

§. 129.

Jeremias Nicolaus **Eyring** (Th. 1. S. 107. e. S.
204.) geb. zu Eyrichshof im Canton Baunach in Franken 1739. Jun. 25.; — ward an der Schule zu Göttingen 1765. Rector und 1773. Director; zugleich bey der
Univerſität 1773. prof. philoſ. extraord., und 1780. prof.
phil. ord.; war alſo zu Göttingen als Profeſſor bisher
14. Jahre 1773 — 1787. alt 34 — 48.

* I. Seine fernere Schriften ſind: 7) De cultus populorum tribus generibus, 1767. 4.; 8) I. M. Gesneri biographia academica Goettingenſis, vol. I – III. Halae et Goettingae 1769 - 1770. 8.; 9) Deſcriptio operum
I. M. Gesneri, cuius inſertum eſt commercium littera-
rium Lucianeum, Goetting. 1769. 8.; 10) Litterariſcher
Almanach der Teutſchen auf das Jahr 1775., enthaltend
ein ſyſtematiſches Verzeichniß derjenigen Schriften, welche
die Litteratur des beſagten Jahres ausmachen, V. Stücke,
1776 - 1777.; auf das Jahr 1776. V. Stücke 1777.; auf
das Jahr 1777. IV. Stücke 1778 - 1780.; 11) Pädagogi-
ſches Jahrbuch, darin einzelne Erziehungsanſtalten beſchrieben und über beſondere Gegenſtände der Erziehung Betrachtungen angeſtellt werden, St. I. 1779. St. II. St. III.
1783.; 12) Litterariſche Annalen der Gottesgelehrſamkeit,
inſonderheit von Teutſchland; nach einem ſyſtematiſchen
Entwurfe verfaßt und herausgegeben; Erſter Zeitraum
1778 - 1780. Nürnberg 1782. 8.; 13) Synopſis hiſtoriae
litterariae qua Orientis, Graeca, Romana, item aliarum
linguarum ſcriptis cultarum, litteratura tabulis ſynchro-
niſticis exhibetur, P. I. II. III. 1783. 4.; 14) Einige
Betrachtungen über den Zuſtand des Schulweſens zu Göttingen vor dem Jahre 1586. und die daraus entſtandene
Veranlaſſung der Stiftung des Gymnaſii daſelbſt: eine
Einladungsſchrift zur Jubelfeier des 200. jährigen Stif-
tungstags des Gymnaſii, 1786. 4.

* II. In ſeinen academiſchen Lehrſtunden pflegt er um
3. und 4. bald in der Hebräiſchen Sprache, mit Erklärung

eines

eines Buchs des alten Teſtamentes, bald in Hebräiſchen
Alterthümern, bald in der Gelehrtengeſchichte Unterricht
zu ertheilen, auch practiſche Uebungen in Ausarbeitungen
und im Diſputiren anſtellen zu laſſen.

§. 130.

Jeremias David **Reuß**, geb. zu Rendsburg im Holſteiniſchen 1750. Jul. 30., ſtudierte zu Tübingen, ward
1768. Magiſter der Philoſophie, 1774. Unterbibliothecar bey der Univerſität zu Tübingen, 1782. Cuſtos bey
der Bibliothek zu Göttingen, und zugleich prof. philoſ.
extraord., hernach 1785. ord.; war bisher zu Göttingen
5. Jahre 1782 — 1787. alt 32—37.

* I. Seine Schriften ſind: 1) Beſchreibung einiger
Handſchriften aus der Univerſitätsbibliothek zu Tübingen,
nebſt Anzeige der verſchiedenen Lesarten, Tübingen 1778.
8.; 2) Beſchreibung merkwürdiger Bücher aus der Univerſitätsbibliothek zu Tübingen vom Jahre 1468-1477.,
und zweyer Hebräiſchen Fragmente, 1779. 8. Auch hat
er 3) Antheil an der Zweybrücker und Leipziger Ausgabe
des **Plato** 1781. und 1783.

* II. Seine Lehrſtunden ſind der Gelehrtengeſchichte
theils im Ganzen, theils einzelnen Abtheilungen derſelben
gewidmet.

5) Ausserordentliche Lehrer der Theologie.

§. 131.

Johann Friedrich **Schleusner,** geb. zu Leipzig 1759. Jan. 16., kam im Jahr 1775. auf die Universität, ward 1779. Magister und habilitirte sich zu Anfange des Jahres 1781. Im Jahre 1783. ward er Vormittags= prediger an der Universitätskirche zu Leipzig. Um Ostern 1785. kam er als prof. theol. extraord. nach Göttingen, war da bisher 2. Jahre 1785 — 1787. alt 26 — 28.

* I. Seine Schriften sind: 1) Symbolarum ad rem cri= ticam et exegeticam V. Test. particula prima, Lipf. 1779. 8.; 2) Diff. philologica de parallelifmo, fententiarum, egregio fubfidio interpretationis grammaticae V. T., Lipf. 1781. 4.; 3) Standrede auf Sophien Fried. Ernefti, Leipz. 1781. 8.; 4) Diff. Collationis prouerbiorum Salo= monis cum bibliis polyglottis Londinenfibus et hexaplis Origenianis fpecimen, Lipf. 1782. 4.; 5) Curae criticae et exegeticae in threnos Ieremiae, im Repert. für bibl. und morgenl. Litter. Th. XII.; 6) Lexici in interpretes Graecos V. T. maxime fcriptores apocryphos fpicilegium, poft Bielium congeffit et edidit, Lipf. 1784. 8. Spicile= gium II. Lipf. 1786. 8.; 7) Abschiedspredigt am ersten Sonntage nach Epiphanias in der Universitätskirche zu Leip= zig gehalten, 1785. 8.; 8) Progr. Curae hexaplares in pfalmorum libros ex patribus Graecis, Goetting. 1785. 4.; 9) Progr. Auctarium interpretationum ecclefiaftae Salo= monis, 1785. 4.; 10) Recensionen in Hufnagels biblioth. theol.

* II. In seinen Lehrstunden pflegt er 1) um 10. exege= tische Vorträge über alle Bücher des neuen Testaments zu thun, auch 2) im Sommer um 7. über ein oder anderes Stück des alten Testaments. Dann trägt er 3) im Win= ter um 2. die Dogmatik vor, womit er 4) ein Examina= torium darüber zu verbinden pflegt. Auch hält er 5) alle halbe Jahre zweymal die Woche um 11. homiletische Ue= bungen für das Prediger=Seminarium.

§. 132.

Thomas Chriſtian **Tychſen,** geb. zu Horsbyll an
der Frieſiſchen Küſte im Schleswigiſchen 1758. May 8.,
ſtudierte zu Kiel und nachher ſeit 1779. zu Göttingen im
philologiſchen Seminarium, reiſete 1783. und 1784. auf
königlich Däniſche Koſten in Frankreich, Spanien, Italien
und Teutſchland; erhielt von der Univerſität zu Fulda die
Magiſterwürde; und ward 1784. prof. theol. extraord.
zu Göttingen, bisher daſelbſt 3. Jahre 1784 — 1787.
alt 26 — 29.

> * I. Seine Schriften ſind: 1) Eine Schrift über den
> Luxus der Athenienſer, die bey der Geſellſchaft der Alter-
> thümer zu Caſſel das Acceſſit erhielt, 1781.; 2) Eine
> Preisſchrift über die urſprünglichen und älteſten Italiſchen
> Gottheiten, 1782.; 3) Commentatio de Quinti Smyr-
> naei Paralipomenis Homeri, Goett. 1783. 8. worin die
> Ausgabe dieſes Gedichts angekündigt wird; 4) Progr. de
> παρουσία Chriſti et notionibus de aduentu Chriſti in N.
> T. obuiis, Goett. 1785.; 5) Progr. de Ioſephi auctori-
> tate et vſu in explicandis libris ſacris V. T., Goett. 1786.;
> 6) Ueber den Proceß des Socrates, und andere Auffätze in
> der Bibliothek der alten Litteratur und Kunſt mit ungedruck-
> ten Stücken aus der Escurialbibliothek und anderen, von
> der er das erſte Stück 1786. und St. 2. in Geſellſchaft
> anderer Gelehrten 1787. herausgegeben; 7) Progr. de
> litteratura Hebraeorum, Goett. 1786.; 8) De numis He-
> braeo - Samaritanis ignoto charactere inſcriptis, in den
> nov. comment. ſoc. reg. Goett. vol. VIII. p. 120. ſq.

> * II. Er beſchäfftiget ſich vorzüglich mit exegetiſchen
> Lehrvorträgen über einzelne Bücher ſowohl des alten als
> neuen Teſtaments um 9. und 10. Auch lehrt er orienta-
> liſche Sprachen und Litteratur, und theologiſche Moral.

§. 133.

Henrich Philipp **Sextroh,** geb. zu Biſſendorf bey
Osnabrück 1747. März 28., ſtudierte ſeit 1765. zu Göttingen, ward 1768. Conrector zu Hameln, 1772. Rector
auf

auf der Altstadt zu Hannover, 1779. Prediger an der
St. Albani-Kirche zu Göttingen, errichtete daselbst 1783.
ein vom Könige genehmigtes Pastoralinstitut, und ward
1784. prof. theol. extraord.; war also als Professor zu
Göttingen bisher 3. Jahre 1784—1787. alt 37—40.

* I. Von seinem Leben stehen Nachrichten 1) in BALL-
HORNII Progr. *de usurpatis quibusdam Latinae linguae
discendae exercitationibus, comparandae verae eius faculta-
ti noxiis*, Hannov. 1772.; und 2) in Rühlmanns
neuen Beyträgen zur Geschichte der Altstädter Schule in
Hannover, Hannov. 1786.

° II. Seine Schriften sind: 1) Ueber Materialien zum
Religionsvortrage an Kranke, nebst einer Anzeige practischer Vorlesungen über die Pastoraltheologie, Göttingen
1782. 8.; 2) Ueber practische Vorbereitungsanstalten zum
Predigtamte, nebst einer Nachricht vom königlichen Pastoralinstitute zu Göttingen 1783. 8.; 3) Ueber die Beförderung des practischen Studiums der Geschichte Jesu,
1785. 8.; 4) Abriß der Geschichte Jesu aus den Evange-
lien des Matthäus, Marcus, Lucas und Johannes, 1785.
4.; 5) Ueber die Bildung der Jugend zur Industrie,
1785. 8.; 6) Ueber Pflicht, Beruf und Verdienst des
Predigers: Tabellarischer Entwurf einer encyclopädischen
Einleitung in die ganze Pastoraltheologie zum Gebrauche in Vorlesungen, 1786. 8.; 7) Progr. Natal. de inspi-
ratione Lucae et diuina eius euangelii auctoritate, 1786.

* III. Er pflegt 1) im Sommer früh um 6. die theologische Moral, 2) um 7. die Harmonie der vier Evangelisten nach der Ordnung in seinem Abrisse der Geschichte
Jesu; 3) im Winter um 8. die Dogmatik, und 4) gewöhnlich alle halbe Jahre um 1. die Pastoraltheologie nebst
der Homiletik und Catechetik nach seinem tabellarischen Entwurfe zu erklären. Auch verbindet er 5) mit seinen dogma-
tischen Vorlesungen ein Examinatorium über die Dogmatik. 6) Den Mitgliedern des Pastoralinstituts gibt er in
besonderen Stunden und im Hospitale practische Anleitung
zu Pastoralübungen. 7) Zur Beurtheilung der im Hospitale von den ordentlichen Mitgliedern des Instituts gehaltenen Religionsvorträge bey der öffentlichen Gottesvereh-
rung daselbst am Sonntage Nachmitt. von 3-4. bestimmt
er noch in jeder Woche eine besondere critische Stunde.

M 5

§. 134.

Johann Carl **Volborth**, geb. zu Nordhausen 1748. Nov. 24., studierte von 1768. bis 1772. zu Göttingen, war daselbst im philologischen Seminarium, kam um Ostern 1772. nach Hannover als Hofmeister zweyer Herren von Bremer, die er bis 1775. gegen Michaelis unterrichtete und bildete. Er gieng wieder nach Göttingen, ward da 1776. Magister und Repetent der theologischen Facultät, 1778. Prediger an der Nicolaikirche, 1785. prof. theol. extraord. und der königlichen Teutschen Gesellschaft ordentliches Mitglied und Secretär; war also bisher zu Göttingen als Professor 2. Jahre 1785 – 1787. alt 37 – 39.

* I. Seine Schriften sind: 1) In obitum Münchhusii ode nomine seminarii philologici regli, Goett. 1770. fol.; 2) Elogium Io. Conr. Hakii Rectoris nuper Nordhusani, Francohusae 1772. 4.; 3) Ode an den König — am Geburtstage, Hannover 1772. 4.; 4) Diff. inauguralis de Olympo Theffaliae monte, Deorum fede, 1776. 4.; 5) Lobschrift auf Lorenz Rhodemann, 4.; 6) Noua chrestomathia tragica Graeco-Latina; 7) Ueber die innere Klarheit der Christlichen Religion, aus dem Englischen, 8.; 8) Progr. super fructu, quem interpres Homeri e Virgilii lectione capere possit, 1777. 4.; 9) Lobschrift auf Michael Neander, 4., II. Ausgabe in der Litterar. Chronik, Bern Th. I. 1785.; 10) Chrestomathia comica Graeco-Latina; 11) Progr. academiae Latinae publice apertae descriptio; 12) Neue philologische Bibliothek, von ihm als Hauptverfasser herausgegeben, Leipz. B. I – IV., 1776 – 1778.; 13) Bibliotheca philologica, voll. III., Lipf. 1779 – 1781.; 14) Noua bibliotheca philologica et critica, vol. I., 1782 – 1783. 8. mai.; 15) Commentatio theologico-exegetica de sacrificio farreo Hebraeorum, cum similibus aliarum gentium ritibus comparato, 1780. 4.; 16) Die 12. kleinen Propheten, aufs neue aus dem Hebräischen übersetzt und mit kurzen Anmerkungen für unstudierte Leser begleitet, 1783. 8.; 17) G. T. Zachariä paraphrastische Erklärung der beiden Briefe an die Corinther; aufs neue herausgegeben und mit theologisch philo-

logi-

logiſchen Anmerkungen verſehen, Th. I. 1784., Th. II.
1785. 8.; 18) Progr. de Cenſu Quirinii ad Luc. II, 2.
1785. 4.; 19) Or. Vindiciae orthodoxiae a ſaeculi no-
ſtri criminationibus, 1785. 4.; 20) G. T. Zachariä
bibliſche Theologie, Th. I., III. vermehrte Auflage, Göttingen und Leipzig 1786. 8.; 21) Zachariä bibliſche
Theologie Th. V. von ihm ſelbſt ausgearbeitet und das
Werk geendigt; 22) Chriſtliche Predigten 1786. 8.; 23)
Progr. Explicatio locorum Joannis, in quibus ſpir. ſan-
ctus παρακλητος vocatur; 24) Erklärung des Propheten
Hoſea Th. I. 1787. 8.; 25) Ezechiel aufs neue aus dem
Hebräiſchen überſetzt und mit Anmerkungen für unſtubierte
Leſer begleitet, 8.; 26) Von der gnädigen und wohlthätigen Abſicht Gottes über die hohe Schule zu Göttingen;
eine Predigt in der St. Nicolaikirche am Dankfeſte (15.
Trinit. 1787.) wegen der 50. Jahrsfeier ſeit der Einweihung der Univerſität über die vom Conſiſtorio in den hieſigen Stadtkirchen verordneten Text gehalten, 1787. 4.
Er hatte überdieß 27) an der ältern philologiſchen Bibliothek, die unter Anchers und Mutzenbechers Aufſicht herauskam, ſtarken Antheil. Auch hat er 28) viele Gedichte
in dem Frankenhäuſer Intelligenzblatt 1766. und 1767.;
in den Göttingiſchen gemeinnützigen Beyträgen 1768.; und
in den Göttinger allgemeinen Unterhaltungen 1769 – 1772.
verfertigt; wie auch das Gedicht, welches die Lutheraner
in Duderſtadt 1777. dem daſelbſt anweſenden Churfürſten
von Mainz überreichten, um ihn um die Erbauung einer
Lutheriſchen Kirche zu bitten.   —

  * II. Er hält 1) meiſt exegetiſche Lehrſtunden ſowohl
über Schriften des alten, als des neuen Teſtaments. Auch
pflegt er 2) die Hebräiſche und Chaldäiſche Grammatik
vorzutragen, und 3) über Dogmatik, 4) Chriſtliche Alterthümer und 5) die evangeliſchen und epiſtoliſchen Pericopen
Vorleſungen zu halten. 6) Zuweilen hält er auch Priva-
tiſſima über Griechiſche und Römiſche Scribenten.

6) Auf-

6) Ausserordentliche Lehrer der Rechte.

§. 135.

Johann Friedrich **Brandis**, geb. zu Hildesheim 1760. Sept. 11., studierte 1779. bis 1783. zu Göttingen, gab daselbst verschiedenen Standespersonen Privatunterricht in verschiedenen Theilen der Rechtsgelehrsamkeit, warb 1785. prof. iur. extraord., hat sich aber bisher noch auf einer gelehrten Reise zu Wetzlar, Regensburg und Wien aufgehalten.

* Seine Schriften sind: 1) Diss. inaug. de vera ordinis succedendi ex maioratu notione ex pactis familiarum illustrium repetenda, 1784. 8.; 2) Ist Verfasser der von Caspar von Lingen vertheidigten Inauguraldissertation de iure, quod liberis imperii ciuitatibus competit, praesentandi assessorem in camera imperiali; 3) Das Betragen Sr. churfürstlichen Gnaden zu Cölln bey der Eröffnung des heimgefallenen Manderscheidischen Lehns gegen die ungegründeten Beschwerden, welche dagegen von der Frau Gräfinn von Sternberg erhoben worden sind. (Auch in Reuß Teutscher Staatscanzley, Th. IV.); 4) De praescriptione litis pendentiae tam generatim, quam in specie, quatenus in supremis imperii tribunalibus vsu obtineri possit, 1784. 4. (unter dem Namen Schütte in Bremen); 5) Darlegung der Rechtsgründe, die den Herrn Major Friedrich Wilhelm von der Schulenburg zu der Erbfolge in der Herrschaft Lieberose bey dem jetzigen Successionsfall berechtigen, Stendal 1784.; 6) Geschichte der innern Verfassung des kaiserlichen Reichscammergerichts, hauptsächlich in Hinsicht der Anordnung der Senate. Ein historischer Commentar über art. XX. XXI. des Reichsschlusses von 1775., Wetzlar 1785. 8.

7) Auf-

7) Aufferordentlicher Lehrer der Arzneygelehrsamkeit.

§. 136.

Juftus **Arnemann,** geb. zu Lüneburg 1763. Jun.
23., ftudierte zu Göttingen feit Mich. 1781. Philologie,
feit Oftern 1783. Medicin; promovirte dafelbft 1786.
Jul. 15., ward prof. med. extraord. 1787. Sept. 25.,
trat aber bald darauf im Oct. 1787. eine gelehrte Reife
an, auf der er zu Berlin, Wien, Pavia, Paris und
London zufammen zwey Jahre zuzubringen gedenket, alt
24.

* Seine Schriften find: 1) Commentatio de oleis
vnguinofis, Goetting. 1785. 4. eine Preisfchrift, die das
Accefſit erhalten; 2) Ueber die Reproduction der Nerven,
Göttingen 1786. 8. ift ins Französifche überfetzt; 3) Diff.
inaugur. Experimentorum circa redintegrationem partium
corporis in viuis animalibus inftitutorum Prodromus,
Goettingae 1786. 4.; 4) Verfuche an lebenden Thieren
I. Band über die Regeneration der Nerven, mit IV.
Kupfertafeln; II. Band über das Gehirn und Rückenmark
mit VII. Kupfertafeln, Göttingen 1787. 8.; 5) Neue me-
dicinifche Litteratur herausgegeben mit D. Schlegel I.
Bandes 1. Stück, Leipzig 1787. 8. wird fortgefetzt; 6)
Commentatio de aphthis, quae ab illuftri regia focietate
medicorum Parifienfi 25. Aug. 1787. palmam alteram
obtinuit, Goetting. 1787. 8.

8) Auf=

8) Ausserordentliche Lehrer der Weltweisheit.

§. 137.

Isaac von **Colom** du Clos (Th. 1. §. 100. S. 193.), geb. zu Müncheberg in der Mittelmark 1708. Jan. 20., seit 1764. ordentl. Mitglied des königl. historischen Instituts, — war zu Göttingen als Professor bisher 36. Jahre 1751—1787. alt 43—79.

* I. Seine fernere Schriften sind: 13) Specimen inaugurale supra quaestionem: Num plus vtilitatis hominibus vniuersalis monarchia, aut diuisio terrae in diuersa imperia et regna afferre queat, 1748.; 14) **Chapüsets** Sammlung Teutscher Aufsäße, zu bequemer Ueberseßung ins Französische mit zulänglicher Phraseologie versehen, Nürnberg 1773. 8. (II. Ausg. 1777. III. Ausg. 1780. IV. 1783.); 15) *Essai d'un Traité du Stile des Cours, ou Reflexions sur la manière d'ecrire dans les affaires d'etat,* par J. S. SNEEDORF, *revu et corrigé,* à Hannovre 1775. 8.; 16) *Les Avantures de Joseph Pignatella* mit einer Phraseologie versehen, durchgängig verbessert von J. von Colom, Frankfurt und Leipzig 1776. 8.; 17) Vorrede zu J. H. Emmert Anthologie pour former l'esprit et le coeur des jeunes gens &c. Lips. 1783.; 18) Seit 1778. verfertigt er die Ueberseßung des Göttingischen Taschencalenders ins Französische.

c II. Von seinen schon angezeigten Schriften sind nachher noch folgende neue Ausgaben erschienen: Von den *Principes de la langue Françoise,* V. Ausgabe 1776., VI. 1787.; vom Teutsch und Französischen Titularbuch die IX. Ausgabe 1767. X. 1780.; Von den *Reflexions et Remarques sur la manière d'ecrire des lettres* &c. erschien die V. Ausgabe 1778. unter dem veränderten Titel: *Reflexions sur le stile et en particulier sur celui des lettres* &c.

* III. Seine Hauptbeschäfftigung mit der Französischen Sprache vertheilt sich in dreyerley Lehrstunden, die er alle halbe Jahre zu halten pflegt, 1) ein fundamentale über die Grundsätze der Sprache, 2) ein manuductorium zur Schreibart, und 3) ein conuersatorium zur Uebung im
Spre

Sprechen. Daneben hält er 4) priuatiſſima practica über den ſtile des Cours, und 5) öffentliche Lehrvorträge über Schriften von Boileau, wie auch 6) noch andere über Geographie und 7) Heraldik.

§. 138.

Philipp Pepin, geb. zu London in dem Theil der Stadt, welchen man the Liberty of Weſtminſter nennt, 1736. April 10. ſt. vet., auch daſelbſt erzogen; ſtudierte zu Oxford, wurde 1765. als Hofmeiſter in einer vornehmen adelichen Familie in Hannover aus England berufen, und 1769. als profeſſor. linguae Anglicae zu Göttingen angeſetzt; war bisher zu Göttingen 18. Jahre, 1769 — 1787. alt 33 — 51.

* I. Seine Schriften ſind: 1) Kurzer Unterricht von der Engliſchen Ausſprache und Rechtſchreibung, zum Gebrauch der Anfänger, 1774. 8.; 2) *La veritable Politique des Perſonnes de qualité*, oder: die wahre Aufführungsklugheit der Perſonen von Herkommen, aus dem Franzöſiſchen des Herrn von Callieres ins Engliſche, zum Gebrauche derer, welche die Engliſche Sprache lernen, überſetzt und mit Accenten der Ausſprache verſehen, 1775. 8.; 3) Engliſche und Teutſche Geſpräche über nützliche und unterhaltende Materien aus einigen der beſten und neueſten Engliſchen Schauſpiele gezogen, 1777. 8.; 4) *The ſtrains of the Britiſh Muſes*, 1779. 8.

* II. Seine Lehrſtunden ſind lediglich dem Unterrichte in der Engliſchen Sprache und der Erklärung Engliſcher claſſiſcher Schriftſteller gewidmet.

§. 139.

Wilhelm Stieghan, geb. zu Magdeburg 1757. im May, ſtudierte zu Göttingen, ward 1782. bey der Univerſitätsbibliothek als Secretär angeſetzt, und 1785. prof. philoſ. extraord., alſo bisher in dieſer Eigenſchaft zu Göttingen 2. Jahre 1785 — 1787. alt 28 — 30.

* Er

* Er gibt 1) alle halbe Jahre Abends um 6. practiſche Lehrſtunden über die Lateiniſche Sprache, und trägt abwechſelnd um 5. bald 2) die Sulzeriſche Encyclopädie vor, bald 3) irgend einen andern Theil der alten Litteratur und Geſchichte.

§. 140.

Chriſtoph Wilhelm **Mitſcherlich**, geb. zu Weiſſenſee 1760. Sept. 20., ſtudierte ſeit 1779. zu Göttingen; ward 1782. Collaborator am Pädagogium zu Ilefeld, und 1785. zu Göttingen prof. philoſ. extraord. und Mitarbeiter an der Bibliothek; bisher alſo zu Göttingen 2. Jahre 1785 — 1787. alt 25 — 27.

° I. Seine Schriften ſind: 1) Epiſtola critica in Apollodorum, Statium et Catullum 1772.; 2) Lectionum varietas ad Platonis dialogos excerpta 1782 — 1787.; 3) Lectiones in Catullum et Propertium, 1786.; 4) Carmen Manibus Maximiliani Iulii Leopoldi dicatum, 1786.; 5) Homeri hymnus in Cererem, animaduerſionibus illuſtratus, 1787.; 6) Ode inter ſollennia ſemiſecularia Georgiae Auguſtae ad 17. Sept. 1787. in templo academico concentu feſto decantata, fol. — Auch hat er 7) Antheil an der Bibliothek der alten Litteratur und Kunſt.

° II. In ſeinen Lehrſtunden pflegt er Abends um 5. die Grundſätze der Griechiſchen Sprache oder ein und andern Griechiſchen Schriftſteller, und um 6. einen oder andern Lateiniſchen Dichter zu erklären.

§. 141.

Friedrich Ludewig Wilhelm **Meyer**, geb. zu Harburg 1759. Jan. 28., ſtudierte zu Kiel und Göttingen von Michael. 1775. bis Michael. 1779.; ward 1785. prof. philoſ. extraord. und als Mitarbeiter bey der Univerſitäts Bibliothek angeſetzt; bisher alſo in dieſer Eigenſchaft zu Göttingen 2. Jahre 1785 — 1787. alt 26 — 28.

° Seine Lehrſtunden ſind der Gelehrtengeſchichte gewidmet.

§. 142.

§. 142.

Henrich Moriß Gottlieb **Grellmann**, geb. zu Jena 1756. Dec. 7., stubierte zu Weimar auf dem Gymnasium bis 1776., zu Jena auf der Universität bis Ostern 1781., von da an er seine Studien weiter auf der Universität zu Göttingen fortseßte, warb um Ostern 1787. prof. phil. extraord. zu Göttingen, alt 30.

° Seine Schriften sind: 1) De prudentia, qua negotium Augustanae confessionis peregerunt confessores, Oratio solemnis in aede acad. habita Ienae 1780. 4.; 2) Die Zigeuner, ein historischer Versuch über die Lebensart, Verfassung und Schicksale dieses Volks in Europa, nebst ihrem Ursprunge, Dessau und Leipzig 1783. gr. 8.; II. Aufl. Göttingen 1787. 8.; übersetzt ins Englische 1785.; ins Französische: Recherches historiques sur le peuple nomade, appellé en France *Bohémien*, et en Allemagne *Zigeuner*; avec un Vocabulaire comparatif des langues Indienne et Bohémienne, traduites de l'Allemand de M. *Grellmann*. Par M. le B. de B. (ock.) à Paris et à Metz 1787. 8.; 3) Jlmenauer Bergbau; ein Auszug aus den Nachrichten von dem ehemaligen Bergbau bey Jlmenau; in Schlözers Staatsanzeigen Heft XVI. S. 425-434. 1784.; 4) Kurze Geschichte der Stolgebühren oder geistlichen Accidenzien, nebst andern Hebungen, nach ihrer ersten Entstehung und allmäligen Entwickelung abgehandelt, 1785. 8.; 5) Italiänische Staatsanzeigen B. I. St. 1. und 2. 1785. St. 3. 1786. gr. 8.; 6) De pontificibus Romanis Christianae religionis in Germania auctoribus, prolusio, Goett. 1787. 4.; 7) Staatskunde der vornehmsten welt- und geistlichen Staaten von Teutschland; Ein Grundriß zum Gebrauch seiner Vorlesungen (noch im Druck). Ausserdem stehen von ihm noch verschiedene anonymische Abhandlungen im Teutschen Mercur und im Göttingischen Taschencalender.

§. 143.

Johann Gottlieb **Buhle**, geb. zu Braunschweig 1763. Sept. 29., stubierte zu Göttingen, und war ein

N   Mit-

Mitglied des philologiſchen Seminariums. Im Jun. 1785. bekam er die königliche Preismedaille von der phi= loſophiſchen Facultät. Seit Michaelis 1785. ward er zum Privatunterricht bey dem Prinzen Carl von Fürſten= berg und ſeit dem Jul. 1786. auch bey den drey königlichen Prinzen gebraucht; Im Jahre 1786. ward er Magiſter, und Aſſeſſor der hieſigen Societät der Wiſſenſchaften, und um Oſtern 1787. prof. philoſ. extraord.; alt 24. Jahre.

* I. Seine Schriften ſind: 1) Abhandlung über die Heiterkeit der Seele, und die Mittel ſie zu erhalten und zu befördern; in den Braunſchweigiſchen gelehrten Bey= trägen vom Jahre 1782.; 2) Leben der Anne Boleyn, Gemahlinn König Heinrich des VIII. von England, eben= daſ. im Jahrgange 1783.; 3) Calendarium Palaeſtinae oeconomicum; commentatio in concertatione ciuium aca= demiae Georgiae Auguſtae 4. Iun. 1785. ab ordine phi= loſophorum praemio ornata, Goett. 1785. 4.; 4) Commen= tatio de distributione librorum Ariſtotelis in exotericos et acroamaticos, Goett. 1786. 8.; 5) Programma de fabula ſatyrica Graecorum, Goett. 1787.; 6) Ueber die Geſetz= gebung Minos des jüngern in Creta; im Humaniſt. Ma= gazine St. II. Helmſtedt 1787.

* II. Seine Lehrſtunden ſind: 1) Logik und Metaphy= ſik; 2) Geſchichte der Philoſophie; 3) Geſchichte der claſ= ſiſchen Litteratur der neueren Völker.

§. 144.

Arnold Hermann Ludewig Heeren, geb. zu Bre= men 1760. Oct. 27., ſtudierte ſeit Mich. 1779. zu Göt= tingen, ward 1784. daſelbſt Magiſter und Aſſeſſor der Societät der Wiſſenſchaften. Im Jul. 1785. trat er ei= ne gelehrte Reiſe an, über Augsburg und München nach Wien; von da über Trieſt nach Venedig; über Padua, Vicenza, Verona, Mantua, Parma, Bologna nach Florenz; von da im Febr. 1786. nach Rom, wo er als an dem Hauptbeſtimmungsorte ſeiner Reiſe 7½ Monathe blieb; ferner im Sept. 1786. nach Neapel, und von da

bis

bis Salerno und Paeſtum herunter; dann wieder über
Rom nach Livorno, über Piſa, Lucca, Piſtoja nach Florenz, und über Bologna nach Venedig zurück; endlich
nach Mailand, Genua und Turin; und ſeit dem Anfange des Jahres 1787. über Genf, Lyon nach Paris; von
da ſeit Ende Aprils über Brüſſel, Antwerpen, Rotterdam, Haag, Leiden, Amſterdam, Uetrecht, Nimwe-
gen, Düſſeldorf, Münſter und Caſſel im Jun. 1787.
nach Göttingen zurück; wo er am 27. Aug. 1787. zum
prof. philoſ. extraord. ernannt ward; alt 27. Jahre.

* Seine bisherige Schriften ſind: 1) Diſſ. de chori
Graecorum tragici natura et indole, ratione argumenti
habita, Goett. 1784.; 2) MENANDRI Rhetoris commentarius de Encomiis: ex recenſione et cum animaduerſionibus &c. Praefixa eſt commentatio de Menandri Rhetoris vita et ſcriptis ſimulque vniuerſe de Graecorum rheto-
rica, 1785. 8. mai.; 3) Ueber die Entſtehung und Entwickelung des Begriffs von Strafen und Belohnungen nach
dem Tobe unter ben Griechen, in der Berliniſchen Monathsſchrift 1785. May; 4) Commentatio in opus caela-
tum antiquum muſei Pio - Clementini, Romae 1786.
8. mai.; 5) Expoſitio fragmenti tabulae marmoreae operibus caelatis et inſcriptionibus Graecis ornatae muſei Bor-
giani Velitris, Rom. 1786. 4.; 6) Progr. de codicibus
manuſcriptis eclogarum Ioannis STOBAEI, Goetting.
1787. 4.

B) Pri-

B) **Privatlehrer**, und zwar a) solche, die zum Un=
terricht in der Baukunst und anderen schönen
Wissenschaften und Künsten zugleich mit
Besoldung angesetzt sind.

1) Universitäts = Architect.

§. 145.

Georg Henrich **Borheck**, geb. zu Göttingen 1751.
Sept. 30., studierte daselbst, und gab hernach selbst Un=
terricht in der reinen Mathematik, Architectur und Feld=
meßkunst. Im Jahre 1780. wurde er zum Kloster=Bau=
meister der Fürstenthümer Calenberg und Göttingen und
zugleich zum Universitäts = Architect ernannt. Seitdem
sind verschiedene neue Universitätsgebäude, als namentlich
das Risalit vor der Hauptfronte der Bibliothek, der neue
Flügel derselben, und das Accouchirhospital nach seinen
Vorschlägen und unter seiner Direction aufgeführt.

* I. Von ihm ist gedruckt: Entwurf einer Anweisung
zur Landbaukunst nach öconomischen Grundsätzen, B. 1.
mit Kupfern, Göttingen 1779.

* II. Seine Vorlesungen sind jedes halbe Jahr 1) über
die Anlage wirthschaftlicher Landgebäude; 2) über die vor=
theilhafteste Einrichtung der Stadtgebäude nach ihren ver=
schiedenen Absichten; 3) über die Wasserbaukunst, und
insbesondere über Mühlen= und Brückenbau; 4) über die
Entwerfung richtiger Bauanschläge.

2) Aca=

2) Academischer Musikdirector.

§. 146.

Johann Nicolaus Forkel, geb. zu Meeder bey Co=
burg 1749. Febr. 22., studierte seit Ostern 1769. zu Göttin=
gen, und gab nicht nur practischen Unterricht auf dem
Claviere, sondern schrieb und las auch seit 1777. über
die Theorie der Musik. Seit 1779. dirigirt er das wö=
chentliche academische Winterconcert.

* Seine Schriften sind: 1) Ueber die Theorie der Mu=
sik, in so fern sie Liebhabern und Kennern derselben noth=
wendig und nützlich ist; eine Einladungsschrift zu musica=
lischen Vorlesungen, Göttingen 1777. 4.; 2) Musicalisch
critische Bibliothek, B. I - III. Gotha 1778 - 1779. 8.;
3) Ueber die beste Einrichtung öffentlicher Concerte; eine
Einladungsschrift, Göttingen 1779. 4.; 4) Genauere Be=
stimmung einiger musicalischen Begriffe; eine Einladungs=
schrift, 1780. 4.; 5) Musicalischer Almanach für Teutsch=
land auf das Jahr 1782. — 1783. — 1784. Leipz. 8.;
6) Eine von ihm angekündigte allgemeine Geschichte der
Musik ist jetzt von ihm im Druck. — Ausserdem sind von
seinen practischen Arbeiten bekannt worden: a) Gleims
neue Lieder mit Melodien fürs Clavier, Götting. 1773.
gr. 4.; b) Sechs Claviersonaten, 1778. Querfol.; c)
Sechs Claviersonaten nebst einer Violin= und Violoncell=
Stimme zur willkührlichen Begleitung der zweyten und
vierten Sonate, 1779.; d) Eine Sonate nebst einer Ariet=
te von 18. Veränderungen.

3) Uni=

3) Universitäts = Zeichenmeister und Aufseher über die Kupferstichsammlung bey der Bibliothek.

§. 147.

Johann Dominicus **Fiorillo**, geb. zu Hamburg 1748. Oct. 13., studierte die Mahlerey seit 1759. auf der vom Marggrafen Friedrich zu Bayreuth errichteten Mahleracademie, seit 1761. zu Rom unter Pompejus Battoni und Joseph Bottani, seit 1765. zu Bologna unter Vittorio Bigari, wo er zugleich bey Ercole Lelli Anatomie hörte, ingleichen Architectur, Perspective rc. In den Jahren 1765. 1766. 1768. erhielt er auch daselbst verschiedene ausgesetzte Preise, und ward 1769. Mitglied der Clementinischen Academie. In eben diesem Jahre kehrte er nach Teutschland zurück, und hielt sich am Braunschweigischen Hofe als Historienmahler auf. Im Jahre 1781. kam er nach Göttingen, wo ihm 1784. die Aufsicht über die bey der Bibliothek befindliche Kupferstichsammlung aufgetragen wurde.

> * Mit seinen Anmerkungen gab er heraus La Satira della Pittura di Salvator Rosa, 1785. Auch hat er mehreres zu seiner Kunst gehöriges in verschiedene Journale einrücken lassen. Seine hiesige academische Beschäfftigungen bestehen in Privatunterrichte in der Mahlerey, im Zeichnen und in der Kunstgeschichte. Auch hat er eine Academie nach dem Nackten zu zeichnen errichtet.

§. 148.

Als bey der Stadtschule angesetzter Zeichenmeister gibt auch academischen Unterricht im Zeichnen Christian Eberhard **Eberlein** geb. zu Wolfenbüttel 1749. Jan. 19. Seine erste Uebungen machte er nach den schönen Gemählden in der herzoglich Braunschweigischen Bildergallerie zu Salz=

talen

dalen (wo sein Vater Gallerie-Inspector ist). Seit 1760.
machte er sich in einem dreyjährigen Aufenthalte zu Leipzig
die dortige Zeichenacademie unter Aufsicht des Herrn
Prof. Oesers zu Nuße. Nachher war er 5. Jahre Zeichenmeister am Gymnasium zu Ilefeld, bis er hernach
Göttingen zu seinem Aufenthalte wehlte, und 1786. obige
Stelle erhielt. Er beschäfftiget sich insonderheit auch mit
anatomischen und heraldischen Zeichnungen.

**b) Privatlehrer nach Ordnung der vier Facultäten
und ihrer hier angefangenen Vorlesungen.**

---

§. 149.

Zum theologischen Fache gehören dermalen folgende
Privatlehrer: I) **Christian Julius Luther** (a), geb. zu
Haarburg 1735. Sept. 14., studierte von Ostern 1755.
bis 1758. zu Göttingen; ward daselbst 1757. Mitglied
der Teutschen Gesellschaft; kam 1760. als Hülfsprediger
an die königliche Schloßkirche zu Hannover; von da 1763.
als Pastor nach Harpstädt in der Grafschaft Hoya; 1764.
als Archidiaconus nach Clausthal; 1773. als Pastor an
der St. Jacobi-Kirche nach Göttingen und zugleich als
Superintendent der Inspection Münden zweyten Theils;
seit 1778. Senior des hiesigen Ministerii; II) Johann
Fries

(a) Unter **Luthers** Namen ist noch nichts im Druck
von ihm erschienen. Seine Lehrstunden sind theils der Pastoraltheologie, theils der Catechetik gewidmet, da er nicht
nur die Methode zu catechisiren zeiget, sondern auch die
Wahrheiten der Religion erkläret, und seinen Zuhörern Gelegenheit gibt, sowohl privatim als auch beym öffentlichen
Gottesdienste unter der gehörigen Critik zu catechisiren.

Friedrich Adolf Kirsten (b), geb. zu Nebra in Thürin=
gen 1755. Aug. 13., studierte zu Leipzig auf der Tho=
masschule und seit 1774. auf der Universität; ward da=
selbst 1778. Magister; führte 1782. als Hofmeister ei=
nen Herrn von Münchhausen zu Halle und 1783—1785.
zu Göttingen, ward hier 1785. Repetent der theologischen
Facultät; III) Henrich Carl Alexander Haenlein (c),
geb. zu Anspach 1762. Jul. 11., studierte von Ostern
1782. zwey Jahre zu Erlangen, und seit Ostern 1784.
zu Göttingen, wo er ins philologische Seminarium kam,
und um Ostern 1786. theologischer Repetent wurde.

(b) Von Kirsten sind zu Leipzig zwey Abhandlungen
de disciplina scholastica gedruckt, und zu Göttingen drey
epistolae gratulatoriae an D. Posse, Hofr. Kästner und
D. v. Lüthard.

(c) Zu Erlangen vertheidigte Haenlein im Apr. 1784.
unter Hufnagels Vorsitz dessen diss. pro loco in facultate
theologica, de psalmis prophetias Messianas continentibus.
Als Repetent hält er hier öffentliche exegetische Vorlesun=
gen über einzelne Bücher des alten und neuen Testaments,
dann auch Privatvorlesungen über biblische Theologie und
die Hebräische Grammatik; gibt auch noch besonderen Un=
terricht im Hebräischen, Arabischen, Griechischen und La=
teinischen.

§. 150.

Juristische Privatlehrer sind: I) D. Joachim Chri=
stoph Bellmann, geb. zu Lüneburg 1729. März 17.
(Th. I. §. 105. III. S. 200.); II) D. Christian Lu=
dewig Richard geb. zu Neuwied 1728. Apr. 26. (Th.
I. §. 105. IV. S. 200.); III) D. Friedrich Christoph
Willich (a), geb. zu Göttingen 1745. Apr. 30., stu=
dierte

(a) Von D. Willich ist gedruckt: Churfürstlich Braun=
schweig = Lüneburgische Landesgesetze und Verordnungen
Calenbergischen und Grubenhagischen Theils in einen Aus=
zug

ſierte daſelbſt 1763 — 1767. und promovirte im Auguſt
1769. Im Jahre 1772. wurde ihm das Univerſitäts-
Secretariat als Actuarius anvertrauet, und 1785. erhielt
er den Character als Vicesyndicus; IV) D. Georg Henrich Oeſterley (b), geb. zu Göttingen 1758. Jan. 2.,
ſtudierte daſelbſt ſeit Oſtern 1775. und promovirte im Oct.
1780.; V) D. Adolf Felix Henrich Poſſe (c), geb. zu
Sondershauſen 1760. Apr. 14., ſtudierte ſeit Oſtern
1780. zu Göttingen, und promovirte daſelbſt im Apr.
1785.;

zug nach alphabetiſcher Ordnung gebracht, Göttingen Th.
I. 1780., II. III. 1782. 4. Seine Lehrſtunden ſind dem
Römiſchen Rechte und der juriſtiſchen Praxi gewidmet.

(b) D. Oeſterley's Schriften ſind: 1) Diſſ. inaug.
de caſtrorum in Germania iuribus, Goettingae 1780. 4.;
2) Progr. von den Strafen des Diebſtahls nach dem Sa-
liſchen Geſetze, Göttingen 1783. 8.; 3) Geſchichte des
Herzogs Otto I., mit dem Beynamen das Kind, von
Braunſchweig, Göttingen 1786. 8. In ſeinen Lehrſtunden erklärt er die Rechtsgeſchichte, das Wechſelrecht, das
Braunſchweig-Lüneburgiſche Privatrecht, und die Braunſchweig-Lüneburgiſche Geſchichte.

(c) D. Poſſe hat geſchrieben: 1) Ueber die Rechtsbe-
ſtändigkeit der Wahlcapitulationen catholiſch-geiſtlicher
Teutſcher Fürſten in Bezug auf die Landeshoheit im Weltlichen, Göttingen 1784. 4.; 2) Diſſ. inaug. de transmiſ-
ſione voti in comitiis S. R. I. competentis, 1785.; 3)
Ueber das Einwilligungsrecht Teutſcher Unterthanen in
Landesveräuſſerungen, Jena 1786.; 4) Ueber die Aufhe-
bung des Majorats unter dem landſäſſigen Adel, (im
Teutſchen Muſeum 1786. Sept.); 5) Etwas über un-
ſtandesmäſſige Ehen unter dem Teutſchen hohen Adel,
(Teutſch. Muſ. 1787. Febr.); 6) Ueber Grundherrſchaft
und Wahlcapitulationen der Teutſchen Domcapitel, Hannover 1787. Seine Lehrſtunden ſind theils der juriſtiſchen
Litteratur, theils dem Territorialſtaatsrechte, dem Teutſchen Privatrechte, dem peinlichen Rechte, dem Cameral-
und Polizeyrechte, und anderen Theilen der Rechtsgelehrſamkeit ſowohl in Lehrvorträgen als Examinirübungen gewidmet.

1785.; VI) D. Johann Georg Geyert (d), geb. im Eichs=
felbischen 1754. May 29., trieb erst seine Schulstudien 7.
Jahre unter den Exjesuiten zu Heiligenstadt, studierte hernach
seit 1774. zu Göttingen, und nachdem er schon im dritten
Jahre seines hiesigen Aufenthalts Collegia mit anderen zu
repetiren angefangen, warb er im Apr. 1785. Doctor;
VII) D. Friedrich August Schmelzer (e), geb. zu Fran=
kenhausen 1759. May 27., studierte seit Mich. 1778.
zu Göttingen, und promovirte daselbst 1785.; VIII)
D. Theodor Friedrich Wilhelm Gerke (f), geb. zu Göt=
tingen 1747. Aug. 10., studierte hier seit Ostern 1765.,
warb im Oct. 1769. bey der hiesigen Juristenfacultät exa=
minirt, advocirte und bocirte seitdem als Doctorand, bis
er im August 1787. die Doctorwürde erhielt; IX) D.
Ga=

(d) Von D. Geyert ist unter seinem Namen nur seine
Inaugural=Dissertation gedruckt: de iuribus et obligatio-
nibus circa dotem tam ex iure Romano quam ex praxi
Germanica, Goett. 1785. Mehr andere sind unter ande=
ren Namen von ihm verfertiget worden. Seine Lehrstun=
den sind vorzüglich dem Römischen Rechte gewidmet.

(e) D. Schmelzers Schriften sind: 1) Diff. inaug.
de exacta aequalitate inter vtriusque religionis conso·tes
per imperium Romano - Germanicum, Goett. 1785.: 2)
Anzeige einer Entdeckung alt=Römischer Mortalitätslisten,
aus einer Urkunde des dritten Jahrhunderts, (L. 68. ad
leg. Falcid.) in Schlözers Staatsanzeigen B. 9. Heft 36.;
3) De probabilitate vitae eiusque vsu forensi conmenta-
tio prior, qua maxime theoriam exspectationis vitae anti-
quitati vindicat, 1787. 8. Seine Lehrstunden sind dem
alten Römischen Staats= und Privatrechte, der juristi=
schen Encyclopädie, wie auch dem Teutschen Staatsrechte
und dem Westphälischen Frieden gewidmet.

(f) D. Gerkens Lehrstunden sind dem Römischen
Rechte, der Theorie des Processes und practischen Ausar=
beitungen oder auch Examinirübungen gewidmet. Zu den
consiliis et decisionibus fratrum Beemannorum hat er ein
vollständiges Lateinisches Register verfertiget, dessen Ab=
bruck bald erwartet wird.

Gabriel Peter Haselberg (g), geb. zu Greifswalde 1763.
Aug. 4., studierte seit Ostern 1781. zu Göttingen, be=
schäfftigte sich daselbst nach geendigten Studien mit Anord=
nung der Deductionen auf der Bibliothek, und promovirte
bey der Jubelfeier 1787.; X) D. Wilhelm Thomes (h),
geb. zu Braunschweig 1765. März 15., studierte seit
1783. zu Göttingen, und erlangte hier bey der Jubelfeier
1787. Sept. 17. die Doctorwürde.

(g) D. Haselbergs Inaugural=Dissertation war tractatus de pactis confraternitatis prolusio, Goett. 1787. 8.
Auch hat er bisher juristische Recensionen in den hiesigen
gelehrten Anzeigen verfertiget. Seine Lehrstunden hat er
dem Teutschen Staats= und Privatrechte gewidmet.

(h) Die Inaugural=Disputation hielt D. Thomes
über Theses, die nur zum Vorläufer eines vorhabenden
Tractats vom Postwesen dienen sollten. Seine Lehrstunden hat er der juristischen Encyclopädie, und sowohl dem
Römischen als Teutschen Privatrechte, wie auch vorzüglich dem Staatsrechte gewidmet.

§. 151.

Medicinische Privatlehrer sind: I) D. Johann Hen=
rich Jäger (a), geb. zu Göttingen 1752. Jun. 15., stu=
dierte

(a) D. Jägers Schriften sind: 1) Diss. inaug. de
pathologia animata, praemissa tractatione de generatione
aequivoca, Goett. 1775.; 2) Untersuchung in wiefern sich
aus einigen Eigenschaften des Leibes der physische Einfluß
begreifen lasse, im Hannoverischen Magazine 1779.; 3)
Von den Temperamenten, ebendas. 1780.; 4) Ueber den
Einfluß des Mondes, besonders auf den menschlichen Kör=
per, ebendas. 1781.; auch mehr Abhandlungen und Be=
merkungen in verschiedenen anderen periodischen Schriften,
ingleichen Disputationen unter anderen Namen. In sei=
nen Lehrstunden beschäfftiget er sich mit der medicinischen
Encyclopädie, der Pathologie, Semiotik, Pharmacie,
Therapie, und der gerichtlichen Arzneywissenschaft, wie
auch mit Examinir= und Disputir=Uebungen, vorzüglich
über practische Gegenstände.

bierte hier seit 1770. und promovirte bey der academischen
Jahresfeier 1775., ward auch 1784. Medicus bey der
hiesigen Besaßung; II) D. Ludewig Christoph Althof (b),
geb. zu Detmold 1758. Aug. 20., bezog 1776. das Pä=
dagogium zu Klosterbergen, studierte seit Ostern 1778.
zu Halle, und seit Mich. 1780. zu Göttingen, promovir=
te hier am 31. Jan. 1784.; III) D. Wilhelm Jose=
phi (c), geb. zu Braunschweig 1763. März 8., studier=
te seit Ostern 1782. zu Göttingen, wo er im Sept. 1784.
beym königlichen anatomischen Theater Prosector wurde.
Im März 1785. ward er zu Helmstädt Doctor, kam aber
um Michaelis 1785. von neuem als Prosector nach Göt=
tingen zurück. Von Pfingsten bis Mich. 1787. machte
er wieder eine gelehrte Reise durch einen Theil von Teutsch=
lanb,

(b) D. Althofs Jnaugural=Differtation war de febre
petechiali, Goett. 1784. Vorlesungen pflegt er über das
Formular, die Semiologie und venerische Krankheiten zu
halten.

(c) Von D. Josephi sind folgende Abhandlungen ge=
druckt: 1) Erzehlung einer traurigen Geschichte, die sich
im Jahre 1759. in dem Schweizerischen Dorfe Borgemo=
letto zugetragen, eine Uebersetzung, in den Braunschwei=
gischen gelehrten Beyträgen 1783. Apr.; 2) Vom Nut=
zen und Gebrauch der kalten Bäder, ebendas. 1783. Oct.;
3) Vom Zweck der Ehe, nebst Vorschlägen sie zu beför=
dern, ebendas. 1787. Nov.; 4) Nosologische Mortalitäts=
tabelle von Braunschweig, in Baldingers neuem Maga=
zine für Aerzte B. 8. St. 3. 1786.; 5) Beschreibung ei=
ner Zange zu Ausziehung der Nasen= und Rachen=Poly=
pen (als seiner eignen Erfindung), ebendas.; 6) De
conceptione abdominali vulgo sic dicta dissertatio obser-
vatione illustrata, c. tab. aeneis, Goetting. 1784. 4.; 7)
Observationum ad anatomiam et artem obstetriciam spe-
ctantium satura, Helmstadii 1785. 8.; 8) Anatomie der
Säugethiere. Erster Band, mit fünf Kupfertafeln, Göt=
tingen 1787. 8. Seine Lehrstunden sind der medicinischen
Encyclopädie, der Anatomie und deren Geschichte, der
Physiologie, der Pathologie und der physischen Erziehung
der Kinder gewidmet.

land, hauptsächlich nach Mainz, um seine Kenntnisse in der vergleichenden Anatomie zu erweitern.

§. 152.

Privatlehrer in den zur philosophischen Facultät gehörigen Fächern sind: I) M. Johann Paul Eberhard (a), geb. zu Altona 1723. Jan. 23. (Th. 1. §. 107. II. S. 202.); II) M. Johann Andreas Suchfort (b), geb. zu Martshausen im Heßischen 1747. Jun. 11., studierte seit Mich. 1764. zu Göttingen, kam 1765. ins philologische Seminarium, und 1768. bey der hiesigen Schule als Lehrer der fünften Claße, wo er ferner Subconrector und 1776. Rector wurde, auch 1776. die Magisterwürde erhielt; III) M. Georg Christian Raff (c), geb.

(a) Außer den im 1. Th. vom M. Eberhard angeführten Schriften hat er am 6. May 1786. in der Societät der Wissenschaften eine Vorlesung gehalten, die einen Versuch über die Brücke des Cäsars über den Rhein enthielt. Er gibt noch immer in verschiedenen Theilen der angewandten Mathematik Unterricht.

(b) Von M. Suchfort sind herausgegeben Fragmenta Stesichori lyrici, in vnum collecta, certo ordine digesta et interpretatione illustrata. Cum epistola Heynii ad auctorem, Goettingae apud Ioh. Christ. Dieterich 1771. Seine Vorlesungen sind der Griechischen und Lateinischen Litteratur gewidmet. Er erklärt alle halbe Jahre einen oder andern Griechischen und Lateinischen Schriftsteller, hält auch Uebungen im Lateinischen Stile, nach Schellers Compendio stili bene Latini.

(c) M. Raffs Schriften sind: 1) Geographie für Kinder, Göttingen 1776.; hiervon ist im Jahr 1786. die fünfte Auflage gemacht worden; 2) Naturgeschichte für Kinder, Göttingen 1778. mit Kupfern; hiervon kam im Jahr 1786. die fünfte Auflage heraus; 3) Dialogen für Kinder, Göttingen 1779.; 4) Geographie für Kinder zum Gebrauch auf Schulen, Göttingen 1780.; hiervon er-

geb. zu Stuttgard 1748. Sept. 30., ſtudierte ſeit 1756.
auf dem Gymnaſium zu Ulm, und ſeit 1771. zu Göttingen, wo er 1775. an der Schule vicarius conrectoris und
1780. Conrector wurde, auch 1780. die Magiſterwürde
erhielt; IV) M. Georg Johann Ebell (d), geb. zu
Göttingen 1742. May 6., ſtudierte daſelbſt ſeit 1763.,
wurde 1775. an der Lateiniſchen Stadtſchule Collaborator,
1781. Magiſter, 1783. ordentlicher Lehrer der Stadtſchule; V) M. Johann Nicolaus Müller (e), geb. zu
                                                    Zwey-

erſchien im Jahr 1787. die vierte Auflage; 5) Naturgeſchichte für Kinder, zum Gebrauch auf Schulen mit Kupfern, Göttingen 1781.; hiervon iſt im Jahr 1785. die
zweyte Auflage gemacht worden; 6) Abriß der allgemeinen Weltgeſchichte für die Jugend und ihre Freunde, Göttingen 1787. I. und II. Theil, und der dritte wird bald
folgen. Seine academiſchen Lehrſtunden ſind hiſtoriſchen,
geographiſchen und pädagogiſchen Vorleſungen gewidmet.

(d) M. Ebels Lehrſtunden ſind der reinen Mathematik, Civilbaukunſt und anderen Theilen der Mathematik,
im Sommer inſonderheit der practiſchen Geometrie gewidmet.

(e) M. Müllers Schriften ſind: 1) Erläuterung der
Regeln Quadrat- und Cubik-Wurzeln auszuziehen für
Anfänger, zum beſſern Verſtändniß der Vorſchriften in Herrn
Hofrath Käſtners Anfangsgründen der Arithmetik, Göttingen 1776. 8.; 2) Vorbereitung zur Geometrie für Kinder, mit Kupf., Götting. 1778. 8.; 3) Diſſ. inauguralis
mathematica de ſeriebus differentialibus, quae ex poten-
tiis numerorum in ſerie naturali progredientium, ſubtra-
hendo elici poſſunt, Goett. 1784. 4.; 4) Entwurf zu einem Collegium über das doppelte Italiäniſche Buchhalten,
ſo wohl wie Mercantilfuß, als auch wie Cameralfuß betrachtet, Götting. 1784. 8.; 5) Auseinanderſetzung eines
der ſchwerſten Fälle aus der Interuſurien-Rechnung, Götting. 1785. 4.; 6) Verbeſſerter Entwurf zu einem Collegium über die Privat- und Cameral-Staats-Rechnun-
gen nach der Methode der verbeſſerten Rechnung in doppelten Poſten, Götting. 1785. 8.; 7) Ausführlicher Be-
                                                    weis,

Zweybrücken 1754. Dec. 23., studierte seit Mich. 1770.
zu Göttingen anfangs Theologie und Philologie, kam
auch ins philologische Seminarium, legte sich aber nachher
ganz auf Mathematik und Physik, und ward im Apr.
1784. Magister; VI) M. Gottfried August Bürger (f),
geb.

weis, daß die höhere Mathematik für das menschliche Ge-
schlecht eine unentbehrliche Wissenschaft ist, Götting. 1786.
8.; 8) Versuch einer systematischen Abhandlung über
das Fuhrwesen, nebst einem Vorschlag auf königlicher
Georg-Augusts-Universität zu Göttingen eine Handlungs-
Academie zu errichten, Götting. 1787. 8. In seinen Lehrstunden erklärt er die reine Mathematik, die Mechanik,
die optischen und astronomischen Wissenschaften, die Civil-
und Kriegs-Baukunst, die Analysis endlicher und unendlicher Größen, das practische Feldmessen, die juristische
und politische Arithmetik, das Privat- und Cameralstaats-
Rechnungswesen, die ersten Gründe der Handlungswissen-
schaft, nebst einer vollständigen Anweisung zum Italiänischen doppelten Buchhalten nach den neuesten Verbesserungen.

(f) Die Bürgerischen Schriften sind: 1) Anthia und
Abrokomas, aus dem Griechischen des Xenophon von Ephe-
sus, Leipz. 1775. 8.; 2) Verschiedene Proben und Fragmente metrischer Uebersetzungen der Iliade des Homers,
samt Räsonnements darüber, in der Klotzischen Bibliothek der schönen Wissenschaften, im Teutschen Museum,
Teutschen Mercur, und Journal von und für Teutschland;
3) Verschiedene Artikel, poetischen, critischen und vermischten Inhalts in obigen und anderen Journalen, mit
und ohne seinen Namen; 4) Gedichte, Götting. 1778. 8.;
5) Mehrere in verschiedenen Musenalmanachen und anderwärts zerstreute Gedichte, welche theils in der vorigen
Sammlung enthalten sind, theils auch in die angekündigte neue Ausgabe derselben neben andern noch ungedruckten
aufgenommen werden sollen; 6) Macbeth, ein Schauspiel
nach Shakespear, Götting. 1783. 8.; 7) Ueber Anweisung zur Teutschen Sprache und Schreibart auf Universitäten, Einladungsblätter zu seinen Vorlesungen, erstes
Blatt, Götting. 1787. 8.; 8) Seit 1779. gibt er den Göttinger Musenalmanach alljährlich heraus. In Rücksicht
auf

geb. zu Molmerschwende im Fürstenthume Halberstadt
1748. Jan. 1., studirte seit 1761. zu Halle erst auf dem
Pädagogio, hernach auf der Universität Theologie und
Philologie, seit 1768. zu Göttingen die Rechte, übernahm
und verwaltete seit 1772. die adelich Uslarische Gerichts-
beamtenstelle zu Altengleichen ohnweit Göttingen, legte
dieselbe 1784. nieder, privatisirte seitdem zu Göttingen,
und ward am Tage der academischen Jubelfeier 1787.
Sept. 17. von der philosophischen Facultät mit ihrer Doctorwürde beehret; VII) Henrich Oppermann (g), geb.
zu Göttingen 1750. Febr. 4., studirte daselbst seit Mich.
1771., und fieng nach erhaltener Erlaubniß der philosophischen Facultät im Jahre 1777. an mathematische Vorlesungen zu halten; VIII) Henrich Julius Oppermann (h), geb. zu Göttingen 1752. Aug. 15., studirte seit 1774. daselbst Mathematik, und wurde 1783.
als deren Lehrer bey den beiden ersten Classen der hiesigen
Schule angesetzt; IX) M. Friedrich Gottlieb Canzler (i),
geb.

auf die Universität widmet er sich theoretischen und practischen Vorlesungen über Gegegenstände der Philosophie und
schönen Wissenschaften.

(g) Der Candidat Oppermann gibt Unterricht in
der reinen Mathematik, in der Analysis endlicher und unendlicher Größen, in der Astronomie, in der Feldmeß-
kunst, in der bürgerlichen und Kriegsbaukunst. Seit
1781. verfertigt er den Dietrichischen Taschencalender.

(h) In besonderen Lehrstunden gibt auch H. J. Oppermann academischen Unterricht in der reinen Mathematik, Algebra, practischen Geometrie, Mechanik und in
der bürgerlichen und Kriegsbaukunst.

(i) M. Canzlers Schriften sind: 1) Neue Englische
Sprachlehre zum Gebrauch beym Unterricht (ohne Namen
des Verfassers), Göttingen 1787. 8.; 2) Allgemeines
Archiv für die Länder- Völker- und Staatenkunde, deren
Litteratur und Hülfsmittel aufs Jahr 1786., (mit Kupfern
und Charten, St. 1., Göttingen 1787. gr. 8.; 3) P.
Ser-

geb. zu Wolgaſt in Schwediſch-Pommern 1764. Dec. 25.,
ſtudierte ſeit Oſtern 1783. zu Göttingen, und erhielt bey
der Jubelfeier 1787. Sept. 17. die Magiſterwürde; X)
M. Günther Carl Friedrich Seidel (k), geb. zu Schoen-
ſtädt in Thüringen 1764. Jan. 18., ſtudierte ſeit 1783.
zu Göttingen, kam daſelbſt ins philologiſche Seminarium,
und erhielt bey der Jubelfeier 1787. Sept. 17. die Magiſterwürde; XI) M. Georg Wilhelm Böhmer (l),
ein

Sermin's hiſtoriſch politiſche Ueberſicht des gegenwärtigen
und ehemaligen Zuſtandes der Colonie Surinam in Süd-
america, aus dem Engliſchen mit eignen Zuſätzen, Göttingen 1787. 8. Er gibt Unterricht in der Geſchichte,
Geographie, Statiſtik, und in den Anfangsgründen der
Engliſchen und Schwediſchen Sprache.

(k) Von M. Seidel wird eine Ausgabe des Eratoſthe-
nis Γεωγραφικῶν die Stelle der Jnaugural-Diſputation
vertreten. Seine Lehrſtunden ſind der Erklärung Griechiſcher und Römiſcher Schriftſteller, und der alten Geographie und Geſchichte gewidmet.

(l) M. Böhmers bisherige Schriften ſind: 1) Die
Chriſtliche Barmherzigkeit nach ihrer Natur, ihrer Beſchaffenheit und ihren Gründen geſchildert (eine Predigt),
Göttingen 1783. 8.; 2) Grundriß des proteſtantiſchen
Kirchenrechts, zum Gebrauch academiſcher Vorleſungen
für Theologen 1786. 8.; 3) Ueber den Nutzen eines früh-
zeitigen Studiums der Kirchengeſchichte, nebſt einer Anzeige ſeiner Vorleſungen, 1787. 4.; 4) Magazin für das
Kirchenrecht, die Kirchen- und gelehrte Geſchichte, wovon
bis jetzt des erſten Bandes 1. 2. und 3. Stück erſchienen
iſt; jedes Stück von 10. Bogen, nebſt einem Kupfer; 5)
Eine Abhandlung über die Sitten und Gebräuche der alten
Teutſchen, nebſt Erklärung der dazu gehörigen Kupfer.
Jngleichen: Kurze Darſtellung der Demüthigung Kaiſer
Henrichs des IV. vor Pabſt Gregor dem VII., der Errich-
tung des Schweizerbundes und anderer auf den 6. Mo-
nathskupfern abgebildeten Begebenheiten; beides in dem
Lauenburgiſchen genealogiſchen Calender für 1788. Die
Gegenſtände ſeiner Lehrſtunden ſind: 1) Kirchengeſchichte
für Theologen und Nichttheologen über Schröckhs Latei-

ein Sohn Georg Ludewigs (oben §. 100. S. 122.), geb.
zu Göttingen 1761. Febr. 7., studierte daselbst seit 1779.
Theologie in Verbindung mit einigen Theilen der Rechtsgelehrsamkeit, fieng Ostern 1785. an selbst Lehrstunden
über Kirchenrecht und Kirchengeschichte zu halten, ward
Assessor des hiesigen historischen Instituts, that 1786. eine gelehrte Reise durch einen Theil von Teutschland,
Frankreich und der Schweiß, und erhielt bey der Jubelfeier 1787. Sept. 17. von der philosophischen Facultät
die Doctorwürde.

     nisches Lehrbuch, ein halbes Jahr; 2) Ebendieselbe für
     Theologen allein, nach Walchs Teutschem Lehrbuche, ein
     Jahr; 3) Protestantisches Kirchenrecht über sein eignes
     Lehrbuch; 4) Geschichte der Glaubenslehren über eigne
     Dictate; 5) Litteratur der Kirchengeschichte nach Walch;
     6) Geschichte und Litteratur des protestantischen und ca-
     tholischen Kirchenrechts über eigne Dictate. In allen die-
     sen Lehrstunden pflegt er zugleich die dahin gehörigen Bü-
     cher vorzulegen.

c) Lehrer lebender Sprachen.

§. 153.

Ausländern, besonders Engländern und Franzosen,
in der Teutschen Sprache Unterricht zu geben hat sich bisher vorzüglich verwandt Johann Henrich Emmert, geb.
zu Dundorf in Franken 1748. Oct. 28. Er hat seine
Schulstudien zu Schweinfurt und Coburg getrieben, hernach 1769. zu Erfurt, 1770. zu Leipzig, und 1772—
1776. zu Göttingen die Rechte studiert, auch seitdem
zum Theil juristische Collegien mit anderen repetirt,
hauptsächlich aber auf obgedachte Art der Universität nützliche Dienste geleistet.

                                                 * Er

* Er hat herausgegeben: 1) A Collection of Maxims, Fables, Tales, Allegories, Histories, Orations, Reflexions, Letters &c. selected from some of the best English Writers, for the instruction and Entertainment of Youth, Gottingen 1782. 8.; 2) Anthologie pour former l'esprit et le goût des jeunes Gens, recueillie des meilleurs Ecrivains François, Leipz. 1783. 8.; 3) Teinture de l'Histoire naturelle pour les enfans accompagnée d'un vocabulaire François - Allemand, Gotting. 1786. 8.; 4) Biblioteca scelta da' migliori prosatori e Poeti, per imparar la lingua e la letteratura Italiana, Gotting. 1787. 8.; 5) Theatre for the improvement of Youth, Gotting. 1787. 8.

§. 154.

Als Lector der Französischen Sprache gibt I) René de Châteaubourg in dieser Sprache Unterricht, geb. im Gebiete von Orleans 1751. Aug. 2., hat seit seinem 15. Jahre als Officier gedient, bis zur Truppen-Reforme unter dem Comte de St. Germain 1776.; worauf er sich seit 1778. zu Bremen, und seit dem Jul. 1783. zu Göttingen aufgehalten, und hier im Jun. 1785. obige Stelle als Lector erhalten hat. II) Lector der Italiänischen und Spanischen Sprache ist Johann Baptista Calvi seit dem 13. Nov. 1778., geb. zu Sanremo 1721. Jan. 19. Bey der Jubelfeier 1787. Sept. 17. sind ein Paar Italiänische Gedichte von ihm gedruckt.

V. Von

V. Von den Universitäts = Gebäuden, der öffentlichen Bibliothek und anderen gelehrten Anstalten und Gesellschaften zu Göttingen.

1) Von den zum collegio academico gehörigen Universitäts = Gebäuden.

§. 155.

Mit der Universitäts=Kirche (Th. 1. §. 109. S. 207.) ist seit dem Jahre 1767. weiter keine Veränderung vorgegangen, ausser daß sowohl die Porkirchen, als die Orgel, die Kanzel und das Holzwerk auf dem Chore mit weissem Firniß angestrichen, und die Leisten nebst dem Laubwerke vergoldet sind. Durch einen neu angebauten Bibliotheksaal, der unmittelbar an die östliche Seite des Chors stößt, ist zwar ein Theil des dortigen Kirchenfensters großentheils verbauet. Das Chor der Kirche hat aber doch überflüssig Licht behalten, und durch ein von jenem neuen Saale aus angebrachtes Fenster gerade mitten über den Altar hin eine neue Zierde bekommen. Der Gebrauch der Kirche sowohl in Ansehung des öffentlichen Gottesdienstes als bey academischen Feierlichkeiten ist unverändert geblieben. Nur Nachmittags wird hier nicht mehr geprediget.

* Bey der Jubelfeier 1787. waren im Chore und im Schiffe der Kirche, um mehreren Raum zu gewinnen, und jeden Anwesenden anständige Plätze anweisen zu können, große Veränderungen gemacht. Im Chore waren vom Catheder her, nächst etlichen im halben Cirkel gesetzten Reihen Stühlen, zu beiden Seiten vier Reihen Bänke längst den Wänden hin bis an die Kanzel angebracht; alle nebst dem

dem Catheder und Fußboden mit rothem Tuche belegt.
Im Schiffe war in der völligen Breite von einer Reihe
Säulen bis zur andern eine rückwärts immer höher stei-
gende Bühne für die Studierenden errichtet. Diese Ver-
änderungen sind aber nachher alle wieder auf den vorigen
Fuß hergestellt worden.

§. 156.

Das unmittelbar an die Universitätskirche stoßende so
genannte Collegien - Gebäude (Th. 1. §. 110. S.
208.), oder, wie es jetzt vielmehr genannt zu werden verdient, das eigentliche Bibliotheks-Gebäude, hat desto
größere Veränderungen erlitten. Die immer fortwähren-
de beträchtliche Vermehrung der Bibliothek und eine noch
von neuem hinzugekommene Naturalien-Sammlung, aus
welcher ein eignes Museum errichtet worden, machten es
nothwendig auf Erweiterung des Raumes bedacht zu seyn.
Man hatte zwar durch verschiedentlich verlängerte oder neu
angesetzte Repositorien, und durch einen an der Stelle der
ehemaligen Carcer angelegten schmäleren Saal schon ein
beträchtliches an Raum gewonnen. Man sah sich aber
doch endlich genöthiget, auch die ehemaligen im untern
Geschosse angelegten öffentlichen Hörsäle zur Bibliothek
und zum Naturalien-Cabinet einzurichten. So wurde im
Jahre 1774. der medicinische (östliche) Hörsaal zum Naturalien-Cabinet, 1779. der theologische oder philosophische (westliche) zum Bibliotheksaale eingerichtet. Damit
ward jedoch dem Mangel an Raum zu Aufstellung der
vorhandenen Bücher noch nicht ganz abgeholfen. Auch
war noch bey einem irgend entstehenden Feuer große Gefahr zu besorgen, weil unmittelbar an den östlichen Bibliotheksflügel, an der Seite, wo man auf einer hölzernen
Treppe zur Bibliothek hinaufgieng, das Richterische Wohnhaus stieß. Als endlich dieses zu Anfang des Jahres
1781. von der königlichen Regierung erkauft wurde, konnte nunmehr mit dem ganzen Bibliotheksgebäude theils gleich

D 3

jetzt

jetzt eine große Veränderung vorgenommen werden, theils ließ sich für künftige Zeiten, um nach Erfordern der Umstände immer weitern Raum zu gewinnen, jetzt ein allgemeiner zweckmäßiger Plan entworfen. Beides wurde zufolge höhern Auftrages vom Hofrath Heyne dem Universitäts-Architect Vorheck aufgegeben, und nach genommener weitern Verabredung mit Genehmigung Sr. Majestät des Königs auf folgende Art bewerkstelliget.

§. 157.

Vorerst wurde gut gefunden, vor der Hauptfronte des Bibliotheks-Gebäudes eine doppelte massive Treppe in einem Vorbau anzulegen, und das angekaufte Richterische Haus, welches sich in keine angemessene Verbindung mit dem Bibliotheksgebäude bringen ließ, nieder zu reißen, an dessen Stelle einen neuen Flügel in gerader Linie mit dem östlichen Bibliotheksflügel aufzuführen, und diesen neuen Flügel im untern Geschoß zu einem allgemeinen öffentlichen Hörsaale, im obern aber zur Bibliothek zu nutzen, ingleichen das so genannte juristische Auditorium ebenfalls zu einem Bibliothekssaale vorzurichten und mit dem bereits vorhandenen untern Bibliothekssaale in Verbindung zu bringen. Sobald diese Vorschläge von des Königs Majestät genehmigt waren, wurde im Jahre 1783. der Vorbau angefangen und 1784. geendigt. In eben diesem Jahre wurde auch der Grund zu dem neuen Flügelgebäude gelegt, zuvor aber vom Universitäts-Architect Vorheck noch ein Generalplan zur Richtschnur künftiger Ausführungen entworfen, der ebenfalls von königlicher Regierung genehmigt worden.

Nach diesem Generalplane, wie solcher in den beygefügten Rissen auf Tab. I. von dem ersten und Tab. II. vom zweyten Geschosse mitgetheilt wird, ist der neue Flügel

gelbau ausgeführt, der bey dem östlichen Flügel bey A
anfängt und sich bis BCDEF erstreckt. Die Südseite
DE stößt an die Paulinerstraße und ist mit zwey großen
Thoren geziert, wovon das eine zunächst D zu einem
freyen Durchgange und bey Promotionen zum Durchfah-
ren vor das neue Auditorium, das andere aber zum Aufgang auf die Bibliothek dient. Dieser Aufgang besteht
ebenfalls aus einer massiven Treppe, welche durch das
ganze Gebäude bis zum Boden führt; folglich hat die Bibliothek jetzt an zwey entgegengesetzten Seiten feuer-
sichere Aufgänge; zugleich steht sie jetzt von allen Seiten frey, ohne mit irgend einem Wohngebäude, wie ehemals mit dem Richterischen Hause der Fall war, mehr
in Verbindung zu seyn.

Dieser neue Flügelbau von 117. Fuß Länge, 40.
Fuß Tiefe, nebst dem Seitenbau BC von 38. Fuß Länge, 42. Fuß Tiefe, ist in diesem Jahre 1787. völlig geendigt, und wird bereits der Bestimmung gemäß benutzet.
In dem untern Geschoß (Tab. I.) ist ein geräumiger
Hörsaal von 77. Fuß Länge und 33. Fuß Tiefe im Lichten, dessen Decke mit zwey Reihen Corinthischer Säulen
unterstützt wird. — Der Catheberplatz liegt um zwey
Stuffen erhaben, und an der Rückwand des Cathebers
ist das Bildniß König Georgs des II. als Stifters der
Universität aufgestellt. Der Raum für die Zuhörer ist
ebenfalls Stuffenweise erhöhet, und der Antrittsflügel
der hinter diesem Saal liegenden massiven Treppe ist so
eingerichtet, daß man von dem Ruheplatz durch eine Thüre auf die obere Stuffe des Amphitheaters gelangt,
von da man Stuffenweise herunter bis zu dem freyen Gang,
der den Catheber von dem Amphitheater absondert, gehen kann. In dem Seitenbau ist neben dem Durchgange
das Archiv der Juristenfacultät angebracht.

Im zweyten Geschosse (Tab. II.) ist beym Austritt der Treppe ein geräumiger Vorsaal, von welchem man sowohl in das Bibliothecariats-Zimmer von 36. Fuß Länge und 35. Fuß Breite, als in den neuen Bibliotheksaal von 80. Fuß Länge, 34. Fuß Breite im Lichten durch große Flügelthüren gelangt. Da dieser neue und der damit fortlaufende alte Saal zusammen gerechnet eine so beträchtliche Länge ausmacht, daß er beym Eintritt von der einen oder andern Seite zumal bey dem Mangel der erforderlichen Höhe, keine gute Wirkung für das Auge gemacht haben würde; so ist da, wo der neue Saal anfängt, ein Ruhepunct für jeden Eintritt angebracht und durch zwey Arcaden, die an einer Nische in der Mitte anschließen, gleichsam in zwey Säle abgetheilt. Auf diese Weise ist auch das Hauptgebäude als ein Viereck geschlossen, und man gehet in den neuen, als in einen Nebensaal.

Ein Theil dieses Saals stößt nach der Westseite an das Chor der Universitätskirche; wobey des Herrn Großvogts von dem Busschе Excellenz die Idee anzugeben geruheten, eine Durchsicht in die Kirche vorzurichten, welche auch auf eine so gute Art ausgeführt ist, daß auf einem gewissen Standpuncte des neuen Saals das Auge des Fremden auf die angenehmste Weise überrascht wird, und die Kirche nach ihrer ganzen Länge mit einem Blick übersehen kann.

Mit dieser Durchsicht, die aus einer doppelten Glasthüre besteht, verbindet sich die Absicht, bey eintretendem Mangel an Bibliotheksräum das Chor der Kirche in zwey Etagen zu theilen, und die untere zu den gewöhnlichen feierlichen Handlungen beyzubehalten, die obere aber zu einem Bibliotheksaal einzurichten, der dann sowohl mit dem neuen, als alten schmalen Flügel in eine sehr gute

Ver-

Verbindung gebracht, und vielleicht eben dadurch zugleich dem großen Nachtheil abgeholfen werden kann, den diese Kirche nach ihrer innern Einrichtung hat, daß der Redende darin in der Ferne schwer zu verstehen ist.

Die weitere Ausführung des Bibliotheksbaues erhellet aus dem Generalplane, wo dasjenige, was licht schraffirt ist, noch in der Folge gebaut werden soll. Alsdann wird erst das, was jetzt Stückwerk zu seyn scheint, ein vollkommenes Ganzes werden, wenn die Hauptfronte an jeder Seite verlängert und von da ab noch zwey Flügel vorwärts aufgeführt werden, wovon im ersten Geschoß der östliche zum Naturalien-Cabinet und der westliche zur Modellkammer, im obern Geschoß aber beide zur Bibliothek bestimmt sind und mit dem nördlichen Bibliothekssaale in Verbindung gebracht werden.

§. 158.

Gegenwärtig bestehet also die Bibliothek aus einem obern rund herum gehenden und in dem neuen Flügel fortlaufenden, also mit diesem aus fünf großen Sälen bestehenden Saale und aus einem untern, der gleichfalls eigentlich zwey Säle ausmacht. Das ganze Gebäude aber ist auf folgende Weise vertheilet:

Kömmt man durch den Hauptaufgang im Vorbau, so tritt man in den untern großen Bibliothekssaal; gegen über führt eine Glasthüre in den gevierten Bibliothekshof, und gegen über führt eine andere Glasthüre wieder aus demselben. In dem Saale selbst stehen vom Eingang rechter Hand die Fächer der Mathematik, Physik und Naturgeschichte und weiter hin das ganze Alterthum der Kunst. Oben am Ende stehet innerhalb der beiden Fenster an der Wand zwischen zwey von Ihro Majestät der Königinn geschenkten Globen von Adams in ei-

D 5

ner

Die ganze Bibliothek ist schön erleuchtet, die Arcaden, durch welche die Säle verbunden und die Repositorien selbst abgesondert sind, geben dem Ganzen eine edle Aussicht, und eben die Vertheilung in mehrere durch Bögen verbundene Säle überrascht von Zeit zu Zeit das Auge mit einer neuen Aussicht. Die Arcaden sind überall mit Gypsbüsten nach guten Antiken ausgezieret, wodurch zugleich bewirkt wird, daß Studierende, welche sonst keine Gelegenheit dazu hatten, einige Begriffe von den schönen Kunstwerken erhalten.

Sicherheit verschaffet nunmehr dem Gebäude außer dem doppelten steinernen Zugange bis unter das Dach ein doppelter durch die Gefälligkeit des Herrn Commandanten Generalmajors von Seebach bey Tag und Nacht hergegebener Soldatenposten, und die Nacht über nebst diesem Posten eine beständige Erleuchtung der ganzen Fronte durch Kugelleuchten. Die mehrmalen in Vorschlag gebrachte Anbringung eines Blitzableiters ist bisher theils als unzulänglich, theils als überflüssig befunden und ausgesetzet worden.

§. 159.

Die Menge der Bücher ist zwar bey unserm System der Bibliothek niemals ein Gegenstand, auf welchen gesehen wird, sondern soviel möglich nur Vollständigkeit mit Brauchbarkeit verbunden. Lieber wenige, aber gute und zweckmäßig gewehlte Bücher! Man hat sich also auch nie mit einer genauen Ueberzehlung abgegeben, indessen beläuft sich nach einer Berechnung aus den Accessionscatalogen die eigentliche Zahl der vorhandenen Bände (1787.) auf 120,000. Freylich gehet die darin enthaltene Anzahl der Schriften um vieles höher. Die Ankäufe gehen übrigens theils durch Auctionen, theils durch Sendungen aus England, Frankreich, Italien und Spanien, von Zeit zu Zeit auch

auch aus Holland, Coppenhagen und Stockholm, theils durch Lieferungen der hiesigen Buchhandlungen von den Leipziger Messen vor sich; der Buchbinderlohn allein macht jährlich eine beträchtliche Summe. Im Jahre 1784 war eine neue Dubletten=Auction, die Zahl der Bücher lief auf 4020., wozu noch 322. Numern alte Drucke kamen.

§. 160.

Alle Geschenke, welche die Universitätsbibliothek nach den schon im ersten Theile (§. 113. I. II. S. 212.) bemerklich gemachten Beyspielen erhabener Freygebigkeit ferner erhalten hat, hier einzeln anzuführen, würde einen weit größern Raum erfordern, als die gegenwärtige Absicht gestattet. Nur folgende Namen hoher Personen, und anderer, von denen wir uns vorzüglicher Geschenke zu rühmen haben, mögen hier zur Probe dienen: 1) die verwittwete Churfürstinn von Sachsen, Maria Antonia, von der wir verschiedene Werke, besonders aber Recueil d' Estampes de la Galerie de Dresde, vol. I. II. in größtem Folio, erhielten; 2) der König von Sicilien, dem wir das Herculaneum, tom. I. II. III. IV. V. zu danken haben; 3) der Infant von Spanien Don Gabriel, der uns mit der prächtigen Spanischen Ausgabe des Sallustius beschenkt hat; 4) der Prälat Borgia zu Rom; 5) der Reichsfürst und Abt Gerbert zu St. Blasius; 6) der Fürst und Abt Frobenius zu St. Emmeran in Regensburg; 7) der königliche Prinz August Friedrich von England; 8) der regierende Herzog Carl von Würtenberg; 9) der regierende Fürst von Waldeck; 10) der Graf Philipp Ernst von Schaumburg=Lippe; 11) der Herzog von Marlborough, dessen Geschenk war Gemmarum antiquarum delectus ex praestantioribus desumtus, quae in dactyliothecis Ducis Marlburiensis conseruantur, vol. I. fol.; 12) der Freyherr von Hohen=

thal

thal zu Leipzig; 13) der Baron von Reviczky, Römisch kaiserlicher Gesandter zu London; 14) die Academien der Wissenschaften zu St. Petersburg, Coppenhagen, Stockholm, London, der Antiquarian Society u. a.; 15) Herr Professor Johann Reinhard Forster zu Halle, der uns, als er noch zu London war, mehrere Geschenke überschickte, unter andern folgende wichtige Stücke: Lectionarium ex actis Apostolorum et Epistolis. Cod. Membran. in 4. und Epistolae Pauli. Cod. Membr. in 4. (S. Michaelis Einleitung in das N. T., und Oriental. Bibliothek); 16) der Herr Amtsvogt Schrader zu Essel im Lüneburgischen, dem wir Acta Concilii Tridentini vom Jahre 1545 — 1563. fol. in Manuscript zu danken haben; 17) der Herr Justitzrath Niebuhr zu Meldorf; 18) Herr Franz Perez Bayer, Canonicus zu Valencia, Instructor der königlichen Infanten und Oberbibliothecar zu Madrid 2c.

§. 161.

Ganz vorzügliche und unvergeßliche Verdienste hat um unsre Bibliothek, so wie um das Museum, Herr Georg von Asch, des heil. Römischen Reichs Freyherr und Pannerherr, Russisch-kaiserlicher Staatsrath, Generalstaabsmedicus der kaiserlichen Armee, des Reichs medicinischen Collegii erstes Glied und Deputirter bey der höchst verordneten Gesetz-Commission. Da er unter dem sel. Haller hier studierte, und seine Inauguraldisputation 1750. de primo pare neruorum medullae spinalis hier gehalten hatte; so hat dieser verehrungswürdigste Mann eine Liebe für die alma Georgia Augusta behalten, welche ihm unter den dankbaren Zöglingen den ersten Platz anweiset. Den frühesten Anfang seiner Geschenke machten Korane und andere Arabische Bücher, welche in dem 1774. geendigten Kriege der Russen mit den Türken waren erbeutet worden. Seine Freygebigkeit, durch unsere Dank

erges

ergebenheit aufgemuntert, gieng immer weiter; Er hat
seit 1772. bis auf gegenwärtige Zeit überschickt: 1) Russische Medaillen von Silber und Bronze, die 1784.
vom Prof. Reuß nach dem Plan des *Picard de Thregale*
(Medailles de l'empire de Ruſſie 1772. fol.) in chronologische Ordnung gebracht ſind, und worüber derſelbe zugleich ein vollſtändiges Regiſter verfertigt hat; 2) Russische Münzen in Gold, Silber und Kupfer, von den
älteſten Zeiten an bis auf gegenwärtige, unter welchen
äußerſt ſeltene Stücke ſind. Herr Bauſe, prof. iur. nat.
zu Moscau, brachte ſie bey ſeinem hieſigen Aufenthalt 1784.
in chronologiſche Ordnung, und Prof. Reuß verfertigte
das Verzeichniß darüber; 3) Manuſcripte, Arabiſche,
Türkiſche und Perſiſche. Ueber erſtere machte 1786.
Herr Sartorius, Amanuenſis bey der Bibliothek, einen
ausführlichen Catalog; 4) Eine anſehnliche Zahl von
Büchern, die in Rußland herausgekommen ſind; bey
Erweiterung der Bibliothek ſind ſie jetzt öffentlich aufgeſtellt, und Prof. Reuß hat 1784. einen alphabetiſchen
Catalog in einem eignen Foliobande darüber verfertigt;
5) Eine Sammlung von Ruſſiſchen Landcharten und
Städteproſpecten, über welche Prof. Eyring einen Catalog gemacht hat; 6) Eine Sammlung von Kupferſtichen,
größtentheils von Ruſſiſchen Kupferſtechern, die Herr Fiorillo, Aufſeher der Uffenbachiſchen Kupferſtich-Sammlung, gegenwärtig in Ordnung bringt. 7) Noch im verfloſſenen Jahre 1786. erhielten wir aus eben dieſer uns
ſo günſtigen Quelle eine ſeltene, ſehr anſehnliche Sammlung alter und neuer Perſiſcher, Cuſiſcher, Arabiſcher,
Indiſcher, Tartariſcher und Türkiſcher goldner, ſilberner
und kupferner Münzen, die faſt alle von denen, die Herr
Adler in ſeinem Werke de nummis Cuficis beſchrieben
hat, verſchieden ſind, mit welchen Herr Collegienrath D.
Jacob Reineggs, Secretär beym Reichsmediciniſchen
Collegium, eine treffliche Beſchreibung darüber einſandte.

(Die

(Die für das Museum bestimmten Geschenke werden bey der Beschreibung des letztern erzehlt).

§. 162.

Bey dem großen Umfange der Bibliotheksarbeiten und ihrem drängenden Gange ist es unmöglich, ein vollständiges Verzeichniß auch nur der vorzüglichsten Ankäufe oder der wichtigsten und kostbarsten Bücher, insonderheit in der Naturgeschichte und im Fache der Alterthümer auszuziehen und zu verfertigen. Gnug, daß keines von den Fächern, wovon schon im ersten Theile (§. 114. I‒VIII. S. 214‒218.) ein beträchtlicher Vorrath angeführet worden, seitdem unergänzt geblieben ist. Insonderheit aber sind seit 1766. noch mehrere merkwürdige Manuscripte und ganze Sammlungen von Büchern hinzugekommen.

* I. So sind seit 1766. zur Bibliothek gekommen: 1) Des sel. geheimen Justizrath Gebauers schätzbare Sammlung Teutscher Gedichte und Gesangbücher, wie auch seine Manuscripte über die Spanische Geschichte; 2) Die Sammlung alter Drucke vom Jahre 1457‒1516., die F. W. von Duve erster geheimer Canzley‒Secretär und Hofrath zu Hannover besaß, die 1782. erkauft wurde, (S. Götting. gel. Anzeigen 1782. S. 1217.); 3) Sämmtliche Handschriften aus Joh. Dav. Köhlers Bibliothek; 4) Morgenländische Manuscripte aus der Schulzischen Auction in Holland; 5) Manuscripte aus der Burmannischen Auction; 6) Meibomische medicinische Manuscripte, wovon Prof. Blumenbach schon einiges in seiner Bibliothek bekannt gemacht hat; 7) Aug. Gabr. Gehlii Codex IV. Euangel. membranaceus, (Hofrath Michaelis hat ihn in seiner Einleitung in die Schriften des N. T. beschrieben); 8) Corpus iuris ciuilis glossatum. Cod. membran. vol. I‒V. fol. Aus Schwarz Bibliothek in Nürnberg. (Vid. HEYNII *notatio corp. iur. glossati mscrpti bibl. G. A.* im Programm *ad Anniuersar.* XXXVI. d. 17. Sept. 1773. et eius *opuscula* tom. II. p. 315.); 9) PINDARI Olympia et Pythia ‒ nebst *Nicander*

der &c. Cod. Bombyc. fol. min. ex bibliotheca Io. Nad-
leri a conſil. ſecret. et ſenatus rer. eccleſiaſt. præſidia
Saxo - Coburg - Meiningenſ. (vid. Heynii edit. Pindari
1773. p. 124. &c.); 10) Manuſcripte aus Paſt. Plüers
Bibliothek in Altona 1773.

* II. Zu Ergänzung und Fortſetzung der Deductionen
dient vorzüglich die Regensburger Correſpondenz, die mit
ihren gewöhnlichen Beylagen zunächſt dem geheimen Juſtizrath Pütter zu ſeinem Gebrauche zugeſchickt, und von
demſelben ſo, wie gewiſſe Fächer vollſtändig ſind, zur
Bibliothek abgeliefert wird; ſo wie nebſt mehreren einzelnen Deductionen ſchon ganze Sammlungen von Staatsſchriften zum ſiebenjährigen und zum Bairiſchen Succeſ-
ſionskriege abgeliefert ſind. Auch iſt auf gleiche Art eine
ihm anvertraute Sammlung geſchriebener Collectaneen,
die der verewigte Münchhauſen ſeit 1726. als Comitialgeſandter und nachher als Staatsminiſter in Teutſchen
Reichsſachen gemacht hatte, bereinſt zur Aufbewahrung
auf der Bibliothek beſtimmt.

* III. An alten Ausgaben der Claſſiker und erſten
Drucken, zu welchen die ganze Duviſche Sammlung
hinzugekommen iſt, beſitzt die Bibliothek nunmehr einen
Vorrath, der ſie in den Stand ſetzet, ſich mit den zahl-
reichſten Sammlungen dieſer Art zu meſſen; und doch hat
man ſich nie zu jenen übertriebenen Preiſen verſtanden,
mit welchen Bücherliebhaber dergleichen Sammlungen gemeiniglich zu betreiben pflegen. Einförmigkeit des Planes,
Mäßigung und Abwartung der guten Gelegenheit führt
hierin weiter.

* IV. An Kupferſtichen beſitzt die Bibliothek einen
Vorrath, welcher die zweckmäßige Einrichtung hat, daß ein
Unterricht über Kunſt und Kunſtwerke der Neuern dadurch
anſchaulich gemacht werden kann. Die Hauptanlage dazu macht die Uffenbachiſche und die von Aſchiſche. Außerdem ſind von Zeit zu Zeit Ankäufe von Fortſetzungen und
nöthigen Ergänzungen beſorgt worden.

* V. Die Uffenbachiſche Sammlung (Th. I. §. 117.
S. 224.), welche dem Willen des ſel. Beſitzers zu Folge
beyſammen gehalten und aufgeſtellt iſt, ward 1769. nach
dem Tode ſeines ruhmwürdigen Beſitzers an die Bibliothek abgeliefert. Sie beſtehet auſſer der Kupferſtichſamm-
lung

lung in einer ansehnlichen Sammlung von Büchern, ins
sonderheit aus dem Fache der Physik, Mathematik, Mah=
lerey und Baukunst, vorzüglich der Kriegswissenschaft;
und einer Anzahl optischer und mechanischer Instrumente,
welche für die ersten Versuche in der Wissenschaft immer
merkwürdig bleiben.

§. 163.

Bey dem freyen und unbeschwerten Gebrauche der
Bibliothek ist es, wie er im vorigen Theile (§. 115. S.
219.) beschrieben worden, zum unbeschreiblichen Vor=
theile hiesiger Lehrenden und Lernenden seitdem unverän=
dert geblieben. Nur ist in Bemerkung der jedesmal aus=
geliehenen Bücher und in Aufbewahrung der darüber aus=
gestellten Zettel noch mehr Ordnung und Genauigkeit, als
vorher, eingeführet worden. Auch hat natürlicher Wei=
se die so beträchtliche Erweiterung der Bibliothek noch weit
mehrere Personen dazu anzustellen nothwendig gemacht.

* I. Mit den bey der Bibliothek angestellten Personen
sind seit 1766. folgende Veränderungen vorgegangen:

Nach dem Tode des Prof. Hambergers im Febr. 1773.
ward im März des Jahres dem Prof. Dieze, der bereits
im Jahre 1770. professor ordinarius geworden war, die
Profession der Litterärgeschichte beygelegt, und er zugleich
zum ersten Custos mit dem Titel eines Subbibliothecars
ernannt; der M. Eyring aber als zweyter ordentlicher
Custos mit dem Prädicat eines außerordentlichen Profes=
sors der Philosophie angesetzt. Zugleich ward der älteste
Sohn des Professor Hambergers, Julius Wilhelm,
zum Amanuensis bey der Bibliothek bestellt. Als dieser
1775. an die herzogliche Bibliothek in Gotha als Biblio=
theksecretär abgieng, ward an seine Stelle der damalige
Seminarist, Eberhard Gottlob Glandorf mit dem Titel
eines Bibliothekschreibers, und weiter hin, als ein zwey=
ter Gehülfe und Amanuensis, der damalige Candidat Frie=
drich Ekkard angesetzt. Des erstern Stelle, als derselbe
mit Ausgang des Jahres 1779. nach Anspach als Conrector
des dortigen Gymnasii von Göttingen abgieng, ward mit
dem damaligen Seminaristen, Johann Christian Fleisch=
P 2   mann,

mann, und nach dessen Abgang 1782. durch den dama=
ligen Seminaristen, Wilhelm Stieghan, besetzt. Um eben
die Zeit ward der damalige Unterbibliothecar bey der aca=
demischen Bibliothek zu Tübingen M. Jeremias David
Reuß als Custos und außerordentlicher Professor der Phi=
losophie berufen. Er traf mit dem Anfang des Jahres
1783. bey uns ein, und entsprach durch seinen Eifer für
die Bibliothek und durch Genauigkeit und Arbeitsamkeit
allen den Hoffnungen, die man von ihm gefaßt hatte.

* II. Im Herbst 1784. folgte der Professor Dieze ei=
nem Rufe nach Mainz als Professor und Bibliothecar an
der dortigen Bibliothek mit dem Hofrathscharacter. Hier=
auf ward mit Anfang 1785. der Professor Eyring zum
ersten Custos, Professor Reuß zum zweyten und zum or=
dentlichen Professor der Philosophie mit Ertheilung der
Nominalprofeſſion der Litterärgeschichte; der Bibliotheks=
secretär Stieghan zum Custos und außerordentlichen Pro=
fessor der Philosophie ernannt. Nächst ihnen wurden noch
zwey neue Custodes zugleich als außerordentliche Professo=
res der Philosophie angesetzt, nehmlich der damalige Colla=
borator am Pädagogio zu Ilefeld, Christoph Wilhelm
Mitscherlich, und der bisher zu Stade an der Regierung
gestandene Auditor, Fr. Ludew. Wilh. Meyer. Alles Ge=
lehrte aus verschiedenen Fächern der Litteratur, welche so
zusammen vereiniget ein Ganzes ausmachen, daß sich nicht
leicht findet. Die Aufsicht über die Kupfersammlung be=
kam Johann Dominicus Fiorillo, der vorhin als Mahler
und Zeichner hier Unterricht ertheilet hatte. Seitdem hat
der Candidat Sartorius aus Cassel nach einer freywilli=
gen Uebernehmung von Bibliotheksarbeiten, durch seine
Geschicklichkeit und durch seinen Fleiß und Eifer im Biblio=
theksdienst und im Studio der Litteratur sich große Ach=
tung erworben. Ein Bibliotheksaufwärter, Johann Hen=
rich Ruperti ist schon seit 1764. angestellt, und wird gleich=
falls zum Copiren, zum Titelaufschreiben und zu ähnlichen
Geschäfften gebraucht.

§. 164.

Was die zur Bibliothek gehörigen Catalogen anbe=
trifft, werden nebst einem Manuale und außer verschiede=
nen einzelnen Catalogen, als von Disputationen, von De=
ductio=

ductionen, von Landcharten, von der Uffenbachischen und von der von Aschischen Schenkung, folgende drey Haupt=cataloge ununterbrochen fortgesetzt: 1) der Accessio=nen, nach der Zeit des Anlaufes mit völligen Titeln, welcher gegenwärtig zu vierzig Bänden angewachsen ist; die erste Anlage dazu sind die vier Theile von der Bülowi=schen Bibliothek; 2) der Alphabetische Catalog, wel=cher vorhin zu zwanzig Bänden angelegt war, aber nun=mehr neu umgeschrieben und fortgesetzt ist: so, daß die Zahl der Bände über hundert gehen wird. Eine außer=ordentliche Milde Sr. königlichen Majestät, welche zwey=tausend Rthlr. dazu zu bestimmen geruhten, hat uns in Stand gesetzt, dieses Werk seit 1777. auszuführen. 3) Der Real= oder scientifische Catalog, der aus 86. Bän=den bestehet, und nun ebenfalls, vermittelst einer gleichmäßi=gen königlichen Unterstützung, eine mit den anderen Catalo=gen gleichen Schritt haltende Fortsetzung und gewisser Ma=ßen eine neue Umarbeitung erhalten wird. Alle diese Cata=loge sind gegen einander verglichen, und in jedem ist bey je=dem Buche die Beziehung auf die anderen Cataloge am Rande beygesetzt. Ihre Aufstellung ist im Bibliothecariats=zimmer so bequem eingerichtet, daß die Bände leicht her=ausgezogen und auf ein vor dem Repositorio angebrachtes mit Leder überzogenes Pult aufgeleget werden können.

° I. Mit der Sammlung von **Kupferstichen** ist noch insonderheit folgende Veranstaltung getroffen worden. Sie war bisher in vierzig Mappen aufbewahrt; aber oh=ne daß dabey auf ein chronologisches System, auf die ver=schiedenen Schulen, oder sonst auf eine richtige alphabeti=sche Folge Rücksicht genommen war, sondern so, daß zu=weilen der Name des Erfinders, zuweilen der Name des Kupferstechers zur Richtschnur gedient hatte. Als im Jahre 1785. Herr Fiorillo die Aufsicht über diese Samm=lung, und zugleich den Auftrag erhielt, ein Verzeichniß davon zu machen, das für den Gebrauch der Liebhaber dienen könnte; so mußte er erst damit anfangen, das Ganze auszusondern, um es, nach dem Modell des *Dictiov=*

noire des Artistes dont nous avons .des Estampes Leipz.
1778. 8. (ein Werk des Herrn von Heinecken, von dem
aber bis jetzt nur der Buchstabe A. erschienen ist), in folgende Ordnung zu bringen: 1) Alle Kupferstiche sind in al-
phabetischer Ordnung, nach dem Namen des Mahlers
und Erfinders, in verschiedene Mappen gelegt, außer wenn
die Anzahl groß ist, wie z. B. die Sammlung von Albrecht
Dürer, Hub. Golzius, Rembrand, von Rey, Rubens, Raph.
Sanzio, u. a., deren jedem alsdann eine besondere Mappe
gewidmet ist. 2) In dem Verzeichniß ist nicht allein der
Kupferstich nach seinem Inhalte in kurzen Worten angegeben, sondern man kann ihn auch auffinden, wenn man
den Namen des Kupferstechers weiß, indem die Nachricht
von demselben immer zugleich auf den Erfinder zurück-
weiset. 3) Wenn ein Stück unbekannt ist, weil eben so
wenig der Name des Erfinders, als des Kupferstechers
angegeben, und es etwa nur mit dem Namen des Herausgebers bezeichnet ist: in diesem Falle muß es unter dem
letztern Namen aufgesucht werden. Wenn es aber unter
den Schriftstellern nicht ausgemacht ist, welchem Meister
ein Stück zuzuschreiben sey: so hat man sich für den Künstler entschieden, für den man die Gründe am überwiegend-
sten gefunden hat, ohne daben zu verfehlen, im Verzeichniß eine kurze Notiz davon zu geben; dergleichen wären
z. B. die Kupferstiche mit dem Monogramm des Caduceus,
und anderen ähnlichen.

* II. Noch befindet sich ben der Uffenbachischen Kupferstichsammlung eine andere Sammlung von Original-
zeichnungen verschiedener Italiänischen, Französischen,
Teutschen, Flamländischen, und Niederländischen Meister,
von denen zu wünschen wäre, daß eine Anzahl vermittelst
des Stiches den Liebhabern bekannt gemacht würde. Auch
diese sollen in ein Verzeichniß gebracht werden; so wie auch
schon der Anfang mit den Kupferstichen gemacht ist, die
sich in der an die Bibliothek gemachten Schenkung des
Freyherrn von Asch befinden.

§. 165.

Mit den bisher beschriebenen Veränderungen hat nun
die Bibliothek in Vertheilung der Bücher nach den verschiedenen Theilen der Gelehrsamkeit natürlicher Weise
eine

eine ganz andere innere Einrichtung bekommen müssen. Zu deren Uebersicht ist also, an statt des ehemaligen Grund- risses und der demselben beygefügten Erläuterung (Th. 1. §. 116. III. S. 222.), folgende Abtheilung des Biblio- theksgebäudes dem jetzigen Grundrisse angemessen:

I. Oberes Stockwerk.

A) Der nördliche Saal enthält die Geographie, Reise- beschreibungen, Chronologie, Heraldik, Diplomatik, die ganze Geschichte nach den Ländern, die Gelehrten- Geschichte. Unter den Fenstern ist die Landcharten- Sammlung.

B) Der westliche Saal enthält die Arzneywissenschaft, Philosophie, Oeconomie, Politik und die Cameral- wissenschaften.

C) Der erste östliche Saal ist ganz mit der Rechtswis- senschaft besetzt.

D) Der zweyte östliche Saal enthält die Philologie, alte Griechische und Lateinische Schriftsteller, Critik, Aesthetik, Mahlerey, Bildhauerey, Musik, Tanzkunst, Fechtkunst, Dichtkunst, dramatische und vermischte Schriften in verschiedenen Sprachen.

E) Der südliche Saal enthält die Verehrungen des Herrn von Uffenbach und Freyherrn von Asch nebst ihren Kupferstich- und Landcharten-Sammlun- gen; ferner die Redekunst, die Epistolographen, Er- zählungen, und die Pädagogik.

II. Unteres Stockwerk.

A) Der nördliche Saal enthält die Antiquitäten, Nu- mismatik, Naturlehre, Naturgeschichte, Mathematik, Baukunst und Kriegswissenschaft. Hierauf macht die

Bibel-

Bibelsammlung und die Ausleger der heil. Schrift den Uebergang

B) zu dem westlichen großen Saal, der ganz mit der Theologie besetzt ist. Der kleinere Saal enthält die Patres, Kirchenscribenten, und in den anstoßenden Zimmern sind die inn- und ausländischen Journale.

---

3) Vom Museum.

§. 166.

Mit der Bibliothek ist das königliche academische Museum verbunden, welches erst vor vierzehn Jahren angelegt worden, bey dem also auf die Zeit seiner Dauer Rücksicht genommen werden muß. Es entstand zuerst im Jahre 1773. aus einer vom damaligen hiesigen Professor, und nun herzoglich Sachsen-Weimarischen Hofrath Büttner gegen eine Leibrente erkauften Sammlung. Die Ablieferung ward noch größtentheils im Sommer selbigen Jahres bewirkt, und die Uebernahme vom Hofrath Heyne besorget. Da sich dieser dabey der Hülfe des Professor Blumenbachs, welcher damals Candidat der Arzneywissenschaft war, bediente, so ward dieser bald nachher bey dem Museum zum Aufseher angesetzt.

Die Sammlungen bestanden überhaupt in Mineralien, Hölzern und Pflanzen, Thieren, edlen Steinen, ausländischen Kunstsachen und Münzen.

§. 167.

Die Münzsammlung wird in zwey Schränken verwahret; sie ist ganz für das Studium der Münzkunde angelegt und geordnet; also keine Liebhabersammlung. Der eine

eine Schrank für alte Münzen enthält eine schöne Sammlung von Römischen Familienmünzen (a).   Die Folge
der Kaisermünzen in Silber und Bronze ganz die Zeit
herunter, auch einige goldene; Gothische und Barbarische
Münzen; Bracteaten, Solidi, Floreni und andere erste Münzen der neuern Zeit: alles was zum Münzstu-
dium erforderlich seyn kann.   Immer noch hoffet man, einmal unter unsern Studierenden einige zu finden, welche
Numismatik studieren wollten;   zur Anleitung für diese
würde die Sammlung von großem Werthe seyn.   Der
andere Schrank mit neueren Münzen ist ganz in statisti-
schem Gesichtspunct geordnet: es sind die gangbaren Münzen von allen jetzigen Reichen in allem Metall, von verschiedenen sehr completen Folgen.   Eine Zahl Schaumünzen verstärket die Sammlung.

(a) Sie sind verzeichnet und erläutert in drey Programmen des Hofr. Heyne 1777. 1778. siehe HEYNII *opuscula*
tom. II. p. 355 - 407.

§. 168.

Das ganze Museum ist übrigens in vier Hauptabschnit-
te eingetheilt, wovon der I. bloß das begreift, was zur Naturgeschichte des Menschengeschlechts im weitesten
Umfange gehört; folglich auch alles, was die Lebensart,
eigenthümliche Sitten ꝛc. fremder Völkerschaften betrifft:
der II. das übrige Thierreich: der III. die Gewächse:
und der IV. die Mineralien.   Das Ganze ist nach der
dritten Ausgabe des Blumenbachischen Handbuchs geordnet; die Säugthiere nehmlich nach des Verfassers eignem
Systeme: die übrigen Thierclassen mit nöthigen Abänderungen nach dem Linneischen: so das Mineralreich mit
eben dieser Einschränkung größtentheils nach Kirwan's
System: und die Petrefacten nach der unten anzuführen-
den Rücksicht.   Aus allen IV. Hauptabtheilungen kann,

so wie es Ort und Zweck mit sich bringt, hier nur eins und das andere angeführt werden (a).

(a) Eine etwas umständlichere Nachricht vom academischen Museum findet sich in den Annalen der Braunschweig = Lüneburgischen Churlande von Jacobi und Kraut, vom 3. St. des 1. Bandes an.

§. 169.

I. In der ersten Abtheilung zeichnet sich z. B. eine schon wegen ihrer seltenen Vollständigkeit auffallende Aegyptische Mumie aus, womit des Königs von Dänemark Majestät die hiesige Societät der Wissenschaften beschenkt hat (a). Sie ist von einer erwachsenen, aber, wie sich bey der Untersuchung derselben ergeben hat, noch jugendlichen Person weiblichen Geschlechts. Beides, sowohl ihre Cattunbinden, worein sie eingewickelt liegt, nebst den vorn auf denselben befindlichen Vergoldungen und Mahlereyen, als auch ihr Sarcophag von Sycomorusholz sind ausnehmend gut erhalten (b).

Die große Sammlung südländischer Merkwürdigkeiten, womit unsers Königs Majestät das Museum im Jahre 1782. beschenkt hat (c), beträgt allein über viertehalb hundert Numern; eine Frucht der drey großen Reisen des unvergeßlichen Cook, wodurch Se Majestät den fünften Welttheil größtentheils entdecken, und überhaupt die Gränzen unserer Erde bestimmen lassen. — Zu den seltensten Stücken in dieser, wegen ihrer Vollständigkeit wenigstens ausser England einzigen Sammlung, gehört

(a) Gel. Anz. 1781. S. 185.

(b) Eine genaue Beschreibung von der angestellten Untersuchung ist in zweyen Vorlesungen in der Societät gegeben von Prof. Gmelin und Hofr. Heyne Commentat. vol. IV. Vergl. gel. Anz. 1781. S. 569. 985.

(c) Siehe gel. Anz. 1782. S. 777.

hört ein großer Trauer-Anzug des erſten Leidtragenden
von Taheiti; ſo auch der ganze Tatowir-Apparat; eins
der wenigen Jdole, die von Owhyhee mitgebracht worden
u. dergl. m.

Auch von Steinen und Verknöcherungen faſt aus
allen Theilen des menſchlichen Körpers iſt ein merkwürdiger Vorrath da, wohin auch eine achtjährige Leibesfrucht (d) (ein ſo genanntes lithopaedion) und eine in
ihrer Art ganz einzige Exoſtoſe ohngefähr vom Umfang
zweyer geballter Hände zu rechnen iſt, die beide Augen-
hölen eines erwachſenen Menſchen eingenommen und eben
ſo, faſt zur Hälfte, ins cauum cranü hineingewuchert
iſt.

(d) BLVMENBACH de niſu formatino &c. in den Com-
mentation. ſoc. reg. ſcient. ad a. 1785. vol. VIII. pag.
49. ſqq.

§. 170.

II. Im übrigen Thierreich beſitzt das Muſeum auſſer
einer beträchtlichen Anzahl ganzer Thiere, beſonders eine
lehrreiche Sammlung von Theilen derſelben, Embryonen,
Schedeln oder ganzen Gerippen u. a. Präparaten, die
für anatome comparata und Phyſiologie ſowohl als zum
Erweiſe der Abſichten des Schöpfers ihren unverkennbaren
wichtigen Werth haben.

Auch hier iſt die Sammlung von Steinen und ähnlichen Concrementen aus dem Magen und andern Einge-
weiden der Thiere, wie z. B. die mancherley Bezoare;
piedra del porco, Beluga-Steine ꝛc. überaus vollſtändig.

Unter den hier ſehr zahlreichen Amphibien iſt beſonders die merkwürdige Suite zur Naturgeſchichte der Su-
rinamiſchen Pipa ſeit 10. Jahren berühmt worden, da
an

an derselben zuerst und ganz gegen die allgemeine Behauptung anderer Naturforscher und Zergliederer erwiesen
worden ist, daß auch bey dieser Kröten-Gattung die
auskriechenden Junge allerdings anfangs würklich-ge-
schwänzte Kaulquappen sind (a).

Bey den Conchylien ist ausser der zahlreichen Bütt-
nerischen Sammlung der leeren Gehäuse, nun auch ein
Anfang gemacht, sie soviel möglich zugleich mit ihren Be-
wohnern in Spiritus aufzubewahren.

(a) Siehe Blumenbachs Handb. der N. G. 1. Ausg.
S. 258. u. f. und Prof. Camper in den gel. Anz. 1784.
S. 1553. u. f.

§. 171.

III. In der das Pflanzenreich begreifenden Abtheilung ist ausser verschiedenen besondern Sammlungen einzelner Theile von Gewächsen, der Holzarten, skeletirter
Blätter ꝛc. oder auch der als Arzneymittel wichtigen ve-
getabilischen Substanzen, u. dergl. vorzüglich das große
herbarium vivum merkwürdig, das ausser 50. Bänden,
vom ehemaligen Leibmedicus von Hugo in Hannover,
(mit Hülfe seiner Freunde, des großen Botaniker Vaillant,
und des Herrn von Haller ꝛc.) gesammleter Pflanzen (a);
besonders noch einige wichtige Collectionen von Gewächsen einzelner Erdstriche begreift. Zu den letzteren gehören
z. B. die vom ältern Herrn de Luc an den Englischen Kü-
sten aufgefischten und mit äusserster Sorgfalt und Eleganz
aufgetrockneten zarten Seetang-Gattungen. — Dann
ein großer Vorrath Alpenpflanzen vom Herrn von Haller
selbst gesammelt und eigenhändig bestimmt; — ferner
XII. Bände Malabarischer Pflanzen; — endlich das erst
kürzlich erhaltene herbarium, das der geh. Rath Forster
auf

(a) Das ehemals in der Bibliothek aufbewahrt ward:
siehe Th. I. §. 114. II. S. 215.

auf feiner Reife um die Welt, infonderheit auf den Infeln
der Südfee und am Feuerlande gefammelt und dem aca=
demifchen Mufeum gefchenkt hat.

§.   172.

Doch bey weitem der größte Reichthum des Mufei
zeigt fich IV. im Mineralreiche : als worin die Büttneri=
fche Grundlage binnen den 14 Jahren theils durch fo
mancherley gnädigft bewilligten Ankauf, theils durch zahl=
reiche Gefchenke von Beförderern der Wiffenfchaften und
Freunden unferer Univerfität (— unter welchen wir nur
Ihro Durchlaucht die verwittwete Fürftinn von Waldeck,
dann Se Excellenz den Ruffifch=kaiferlichen Herrn Ge=
heimenrath Iwan Iwanowitz Betzkoy, den Herrn Ju=
ftizrath Niebuhr, Herrn Baron Dietrich, die Herrn
Gebr. de Luc, Herrn Prof. Hacquet, nennen wollen —)
vor allen aber durch einige äufferft wichtige und große
Sammlungen, die es der Gnade Sr. Majeftät des Kö=
nigs, und der Fürforge des königlichen Minifterii verdankt,
und durch unfern großen Wohlthäter, den Herrn Baron
von Afch, der fich in unferm Mufeum ein unvergeßliches
Andenken geftiftet hat (a), den anfehnlichften und koftbar=
ften Zuwachs erhalten hat.   Unter den großen Afchifchen
Gefchenken, die fchon jetzt über 1500. Numern betragen,
beftehet bey weitem die größte Anzahl in Sibirifchen Mi=
neralien.   Unter den Gefchenken unfers allergnädigften
Königes befindet fich die fchon durch den Namen ihres
ehemaligen Befitzers allgemein berühmte, und ebenfalls
über 1500. meift ausgefuchte Stücke enthaltende Schlü=
terifche Sammlung, die vorher auf der königlichen Bi=
bliothek zu Hannover geftanden hatte, und a. 1777. von
Sr.

(a) S. infonderheit gel. Anz. 1778. S. 987., 1779.
S. 1272. Einiges ift vom Herrn D. Reineggs beygelegt.
Von den Gefchenken an Münzen fiehe oben bey der Bi=
bliothek.

Sr. Majestät ans Museum geschenkt ward (b); ingleichen das, zumal an reichen Silberstuffen so wichtige Stelznerische Cabinet, das im Jahre 1782. von seinem um das Bergwesen hiesiger Lande so verdienstvollen damaligen Besitzer fürs Museum angekauft worden, und gegen viertehalb tausend Stück enthält (c).

Einen vorzüglichen Schmuck besitzt das Museum in einer überaus beträchtlichen Menge solcher Drusen und Stuffen, die sich entweder durch ihre äusserste Seltenheit (besonders bey solchen, die nun seit langer Zeit nicht mehr brechen) oder durch ihre auffallende Größe und Schönheit, oder durch ihren wichtigen innern Gehalt auszeichnen. Dahin gehört z. B. eine Fülle der seltensten und bey ihrer ausnehmenden Größe so vollständig erhaltenen Kalkspat-Drusen, worunter auch die alten von citrongelber Farbe, und die neuerlich gefundenen blaßrosenrothen befindlich sind; — so die merkwürdigen Selenit- und Schwerspat-Drusen, die vor Alters auf dem Harze gebrochen u. s. w. — Unter den Stalactiten mehrere große Zapfen (theils über 10. Zoll im Durchschnitt) aus der berühmten Grotte von Antiparos. — Eine beträchtliche Sammlung von Edelsteinen, größtentheils erst in ihrer natürlichen Crystallisation, dann in den mannichfaltigsten Nüancen ihrer Farben, und endlich auch nach der Verschiedenheit ihres Schnitts. — Unter den Erzten zeichnet sich vor allen ein Schatz von gediegenen Silberstuffen und von Rothgülden aus, wo zumal unter den letzteren viele große Stücke von ausnehmender Schönheit der Crystallisation befindlich sind; — der berufenen Liebhaber-Seltenheiten zu geschweigen, wie z. B. Buttermilcherzt, Hornsilber von Johann-Georgenstadt und aus Sibirien (alles in ansehnlichen theils Faustgroßen Stücken).

Unter

(b) Gel. Anz. 1777. S. 305.
(c) Gel. Anz. 1782. S. 1. f.

Unter den Kupferſtuffen iſt auſſer vielen anderen merkwürdigen Stücken z. B. von Sibiriſchem gediegenem
Kupfer und Kupferglaſerzt, von Atlaserzt aus dem Ban-
nat u. dergl. vorzüglich eine Suite von Sibiriſchen Ma-
lachiten unter den Aſchiſchen Geſchenken wichtig, worunter
ſich Stücke von 6. und 7. Pfunden und darüber am Gewicht, und theils von unbeſchreiblicher Eleganz, mit
Dendriten ꝛc. finden. — So die mancherley ſeltenen
Blenſpate, die weißen Glücksräder, grüne von Tſchopa ꝛc.,
rothe Sibiriſche ꝛc.

§. 173.

Die Petrefacten ſind vorzüglich nach dem Verhältniß, worin ſie zu ihrer Lagerſtäte und zu den Originalen
in der jetzigen organiſirten Schöpfung ſtehen (als unter
welchem Geſichtspunct ihr ſonſt nicht ſehr fruchtbares
Studium von der äuſſerſten Wichtigkeit für Geologie
wird) unter folgende drey Claſſen gebracht: 1) ſolche
wozu ſich gar keine Originale in der gegenwärtigen
Schöpfung vorgefunden haben, wie die Ammoniten und
ſo viele andere incognita einer cataſtrophirten Vorwelt;
2) ſolche wozu die noch jetzt exiſtirenden Originale in weit
entfernten Erdſtrichen leben, wie die hieländiſchen Knochen von Elephanten, Rhinoceren, vom nordiſchen Po-
larbär ꝛc. Und 3) ſolche wozu ſich die Originale noch
jetzt in der gleichen Gegend finden, wie die Oeninger
Fiſchſchiefer ꝛc. — Unter vielen anderen Merkwürdigkeiten in dieſem Fache verdienen beſonders die ſehr in-
tereſſanten foſſilen Knochen u. dergl. angeführt zu werden, die ehedem Leibnitz beſeſſen und zu Belegen für ſeine
protogaea gebraucht hat, wo ſie auch zum Theil abgebildet
zu finden ſind.

§. 174.

§. 174.

Der Saal, in welchem alle diese Sammlungen verwahrt werden, ist das ehemalige medicinische Auditorium. Es sind drey Bildnisse darin aufgehängt: eines vom Herrn Hofrath Büttner, mit symbolischen Ausschmückungen von seiner eignen Erfindung, das zweyte von unserem verehrten Herrn Baron von Asch, und das dritte von dem im Jahre 1771. verstorbenen Cammerpräsidenten und Curator Herrn von Behr, von Zisenis, nach einem Originalgemälde von Thilo, das der Herr Landdrost von Münchhausen besaß.

---

4) Vom Concilienhause.

§. 175.

Das ehemalige Heumannische Haus, das jetzt unter dem Namen des Concilienhauses bekannt ist (Th. 1. §. 111. S. 210.), hat bisher dazu gedienet, daß in dem ersten Stockwerke (eine Treppe hoch), von zwey meist die ganze Breite des Hauses von Osten nach Westen einnehmenden an einander stoßenden Sälen der eine theils als ein öffentliches Winterauditorium (a), theils zu Versammlungen der Societät der Wissenschaften, der andere zu den so genannten Concilien-Versammlungen sämmtlicher dazu gehöriger Professoren, wie auch zu Sessionen der Deputation und des academischen Gerichts gebraucht worden. Beide Säle können aber auch mittelst Oeffnung einer

(a) Ueber dem Catheder ist hier ein Portrait des wohlsel. Premierministers von Münchhausen angebracht; eine Copey von dem besten Originale, das vom Chevalier Rusla ums Jahr 1740. gemahlt worden. Es kam an die Bibliothek und ward der Universität überlassen im Jan. 1773.

einer aus zwey großen Flügeln bestehenden Thüre mit ein
ander vereiniget werden, wie unter andern bey Concerten
geschieht, die im Winter alle Sonnabende, oder auch
zu Zeiten von Fremden auf besondere Erlaubniß ausseror-
dentlich, hier gehalten werden. An den Conciliensaal
stößt noch ein Zimmer, das zur Depositenkammer gewidmet ist. Nach der Südseite ist eine Secretarienstube,
die zu besonderen Verhören oder auch zu Deputations-
oder Gerichts-Sessionen gebraucht werden kann. Aus
selbiger führt noch eine Thüre in das Universitätsarchiv.
Vom obersten Stockwerke (zwey Treppen hoch) ist der
vordere (nördliche) Theil der Societät der Wissenschaften
zu Aufbewahrung ihrer Sachen eingeräumt; auf der
andern Seite sind die zur academischen Disciplin erforderlichen Carcer angebracht. Im untern Geschosse (an der
Erde) hat der Auditorienwärter seine Wohnung. Auch
ist daselbst noch ein Zimmer für die Mahleracademie, und
eine Wachtstube für die academische Polizeywache, nebst
einem hinter derselben angebrachten Criminalcarcer. Die
schwarzen Breter, die ehedem hier im Hausähren, sonst
auch im innern Collegienhofe, und vor und nachher zum
Theil an der Universitätskirche angeheftet waren, sind jetzt
im Durchgange unter dem neuen Bibliotheksflügel angebracht.

Q 5) Von

5) Von den einzelnen Facultäten und den damit
verbundenen beſonderen gelehrten Anſtalten.

a) Von der theologiſchen Facultät und den damit
verbundenen Anſtalten.

§. 176.

Wie nach der gewöhnlichen Abtheilung der vier Facultäten (Th. 1. §. 118. S. 225.) eine jede derſelben, inſonderheit ſofern ſie die in ihr Fach gehörigen academiſchen
Würden zu verleihen hat, ein eignes Collegium ausmacht; ſo iſt erſtlich die theologiſche Facultät in ihrer
eigenen inneren Einrichtung (Th. 1. §. 119. S. 225.)
bisher unverändert geblieben.

§. 177.

Bey der Univerſitätskirche ward 1769. noch ein
beſonderer Nachmittagsprediger, oder, wie man 1779.
die Benennung einführte, ein zweyter Univerſitätsprediger
angeſtellt (a). Die Stelle eines erſten Univerſitätspredigers, die D. leß bisher verſehen hatte, bekam 1777.
der damalige Prof. Koppe. Nach deſſen und des zweyten
Univerſitätspredigers Richerz Abgange ſind beide Stellen
noch nicht wieder beſetzt worden. Nur einsweilen werden
inzwiſchen (ſeit 1786.) in Gefolg eines beſonderen Auf-
trags von der Regierung die Predigten in der Univerſitätskirche wechſelsweiſe von den Profeſſoren leß, Schleusner,
Sextroh und Volborth beſorget.

(a) Dieſe Stelle haben nach einander bekleidet: 1769.
Gerling (oben §. 93. IV. S. 91.); 1774. Mutzenbecher
(oben §. 93. VII. S. 94.); 1778. Weber (oben §. 76.
S. 64.); 1779 — 1785. Richerz (oben §. 93. XIII. S.
97.).

§. 178.

§. 178.

Das unter Aufsicht der theologischen Facultät im Jahre 1748. errichtete **Waisenhaus** (Th. 1. §. 121. S. 226.) ist meist noch in den vorigen Umständen geblieben. Größtentheils muß es noch immer von milden Gaben seine Erhaltung und Unterstützung erwarten. Die Zinsen der ausgeliehenen Capitalien von erhaltenen Vermächtnissen haben bisher noch nicht ganz 160. Rthlr. betragen. Nur kürzlich ist vom sel. Professor Hollmann noch ein Vermächtniß von drey hundert Rthlrn hinzugekommen (a). Die Anzahl der Kinder hat man nach und nach doch wieder bis auf 20. und mehrere vermehrt, auch in Kost und Kleidung noch einige Verbesserung gemacht. Ihr Unterricht im Christenthume wird jetzt unter Aufsicht der theologischen Facultät von studiosis theologiae besorgt, die dadurch zugleich eine gute Gelegenheit bekommen, sich im Catechisiren zu üben. Die Obliegenheit des im Waisenhause angesetzten Inspectors ist jetzt dahin bestimmt, daß er die Oeconomie des Hauses zu besorgen, und über die in der ganzen Anstalt zu erhaltende Ordnung die nächste Aufsicht zu führen hat. Die unter ihm stehenden Präparanden, die zu Schulmeistern vorbereitet werden, müssen die Kinder im Buchstabiren, Lesen, Schreiben und Rechnen unterrichten, auch sowohl in den Arbeiten der Kinder, die jetzt in häuslichen Geschäfften aller Art bestehen, als in Frey-

---

(a) Einen jährlichen Beytrag von dieser milden Hand wird das Waisenhaus nunmehr vermissen. Ueber den Einfluß, der sich von einem am 5. Jan. 1762. oder nach dem alten Calender am 25. Dec. 1761. erfolgten hohen Todesfalle auf ein zu hoffendes günstigeres Ende des siebenjährigen Kriegs voraussehen ließ, war der selige Mann so gerührt, daß er gleich damals beschloß, an diesem Sterbetage jährlich einen Louisdor dem Waisenhause zu schenken.

Freyſtunden eine beſondere und beſtändige Aufſicht über ſie haben. Eine Haußhälterinn hat endlich das Innere der Haushaltung und die nöthige Reinlichkeit zu beſorgen.

§. 179.

Das Prediger-Collegium (Th. 1. §. 122. S. 228.) iſt 1778. zu einem königlichen Prediger-Seminarium erhoben worden (a). Die Hauptabſicht bleibt nach wie vor, den Theologieſtudierenden am Schluſſe der academiſchen Jahre zu Uebungen im öffentlichen Vortrage Gelegenheit zu verſchaffen. Die Direction führt der jedesmalige erſte Univerſitäts-Prediger, der die Einrichtung ſo macht, wie er es der Zeit und den Umſtänden angemeſſen zu ſeyn glaubt.

(a) Joh. Benj. Koppe genauere Beſtimmung des Erbaulichen im Predigen, zur Ankündigung des von Sr. königlichen Majeſtät auf der Georg-Auguſtus-Univerſität gnädigſt geſtifteten Prediger-Seminariums, Göttingen 1778. 8.

§. 180.

Das theologiſche Repetenten-Collegium (Th. 1. §. 123. S. 228.) hat nach und nach endlich die ſchicklichere Form erhalten, daß unter Aufſicht des jedesmaligen Directors, an ſtatt des bloßen Repetirens, beſondere Vorleſungen über das alte und neue Teſtament gehalten, auch von Zeit zu Zeit ſchriftliche Specimina ausgearbeitet, Disputationen geſchrieben und vertheidiget, und in der Univerſitätskirche gelegentlich Predigten gehalten werden. Durch dieſe Uebungen ſucht man die vorzüglicheren unter den Studierenden zum Catheder- und Canzel-Unterrichte vorzubereiten.

* So ſind nach einander als theologiſche Repetenten aufgenommen worden: 1) 1764. Chriſtian Pet. Polchow, geb.

geb. zu Parchim im Mecklenburgiſchen 1742.; 2) 1764.
Johann Carl Siegfried Radefeld, geb. zu Meinungen
1745.; 3) 1765. Joh. Gottfr. Wilh. Wagemann, geb.
zu Kirchwehr im Hannoveriſchen 1742., jetzt Generalſuperintendent zu Göttingen; 4) 1765. Chriſtoph Daniel
Ebeling, geb. zu Garmeſſen im Hildesheimiſchen 1741.;
5) 1766. Chriſtian Friedrich Schnurrer, geb. zu Canſtadt
im Würtenbergiſchen 1742., jetzt Profeſſor der morgenländiſchen Sprachen zu Tübingen (oben §. 93. III. S. 90.);
6) 1766. Joh. Friedr. Ludew. Schnobel, geb. zu Elze
1742.; 7) 1768. Johann Ernſt Faber, geb. zu Simmershauſen im Hilbburghauſiſchen 1745., hernach Profeſ
ſor zu Kiel † 1774. (oben §. 79. I. S. 68.); 8) 1768.
Joh. Chph. Friedr. Schulz, geb. zu Wertheim 1747., jetzt
Prof. und Superintendent zu Gieſſen (oben §. 93. V. S.
92.); 9) 1770. Joh. Wilh. Rau, geb. zu Rentweinsdorf in Franken 1745., jetzt Prof. zu Erlangen (oben §.
93. VIII. S. 94.); 10) 1771. Lorenz Ancher, geb. zu
Coppenhagen 1746., hernach Prof. zu Coppenhagen, jetzt
Probſt zu Odenſee (oben §. 93. VI. S. 94.); 11) 1773.
Joh. Benj. Roppe, geb. zu Danzig 1750., jetzt General
ſuperintendent zu Gotha (oben §. 81. S. 72.); 12) 1773.
Bened. Friedr. Dan. Ballhorn, geb. zu Veterſen im Hol
ſteiniſchen 1748., hernach als Prediger zu Hannover ge
ſtorben (oben §. 79. II. S. 68.); 13) 1774. Joh. Henr.
Walther, geb. zu Blankenburg im Schwarzburgiſchen
1746.; 14) 1775. Chph. Henr. Neſtler, geb. zu Leipzig 1751.; 15) 1776. Joh. Carl Volborth, geb. zu
Nordhauſen 1748., jetzt Prof. zu Göttingen (oben §. 134.
S. 186.); 16) 1776. Paul Caſpar Dürr, geb. zu Laufen in Schwaben 1750., jetzt Prediger zu Münden (oben
§. 93. X. S. 96.); 17) 1777. Dan. Gotthilf Moldenhawer, geb. zu Königsberg 1752., jetzt Profeſſor zu Kiel
(oben §. 93. XI. S. 96.); 18) 1779. Joh. Chr. Henr.
Krauſe, geb. zu Quedlinburg 1757., jetzt Prof. zu Jever
(oben §. 93. XII. S. 96.); 19) 1780. Joh. Phil. Gabler, geb. zu Frankfurt 1753., jetzt Profeſſor zu Altorf
(oben §. 93. XIV. S. 97.); 20) 1783. Dav. Jul. Pott,
geb. zu Nettelrode im Hannoveriſchen 1760., jetzt Prof.
zu Helmſtädt (oben §. 93. XV. S. 98.); 21) 1783. Joh.
Wilh. Roithan, geb. zu Dortmund 1760.; 22) 1785.
Joh. Fr. Ab. Kirſten, geb. zu Nebra 1755. (oben §. 149.
II. S. 200.); 23) 1786. Henr. Carl Alex. Hänlein,
geb. zu Anſpach 1762. (oben §. 149. III. S. 200.).

§. 181.

Auffer den bisher beschriebenen Anstalten zur Uebung im Predigen und Catechisiren ist seit dem Jahre 1783. zur Beförderung einer nützlichen Vorbereitung auf die wichtigsten Pastoralgeschäffte, besonders zur Uebung im populären practischen Religionsvortrage und in Privatunterhaltungen mit Kranken, wie auch in der dem Prediger und Seelsorger nothwendigen Menschenbeobachtung und Menschenkenntniß, noch ein eignes Pastoralinstitut, nach dem vom Prof. Sextroh angegebenen Plane, errichtet worden (a). Das königliche Stiftungsrescript vom 3. März 1783. und die Grundsätze der Einrichtung dieses Instituts sind in der Nachricht vom königlichen Pastoralinstitute S. 48—65. abgedruckt, und die dirigirende Aufsicht über dasselbe ist dermalen dem Prof. Sextroh anvertrauet.

Die ordentlichen Mitglieder dieses Instituts, deren Anzahl aus guten Gründen nicht über 12. steigen darf, verpflichten sich zu den bestimmten und erforderlichen öffentlichen und Privatreligionsvorträgen und Unterhaltungen mit den Kranken im hiesigen öffentlichen Krankenhause, nach der Anleitung und Anordnung des Professors der Theologie, der die Aufsicht über das Institut hat, wie zu einem wohlthätigen Berufsgeschäffte. An jedem Sonntage Fest- und Bußtage wird von einem Mitgliede des Instituts, Nachmittags von 3 — 4. in Gegenwart des Professors und der übrigen Mitglieder, zunächst für die Kranken und die übrigen Personen im Hospitale, in dem mittlern Saale des hiesigen Krankenhauses, eine öffentliche Andachtsübung gehalten. Nach derselben versamm-

(a) Hiervon sind die oben (§. 133. II. S. 185.) angeführten Sextrohischen Schriften Num. 1. 2. 6. nachzusehen, insonderheit die in der zweyten enthaltene Nachricht von diesem Pastoralinstitute.

sammlen sich der Professor und die Mitglieder in einem
besondern Zimmer zur Conferenz. Hier wird 1) das
Aeussere, der Anstand ꝛc. desjenigen, der den Vortrag
gehalten hat, beurtheilt. (Das Manuscript des Vortrags
selbst circulirt von dem Tage an unter den Mitgliedern zur
schriftlichen Recension. Diese übergibt ein jeder besonders
dem Professor als dirigirendem Aufseher, der dann wöchentlich in einer dazu bestimmten critischen Stunde die
Resultate aus diesen erhaltenen Critiken, und seine eigne
Bemerkungen über den Vortrag und jene Recensionen
mittheilt). 2) Ein jedes Mitglied, dem religiöse Besuche eines Kranken in der Woche, nach der gegebenen Anweisung, aufgetragen worden, stattet hier von dem Inhalte und der Art seiner Unterhaltung, und dem Resultate seiner dabey gemachten Beobachtungen, Bericht ab. 3)
Nach der Lage und Prüfung der Umstände, Bedürfnisse
und geäusserten Wünsche der vorhandenen Kranken werden ferner diejenigen Patienten, die Erinnerung, Beleh-
rung oder Ermunterung aus der Religion suchen, einzelnen Mitgliedern auf die Art angewiesen, daß sie diese den
Umständen und dem Character einer jeden Person angemessene Unterhaltungen, dem Hauptzweck des künftigen
Predigtamts gemäß, versuchen können.

Ausserdem hält der Professor, der die Aufsicht über
das Institut hat, den Mitgliedern desselben, und anderen
Zuhörern, noch besondere Vorlesungen über die ganze Pastoraltheologie, und gibt Anweisung und Gelegenheit zu
anderen Pastoralübungen. Diejenigen unter den Theolo-
giestudierenden, die in ihrem letzten academischen Jahre
oder Halbenjahre an diesem Institute Theil nehmen, müssen sowohl die wichtigsten theologischen Collegia schon gehört, als auch einige Versuche im öffentlichen Religionsvortrage gemacht haben.

b) Von

b) Von der Juriſten=Facultät und dem damit ver= bundenen Spruchscollegium.

§. 182.

Die Juriſten=Facultät (Th. 1. §. 124. S. 230.) hat ihre urſprüngliche Einrichtung unverändert behalten. Im weiteſten Verſtande gehören dazu alle öffentliche Leh= rer der Rechte, wenn ſelbige gleich als ordentliche und ausſerordentliche Profeſſoren unterſchieden ſind. Im en= gern Verſtande machen nur vier ordentliche Profeſſoren, unter welchen das Decanat jährlich abwechſelt, das Colle= gium aus, das die juriſtiſchen Promotionen, und was dazu gehöret, zu beſorgen hat. Das Spruchscollegium, das zur collegialiſchen Berathſchlagung über abzufaſſende Urtheile und rechtliche Bedenken, die von der Facultät verlanget werden, wöchentlich zweymal ſich verſamlet, beſteht ebenfalls aus vier ordentlichen Beyſitzern, wovon der erſte, als beſtändiger Ordinarius, die Direction füh= ret; es kann aber auch mehrere ordentliche und ausſeror= dentliche Profeſſoren oder auch nur Doctoren, die dazu beſonders ernannt werden, zu ausſerordentlichen Beyſitzern haben.

* I. Die ordentlichen Mitglieder der Juriſtenfacultät im engern Verſtande ſind nach denen, die im erſten Thei= le ſchon benannt ſind, noch folgende geweſen: 10) Chr. Fr. Ge. Meiſter 1773 — 1782.; 11) G. B. Becmann 1774 — 1783.; 12) v. Selchow 1782.; 13) Geißler 1783. 1784.; 14) Möckert ſeit 1784.; 15) Runde ſeit 1784.

○ II. In das Spruchscollegium ſind nach einander noch folgende Beyſitzer eingerückt: 13) G. B. Becmann ſeit 1774.; 14) von der Becke 1779.; 15) J. F. Eb. Böhmer 1780.; 16) G. J. F. Meiſter 1780.; 17) J. L. B. Böhmer 1780.; 18) Waldeck 1782.; 19) Geißler 1783.; 20) Martens 1783.; 21) Möckert 1784.; 22) Runde 1784.; 23) Brandis 1787. Die vier ordentlichen

Stel=

Stellen bekleideten 1) bis 1773. Gebauer, Ayrer, Böhmer, Pütter; 2) seit 1773. Ayrer, Böhmer, Pütter, Meister; 3) seit 1774. Böhmer, Pütter, Meister, Claproth; 4) seit 1782. Böhmer, Pütter, Claproth, v. Selchow; 5) seit 1783. Böhmer, Pütter, Claproth, Geißler; 6) seit 1784. Böhmer, Pütter, Claproth, Möckert. Unter den ausserordentlichen Beysitzern hat Runde die erste Stelle; die übrigen folgen nach der Zeit, wie sie eingerückt sind. Ehedem genossen nur die vier ordentlichen Mitglieder das Honorarium für die Ausarbeitungen; dieses kömmt aber jetzt auch den ausserordentlichen Beysitzern zu gute. Nur den sechsten Theil von jedem bekömmt der Ordinarius für die Revision. Das Honorarium setzt ein jeder für seine Arbeit selber an; doch kann es der Ordinarius nach Befinden mäßigen oder erhöhen. Im Ordinariate folgten 5) Ayrer 1773., nachdem er es schon in Gebauers letzten Jahren an dessen Stelle verwaltet hatte; dann 6) G. L. Böhmer seit 1774. Dem Actuarius Johann Henrich List († 1768.) ist sein Sohn Carl Friedrich Matthias List gefolget, der die Stelle noch jetzt bekleidet.

* III. Zum Facultätsarchive und zu der der Juristenfacultät eigenen Sammlung von juristischen Disputationen, Deductionen und Statuten ist jetzt ein eignes Zimmer unter dem neuen Bibliotheksaale an der äussersten östlichen Seite gewidmet.

---

c) Von der medicinischen Facultät und den damit verbundenen gelehrten Anstalten.

---

§. 183.

Die medicinische Facultät (Th. 1. §. 126. S. 232.) hat zwar in Ansehung ihrer Mitglieder manche Veränderung erlitten (a), sonst aber ihre ursprüngliche Ein-

(a) Durch Todesfälle entgiengen der medicinischen Facultät: 1768. Büttner; 1770. Vogel; 1772. Schröder;

Einrichtung behalten, und übrigens in den dazu gehörigen Anstalten, besonders dem botanischen Garten, einem
neuen der Chemie gewidmeten Gebäude, einem neu angelegten chirurgischen und Krankenhospitale, und einem ganz
neu gebauten Accouchirhause, seit einigen Jahren ungemein gewonnen.   Die Anatomie ist bisher unverändert
geblieben.

> 1773. G. G. Richter und Matthiä. Durch auswärtige
> Rufe verlohr sie 1782. Baldingern, der seit 1773. zur ersten
> Stelle hieher berufen war, und 1785. Franken, der seit
> 1784. die vierte Stelle bekleidet hatte. Seitdem besteht
> die Facultät, wie aus obigem zu ersehen ist, aus Murray,
> Wrisberg, Richter, als den eigentlichen ordentlichen Mit-
> gliedern, unter welchen das Decanat abwechselt, dann aus
> Gmelin, Blumenbach, Stromeyer, Fischer, als ordent-
> lichen, und Arnemann, als ausserordentlichem Professo-
> ren.

§. 184.

Der botanische Garten (Th. I. §. 128. S. 235.)
hat sich seit dem Jahre 1769., da der gegenwärtige Professor der Botanik, Hofrath Murray, die Aufsicht darüber erhielt, beides der innern Einrichtung und der Zahl
der Gewächse nach), wie auch in Rücksicht seiner oeconomischen Verfassung ungemein verändert. Insonderheit waren die Menge der Gewächse, Ordnung in der Aufstellung
und so viel Zierde und Reinlichkeit, als ohne großen
Geldaufwand sich erreichen läßt, die Absichten, worauf
alle dessen Neuerungen abzielten.

Der ehemalige eingeschränktere Vorrath von Gewächsen hatte es verstattet, einen beträchtlichen Theil des Gartens nach Osten hin, zum Vortheil des Gärtners mit Kü-
chengewächsen besetzen zu lassen, auch ihm, selbst zwischen
den botanischen Feldern, einige zu dergleichen Gewächsen
einzuräumen. Es schien aber der Würde und Bestimmung
eines

eines botanischen Gartens gemäßer, auch diese Plätze zum botanischen Gebrauch anzuwenden. Daher dann diese insgesammt mit dem übrigen Garten in unmittelbare Verbindung gesetzt wurden. Und da es bis dahin dem Garten an einem Bosquet gefehlt hatte, die Kenntniß der Bäume und Stauden gleichwohl eben so gut zum Kreise des botanischen Unterrichts gehört, als die Kenntniß anderer Gewächse, daneben auch dergleichen Anlagen wegen Mangels an Raum in den mehresten academischen Gärten vermißt werden, und überhaupt in den spätern Jahren einen besondern Beyfall erhalten; fieng man schon 1769. an ein solches Wäldchen nach Englischem Geschmack an der Ostseite anzulegen. Dieses ist gegenwärtig, besonders an Nordamericanischen Gewächsen dieser Art reich; auch sind Cabinette, Rasenplätze, Portäle u. s. w. darin an dienlichen Stellen angebracht. Noch später hat der botanische Garten durch die Verbindung mit einem benachbarten fremden eine beträchtliche Erweiterung gewonnen, davon ein Theil zur Ausdehnung des Bosquets, ein anderer zu Pflanzenfeldern verwandt wird.

Wie durch die Erweiterung des Gartens für die Unterbringung mehrerer Gewächse, welche im Freyen stehen können, gesorgt worden ist: so hat das in eben dem Jahre 1769. errichtete Treibhaus die Vermehrung des Gartens mit Gewächsen der wärmsten Climate möglich gemacht. Denn das alte Treibhaus war zu klein, baufällig und nicht der verschiedenen Temperatur der warmen Himmelsstriche angemessen. Jetzt war aber Gelegenheit die Gewächse des warmen Indiens (caldarium) von den Africanischen und den mit ihnen gleiche Wärme erfordernden (tepidarium) durch eine Scheidemauer zu trennen, und beide Arten durch Verschiedenheit der Ofencanäle und andere Hülfsmittel fortzubringen. Die Gewächse der warmen Länder von Europa behalten aber denjenigen Winter-
auf

aufenthalt (frigidarium), den sie von Anfang an einge=
nommen hatten, nehmlich in dem untersten Stockwerk des
angränzenden anatomischen Gebäudes. Nun wurden auch
Thermometer überall in den Häusern eingeführt (a).

Ferner war nöthig, neue Treibbeete von mancherley
Einrichtung und Höhe nach der verschiedenen Grösse der
Gewächse anzulegen. Die Pflanzenbeete im Freyen sind
jetzt nicht breiter, als daß nur eine Reihe Gewächse be=
quem darauf stehen kann, welches zum Gedeihen derselben
viel beyträgt, und auch die Untersuchung der Gewächse
sehr erleichtert. Bey dieser Veranstaltung hat man auch
die dazwischen laufenden Gänge so breit machen können,
daß eine beträchtliche Zahl Zuhörer bey den Demonstra=
tionen ohne Verletzung der Beete oder gar der Gewächse
selbst Platz findet. Doch werden mehrentheils die Ge=
wächse im Hörsaale demonstrirt, da man dann durch
schlimme Witterung nicht gehindert wird fortzufahren,
und da ferner mancherley erhebliche Erläuterungen durch
Zeichnungen, Bücher, trockene Pflanzen u. s. w. sich kön=
nen anbringen lassen, auch die Gefahr der zufälligen Be=
schädigung verringert wird, und die lernbegierigen einan=
der nicht den Prospect nach dem zu untersuchenden Ge=
genstande verhindern können. Die im Lande stehenden per=
ennirenden Gewächse wurden sogleich 1769. nach Linnäi=
scher Ordnung aufgestellt, wodurch die Kenntniß des
Pflanzensystems ungemein erleichtert wird, und selbst der
einzelnen Gewächse. Bey den einjährigen, und zweyjäh=
rigen,

(a) Eine nähere Beschreibung von der Einrichtung des
neuen Gewächshauses und den Grundsätzen, denen man
bey Neigung der Fenster und Erbauung der Candle gefolgt
ist, lieset man in Hofrath Murrays Prodr. designationis
stirp. Goetting. S. 105. u. folg. wovon auch von man=
chen anderen Verfassungen bey hiesigem Garten Nachricht
gegeben wird, die hier zu erörtern weder der Raum noch
die Absicht verstattet.

rigen, ingleichen bey Bäumen und Gesträuchern läßt sich
diese Ordnung wegen mancherley Hindernisse nicht mit so
großer Strenge einführen. An den überall in den Töpfen
und im Lande beygesteckten platten Stäben ist die Dauer
der Gewächse, der in den Gewächshäusern und im Garten erforderliche Standort nebst einer Numer angezeich-
net. Diese hat allerdings Beziehung aufs Linneische System, überhebt jedoch nicht den Forschenden der Mühe einer eigenen nützlichen Vergleichung der Pflanze mit dem
Buche, da im Gegentheil durch die Beyzeichnung der Namen bey manchem Lehrling leicht die ganze Botanik in ein
bloßes Gedächtnißwerk ausartet, und mancherley Mißbräuche einzuschleichen pflegen. Die Einfassung der Pflan-
zenfelder von niedrig geschnittenen Hecken, wie aus der
staudenartigen Potentille, aus der Tartarischen Lonicere, der
Spiräe mit Weidenblättern u. s. w. schien anfänglich die
Zierde und Sicherheit befördern zu können; wie man aber
bemerkte, daß sie durch die Ausbreitung ihrer Wurzeln
und ihren Schatten den nebenstehenden Pflanzen nachtheilig fielen, wurden sie abgeschafft.

Daß man bey der Wahl der Gewächse daselbst jetzt
keine Vorliebe für gewisse Gattungen blicken läßt, versteht sich von selbst. Man sammlet sie aus allen Weltge-
genden begierigst. Doch ist man genöthigt, zur Erspah-
rung des Raums von den benachbarten wildwachsenden der
Göttingischen Flora sich nur auf solche einzuschränken,
welche zur Anfüllung einiger Lücken in der systematischen
Reihe dienen können, oder welche sich durch die Anwendung in der Medicin oder Oeconomie, die bey den Vorlesungen umständlich erörtert wird, auszeichnen. So findet das Pfaffenblatt (Taraxacum), der Huflattich (Far-
fara), die gemeine große Nessel (Vrtica dioica), der Lein-
dotter (Myagrum satiuum) u. s. w. eben so wohl einen
Platz in dem hiesigen botanischen Garten, als die reizend-
ste

ste Prachtpflanze des Orients. Beides für die officinellen und oeconomischen Pflanzen bestimmt die systematische Verwandtschaft die Stelle, und dadurch wird der Lehrling wider Verwechselungen der Gattungen am besten gesichert; und wenn er gleich anfänglich nur mit der Begierde die nothdürftigsten Pflanzen kennen zu lernen den Garten betritt, verläßt er ihn zu Ende des Sommers mit der Kenntniß aller oder doch der mehresten vorräthigen Gewächse unvermerkt bereichert. Doch pflegt der jetzige Lehrer der Botanik zu desto größerer Bekanntschaft mit den Arzney- und Haushaltungskräutern zu verschiedenen Zeiten die Untersuchung derselben ins besondere in dem Garten mit den Zuhörern zu wiederholen. Ausländische Gräser finden sich hier in beträchtlicher Menge. Von blüthenlosen Gewächsen enthält der Garten nur allein einige Farrenkräuter, da bekannter maßen die anderen nicht leicht durch Cultur sich fortbringen lassen. Desto zahlreicher ist der Garten an den eigentlich so genannten Pflanzen (Plantae).

Seit dem Jahre 1769. hat die Zahl der Gewächse sich ungemein vermehrt, und dieses nur selten durch Ankauf, sondern fast allein theils durch die gänzlich uneigennützige Willfahrung gefälliger Correspondenten, theils durch den unter Botanisten sonst üblichen Pflanzentausch. Zu Anfang dieser Epoche mußte man freylich die Begierde auf die letztere Weise den Garten zu bereichern etwas einschränken, in der Folge aber hat es besser geglückt. Die auf alle Aeste der Wissenschaften mit gleichem Eifer und Huld gerichtete Vorsorge des Herrn Premierministers von Münchhausen weihete gleichsam das neue Gewächshaus durch eine Menge seltener Gewächse aus dem Herrenhäuser-Garten ein. Der zum Bosquet bestellte Platz wurde bald angefüllt, da der Herr Landdrost Otto von Münchhausen und der Herr Hofrichter von Veltheim so reichliche Beyträge an Bäumen und Stauden ertheilten, und auch die Nachbarschaft des Hessischen Weissensteins die vortreffliche

Gele=

Gelegenheit verschaffte eine Menge Gewächse dieser Art ohne merkliche Störhung der Vegetation einzupflanzen. Der jetzige Herr Stiftsamtmann Oeder verschaffte dem Garten durch die in den ersten Jahren dieser Zeit jährlich zu mehreren Hunderten mitgetheilten Saamen, besonders von Gewächsen, die im Freyen stehen können oder solchen die aus den wärmeren Ländern unsers Europa her sind, einen merklichen Zuwachs. Manche der angesehensten botanischen Gärten, als der zu Paris, Kew, Upsala, Copenhagen, Wien, Pavia, sind noch immer ergiebige Quellen für den hiesigen; so wie der Herrenhäusergarten noch kürzlich, durch des Herrn geheimen Cammerrath von Hake Güte, den hiesigen bereichert hat. Nordische Pflanzen hat man mehreren Schwedischen Kräuterkennern, dem ältern Herrn von Linne' und den Herren Bergius und Thunberg zu verdanken; namentlich Sibirische dem Herrn Pallas, der selbst von seiner Reise eine große Menge übersandte, und in der Folge dem Herrn Baron von Asch; Schweizerische dem Herrn von Haller, und den Herren Joh. Gesner, Dick, Locher, Scheuchzer; Französische den Herren Cüsson in Montpeillier, de la Tourrette in Lyon, Thouin in Paris; Italiänische den Herren Brunelli zu Bologna, Zuccagni zu Florenz, Scopoli zu Pavia. Nicht weniger sind eine Menge in ihrem Vaterlande gesammlete Saamen aus entfernten Welttheilen eingelaufen, wie eine sehr beträchtliche Zahl aus Nordamerica besonders von Bäumen und Stauden, die der Herr Hauptmann von Wangenheim während seines Aufenthalts daselbst überschickte, auch andere von dem dortigen Botanisten Bartram durch Herrn Sibthorp den ältern. Ostindische Sämereyen besonders von der Gegend um Tranquebar, die Herr König gesammlet, sind mehrmals durch Herrn Otto Fr. Müller, Herrn Wiborg und andere Dänische Botanisten, wie auch durch Sir Joseph Banks, dem Garten zu Theil worden; eben so Jamaicanische durch eben denselben. Auch sind ihm mehrere der in den letzteren Jahren von berühmten Männern

nach

nach weit entlegenen Ländern unternommenen Reisen in so
ferne zu gute gekommen, wie auffer der schon erwehnten
des Herrn Pallas, die dritte Reise des Capit. Cook um
die Welt, wovon Baronet Banks über 200 auf Neu-
Seeland, Otaheite, auf dem Lande Diemeni, der Insel
Tongatabu, der Desolationsinsel, auf Macao, dem Vor-
gebürge der guten Hoffnung, O s w h y s h e e, Unalaschka,
Kamtschatka, an der Meerenge Norton, gesammlete
Saamen übersandt; des Herrn Dombey Reise nach Peru;
des Herrn de la Martiniere mit Herrn de la Peyrouse bey
der angefangenen Reise um die Welt auf der Tenerisinsel
abgestatteter Besuch. Viele der angeführten Kräuterken-
ner haben den Garten auffer den nach dem Vaterlande hier
bestimmten Gewächsen mit einer Menge anderer gemisch-
ter in Saamen, Wurzeln oder Pflanzen vermehrt. Von
dieser Seite zeichnen auch die geschriebenen Jahrbücher des
hiesigen Gartens mit Dankbarkeit die Namen eines Alton,
Andred, Bassi, Gleditsch, Kölpin, Ludwig, Martini,
Medicus, Meyer in Stettin, Pohl, Pott, Reichard,
Rottböll, du Roi, Salzwedel, Schreber, Spielmann,
Storr, Taube, Thouin, Weber, Wedemeyer, Weigel,
an, auffer vielen anderen Freunden der Kräuterkunde, die
mit einer kleinern Zahl Gewächse zu Hülfe gekommen sind.
Hätten alle diese Beyträge ihr Gedeihen gehabt: so wären weder der botanische Garten noch die Gewächshäuser
im Stande, sie insgesammt zu faffen, und vielleicht machte der hiesige Garten einem jedweden andern den Rang,
der Zahl und der Seltenheit der Pflanzen nach, streitig.
Allein die Natur hat ihre Eigenheiten. Bald fehlt es den
gesammleten Saamen an der gehörigen Reife, bald ist
ihnen bey langen Reisen Feuchtigkeit, Hitze und Kälte
nachtheilig; läßt sich die Temperatur der Luft auch nach-
ahmen, so trifft man doch nicht immer den gehörigen Boden und Standort. Und wie viele noch jetzt unbekannte
Einflüsse hindern den Wachsthum oder zerstöhren Gewächse,

se, welche die beste Hoffnung gaben, ohne auf schädliche
Insecten und unerwartete, unüberwindliche Unglücksfälle
von Witterung u. s w. zu rechnen. Dieses alles abgezogen, besitzt der hiesige Garten doch einen solchen Reichthum, daß er mit den mehresten anderen ausgezeichneten
wetteifern kann, und daß man genöthigt ist, verschiedentlich die sonst nur der Zierde gewidmeten Blumenrabatten
mit botanischen Gewächsen zu besetzen, und manche Felder
wider den ersten Vorsatz doppelt zu bepflanzen. Daß der
Garten auch viele neu entdeckte Pflanzen besitzt, ersieht
man aus den vieljährigen vom Hofrath Murray in den
Abhandlungen der Göttingischen Societät der Wissenschaften und verschiedenen anderen seiner Schriften gelieferten
Beobachtungen, deren viele mit Abbildungen zur Bewäh-
rung der Sache begleitet sind.

Zur oeconomischen Verfassung des Gartens kömmt
demselben sehr zu statten, daß der Professor der Botanik
unmittelbar neben dem Garten wohnt, ohne welche Lage
niemals weder für die Wartung und Sicherheit der Pflanzen hinlänglich gesorgt werden, noch die Demonstrationen
gehörig geschehen können, auch die botanischen Beobachtungen sehr erschwert werden. Des Gärtners Wohnung
gränzt ebenfalls an den Garten. An Nebengemächern
zur Aufbewahrung des Holzes, der Gartengeräthschaft
und zum Schnitzen fehlt es auch nicht. Der Gärtner hat
das ganze Jahr durch einen Gesellen zum Gehülfen. Zu
den gröbern Arbeiten werden Tagelöhner angenommen,
deren Zahl nach der Nothdurft verschieden ist. Zu den
kleineren Ausgaben ist eine gewisse jährliche Cultursumme
angeschlagen, die aber bey ausserordentlichen Fällen von
königlicher Regierung vermehrt wird. Die gewöhnliche
Zeit, da der Garten von den Studierenden besucht wird,
sind im Sommer die Abendstunden von 5. bis 7. Uhr,
den Sonnabend ausgenommen.

R

§. 185.

§. 185.

Zum anſchaulichen Vortrage der Chymie iſt 1783. auf dem Plaße des zur ehemaligen Kreuzpfarre gehörigen Gartens ein eigenes Gebäube errichtet, das nebſt einer geräumigen Wohnung für den jedesmaligen Profeſſor der Chymie eine große chymiſche Werkſtätte enthält. Dieſes chymiſche Laboratorium liegt gegen Mittag, hat auf zwey Seiten Fenſter, und bey einer Breite von Weſten nach Oſten von etwa 40. Schuhen eine Tiefe von 20.; es iſt mit einer anſehnlichen Menge von Werkzeugen verſehen, und in der Mitte der Breite nach entzweygetheilt, ſo daß auf der einen Seite unter einem geräumigen Mantel nebſt der Eſſe die übrigen Oefen ſtehen. An das Laboratorium ſtößt nach Mitternacht zu der Hörſaal, ſo daß in den alle halbe Jahre zu haltenden Vorleſungen der Vortrag ſogleich durch Verſuche erläutert werden kann. Zwiſchen beiden ſind zwey Kammern; die eine iſt zur Aufbewahrung derjenigen Werkzeuge, Oefen und anderer Geräthſchaften beſtimmt, die nicht alltäglich gebraucht werden; hier iſt z. B. die Parkeriſche Glasgeräthſchaft zur Sättigung des Waſſers mit feſter Luft, Fontana's Eudiometer, Göttlings Geräthſchaft zur Miſchung der Knallluft und zur Anwendung der dephlogiſtiſirten auf Verſtärkung des Feuers und andere zu Verſuchen mit Luftarten nöthige Werkzeuge, ferner Weigels Kühlgeräthſchaft, eine Kornwage, ein Probierofen, ein Boerhaaviſcher, Wedeliſcher Ofen u. b. gl. Die andere Kammer dient zur Aufbewahrung der Materialien und Präparate, ſowohl ſolcher, die zur reinen, als ſolcher, die zur pharmaceutiſchen und techniſchen Chymie gehören, auch iſt bereits der Anfang einer Sammlung von Hüttenproducten, vorzüglich vom Harze, und von Ofenmodellen gemacht.

§. 186.

§. 186.

Die zum Unterrichte in der Hebammenkunst schon im Jahre 1751. zuerst in Gang gebrachte Anstalt Th. 1. §. 129. S. 236.) hat seitdem eine vorzüglich veränderte und sehr erweiterte neue Einrichtung bekommen, wovon ich mit Beziehung auf zwey beygefügte Risse des dazu gewidmeten ansehnlichen neuen Gebäudes (Num. III. IV.) folgende nähere Nachricht geben kann.

Weil das anfangs zur Accouchiranstalt gewidmete Hospitalgebäude theils zu eingeschränkt, theils zuletzt ganz baufällig war; wurde von der königlichen hohen Landesregierung, besonders durch die preiswürdige Vorsorge des Herrn Großvogts von dem Bussche Excellenz; seit dem Jahre 1782. Bedacht darauf genommen, zu dieser Anstalt, von der man sich einen auf das ganze Land wirksamen Einfluß versprechen konnte, ein eignes zweckmäßiges Gebäude, das zugleich der Stadt und Universität zur Zierde gereichen könnte, aufführen zu lassen, wozu selbst von hochlöblicher Landschaften wegen beträchtliche Geldbeyträge bewilliget wurden. Unter verschiedenen von mehreren Kunstverständigen in Vorschlag gebrachten Rissen ward endlich einem durch geneigte Verwendung des Herrn Hofrath Steins zu Cassel vom Chevalier de Nerciat verfertigten sehr ausführlichen Risse der Vorzug vor den übrigen zuerkannt, und die Ausführung desselben mit Hinweglassung aller zu kostbaren und entbehrlichen Verzierungen beschlossen. Da aber noch ausserdem das zum Bau bestimmte Terrain einige Abänderungen des besagten Risses nothwendig machte, so erhielt der Universitäts-Architect Vorheck den Auftrag, obigen Riß in so weit abzuändern, als es die Umstände erforderten.

Der auf solche Art erwachsene Generalplan der ganzen aus einem Hauptgebäude und zwey Flügeln bestehenden

An-

Anlage mit der innern Einrichtung des Erdgeschosses (Rez
de Chaussée) ist auf No. III. Tab. I. enthalten. Das
Hauptgebäube (Corps de Logis) hat eine Länge von 114.
Fuß; die Tiefe (durch die Hauptthüren gemessen) beträgt
64. Fuß. Die Länge eines jeden der beiden Giebel- oder
schmalen Seiten ist mit den Vorsprüngen 90. Fuß. Ein
jeder Flügel aber hat 60. Fuß Länge und 27. Fuß Tiefe.
Zwischen den beiden Flügeln ist der Vorhof befriedigt.
In der Mitte dieser Befriedigung befindet sich zwischen
zwey kleineren Pforten zum gewöhnlichen Eingange ein
großes Thor zum Auffahren; so wie ein zweytes zum Aus-
fahren im Hinterhofe zwischen dem Haupt- und Remisen-
Gebäude an der Nordseite befindlich ist.

Die Souterrains enthalten auf der einen Seite zwey
große geräumige helle Keller, jeden von 45. Fuß Länge
und 14. Fuß Tiefe im Lichten; auf der andern entgegengesetzten Seite aber zwey beträchtliche tiefe Cloakgewölbe.

Die Höhe des Erdgeschosses beträgt 13. Fuß im Lichten;
die Zimmer desselben laufen in zwey Reihen, zwischen ihnen ist eine Flur (vestibule) von 24. Fuß breit, in deren
Mitte ein runder freyer mit vier ganzen und vier halben
Säulen umgebener Platz befindlich ist, welcher gleich dem
Eingang durch das Hauptthor 21. Zoll niedriger als die
übrige Flur liegt. Beides ist des Durchfahrens wegen so
eingerichtet; und daher auch die zwischen den Sockeln der
Säulenfüße angeordneten drey Stuffen, die aus gehauenen
Quadern bestehen. Sieht das Auge aus dem Mittelpunct in die Höhe, so erscheint eine durch alle Etagen des
Gebäudes durchgehende runde Oeffnung von 10. Fuß im
Durchmesser, welche auf jedem Gebälke in Brustungshöhe
mit ordnungsmäßigen Geländerdecken versehen ist, und sich
unter dem Gebälke im Dachwerk als ein dôme oder Kup-
pel endigt. Diese letztere Einrichtung verschafft dem Innern des Gebäudes ausser einem Ueberfluß von Licht und

Helle

Helle den ungehinderten beständigen Zugang der freyen frischen Luft; wie solches mit Recht zu den wesentlichen Eigenschaften eines zweckmäßig eingerichteten Hospitals gezehlt wird. Im hôtel Dieu zu Lyon und im neuen Werkhuis zu Amsterdam sind vor einigen Jahren schon ähnliche Einrichtungen nicht ohne großen Vortheil getroffen worden. Die Haupttreppe liegt, wenn das Auge im Mittelpunct des runden Plaßes bleibt, nach Süden; und zwar fängt sich ihr Antritt in der Breite der freystehenden Säulenweite an, und ihr Austritt endigt sich in gleicher Breite in das erste Geschoß (au premier). Dieses Geschoß ist 15. Fuß hoch in Lichten. Die im weiten Zirkel gestellten Säulen sind aus der Jonischen Ordnung, so wie die im zweyten aus der Corinthischen; beide ruhen auf den untersten Säulen Dorischer Ordnung.

Die beygefügten Plane No. III. Tab. I. und Tab. II. zeigen die innere Vertheilung des Ganzen mit der Verbindung der Zimmer unter einander besser und deutlicher, als eine weitläuftige Beschreibung. Im zweyten Geschoffe (au second), deffen Höhe 13. Fuß im Lichten beträgt, herrscht die gleiche Vertheilung der Zimmer, daher ein anderweitiger Grundriß davon als unnöthig hier weggelaffen ist. Auch das Aeußere des Gebäudes wird nur einer ganz kurzen Erklärung bedürfen, da auf No. III. Tab. I. die Aufriffe von den Hauptfronten befindlich sind. Das Erdgeschoß ist nehmlich durch eine Gesimsgurte, so wie das erste Geschoß (premier Etage) durch eine glatte Gurte von dem folgenden abgesondert. Die Ecken der verschiedenen Vorsprünge sind mit Bundquadern, von welchen die längern um einen halben Zoll über die kürzern hervorspringen, eingefaßt. Das Kranzgesims ist nach Jonischer Ordnung bestimmt. Die senkrechte Höhe des Dachs macht den dritten Theil von der Tiefe aus. Das Dach selbst ist mit so genannten Biberschwänzen oder Ochsenzungen gedeckt.

R 3

Da

Da beym Anfange des Baues selbst die Hoffnung, auch die beiden Flügel bald mit dem Hauptgebäude vereinigt zu sehen, noch nicht so nahe war; so mußte vorzüglich darauf Rücksicht genommen werden, daß in das Hauptgebäude vors erste alles das angebracht wurde, was eine ihrer Bestimmung für den practischen Unterricht getreu eingerichtete Accouchiranstalt nothwendig zu erfordern schien. Die Zahl der Bette für Schwangere und Kindbetterinnen wurde daher auf 16. gesetzt, und die Eintheilung des Raums so gemacht, daß der untere Theil des Gebäudes lediglich für die Bedürfnisse der Haushaltung, als Wohnung für den Verwalter, für die Hebamme des Hospitals und für die des Unterrichts wegen aus dem Lande hieher geschickten angehenden Hebammen bestimmt wurde, mit den nöthigen Speise- und Vorrathskammern, Küche rc. In den mittlern Theil hingegen kommen, das geräumige Entbindungszimmer mit zu beiden Seiten desselben gelegenen und durch Seitenthüren verbundenen zwey Kindbetterinnen-Stuben, ferner der Saal zu den Vorlesungen mit zu beiden Seiten gelegenen nicht communicirenden zwey Stuben für die Schwangern, und endlich ist hier noch ein besonderes Zimmer für die Wärterinn der Kindbetterinnen nicht zu vergessen. Jedes der für Schwangere und Kindbetterinnen bestimmten Zimmer hat doppelte Thüren, einen Ofen und ein Camin; keines enthält mehr als 2. bis 3. einschläfrige Betten. Die Bettstellen werden von Eisen nach einem neuen Englischen Modell ungemein bequem eingerichtet werden; sie werden (so wie auch schon in der bisherigen Interims-Anstalt) mit weissen linnenen Vorhängen und statt der Federbette mit Pferdehärnen Matratzen und weissen wollenen Decken versehen werden. Statt der Wiegen und der noch gefährlichern Gewohnheit die neugebohrnen Kinder neben den Müttern in das Bett zu legen, dienen kleine mit wollenen Decken und Matratzen (mit geschnittenem Stroh gefüllt) versehene Bette, die an die
grö-

größern angestellt werden können, und für zwey neugebohr-
ne Kinder hinreichenden Raum haben. Die Fenster eines
jeden dieser Zimmer sind (so wie die des Gebäudes überhaupt) von aussen mit Jalousien und von innen mit grü-
nen Rouleaus versehen.

Den obern Theil des Gebäudes bewohnt der jedesmalige öffentliche Lehrer der Entbindungskunst, dem zugleich
die alleinige Aufsicht über die ganze Anstalt anvertraut ist.
Ihre Einrichtung ist daher nach den Bedürfnissen einer
Privatwohnung gemacht.

Durch den Anbau der beiden Flügel wird nun noch
hinreichender Raum für 12. bis 14. Bette mehr verschafft,
und folglich die möglichste Vervollkommnung der Anstalt
nicht wenig dadurch befördert. Denn eben das letztere,
die für den practischen Unterricht so vortheilhafte Vergrößerung und Ausbreitung der Accouchir-Anstalt, ist
der Hauptzweck der beiden Flügel.

Bis das Hauptgebäude, welches am 17. Sept. 1785.
mittelst feierlicher Legung des Grundsteins angefangen,
und im Monath October 1787. bis unter das Dach gebracht worden, bezogen und bewohnt werden kann, hat
eine hohe königliche Regierung den daher entspringenden
Unbequemlichkeiten für die Universität dadurch vorzubeu-
gen gesucht, daß sie schon im August des Jahres 1785.
dem Professor Fischer die Errichtung einer Interims-Anstalt zum Behuf des Unterrichts in der Gebuhrtshülfe
aufgetragen hat. Diese Anstalt in einem hiesigen Privat-
gebäude ist am 5. October 1785. zuerst eröffnet worden,
und hat schon solchen erwünschten Fortgang gehabt, daß
von jenem Tage an bis Anfang Dec. 1787. ein und achtzig
Frauenspersonen daselbst glücklich entbunden worden sind.
Es geniessen aber die Frauenspersonen, die ihre Entbin-
dung im Accouchirhospitale halten, ausser mehreren Vor-

rechsrechten und Freyheiten, der besten Warte und Pflege, und sind von allen weiteren Kosten, auch denen bey der Taufe ihrer Kinder durchaus frey. Eine besoldete Hospitalshebamme sowohl als noch eine die Stelle einer Wärterinn und Magd versehende Frauensperson stehen dabey unter der Aufsicht des oben gemeldeten Lehrers.

Noch muß erinnert werden, daß in dieser neuen Interims=Anstalt auch bereits mehrere Frauen als Hebammen für hiesige Gegend sowohl als auch für das Ausland angezogen und unterrichtet worden sind. Der Cursus in der Hebammenschule ist vierteljährig, und geht jedesmal von Weynachten bis Ostern und von Johannis bis Michaelis. Der Anfang des Unterrichts und nähere Umstände pflegen allemal vier Wochen zuvor durch die öffentlichen Blätter bekannt gemacht zu werden.

§. 187.

Noch fehlte bisher ein chirurgisches und Kranken= Hospital, um sowohl in der Wundarzney als der innerlichen Heilkunde mehr anschauende und selbstübende practische Anleitung geben zu können. Diesem Mangel abzuhelfen ist seit dem Jahre 1780. vorerst ein am Ende der Stadt (unmittelbar am Geismarthore) gelegenes geräumiges Haus bestimmt. Darin sind bisher 15. Bette gewöhnlich immer mit chirurgischen oder anderen Patienten besetzt. Diese werden gleich bey ihrem Eintritt ins Hospital erst mit anderer reinlichen Kleidung (die bey Verlassung des Hospitals wieder mit der eingebrachten vertauscht wird,) sobann auch mit Nahrung, Arzneyen und Hülfleistung unentgeltlich versehen. Doch sind immer ein Paar Zimmer in Bereitschaft, wo auch vermögende Kranke für mäßige Bezahlung chirurgische und medicinische Hülfe, Pflege, Wartung und Kost haben können. Zum Director dieses Hospitals ist gleich 1780. der Hofrath Richter

er=

ernannt worden, der wöchentlich zwey Stunden Nachmittags das Hospital besucht, und von Zeit zu Zeit vorfallende Operationen verrichtet. Die Stelle eines Hospitalarztes, welche 1780 — 1784. der jetzige Bergmedicus D. Böhmer versehen hatte (oben §. 95. III. S. 106.), bekleidet seitdem der Professor Stromeyer, der täglich in einer Frühstunde das Hospital besucht. Ausserdem ist ein Krankenwärter und eine Krankenwärterinn bestellt, und noch eine Frau zur Hülfe. Den Verband der Kranken und andere chirurgische Hülfleistungen besorgen die hiesigen Wundärzte, monathlich unter einander abwechselnd, unentgeltlich. Dagegen werden auch ihre Gesellen und Lehrburschen bey den Operationen unentgeltlich zugelassen. Hiesige Studierende, welche diese Anstalt benutzen, bezahlen einen mäßigen Beytrag zu der Casse, wovon das Hospital unterhalten wird. Sie wohnen alsbann täglich den Krankenbesuchen und vorfallenden Operationen bey, und werden nach und nach angeleitet, selbst Operationen zu verrichten, und sowohl Krankheiten zu beurtheilen als Arzneyen zu verordnen. Von den zugleich hiermit in Verbindung gesetzten Pastoralübungen für Theologiestudierende ist oben schon das nöthige gesagt worden (§. 181. S. 246.).

° Seit dem May 1781., da eigentlich das Krankenhaus eröffnet wurde, sind überhaupt bisher (d. i. bis im Dec. 1787.) 667. Kranke aufgenommen worden, von denen 22. an hitzigen, und eben so viele an chronischen Krankheiten verstorben, und nur wenige ungeheilt entlassen sind. Die Zahl der verstorbenen würde noch geringer seyn, wenn man nicht vorzüglich solche Kranke aufnähme, die mit seltenern oder wichtigeren und gefährlicheren Krankheiten behaftet sind.

———————

d) Von

d) Von der philoſophiſchen Facultät, und den in deren verſchiedene Fächer einſchlagenden ge=
lehrten Anſtalten.

§. 188.

Die philoſophiſche Facultät (Th. 1. §. 132. S. 238.) hat in ihrer Einrichtung ſeit einigen Jahren nur in ſo weit eine etwas veränderte Geſtalt bekommen, daß kein Mitglied derſelben mehr zugleich in einer der übrigen Facultäten angeſetzt iſt, wie ſonſt mit Ribow, Walch, Treuer, Achenwall, G. B. Becmann, Segner ehedem der Fall geweſen war, auch auf anderen Univerſitäten nicht ganz ungewöhnlich iſt. Je verſchiedener aber die Fä= cher ſind, die man zu dieſer Facultät zu rechnen pfleget, je beträchtlicher ſind die Veränderungen, die mit den dazu gehörigen Anſtalten zu ihrem großen Vortheile vorgegan= gen ſind.

§. 189.

Das Obſervatorium (Th. 1. §. 133. S. 238.) hat folgende Veränderungen erhalten. Bey deſſen anfäng= licher Einrichtung ließen ſich vor= und nachmittägige Son= nenhöhen zu Beſtimmung der Zeit des Mittags nicht oh= ne große Beſchwerlichkeit und viel Zeitverluſt nehmen; der Quadrant mußte zu dieſer Abſicht, nachmittags an eine an= dere Stelle als vormittags, faſt um den vierten Theil des Umfangs verrückt werden. Königliche Regierung ge= nehmigte daher einen Anbau, an der ſüdlichen Seite, wo ein Quadrant zu dieſer Abſicht ſtehen bleibend und nur ge= dreht kann gebraucht werden. Weil es auch ſowohl zu Prüfung der Werkzeuge, als auch zum Gebrauche eines zweyten vorhandenen Quadranten dienlich war, eben der= gleichen Bequemlichkeit an der Nordſeite zu haben, ſo
warb

warb auch da ein Anbau verwilliget. Dieſes iſt 1782.
u. f. Jahre vom Architect Henrich Oppermann ausge=
führt worden, der wegen ſeiner aſtronomiſchen Kenntniſſe,
Geſchicklichkeit und Eifers im Obſerviren, hiezu gewehlt
wurde.

* Die Mayeriſchen Zeichnungen vom Monde, und die
Manuſcripte, welche im J. Th. §. 133. VII. S. 241.
erwehnt werden, ſind auf hohe Verordnung dem Profeſſor
Lichtenberg übergeben worden, da derſelbe Mayers unge=
druckte Werke herausgeben ſollte. Den davon gemachten
Gebrauch zeigen Tob. MAYERI *opera inedita* vol. I. Goett.
1771. Da iſt auch das Sternverzeichniß gedruckt, das
a. a. O. (§. 133. IV. S. 240.) erwehnt wird.

§. 190.

Die Beſorgung der auf der Sternwarte befindlichen
Werkzeuge iſt von königlicher Regierung dem Univerſitäts=
Opticus, Johann Zacharias Gotthard, unter Aufſicht
des Hofrath Käſtners anvertrauet. Nach einem von er=
ſterem entworfenen und von letzterem geprüften und gebil=
ligten Verzeichniſſe hat das Obſervatorium auſſer den ſchon
im erſten Theile (§. 133. IV. S. 239. u. f.) beſchriebe=
nen Werkzeugen noch folgenden beträchtlichen Zuwachs er=
halten:

1) Ein Gregorianiſches Spiegel=Teleſcop von James
Short 20. Zoll lang, mit zweyerley Ocular=Röhren;
auſſer dem daran befindlichen kleinen Spiegel, iſt noch ein
zweyter zu ſtärkeren Vergrößerungen dabey; ein Geſchenk
von des verſtorbenen Herzogs von York königlicher Hoheit.

2) Eine Uhr mit Roſtförmigem Pendel, nach Har=
riſon's Erfindung, von John Shelton zu London. Daß
dieſe Uhr ihrer Abſicht gemäß, von Wärme und Kälte
ihren Gang nicht merklich ändert, haben beſtändige Beob=
achtungen verſichert. (Käſtner über die Aenderungen
des

des Ganges der Pendeluhren im Sommer und im Winter,,
Göttingen 1778.).

3) Eine Uhr zum Zählen der Secunden beym Observiren, wenn man von der ersten zu weit entfernt ist, um die
Pendelschläge derselben zu hören; bey jeder Minute thut
sie einen Schlag mit einem Glöckchen zur Erinnerung, daß
man die Minute aufschreiben muß; von eben demselben
verfertigt.

4) Ein beweglicher Quadrant von J. Sisson zu London; er hat zwey Englische Fuß im Halbmesser, und ist
sowohl zum Höhenmessen, als auch zum Messen der Winkel auf der Erde, eingerichtet; er kann zu der letzten Absicht vermittelst Gewinden und eines Bogens horizontal
gestellt werden; dabey sind noch drey achromatische Fernröhre. Wenn er horizontal gestellt wird, muß das Fernrohr, das zum Höhenmessen dient, abgenommen, und
ein anderes, das man auf seiner Regel neigen kann, daran gebracht werden. Der Rand des Quadranten ist von
10. zu 10. Minuten getheilt, der Vernier gibt 20. Secunden, und durch die Micrometer-Schraube kann man
von 4. zu 4. Secunden angeben. Der Azimutalzirkel hält
7. Zoll im Halbmesser, und ist in halbe Grade getheilt,
durch den Vernier erhält man die Winkel von 3. zu 3.
Minuten. (Herr Demainbray, welcher die Aufsicht
über das königliche Observatorium zu Richmond hatte,
veranstaltete diesen Quadranten auf Hofrath Kästners
Vorstellung, als in des Königs Teutschen Landen die geographische Lage einiger Oerter durch astronomische Beobachtungen sollte bestimmt werden. So hat sich Professor
Lichtenberg desselben bedient. Man sehe seine Nachricht
davon Noui Commentarii Societ. Reg. Scient. T. VII.
ad 1776. p. 210.).

5) Ein Microscopium compositum, Sonnen-Microscop und Camera obscura, von G. Adams zu London.
Diese

Dieſe Sammlung optiſcher Werkzeuge beſchreibt ihr Ver-
fertiger George A D A M S , Mathematical Inſtrumentma-
ker to his Majeſty in ſeiner *Micrographia illuſtrata* ; Or
the microſcope explained; vierte Ausg. Lond. 1771.

6) Eine koſtbare Uhr von Juſtn Vulliamy et Son.
Sie hat 4. Paar Zeiger, jedes Paar zeigt zuſammenge-
hörig Minuten und Secunden; zu dem letzten Paar gehört noch ein dritter Zeiger, welcher Achttheile einer Se-
cunde angibt. Wenn alle Zeiger auf 60. geſtellt werden,
und die Uhr wird in Bewegung geſetzt; ſo werden alle
Zeiger eines Namens gleichförmig gehen. Die Uhr iſt
alsdann anzuſehen, als wären es vier Minuten- und Se-
cunden-Uhren, davon die vierte noch Achtel-Secunden
angibt. Man kann nun jedes dieſer Paare hemmen,
ohne daß die anderen im Gange geſtöhrt werden, und alſo
dadurch die Augenblicke von vier Beobachtungen hinter einander angeben, ohne zu zehlen, oder die Zahlen aufzu-
ſchreiben.

7) Ein Newtoniſches Spiegel-Teleſcop von Her-
ſchel verfertigt. Der große Spiegel hat 10. Fuß Brenn-
weite, 9½ Zoll Oeffnung, er wiegt 18. Pfund. Auſſer
dem Ocular-Rohre zum Gebrauche auf der Erde, ſind
zum aſtronomiſchen Gebrauche 8. Oculare dabey, die ſtärk-
ſte Vergrößerung iſt etwa 1000. mal im Diameter. Der
Mechanismus des Stativs iſt ganz auſſerordentlich künſt-
lich, das Inſtrument kann ſehr leicht und genau dadurch
regiert werden, welches den Gebrauch dieſes großen In-
ſtruments ſehr bequem macht. Rohr und Stativ ſind
von Mahagoni-Holz. Auſſer dem Gebrauche wird der
große Spiegel aus dem Rohre herausgenommen, und in
einen beſondern Kaſten gelegt, in welchem eine meſſingene
Büchſe befindlich, worin er ſo genau paßt, daß die Luft
durch Ventile herausgetrieben, und er ſo auf die beſte Art
verwahrt wird. Der Prinzen königliche Hoheiten hatten
im

im Jul. 1786. dieses Telescop mitgebracht, und Herr Herschel hat bey seinem hiesigen Aufenthalte 1786. zu dessen Aufstellung und Gebrauche selbst Anweisung gegeben.

* Alle diese Stücke von Num. 2. an sind königliche Geschenke; Num. 2. 3. 4. 5. 7. von Sr. Majestät dem Könige, Num. 6. von Ihro Majestät der Königinn.

8) Eine Tertien = Uhr, von J. A. Klindworth zu Göttingen erfunden und gemacht. Sie hat drey Zeiger, einen für die Minuten, einen für Secunden, und einen, der die Tertien angibt. Man kann sie beym Anfange einer Beobachtung in Bewegung setzen, und beym Ende hemmen, und so die Zeit sehr genau angeben.

9) Ein beweglicher Quadrant von dem verstorbenen Bauherrn L. Kampe zu Göttingen. Er hat 3. Fuß im Halbmesser; auf dem Rande sind zweyerley Theilungen, eine in 90. Grad, die andere in 96. Theile; jeder Grad ist in 6. Theile getheilt durch den Vernier erhält man einzelne Minuten, und durch die Micrometer = Schraube einzelne Secunden. Von den 96. Theilen ist jeder in 8. Theile getheilt; 17. dieser Theile sind auf dem Vernier in 16. Theile getheilt. Der Azimutal = Zirkel hält 5. Zoll im Halbmesser und ist in ganze Grade getheilt; durch den Vernier erhält man einzelne Minuten.

10) Ein achromatischer Tubus von 4. Fuß mit doppeltem Objectiv von Dollond, mit einem messingen Stative.

11) Ein vortrefflicher achromatischer Tubus von 4. Fuß mit dreyfachem Objective, dessen Oeffnung 4. Zoll, von Dollond. Diesen Tubus hat der sel. Geh. Secretär Schernhagen zu Hannover besessen, und das dazu gehörige Stativ dazu machen lassen. Nach dessen Tode ist die=
ses

ſes Inſtrument von königlicher Regierung für das Obſervatorium angekauft.

 c Die Inſtrumente Num. 8 - 11. hat das Obſervatorium der königlichen Regierung zu verdanken.

12) Ein Papiniſcher Topf, von Herrn Doctor Brande zu London geſchenkt. (Siehe Götting. gel. Anz. 1771. S. 41.).

13) Ein Copernicaniſches Sonnenſyſtem, von Samuel Scheere, Bürger und Poſementir zu Hannover verfertigt. Die Bewegungen der Planeten um die Sonne werden durch Rollen, um welche Schnüre gehen, und ein daran befindliches Uhrwerk bewirkt; es iſt alles von Holz. Ein Geſchenk des Herrn Senior Pollmann zu Hannover.

14) Ein Kunſtwerk in Geſtalt eines Käſtchens 3, 3. Rheiniſche Zoll ins Gevierte, ½ Zoll hoch, auf deſſen Deckeln und inwendig befindlichen Blättern ſich Sonnenuhren, Scheiben zum Mondslaufe u. b. gl. befinden; es iſt von Meſſing und ſtark vergoldet. Man lieſt an einer Seite: Vdalricus Klieber faciebat. Ein Geſchenk von dem Herrn Landbroſten Grafen von Kielmannsegg, da er als Deputirter der Lauenburgiſchen Landſchaft bey der Jubelfeier der Univerſität anweſend war.

§. 191.

Die Modelle (Th. 1. §. 136. S. 246.), welche ſchon vorhin vorhanden waren (a) und ihren Platz in dem ehemaligen theologiſchen und philoſophiſchen Hörſaale hatten, der jetzt der untere theologiſche Bibliothekſſaal iſt, wurden im Jahre 1780. in das Chor der ehemaligen Baarfüßerkirche, welche nachmals als Zeughaus gebraucht worden, geſchafft. Mit

 (a) Ein Theil davon war vom ehemaligen Commiſſär Hapke in Hannover verfertigt, ſiehe gel. Anz. 1763. S. 228.

Mit Anfang des Jahrs 1781. ward eine Anzahl schöne
Modelle von Bergwerksmaschinen auf königliche Kosten
vom Herrn Oberbergmeister Stelzner erkauft; und man
ist längst schon auf einen schicklichen Saal bedacht, worin
sie zum erforderlichen Gebrauche sollen aufgestellt werden.
Es befinden sich darunter: ein vollständiges Modell von
einem Bergwerke; ein vorgerichtetes Treibwerk mit Ge-
stängen, ein vollständiges Puchwerk nach allen seinen Theilen, eine Wasserkunst, mit welcher das Treiben zugleich
gehen kann; ein Stuffpuchwerk; eine Kunst, an welcher
die Wettermaschine angebracht ist; ein Hundslauf und
andere.

§. 192.

Vom Modelle des Schiffes (Th. 1. §. 137. S.
247.) ist noch folgendes beyzubringen: das Schiff hieß
the Victory, war von 110. metallenen Canonen und mit
1100. Mann bemannt. Admiral Balchen, welcher die
Flotte commandirte, befand sich darauf, mit einer Anzahl
von Seeleuten aus den ersten Familien Englands. Die
Flotte lief im Octob. 1744. aus, um die Französische
Brester Flotte aufzusuchen. An der Küste von der Nor-
mandie, unfern des Cap de la Hage, bey der Insel Al-
derney oder Aurigny, in der Gegend der so genannten
Caskets (Seeklippen) gieng das Schiff in der Nacht
vom 4 – 5. October plötzlich mit Mann und Maus zu
Grunde. Es ward behauptet, es sey ein Fehler im Bau
des Schiffes vorgegangen; das Schiff war zu schwer,
und gieng zu tief im Wasser. Seit dem Vorfall habe
man auch nie wieder ein Schiff nach diesen Maaßen gebauet. Das Modell stehet gegenwärtig in dem Museum,
und wartet nebst anderen Stücken auf eine angemessenere
Stelle im künftigen Modellsaale.

§. 193.

§. 193.

Dem philologischen Seminario (Th. 1. §. 138. S. 248.) war in seiner ersten Anlage 1737. (a) der Zuschnitt gegeben, daß es dienen sollte, gute Hauslehrer und Schullehrer zu bilden. Man nahm daher auch nur Theologen auf. Aber für beide Zwecke war die Zahl der Stellen zu klein. Der letztere Zweck würde sich leichter haben erreichen lassen, wenn bey hiesigem Stadtgymnasio die Einrichtung hätte gemacht werden können, daß, statt festgesetzter und besoldeter Lehrer, der größere Theil der Lectionen durch Collaboratoren besorget würde. So hätten die Seminaristen Gelegenheit, eine practische Anleitung für Schulunterricht zu erhalten. Nunmehr hat das philologische Seminarium nach und nach die Gestalt einer Pflanzschule für Humanisten erhalten, welche sich den eigentlichen Humanioribus, es sey für die Schule oder für die Academie widmen, oder doch als Gelehrte zu studieren gedenken. Vermittelst dieser Anstalt läßt sich hoffen, daß immer eine Anzahl junger Humanisten vorhanden seyn wird, die sich zu der höhern classischen Gelehrsamkeit anführen lassen.

Der Unterricht der Seminaristen ist für die eigentlichen Collegia aufbehalten. Der Hofr. Heyne, als Inspector, richtet es dahin ein, daß ein Seminarist in zwey bis drey Jahren den Kreis der humanistischen Kenntnisse durchlaufen kann. Andere Vorbereitungswissenschaften, Philosophie, Mathesis, Geschichte mit ihren Hülfskenntnissen, werden bey andern Lehrern gehört. Die Seminaristenlection selbst bestehet in Uebung; einmal im Interpretiren, wozu schwere Dichter und Stellen, bald Griechische,

(a) Davon können allenfalls zwey Gesnerische Programme vom 6. Febr. und 15. Jun. 1738. nachgesehen werden in GESNER opusc. tom. I. p. 59. 77.

S

chische, bald Römische, ausgesuchet werden. Der Seminarist vertritt die Stelle des Lehrers; und der Professor
lenkt und leitet bloß den Vortrag, oder berichtiget ihn,
und macht auf die Mängel im Vortrage aufmerksam.
Die Anstrengung bey der Vorbereitung, um recht gerüstet
aufzutreten, hat ihre guten Folgen. Die andere Woche werden die Stunden dazu verwandt, daß Lateinische Aufsätze
über Gegenstände aus dem Felde der humanistischen Studien, die dem Professor vorher eingehändigt waren, entweder von diesem recensirt, oder durch eine Lateinisch angestellte Disputation bestritten und vertheidiget werden.

Die Auswahl der Seminaristen geschiehet nach
vorausgegangenen Prüfungen. Ob einer ein Ausländer
oder Inländer sey, kömmt nicht in Betrachtung. Aber
wohl gehet derjenige bey gleichen Geschicklichkeiten den
übrigen vor, der sich ganz den Humanioribus widmet.
Denn auch solche, die sich andern Wissenschaften widmen,
können Antheil haben; aber dann müssen sie ihre andern
Studien bereits geendiget haben und im Stande seyn,
noch eine Zeit sich der classischen Gelehrsamkeit ganz, oder
doch vorzüglich zu widmen.

Derjenige, welcher sich zum Seminario den Weg bah-
nen will, wird, wenn er die Seminaristenstunden eine
Zeit lang besucht und in einer und der andern Unterredung
Anlagen hat blicken lassen, nach Einreichung eines Pro-
beaufsatzes zu einer öffentlichen Probelection zugelassen;
ein anderer Versuch wird mit einer Lateinischen Abhandlung und einer Disputation gemacht. Bey einer vacanten
Stelle wird von seinen Fähigkeiten an königliche Regierung berichtet und er in Vorschlag gebracht. Uebrigens
können in den Seminaristenlectionen auch andere, wenn sie
darum ansuchen, als Zuhörer zugegen seyn; auch wird
denen, die es wünschen, die Erlaubniß gegeben, einmal
eine

eine Lection selbst zu halten und ihre Kräfte dadurch zu prüfen.

Bey diesem Verfahren hat es geglückt, von Zeit zu Zeit eine Zahl junge fähige Köpfe zu entdecken, sie mit Liebe, auch wohl mit Leidenschaft, für die alte Litteratur zu erwärmen, und sie auf den richtigen Weg zur classischen Gelehrsamkeit und zu den gründlichen Humanioren einzuleiten.

* Ein Verzeichniß der Seminaristen aus den früheren Jahren ist nicht vorhanden. Aber von der Zeit her, daß der Hofr. Heyne das Seminarium übernommen hat, ist man im Stande ein vollständiges Verzeichniß zu geben, das vielleicht hier eine Stelle verdient; nur sind mehrere darunter in Aemtern als man genau anzugeben weiß. Als er 1763. das Seminarium übernahm, fand er darin folgende: Henr. Chr. Hartmann Gatzert aus Meinungen, (nunmehr geheimen Rath und ersten Oberappellationsrath zu Darmstadt); Jer. Nic. Eyring (jetzt Prof. zu Göttingen); Joh. Ge. Schönheyde aus Schwarzburg; Chr. Ludw. Stromeyer, aus Göttingen †; Gottl. Chph. Harles (Prof. und Hofrath zu Erlangen); Joh. Pet. Velthusen (Secretär bey der Kriegscanzley zu Hannover); Joh. Ge. Vogel, aus der Oberlausitz (D. Theol. Pastor Primar. und Superint. zu Muskau in der Oberlausitz); Joh. Casp. Velthusen (Abt und Prof. zu Helmstädt); Joh. Henr. Fricke, aus Wolfenbüttel (nachher Prof. der Rechte zu Kiel und in Halle †). Seitdem sind in der Ordnung folgende aufgenommen worden: Phil. Ant. Basse, aus Hildesheim; Fr. Chr. Heinr. Meyer, aus Franken; Herm. Gebh. Fr. Brand, aus Leyngo; Chr. Carl Rauschenbusch, aus dem Bückeburgischen. 1764. Joh. Ge. Rückeisen, aus Witzenhausen; Joh. Henr. Steph. Alsfasser, (Prediger im Haunöverischen); Phil. Ant. Fr. Martini, aus Coburg; Joh. Fr. Meyer †; Joh. Ge. Meusel, aus Franken (Prof. und Hofrath in Erlangen); Joh. Dav. Nicolai, aus Hamburg (Domprediger zu Bremen); Henr. Chr. Tappe, aus Uelzen; 1765. Bernh. Ge. Walch, aus Meinungen (herzogl. Sächs. Meinung. Rath und Bibliothecar); Joh. Melch. Faber, von Hildburghausen (Prof. und Rector am Gymnas. zu Anspach); Joh. Zach. Jäger, aus Thü

ringen

ringen (Rector zu Einbeck); Joh. Aug. Suchfort, aus
dem Hessischen (Rector zu Göttingen); 1766. Ernst Chr.
Trapp, aus Segeberg (Prof. und Mitglied der Schul=
Commißion in Braunschweig); Dan. Ernst Wehrmann,
aus Hildesheim (Rector in Bielefeld, und nun in Riga);
Henr. Pet. Sextroh, aus Osnabr. (Prof. der Theol. in
Göttingen); Nic. Büzow, aus Petersburg (kaif. Ruß.
Gesandtschaftssecretär in Madrit); Joh. Chr. Fr. Schul=
ze, aus Franken (Prof. der Theolog. zu Gießen); 1767.
Ant. Henr. Lücke, aus Hildesheim (Prediger bey Riga);
Ernst Henr. Chr. Leopold, (Conrector zu Jlfeld); Chr.
Ge. Fr. Eyring, aus Franken (gräfl. Stollberg. Rath);
Joh. Fr. Jacius, (Prof. zu Coburg); 1768. Joh. Chr.
Hohenbaum, (Hofprediger zu Coburg); Henr. Chph.
Streuer, aus Sondershausen; Ge. Henr. Tob. Win=
ter, aus Hannover; Joh. Gottfr. Kessel, aus Hild=
burghausen; Joh. Carl Volborth, (Prof. der Theol.
zu Göttingen); 1769. Joh. Wilh. Rau, (D. und Prof.
der Theol. zu Erlangen); J. Chr. Phil. Leutwein,
aus Franken (nachher Collaborator zu Jlfeld, jetzt Predi=
ger im Vaterlande); Joh. Conr. Wehrmann, aus Hil=
desheim (Lehrer an der Domschule in Riga); 1770.
Joh. Chr. Klußmann, aus Osnabrück; Sigismund
Pezold, aus Loccum; Joh. Chr. Brügmann, aus dem
Lauenburgischen; Ernst Gotth. Glandorf, (Conrector
am Gymnas. zu Anspach); Gerh. Henr. Schledehaus,
(nachher Collab. zu Jlfeld); Joh. Ge. Phil. Thiele,
aus Hamburg (Lehrer zu Marschlins und zu Colmar);
1771. Fr. Pauer, aus Preßburg (Secretär bey der Ju=
stizcanzley zu Hannover und Botenmeister); Aug. Chr.
Vorbeck, aus Osterode (Rector zu Bielefeld); Lud. Chr.
H. Höltie, (der Dichter); Joh. Nic. Müller, (M.
und Privatlehrer der Mathemat. in Göttingen); 1772.
Joh. Gottl. Schneider, (Prof. in Frankfurt an der Oder);
Joh. Fr. Kleuker, (Rector zu Osnabrück); Joh. Fr.
Alven, aus Celle; Chr. Gottl. Perschke, (Lehrer zu
Kloster Bergen, nun Rector und Jnspector zu Suhlau in
Schlesien); Joh. Benj. Koppe, (D. und Prof. der
Theol. zu Göttingen, daun Generalsuperint. in Gotha,
jetzt beruf. Consistorialrath nach Hannover); Joh. Fr.
Steinhöfel, (Prediger bey Göttingen); Joh. Gottfr.
Eichhorn, (Prof. und Hofr. zu Jena); Joh. Henr.
Voß, (Rector zu Eutin); 1773. Martin Henr. Her=
mann, (jetzt in Hamburg, Verf. des Handbuchs der My=
tho=

thologie); Fr. Wilh. Crome, aus Einbeck; Leonh. Joh.
Carl Justi, (Prof. zu Marburg); Fr. Eckard, aus
Schleswig (Bibliothekschreiber an der königl. Bibl. zu
Coppenhagen); Franz Arnold Sortlage, (Lehrer am
Gymnas. zu Osnabrück); Bernh. Lud. Königsmann,
(Rector zu Flensburg im Holst.); 1774. M. Chr. Fr.
Jeßler, aus Sachsen; Joh. Henr. Reitemeier, (Prof.
der Rechte zu Frankfurt); Adolf Fr. Jordau (Conrec-
tor zu Stralsund); Dan. Ge. Moldenhauer, (D. und
Prof. der Theol. zu Coppenh.); Henr. Heimart Cludius,
(Superint. zu Hildesheim); Marc. Wilh. Müller, (Con-
rector zu Altona †); Fr. Chr. Kuhn, aus Zweybrücken;
1775. Joh. Gottl. Ehrhard, aus Ilfeld; Matth. Fr.
Ruthel, aus Görlitz †; Dietrich Tiedemann, (Prof.
zu Marburg); Ge. Chr. Hedemann †; 1776. Chr. Fr.
Feder, aus Franken (Lehrer zu Dessau); Joh. Chr.
Andr. Heim, (Prof. und Collegienassessor zu Moskau);
Jac. Struve (Rector zu Hannover); Chr. Joh. Wilh.
Bode, aus Lüneburg †; Joh. Andr. Ehring, aus Nord-
hausen (Lehrer am Gymnas. zu Soest); Joh. Chr. H.
Krause, (Prof. und Rector zu Jever); 1777. Joh. Ferd.
Fr. Emperius, aus Braunschweig; Ge. Dav. Köler,
(Professor und Rector zu Detmold); Ant. Conr. Börges
Hollmann, von Uelzen; 1778. Joh. Henr. Just Köp-
pe, (Collab. zu Ilfeld, jetzt Director des Gymnas. zu
Hildesheim); Fr. Aug. Benzler, (Rector zu Lemgo);
Ge. Henr. Cordes, aus Lüneburg; Just Chph. Ephr.
Sehrwald, von Osterode; 1779. Joh. Gottl. Cunradi,
(Lehrer zu Klost. Bergen); Joh. Chph. Fleischmann,
aus Meinungen (nachher Bibliothekösecretär); M. Nic.
Schow, aus Copenhagen (vorhin beym Fürsten Adam
Czartorinsky, jetzt in Rom); Joh. Wilh. Rüthan, aus
Dortmund (nachher theolog. Repetent); Wilh. Stieg-
han, (Prof. in Göttingen); Henr. Ulzen, aus Zelle;
Joh. Tob. Fischer, aus Coburg; Joh. Alex. Ruperti,
(Rector in Stade); Chph. Wilh. Mitscherlich, (nach-
her Collab. zu Ilfeld, jetzt Prof. in Göttingen); Thom.
Chr. Tychsen, (Prof. in Göttingen); Ernst Wilh. Ha-
vemann, (Prof. an der Ritteracademie zu Lüneburg);
1780. Joh. Ge. Drechsler, (Rector zu Haarburg); Cy-
prian Röberlin, aus Meinungen; 1781. Carl Willich,
(Conrector in Hanau); Fr. Ernst Ruhkopf, (Rector in
Neu Ruppin); 1782. Carl Franz Wagner, aus Osnabrück; Masius Joh. Feldmann, aus Holstein; Adolf Fr.

S 3　　　　　　　　　　　　　Broh-

Brohme, (Collab. zu Jlfeld); Fr. Wilh. Matthiä, aus Göttingen (Lehrer zu Neuwied); 1783. A. H. L. Heeren, (Prof. zu Göttingen); Chr. Wilh. Görges, (Collab. zu Jlfeld); Ge. Redlich, aus dem Bremiſchen; J. G. G. Buhle, (Prof. zu Göttingen; erhielt den philo-ſophiſchen Preis 1785.); Ge. Fr. Ernſt Groddeck; aus Danzig (jetzt beym Fürſten Adam Czartorinsky; erhielt den theologiſchen Preis 1785.); Carl Fr. Aug. Meiſner, von Jlfeld; 1784. Joh. Wolfg. Fr. Bönnecken, von Schweinfurt; H. Carl Alex. Hänlein, (jetzt theolog. Re-petent); Fr. Jacobs, (Lehrer am Gymnaſ. zu Gotha) 1785. Joh. Wilh. Mellmann, (Prof. zu Moskau); Fr. Lud. Elbe, von Hildesheim; Joh. Fr. Henníke, aus Göt-tingen; Joh. Valentin Art, aus dem Schwarzburgiſchen; Joh. Henr. Heinrichs, aus Hannover (erhielt den theolog. Preis 1786.); Günther Carl Fr. Seidel, (M. und Pri-vatdocent); Carl Traugott Gottlieb Schönemann, aus Eisleben (erhielt den philoſoph. Preis 1787.); 1786. Fr. Gottl. Rüdiger, aus Eisleben †; Werner Carl Ludw. Ziegler, aus Lüneburg; Fr. Chr. Sickel, aus Mag-deburg; Aug. Henr. Matthiä, aus Göttingen; Aug. W. Schlegel, aus Hannover (erhielt das Acceſſit 1787.); 1787. Carl Gotthold Lenz, aus Gera (Verfaſſ. der Aus-gabe von Catulls Epithalam.); Ernſt Fr. Ferd. Hilde-brand, aus dem Lippiſchen; Fr. Lud. Röper, aus dem Mecklenburgiſchen; Ge. L. König, aus dem Zelliſchen; Ernſt Gottfr. Lilje, aus dem Holſteiniſchen.

Wer wird nicht mit uns eine Stiftung ſegnen, die es freylich nicht allein bewirkte, aber doch das ihrige dazu beytrug, daß ſo viele wackere, gelehrte und würdige Män-ner zu einer gründlichern Gelehrſamkeit ſich bildeten, als ſie ohne Humaniora nicht würden haben erreichen können! Wie viele ſind nicht darunter, die ſich bereits im Reiche der Litteratur einen vorzüglichen Ruhm erworben haben! Der kleine Fonds, den der wohlſel. Pr. Min. von Münch-hauſen dazu ausſetzen konnte, wie viel hat er in der Zeit von 50. Jahren gewuchert! Wie viel würde ſich nicht noch bewirken laſſen, wenn die Unterſtützung ſtark genug wäre, daß ſie zureichte, eine Anzahl junger Humaniſten, die ihre übrigen Studien geendiget haben, noch zur Fortſetzung des Studiums, bey dem Gebrauche der academiſchen Biblio-thek, auf ein oder zwey Jahre völlig zu unterhalten! Ge-meiniglich muß der, der nun ſo weit gelanget, daß er für
ſich

sich, bey der Fülle der Hülfsmittel, große Schritte hätte thun können, seine Laufbahn verlassen.

§. 194.

Zum Vortheile des Unterrichts in der Landwirthschaft und damit verbundenen Wissenschaften ist seit 1768. noch ein besonderer oeconomischer Garten neu angelegt. Man hat dazu ein Stück des alten Stadtgrabens von 1⅔ Morgen an der alten Stadtmauer unter der Sternwarte von der Stadtkämmerey gekauft. Die Absicht gehet eigentlich dahin, alle Teutsche oeconomische Pflanzen darin zu ziehen. Soviel mit mäßigem Aufwande geschehen können, ist nach und nach darin geleistet worden. Fast alle nützliche Bäume und Sträuche machen jetzt schon ein angenehmes Bosquet aus. Auch enthält der Garten nun schon fast alle vorgeschlagene Futterkräuter, Färbekräuter, Getraidearten, Küchengewächse, und andere Pflanzen, welche mit Vortheil gebauet werden können, oder auch nur dazu vorgeschlagen sind. In einem kleinen dazu angelegten Graben werden die nützlichen Wasserpflanzen gezogen. Zum Unterricht in der Bienenzucht werden einige Körbe unterhalten. Nach und nach werden auch die vornehmsten landwirthschaftlichen Geräthe angeschafft, wiewohl noch zur Zeit nicht hinlänglicher Raum dazu vorhanden ist. Im Garten ist eine Wohnung für den Gärtner, der ein kleines Gewächshaus und einige Treibebeete für eigene Rechnung unterhält.

6) Von

6) Von der königlichen Societät der Wissenschaften zu Göttingen.

§. 195.

Die Societät der Wissenschaften (Th. 1. §. 139. S. 250. u. f.) hat im Jahre 1770., als in dem letzten Lebensjahre des verewigten Münchhausen, dem sie ihren ersten Ursprung zu danken hat, noch verschiedene neue Einrichtungen bekommen. Nachdem Hofr. Heyne im Febr. 1770. das Secretariat übernommen, und Hofr. Michaelis das bisherige beständige Directorium der Societät niedergelegt hatte; ward das letztere auf jährliche Abwechselung unter den ältesten Mitgliedern der drey Classen gesetzt, die jedesmal um Michaelis vor sich gehet; (nur daß der Hofrath Heyne, um nicht beides das Directorium und Secretariat zugleich zu führen, das erstere seinem nächsten Collegen zu überlassen pfleget). Der ehemalige Unterschied zwischen ordentlichen und ausserordentlichen Mitgliedern ist übrigens im Jahre 1776. aufgehoben worden, so daß sie überhaupt jetzt nur als Mitglieder der Societät ohne weitere Unterscheidung angesetzt werden. Dagegen sind seit 1782. Assessores bey der Societät eingeführt worden, welche alsdann, wenn sie etwa von hier abgehen, zu Correspondenten ernannt zu werden pflegen. Nach Hallers als ihres ersten Präsidenten Tode hat die Societät das Glück gehabt, daß des Herzog Ferdinands von Braunschweig hochfürstliche Durchlaucht im May 1780. die Stelle eines Ehrenpräsidenten zu übernehmen, auch in dieser Eigenschaft einer ausserordentlichen Versammlung der Societät am 2. Sept. 1782. gnädigst beyzuwohnen geruhet haben.

* I. Seit 1765. sind die ferneren hiesigen Mitglieder der Societät gewesen: I) In der physischen Classe: 3) Chr.

Chr. Wilh. Büttner 1762 — 83.; 4) Rud. Aug. Vogel
1770 — 74. †.74.; 5) Henr. Aug. Wrisberg seit 1770.;
6) Joh. And. Murray seit 1770.; 7) August Gottlob
Richter seit 1770.; 8) Joh. Beckmann seit 1770.; 9)
Joh. Chr. Pol. Erxleben 1774. † 1777.; 10) Joh. Fr.
Gmelin seit 1778.; 11) Joh. Fr. Blumenbach seit 1784.;
12) Joh. Pet. Frank 1784 — 85.; II) In der mathematischen Classe: 3) Abraham Gotthelf Kästner seit 1755.;
4) Albrecht Ludwig Friedrich Meister seit 1764.; 5) Georg Christoph Lichtenberg seit 1774.; III) In der historischen Classe: 3) Chr. Wilh.Fr. Walch 1763. † 1784.; 4)
Christian Gottlob Heyne seit 1763.; 5) Joh. Phil. Murray 1770—76. † 76.; 6) Joh. Chr. Gatterer seit 1776.;
7) Christoph Meiners seit 1776.; 8) Ludw. Tim. Spittler seit 1784.

* II. Das abwechselnde Directorium nach der neuen
Einrichtung haben bisher folgende hiesige Mitglieder der
Societät geführt: Seit Michaelis 1770. Kästner, 71.
Joh. Phil. Murray, 72. Vogel, 73. Kästner, 74. J.
P. Murray, 75. Kästner, 76. Heyne, 77. C. W. Bütt-
ner, 78. Kästner, 79. Walch, 80. C. W. Büttner,
81. Kästner, 82. Gatterer, 83. Wrisberg, 84. Käst-
ner, 85. Gatterer, 86. Wrisberg, 87. Kästner.

* III. Auswärtige Mitglieder in hiesigen Landen
sind seit 1765. bisher gewesen: I) In der physischen Classe: 1) Paul Gottl. Werlhof seit 1751. † 1767.; 2)
Joh. Georg Zimmermann, Hofrath und Leibarzt, Ritter des Russisch kaiserl. Wladimir-Ordens, seit 1770.; 3)
Claus Fr. von Reden, geheimer Cammerrath und Berghauptmann zu Clausthal, seit 1785.; 4) Fr. Wilhelm
von Trebra, Viceberghauptmann zu Clausthal, seit
1785.; 5) D. Joh. Ernst Wichmann, Hofmedicus zu
Hannover, seit 1786.; II) In der historischen Classe:
1) David Georg Strube seit 1751. † 1775.; 2) Friedrich Esaias von Pufendorf seit 1751. † 1785.

c IV. Aus anderen Ländern sind seit 1765. noch
folgende neue Mitglieder aufgenommen worden: I) In
der physischen Classe: 8) Sir John Pringle, Med. D.
der Königinn von England Leibarzt 1766. † 1782.; 9)
Benjamin Fränklin 1766.; 10) Joseph Thaddäus Klin-
kosch, kaiserlich königlicher Rath und Professor der Ana-

tomie

tomie zu Prag 1775. †; 11) Ignaz Edler von Born 1776.; 12) Joh. Reinhold Forster, Professor zu Halle 1776.; 13) Georg Freyherr von Asch, Russisch kaiserlicher Staatsrath und erster Medicus der kaiserlichen Armeen 1777.; 14) Peter Simon Pallas, Professor und Mitglied der kaiserlichen Academie zu Petersburg 1777.; 15) Clas Armström, königlich Schwedischer Canzleyrath 1778.; 16) Oloff Acrell, Professor und Generaldirector der Schwedischen Hospitäler 1778.; 17) Torbern Bergmann, Professor der Chemie zu Upsala 1778. † 1784.; 18) Peter Jonas Bergius, Professor der Naturgeschichte und Pharmacie zu Stockholm 1778.; 19) Carl Bonnet zu Genf 1778.; 20) Sir Joseph Banks, Präsident der königlichen Societät der Wissenschaften zu London 1779.; 21) D. Peter Camper 1779.; 22) Daniel Peter Layard, Med. D. 1780.; 23) Christ. Wilh. Büttner, herzoglich Sachsen-Weimarischer Hofrath und Professor zu Jena 1783.; 24) Joh. Carl Wilke, Professor der Experimentalphysik zu Stockholm 1784.; 25) Johann Peter Frank, Professor zu Pavia 1785.; 26) Franz Ulrich Theodor Aepinus, Russisch kaiserlicher Staatsrath 1785.; 27) Graf Carl von Sickingen, Churpfalzbairischer geheimer Rath 1785.; 28) Philipp Dietrich Baron von Dietrich, königlich Französischer Director der Berg- und Salzwerke 1785.; 29) Georg Forster, königlich Polnischer geheimer Rath 1787.; II) In der mathematischen Classe: 7) Casten Niebuhr, königlich Dänischer Justizrath und Landschreiber im Süderdithmarischen 1767.; 8) Nevil Maskelyne, königlicher Astronom zu Greenwich 1771.; 9) Stephan Demainbray, königlicher Astronom zu Richmond 1771. † 1783.; 10) Maximilian Hell, kaiserlich königlicher Astronom zu Wien 1774.; 11) Dionys de Sejour, Parlamentsrath zu Paris 1775.; 12) Thomas Hornsby, Professor der Astronomie zu Orfurt 1776.; 13) Joh. Albrecht Euler, Professor und Secretär der kaiserlichen Academie zu Petersburg 1779.; 14) Daniel Melanderhjelm, Professor der Mathematik zu Upsala 1779.; 15) Anton Brugmans, Professor der Mathematik und Physik zu Gröningen 1785.; 16) Friedrich Wilhelm Herschel, königlicher Astronom zu London 1786.; 17) Eduard Waring, Professor der Astronomie zu Cambridge 1786.; III) In der historischen Classe: 9) Carl Ludwig von Hagedorn, churfürstlich Sächsischer geheimer Legationsrath und Director der Kün-

ste

fte 1766. † 1779.; 10) Robert Lowth, D. Bischof von London 1766. † 1787.; 11) Benjamin Kennicot, D. Professor zu Oxfurt 1766. † 1783.; 12) August Ludwig Schlözer, damals in Russischen Diensten, jetzt Hofrath und Professor zu Göttingen 1766.; 13) Richard Hurd, D. D. Bischof zu Worcester 1781.; 14) Don Franz Perez Bayer, königlicher Oberbibliothecar zu Madrit 1786.

*V. Ehrenmitglieder seit 1765. sind: 10) Ferdinand, Herzog von Braunschweig; 11) Wilhelm, regierender Graf von Schaumburg - Lippe 1767 — 77. †; 12) Benedict Bremer, geheimer Rath zu Hannover 1768. † 1779.; 13) Joh. Hartwich Ernst Graf von Bernstorf, königlich Dänischer geheimer Rath 1768. † 1772.; 14) Fürst und Abt zu St. Emeran zu Regensburg 1778.; 15) Fürst und Abt zu St. Blasius im Schwarzwald 1778.; 16) Carl, Freyherr von Dahlberg, jetzt Coadjutor zu Mainz 1778.; 17) Joh. Betzkoy, Russisch kaiserlicher würklicher geheimer Rath 1779.; 18) Carl Eugen, regierender Herzog zu Würtenberg 1781.; 19) Ove Hoeg Guldberg, königlich Dänischer geheimer Rath 1781.; 20) Hans Moritz, Graf von Brühl, Chursächsischer geheimer Rath und Cammerherr, Gesandter zu London 1785.; 21) Ewald Friedrich, Graf von Herzberg, königlich Preussischer Staats - Cabinets- und Kriegs - Minister, Präsident der königlichen Academie der Wissenschaften zu Berlin 1787.

*VI. Correspondenten sind seit 1765.: 43) Anton Matani, Professor Med. zu Pisa 1762.; 44) Ignaz Monti, Med. D. zu Pavia 1764.; 45) Georg Simon Klügel, Professor der Mathematik zu Helmstädt 1765.; 46) Joh. Jacob Dick, Prediger im Canton Bern 1765.; 47) Daniel Peter Layard, Leibarzt der Prinzessinn von Wales 1766.; 48) Abbe' Bossut, Professor der Mathematik zu Paris 1766.; 49) Adam Gottl. Schirach, Prediger in der Oberlausitz 1767. † 1773.; 50) Carl Friedrich Georg Westfeld, damals gräflich Lippischer Cammerrath, jetzt Amtmann zu Wülfinghausen 1767.; 51) Ignaz Sommis, Med. D. und Professor zu Turin 1767.; 52) Joh. Henrich Liden, Magister und Adjunct der philosophischen Facultät zu Lund 1769.; 53) Lazaro Spallanzani, Professor zu Modena 1769.; 54) Joh.

Joh. Matth. Ljungberg, damals Profeſſor zu Kiel, jetzt
Juſtizrath im Commerzcollegio zu Coppenhagen 1770.;
55) Carl von Grothaus, königlich Preußiſcher Oberſter 1770.; 56) Joh. Peter Ernſt von Scheffler, damals Med. D. in Danzig, jetzt königlich Polniſcher Bergrath und geheimer Rath 1771.; 57) Gottl. Fried. Röß-
ler, Profeſſor der Mathematik zu Stuttgard 1771.; 58)
Joh. Baptiſta de Chantel, Secretär des Prinzen von
Carignan 1771. †; 59) Philipp Rudolf Vicat, Arzt
zu Lauſanne 1772. † 1784.; 60) Joh. Friedrich Häßler,
Abt zu Amelunxborn und Generalſuperintendent 1772.;
61) Joh. Ernſt Wichmann, Hofmedicus zu Hannover
1773.; 62) Joh. Taube, Hofmedicus zu Zelle 1772.;
63) Joh. Friedrich Wilhelm Charpentier, Bergcommiſ-
ſionsrath und Profeſſor zu Freyberg 1774.; 64) Joh.
Baptiſta Caſpar d'Anſſe de Villoiſon, Mitglied der
Academie der Inſchriften zu Paris 1774.; 65) David
Melander, Profeſſor der Aſtronomie zu Upſala 1775.;
66) Friedrich Carl Fulda, Pfarrer zu Mühlhauſen im
Würtenbergiſchen 1776.; 67) Gregor Fontana, Profeſſor der Mathematik zu Piſa 1776.; 68) Franz Uebel-
acker, Profeſſor und Stiftsſecretär zu Petershauſen 1776.;
69) Georg Forſter 1777.; 70) Ludwig Paliani, Profeſſor der Chirurgie zu Rom 1778.; 71) Eduard Huſſey
Delaval, Eſq. 1778.; 72) Eberhard Auguſt Wilhelm
Zimmermann, Profeſſor der Phyſik zu Braunſchweig
1778.; 73) Florenz Friedrich Crell, Med. D., Bergrath
und Profeſſor in Helmſtädt 1778.; 74) Curt. Friedrich
von Schönberg 1779.; 75) Carl Friedrich Hindenburg, Profeſſor der Mathematik zu Leipzig 1779.; 76)
Nicolaus Beckmann, Oberdeichgräfe an der Elbe 1779.
† 1786.; 77) Joh. Tobias Mayer, Profeſſor der Mathematik zu Altorf, nun zu Erlangen 1779.; 78) Henrich Matth. Marcard, Med. D., Hofmedicus zu Hannover 1780.; 79) Carl Gottfried Woide, Prediger der
Teutſchen reformirten Gemeinde zu London, Cuſtos des
Brittiſchen Muſei 1780.; 80) Robert Darley Waddi-
love M. A., Rector of Cherry Burton 1780.; 81) Samuel Thomas Sömmering, jetzt Med. D., Hofrath und
Profeſſor der Anatomie zu Mainz 1780.; 82) Matthäus
Norberg, Profeſſor der orientaliſchen und Griechiſchen
Litteratur zu Lund 1780.; 83) Angelo Gvalandris zu
Padua 1781.; 84) Jacob Nicolaus Wilſe, M. Paſtor
zu Spiedeberg in Norwegen 1781.; 85) Marc. Elieſer
Bloch,

Bloch, Med. D. zu Berlin 1781.; 86) Felix Fontana, Director des Naturaliencabinets zu Florenz 1782.; 87) Andr. Chr. Hwiid, Professor zu Coppenhagen 1783.; 88) Carl Chassot de Florencourt, herzoglich Braunschweigischer Cammer- und Bergrath 1783.; 89) Anton Brugmans, Professor der Mathematik zu Gröningen 1783.; 90) Christoph Ludwig Albrecht Patje, Commerzrath, Cammer- und Hofsecretär zu Hannover 1784.; 91) Joh. Andreas Dieze, Hofrath, Professor und Bibliothecar zu Mainz 1784. † 1785.; 92) Joh. Helfrich Müller, landgräflich Hessen-Darmstädtischer Ingenieurhauptmann und Landbaumeister 1784.; 93) Blasius Merrem, M., Professor der Physik und Mathematik zu Duisburg 1784.; 94) Lebrecht Friedrich Benjamin Lentin, Med. D., Hofmedicus und Stadtphysicus zu Lüneburg 1785.; 95) Ludwig Albrecht Gebhardi, Professor an der Ritteracademie zu Lüneburg 1785.; 96) Cav. Marsilio Landriani, zu Mailand 1785.; 97) Matth. Mederer, Professor der Chirurgie und Hebammenkunst zu Freyburg in Brißgau, königlich Polnischer Hofrath und Leibarzt 1785.; 98) Joh. Ludwig Hogreve, königlich Großbritannischer Ingenieurhauptmann 1785.; 99) Joh. Georg von Roch, Russisch kaiserlicher Hofrath 1785.; 100) Peter Mar. August Broussonet, Med. D., Professor an der Vieharzneyacademie zu Paris 1785.; 101) Joh. Clostermann, Russisch kaiserlicher Pageninspector 1785.; 102) Joh. Siptorp, Med. D., Professor der Botanik zu Oxford 1785.; 103) Daniel Cornides, M. Professor und Custos der Universität zu Ofen 1785. † 1787.; 104) Jacob Reineggs, Med. D., Mitglied des Collegii medici in Petersburg 1785.; 105) Gebald Justin Brugmans, Med. D., Professor der Botanik zu Leiden 1785.; 106) Friedrich August Ludwig von Burgsdorf, königlich Preussischer Forstrath in der Mittel- und Uckermark 1786.; 107) Christoph Girtanner, Med. D. 1786.; 108) Remi Willemet, königlicher Demonstrateur der Chemie und Botanik im Collegio medico zu Nancy 1786.; 109) Ludwig Carl Lichtenberg, herzoglich Sächsischer geheimer Legationsrath, geheimer Secretär und Archivar zu Gotha 1786.; 110) Joh. Henrich Voigt, Professor zu Gotha 1786.; 111) Christ. Wilhelm Jacob Gatterer, Professor der Oeconomie zu Heidelberg 1787.; 112) Balthasar Hacquet, Professor zu Laybach 1787.; 113) Will. Blizard, Chirurgus am Hospitale zu London, Professor

der

der Anatomie und Chirurgie 1787.; 114) van Marum, des van Teylerschen Musei Director 1787.; 115) G. Joh. Thorkelin, Professor zu Coppenhagen 1787.; 116) Joh. Gottlieb Haase, Med. D., Professor der Anatomie und Chirurgie zu Leipzig 1787.; 117) Albrecht Höpfner, Med. D. in Bern 1787.

VII. Als Assessoren sind seit 1782. nach der neuen Einrichtung aufgenommen worden: 1) Chr. Wilhelm Jacob Gatterer, nun Professor zu Heidelberg 1782.; 2) M. Blasius Merrem, jetzt Professor zu Duisburg 1782.; 3) M. August Henrich Ludwig Heeren, jetzt Professor zu Göttingen 1785.; 4) M. Joh. Gottlieb Buhle, jetzt Professor zu Göttingen 1786.; 5) M. Gottfried Ernst Groddeck 1786.; 6) Joh. Henrich Bartels 1787.

§. 196.

Mit dem Abdruck der Societäts = Abhandlungen ist seit der im Jahre 1770. getroffenen neuen Einrichtung der Societät ein neuer Anfang gemacht worden. Die Besorgung der Ausgabe erhielt Hofrath Heyne als Secretär der Societät; er begleitet jeden Band mit einer kurzen Nachricht von den Vorfällen bey der Societät und von ihren Arbeiten seit dem vorhergehenden Jahre. Um den Ankauf den Liebhabern zu erleichtern, so daß jeder nur die Abhandlungen zu kaufen nöthig hat, die in seine Disciplin einschlagen, ist jeder Band in drey Abtheilungen gefaßt, davon jede mit einer neuen Seitenzahl anfängt: Abhandlungen der physischen, der mathematischen und der historisch phologischen Classe. Am Ende sind zuweilen Elogia auf die verstorbenen Mitglieder angehänget. Da die Mitglieder der Societät Gelehrte sind, die nicht bloß für Societätsarbeiten angesetzet und besoldet werden, sondern als Professoren zugleich ihre Lehrvorträge halten, auch gelehrte Schriften ausarbeiten; so läßt sich eine pünctliche Beobachtung des Monaths und Tages, der anfangs für die Vorlesungen bestimmt war, nicht erwarwarten. Indeffen wird die Einficht der Commentarien immer noch einen vortheilhaften Begriff von dem Fleiſſe und Eifer des gröſſern Theils der Mitglieder erwecken. Man wird nicht ohne Verwunderung die Menge und Mannigfaltigkeit von gelehrten wiſſenſchaftlichen Gegenſtänden durchlaufen, welche darin erläutert oder ganz neu ans Licht gebracht ſind.

* I. Vom fünften Bande der alten Commentarien (Th. I. §. 141. II. S. 257.) war bereits abgedruckt: Io. Frid. Zinn obſeruationes botanicae p. I.; Sam. Chr. Hollmanni obſeruationes meteorologicae p. 21.; Tob. Mayer de refractionibus aſtronomicis p. 52.; Ebendeſ. de transmutatione et diuiſione ſuperficierum planarum problemata quinque p. 64.; H. C. L. B. de Senckenberg de Iudaeis eorumque ſigillis in Germania medii aevi cum diplomat. p. 73.; Io. Ge. Roederer fabricae monſtroſae deſcriptio p. 108.; Io. Matth. Gesner explicatio marmoris Corcyraei p. 134-144. Dieſe letztere Abhandlung iſt noch nicht zu Ende.

* II. Den Druck und Verlag der Societätsſchriften nach der neuen Einrichtung hat der Univerſitätsbuchhändler Dietrich übernommen, und zu ſeinem Ruhme nun in das achtzehnte Jahr fortgeſetzt. Sie erſchienen erſt unter der Aufſchrift: Noui Commentarii Societatis Regiae Scientiarum Goettingenſis gr. 4. tom. I. ad annum 1769. et 1770., tom. II. ad a. 1771., III. ad a. 1772., IV. ad a. 1773., V. ad a. 1774., VI. ad a. 1775., VII. ad a. 1776., VIII. ad a. 1777. Hierauf fand man gut, damit die Sammlung nicht in zu viele Bände lief, lieber eine neue zu veranſtalten; und es traten an die Stelle von jenen: Commentationes Societatis Regiae Scientiarum Goettingenſis in gr. 4. vol. I. per annum 1778., II. per a. 79., III. per a. 80., IV. per a. 81., V. per a. 82., VI. per a. 83. et 84., VII. per a. 84. et 85., VIII. per a. 85. et 86. In dieſer neuen Sammlung iſt noch am Ende der Bände I. II. IV. V. VIII. ein neuer Abſchnitt angehängt: Commentationes antiquiores, welche eine Auswahl aus denjenigen Vorleſungen enthalten, die von der Zeit an, da die alten Commentarien unterbrochen wurden, bis 1769. ſind gehalten, aber nicht gedruckt worden.

* III.

* III. Da die gehaltenen Vorlesungen sofort ihrem Inhalte nach in den gelehrten Anzeigen bekannt gemacht werden; so darf man nur in dem darüber verfertigten Ekkardischen allgemeinen Register 1. Th. S. 149 — 174., und seitdem (1782.) die jährlichen Register der gel. Anz. im zweyten Register, Art. Göttingen b. nachsehen, um zu übersehen, was für eine Masse von nützlicher und brauchbarer Gelehrsamkeit in jenen Sammlungen enthalten ist. Auch sind die meisten unter den Schriften der hiesigen Lehrer oben in jedem eignen Artikel derselben angeführt. Daher es überflüssig seyn würde, sie hier zu wiederholen.

* IV. Von den Abhandlungen, welche von Auswärtigen, insonderheit von Mitgliedern und Correspondenten eingeschickt werden, wird, sobald sie in der öffentlichen Societätsversammlung vorgelegt sind, ebenfalls ein Auszug in den gelehrten Anzeigen gegeben. Wenn man auch davon im Ekkardischen Register 1. Band S. 149. f. nachsehen will, wird man die ganze Folge von dergleichen Abhandlungen mit Verweisung auf die gelehrten Anzeigen aufgeführt finden. Einige Abhandlungen von Mitgliedern und Correspondenten sind auch in die Commentarien aufgenommen worden: Commentat. vol. II. von Prof. Acrell, III. von Prof. Joh. Reinh. Forster und Prof. Norberg, VII. von Prof. Brugmans, VIII. von Prof. Tychsen. Im Jahre 1770. machte die Societät einen Versuch eine eigne Sammlung solcher Schriften herauszugeben, wozu auch Mitglieder derselben sich vereinigten, eigene Arbeiten beyzufügen. So erschienen Teutsche Schriften, von der königl. Societät der Wissenschaften zu Göttingen herausgegeben. Erster Band bei J. C. Dietrich 1771. 8. 302. S. Da sich seit der Zeit die Journale und Vehikel und Canäle, worin man zu Lande und zu Wasser gelehrte Arbeiten in das Publicum einführen kann, so zusehends gehäuft haben; so schien es der Societät, daß bey einer ähnlichen Unternehmung für sie kein Verdienst weiter übrig seyn dürfte.

§. 197.

Zu Preisaufgaben (Th. 1. §. 142. S. 258.) wird jährlich eine Hauptpreisfrage bekannt gemacht; das eine Jahr von der physischen, das andere von der mathematischen,

schen, das dritte Jahr von der historischen Classe. Seit
1766. ist durch königliche Gnade statt 25. Ducaten der
Preis auf 50. Ducaten gesetzt. Die Preise von 12. Ducaten für zwey oeconomische Fragen (Th. 1. §. 143. S.
261.) sind geblieben. Die Preisvertheilung geschieht am
10. November, an welchem die Societät das Andenken
ihres Stiftungstages in einer feierlichen Versammlung zu
erneuern pfleget. In derselben hält, ausser der gewöhnlichen Vorlesung, der Secretär der Societät eine Anrede
an die Versammlung, webt einige litterärische oder auf
Litteratur sich beziehende Betrachtungen ein, und erzehlt
die Vorfälle der Societät vom letztern Jahre her, kün-
digt die Neuaufgenommenen an; gibt Nachricht von den
Preisfragen und den eingelaufenen Schriften, macht den
Ausspruch der Societät über die Preisertheilung, nebst
den für das künftige aufgestellten Preisaufgaben, bekannt.

* I. Die Hauptpreisfragen der Societät werden in
Lateinischer und Teutscher Sprache bekannt gemacht. Zum
Besten derer, die auch nur der letztern kundig sind, will
ich die Fortsetzung der Preisfragen seit 1766. (Th. I. §.
142. IH. S. 259.) nur Teutsch liefern: 15) 1767. math.
Untersuchung der Theorie und der Verbesserungen des Feld-
gestänges; 16) 1768. histor. Genaue Erdbeschreibung
der Sächsischen Lande zu den Zeiten Henrichs des Groß-
müthigen und Henrichs des Löwen, nebst der Theilung
unter den Söhnen des Letztern, aus zuverlässigen Urkunden, in vollständigen Charten, mit ihrer Demonstration;
unter einem gedoppelten Preise von 50. Ducaten; 17)
1769. phys. Welches ist die erste Gestalt des Eyes und
der Leibesfrucht (Embryo) in den vierfüßigen Thieren,
vom ersten Tage der Befruchtung bis zum sechszehnten?
18) 1770. mathem. Genaueste Berechnung vermischter
Massen von Silber und Kupfer und Zinn und Bley. Bestimmter ist sie aber so abgefaßt: durch Erfahrungen und
auf Erfahrungen gegründete Schlüsse, Vorschriften aus-
zumachen, nach denen sich berechnen läßt, wie viel in einer gegebenen aus Silber und Kupfer vermischten Masse
Silber und Kupfer befindlich ist? Zu der Berechnung würde als gegeben erfordert die eigne Schwere des Silbers

T   und

und des Kupfers und der vermischten Masse, ingleichen
das Gewicht der vermischten Masse. Eben dieses, auf
eben die Art, bey einer Masse, die aus Bley und Zinn
vermischt ist, zu bewerkstelligen; 19) 1771. historisch
philolog. Ueber die noch herrschenden beiden Haupt-
dialecte der Teutschen Sprache, ihren Ursprung, ihre Ausbreitung und jetzige Gränzen, ihren wesentlichen Character
und ihr Verhältniß zu den Nordischen Sprachen und der
alten Gothischen. (Diesen Preis erhielt M. Friedrich
Carl Fulda, Pastor zu Mühlhausen an der Enz, bey
Maulbronn im Würtenbergischen, ehemals Feldprediger
in Holland.) 20) 1772. phys. Was ist die eigentliche
Natur der tödtenden Dünste in verschiedenen Grüften um
natürliche Sauerwasser? Benehmen sie der Luft ihre
Schnellkraft? Sind sie sauer und ziehen sie die Luftröhr-
chen zusammen? Oder wirken sie auf das Gehirn? 21)
1773. math. Aendert sich die astronomische Refraction
nach den Veränderungen der Wärme, welche das Thermometer anzeigt? Und wenn dieses geschieht, nach was
für einem Gesetze lassen sich die Veränderungen der Refraction aus den Veränderungen des Thermometers bestimmen? Auf was für physischen Gründen beruht eine
solche Vergleichung, und wie ist sie aus Beobachtungen
herzuleiten und dadurch zu prüfen? 22) 1774. histor.
Aus was für historisch erweislichen Ursachen haben in den
Königreichen, welche in den eroberten Provinzen des Römischen Reichs von den so genannten barbarischen Völkern
errichtet worden sind, die Christlichen Bischöfe auf den
Reichstagen Sitz und Stimme erhalten, die sie doch unter
der Römischen Herrschaft nicht können gehabt haben? Ist
ihnen diese Prärogativ von allen Völkern eingeräumet worden? Oder welche Völker haben sie ihnen nicht eingestan-
den? Haben sie die Bischöfe ohne Unterschied der Reli-
gionspartheyen oder nur die, welche der Religion des
Staats, z. E. bey den Gothen der Arianischen, beypflich-
teten, genossen? Wann und bey welchen Völkern sind die
Aebte zuerst hinzugelassen worden? Und was für einen
Einfluß hat die Zulassung der Geistlichkeit zu den Reichstagen in diesen ältesten Zeiten in die Staatsverfassung
dieser Völker gehabt? (Diesen Preis erhielt Justus Friedrich Runde, beider Rechten Doctor und Professor am
Collegio Carolino zu Cassel, jetzt Hofrath und Professor
zu Göttingen.) 23) 1775. phys. Ward die Aufgabe vom
Jahre 1772. von der Natur der tödtenden Dünste in den
Grüf-

Grüften bey natürlichen Sauerwassern, und von der Art
und den Ursachen ihrer schädlichen Wirkung, nochmals
wiederholt.   24) 1776. mathem. Man soll die Gesetze
untersuchen, nach denen das Reiben die Geschwindigkeit
bewegter Körper vermindert. Kömmt hierbey etwas auf
die Umstände der Fläche an, auf ihre Größe, Gestalt,
Glätte, u. s. w. oder auf die Beschaffenheit der Materien,
daß z. E. Stahl sich anders auf Stahl reibet, als auf
Messing: so wäre dieses wenigstens in einigen Exempeln,
etwa solchen, die in der Anwendung häufig vorkommen,
zu erläutern;   25) 1777. histor. philolog. Was für
Folgen haben die Kreuzzüge für die Fabriken, die Manufacturen und die Handlung in Teutschland gehabt?   26)
1778. phys. Hat das Athemholen nicht noch irgend einen,
noch nicht genug erwiesenen Nutzen? Zieht es eine Säure,
oder eine electrische Materie, oder etwas anderes zum Leben
wichtiges aus der Luft an?   27) 1779. math. Die Gesetze anzugeben, nach denen sich die Beugung des Lichts,
das bey festen Körpern vorbeygeht, und die dabey entstehenden farbichten Streifen richten. (Diesen Preis erhielt.
Johann Nepomuk Fischer, adjungirter Astronom, und
Professor der Mathematik auf der churfürstlich Bairischen
Universität zu Ingolstadt.)   28) 1780. histor. philol.
Wie waren die Bergwerke bey den Alten eigentlich beschaf-
fen und eingerichtet? Und läßt sich nicht nach angestell-
ter Vergleichung derselben mit den unsrigen zum Vortheil
des Bergbaues und der Hüttenwerke in unsern Zeiten irgend etwas von den Alten lernen?   29) 1781. phys.
Sind mineralisches Alcali und Laugensalz als Arten oder
als Varietäten unterschieden? Wenn etwa das letzte statt
fände, liesse sich nicht, durch etwa einen Zusatz, Laugensalz in mineralisches Alcali verwandeln? Dieses würde
für die Salzsiedereyen wichtig seyn, die jetzt nur so genanntes schmieriges Salz zuwege bringen können;   30 s)
1782. mathem. Die Societät wünscht, daß man von
den Versuchen, die der Graf von Buffon und andere über
die Festigkeit des Holzes angestellt haben, eine nähere und
bestimmtere Anwendung für die Baukunst zeigen möge,
als die Baumeister bisher gezeigt haben; daß man den
mathematischen Theil der Zimmermannskunst auf sie gründe, und den besten Gebrauch, der sich, nach Verschiedenheit der Gebäude, vom Holze machen läßt, aus ihnen
herleite; daß man Anleitung gebe, die Länge, Breite und
Dicke, die Anzahl, die Lage, die Zusammenfügung der

Zimmerhölzer für jeden Fall gehörig zu bestimmen; daß man den Widerstand, nach dem Verhältniß des Antheils an der auszustehenden Gewalt, klüglich austheilen lehre, damit sowohl das ganze Werk, als jeder einzelner Theil, eine seiner Absicht und Verrichtung gemäße Stärke bekomme; Beyspiele zur Anwendung der Grundsätze und Rechnungen können von Dächern, Hängewerken, hölzernen geraden und gewölbten Brücken, Bogengerüsten u. d. gl. hergenommen werden; 30 b) Im Nov. 1782. ward zugleich eine ausserordentliche Frage für einen von der königlichen Cammer ausgesetzten Preis von 200. Rthlr. aufgegeben: die bewährtesten Mittel wider die so genannte Wurmtrockniß am Harze anzugeben. (Den Preis bekam Ludewig Schwikkard Auditor beym Stadtgerichte zu Clausthal.) 31) 1783. Ward die Aufgabe von 1780. vom Bergbau der Alten wiederholt. (Den Preis erhielten: a) D. Joh. Fried. Reitemeyer zu Göttingen, jetzt Professor zu Frankfurt an der Oder; b) Chassot de Florencourt, herzoglich Braunschweigischer Cammer- und Bergrath.) 32) 1784. ward die Aufgabe von 1782. wiederholt; 33) 1785. mathem. Aus den Gesetzen, nach denen die Dichten der Luft und des Quecksilbers von der Wärme geändert werden, Vorschriften, wie Höhen mit dem Barometer zu messen sind, herzuleiten und zu beweisen. (Diesen Preis erhielt Johann Friedrich Hennert, Professor der Mathematik und Astronomie auf der Universität zu Utrecht.) 34) 1786. histor. Wie ist die Magie entstanden, und wie ist sie von Asien nach Griechenland und Rom, und von da auf andere Völker verpflanzt worden; endlich, mit was für Gründen ist sie durch die folgenden Zeitalter durch bis auf die unsrigen vertheidiget oder bestritten worden? (Diesen Preis erhielt Died. Tiedemann, Professor zu Marburg.) 35) 1787. phys. In der Lehre von dem Absonderungsgeschäffte der thierischen Feuchtigkeiten eine auf Versuche und Beobachtungen gegründete Antwort auf die Fragen: ob man verschiedene thierische Feuchtigkeiten in eben der Maaße und Eigenschaft aus dem Blute erhalten könne, als wenn solche durch würkliche Secretionen aus der Blutmasse abgeschieden worden wären? Was für Kräfte und verschiedener innerer Bau in den Werkzeugen des Absonderungsgeschäffts, auf diese so sehr verschiedenen Secretionen wirken? Durch was für Mittel und Veranlassungen solche Absonderungen im gesunden und kränklichen Zustande des Körpers verändert werden?
36)

36) 1788. mathem. Die Theorie von Herrn Verac's Fu-
nicularmaschine, wodurch das Wasser auf jede gegebene
Höhe gehoben werden kann, durch Versuche sowohl, als
Rechnungen, zu entwickeln; daraus ferner die vortheilhaf-
teste Einrichtung der Maschine selbst herzuleiten, und zu
zeigen, was für Vortheil diese so sehr einfache Maschine
den Künsten leisten könne; 37) 1789. histor. Wie veränderten und vervollkommneten sich die Teutschen Universitäts-
einrichtungen seit dem vierzehnten Jahrhundert, bis zur
Stiftung der Universität Halle, sowohl in Beziehung auf
Regierung der Gemeinheit, als im Gesichtspuncte litterä-
rischer Anstalten? Wie wurden die Revolutionen der Wissenschaften selbst in diesem Zeitraume durch jene Einrichtungen veranlaßt, befördert oder gehemmt? 38) 1790.
phys. Ob man nicht durch eine künstliche Luftart die Vegetation der Gewächse befördern könne, es mag dieselbe
nun durch das zum Begießen anzuwendende Wasser oder
durch die Atmosphäre ihnen beygebracht werden? Bejaht
man dieses, so werden zuverlässige, umständlich erörterte,
oft genug wiederholte und mit der gehörigen Abwechselung
der Pflanzengattungen angestellte Versuche verlangt. Wo-
fern auch die im Freyen wachsenden Pflanzen durch eine
solche Erfindung nichts gewinnen würden, so verspricht
sie doch viele Beyhülfe für diejenigen, die in den Gewächshäusern aufbewahrt oder auf Mistbeeten gezogen werden,
und es läßt sich hoffen, daß dadurch die Blüthen mancher
ausländischer Gewächse, die sonst in den Gewächshäusern
entweder gar nicht, oder nur nach langem Warten, blü-
hen, entwickelt werden können, und daß mancherley eßba-
re Gewächse, die man auf Mistbeeten ziehet, beides außer
der Zeit zu erhalten stehen und schmackhafter und nahrhaf-
ter ausfallen werden. Man erkennt hieraus, daß bey der
Auflösung der Frage auf den practischen Nutzen des Gegenstandes gesehen werden müsse.

ᵇ II. Auf die oeconomischen Fragen von den Jahren 1764—1766. (Th. I. §. 143. IV. S. 265.) erhielt
den doppelten Preis von 1764. Jul. von der vortheilhaftesten Einrichtung der Wittwencassen Phil. Pet. Guden,
den andern Preis auf 1765. Nov. wie die Bienenstöcke
vor den Raupen zu bewahren, Barthold Bornemann.
Den für Jul. 1766. auf die Frage von den bewährtesten
Mitteln die Industrie zu befördern, erhielt Joh. Petersen,
und den vom Nov. 1766. über die Ausfindung einer bessern gelb färbenden Materie Nic. Kulenkamp.

T 3 * III.

* III. Die ferneren oeconomischen Preisfragen sind seitdem gewesen: 27) 1767. Iul. Worin bestehen vornehmlich die Ursachen, welche verhindern, daß kein Staat in
Europa die Soldaten, so wie die Römer in Friedenszeiten,
zu öffentlichen und gemeinnützigen Arbeiten gebrauchet?
War die Römische, oder die gegenwärtige Einrichtung dem
allgemeinen Besten und der Politik gemäßer? Wenn das
erste; würde dieser Gebrauch den gegenwärtigen Militär-
einrichtungen nachtheilig seyn? Und wie wäre dieses allenfalls zu vermeiden? (Diesen Preis erhielt Just Christoph Brasen zu Bockenem im Hochstifte Hildesheim.)
28) 1767. Nov. Ist ein würklicher Vortheil darin, mit
den Arten des Getraides abzuwechseln; nehmlich Roggen,
Waizen und Gerste; als deren Bau und Natur dieselben
Säfte zur Nahrung bedürfen? 29) 1768. Nov. Ward
obige Frage vom heutigen Gebrauch der Soldaten in Friedenszeiten zu öffentlichen gemeinnützigen Werken nochmals
zur Auflösung vorgelegt. (Den Preis erhielt Henrich
Gottfried Magius, Capitain in des Königs Dienste.)
30) 1769. Iul. Ueber die Gränzen der städtischen und
Landhaushaltung. Ihre genauere Bestimmung war folgende: Ist es, um Nahrung und Gewerbe in einem Staa-
te blühend zu erhalten, unumgänglich nöthig, daß die
Einwohner in den Städten die städtischen Nahrungen, als
Brauergerechtigkeiten, Handlung, Künste, Handwerke,
Manufacturen, Fabriken u. s. w. für sich allein behalten;
und der Landmann keinen Theil daran nehmen dürfe?
Oder würde es, den Staat überhaupt betrachtet, unschäd-
lich, ja vielleicht vortheilhaft seyn, wenn benannte städtische Nahrungszweige auch auf dem Lande zu treiben verstattet wäre; weil daselbst doch gemeiniglich die Lebensmittel, auch Handarbeit, wohlfeiler, als in den Städten,
sind; folglich Getränke, und die aus rohen Producten
verfertigten Waaren, um geringere Preise geliefert werden
könnten? Müssen im ersteren Falle nicht die Städte von
den Nahrungsarten des Landmanns, als Ackerbau, Vieh-
zucht u. s. f. ganz abstehen; dem Landmann aber doch einige der nothwendigsten, insonderheit zur Wartung des
Ackerbaues unentbehrliche Handwerke verstatten? Und
wie würden alsdann die Nahrungsarten, sowohl den städtischen Einwohnern, als den Landleuten, solchergestalt an-
zuweisen seyn, daß beiden die ihnen zukommenden Beschäfftigungen auf die möglichst deutlichste Art bestimmt sind?
Welche Arten der Nahrung endlich darf man ohne Nachtheil

theil beides in den Städten und auf dem Lande verstatten?
Dabey fragt sichs doch: Ob man unter dem Namen der
Städte auch diejenigen kleinen Oerter mit verstehen müsse,
welche zwar städtische Gerechtsame haben, dennoch aber
sich vom Ackerbau vorzüglich nähren müssen? 31) 1769.
Nov. Eine Demonstration nach den Regeln der Mechanik,
wie das Untergestell an einer Kutsche und dergleichen Wagen eingerichtet werden müsse; und in welchem Verhält-
niße dessen Theile neben einander zu ordnen sind, damit
ein Wagen zierlich, bequem, geschickt zum Reisen, und
dauerhaft sey; 32) 1770. Iul. ward obige Frage von den
Gränzen der städtischen und Landhaushaltung wiederholt;
33) 1770. Nov. ward die verlangte Demonstration nach
den Regeln der Mechanik, wie das Untergestell an einer
Kutsche und dergleichen Wagen am besten einzurichten,
ebenfalls wiederholt; 34) 1771. Iul. Wie und in welcher
Ordnung muß man verfahren, wenn man in einem zur
Haushaltung wohlgelegnen Lande, wo die Einwohner diese gute Lage bisher sich nicht zu Nutze gemacht haben, die
Handlung emporzubringen suchen will? 35) 1771. Nov.
Welches sind die Vortheile der einen oder der andern Art
das Feld zu bestellen, mit Ochsen oder mit Pferden? und
unter welchen Umständen und Bedingungen ist das eine
vortheilhafter, als das andere? 36) 1772. Iul. In wiefern, und unter welchen Umständen ist die Anlegung beträchtlicher öffentlicher Kornmagazine dem Kornhandel und
dem Lande überhaupt nachtheilig, oder nützlich, oder gleichgültig? Wie sind die Magazine mit den wenigsten Kosten
anzulegen und zu erhalten, auch dergestalt zu verwalten,
daß dem Lande daraus der meiste Nutzen zuwachse? Welche Folgen sind aus den öffentlichen Kornmagazinen in den
Ländern, wo dergleichen befindlich sind, entstanden? und
welche Folgen hat deren Mangel veranlasset? (Diesen
Preis erhielt Joh. Alb. Henr. Reimarus, Med. D.
zu Hamburg.) 37) 1772. Nov. Ist es rathsam, in einem Lande die Frohndienste abzuschaffen? Und welches
sind die vortheilhaftesten Mittel, sowohl die Abschaffung einzurichten, als den Unbequemlichkeiten, welche die Sache
haben kann, und den Folgen davon, zu begegnen? (Den
Preis erhielt Christ. Fried. Gotthard Westfeld, Cammerrath zu Bückeburg, jetzt Obercommissär und Klosteramts-
mann zu Wülfinghausen im Hannöverischen. Diese Preisschrift ist ins Hannöverische Magazin eingerückt und nachher auch besonders von ihrem Verfasser herausgegeben

worden, unter der Aufschrift: Ueber die Abstellung des
Herrendienstes, Lemgo 1773. 8. 4. Bogen.) 38) 1773.
Iul. Ist die Theorie, daß man niemals Kornzuschläge machen, nie das Branntweinbrennen verbieten, sondern den
Kornhandel und dessen Consumtion in alle Wege unbe-
schränkt lassen müsse, auf die churfürstlich Braunschweig-
Lüneburgischen Lande mit Nutzen anzuwenden? 39) 1773.
Nov. Mittel anzuzeigen, die in der Ausführung thunlich,
nicht gar zu kostbar und der hiesigen Landesverfassung angemessen sind, wodurch die Feuerlöschungsanstalten in den
kleinen Städten und auf dem Lande zu verbessern, und
dem schnellen Ueberhandnehmen einer Feuersbrunst zuvor-
zukommen sey? 40) 1774. Iul. Wie vielerley Arten von
Insecten gibt es, die den Urkunden und Büchern in Archi-
ven und Bibliotheken schädlich sind? Welchem Stücke der
Materialien, als Kleister, Leder, Pappe u. s. w. geht jede Gattung besonders nach? Und welches sind die thun-
lichsten und durch die Erfahrung bewährtesten Mittel, diese Insecten von großen Urkunden- und Bücher-Sammlun-
gen theils abzuhalten, theils zu vertilgen? (Diesen Preis
erhielt Johann Hermann, Med. D. und Professor extraord. zu Straßburg.) 41) 1774. Nov. Ward unter ge-
doppeltem Preise von 24. Ducaten obige Preisaufgabe von
Verbesserung der Feuerlöschungsanstalten von neuem wiederholt, mit der Einschränkung: Man soll Mittel anzeigen,
die in der Ausführung thunlich, nicht gar zu kostbar, und
der hiesigen Landesverfassung angemessen sind, wodurch
die Feuerlöschungsanstalten in den hiesigen Landen in den
kleinen Städten sowohl, als auf den Dörfern, zu verbessern seyen? (Dieser Preis ward unter folgende zwey vertheilt: a) Johann Wilhelm Heinemann, Assessor bey
der fürstlich Braunschweigischen Cammer in Blankenburg;
b) Johann Friedrich Glaser, Doctor der Arzneykunst
und churfürstlich Sächsischen Amts- und Stadtphysicus
zu Suhla.) 42) 1775. Iul. Wie weit gehet zur Zeit der
Gebrauch des weißen Vitriols bey Künsten, Handwerken
und Manufacturen; und ließe sich der Verbrauch (Consumtion) desselben nicht auf eine vortheilhafte Weise vermehren? 43) 1775. Nov. Da nach der gewöhnlichen Meynung der Rotz der Pferde eine ansteckende Krankheit
seyn soll, diese Behauptung aber von verschiedenen neuern
Pferdeärzten gänzlich verneinet worden; so wird aus un-
zweifelhaften Erfahrungen und Versuchen entweder die äl-
tere Meynung, oder die neuere auf eine überwiegende Art

zu

zu beſtätigen ſeyn; 44) 1776. Iul. Die vollſtändigſte und
gründlichſte phyſiſche und oeconomiſche Beſchreibung irgend
eines beträchtlichen Bezirks der königlich churfürſtlichen
Teutſchen Lande; 45) 1776. Nov. Was für Gewächſe
wachſen noch im Hannoveriſchen wild, welche beſonders
von dem Landmann, ohne Verabſäumung ſeiner übrigen
Geſchäffte, mit erheblichem Vortheile genutzt werden können, und deswegen ihm bekannt gemacht zu werden ver-
dienten? 46) 1777. Iul. ward zum zweytenmal die Preisaufgabe vom Iul. 1775. von neuem ausgeſetzt. (Dieſen
Preis erhielt abermals Johann Wilhelm Heinemann,
fürſtlich Braunſchweigiſcher Cammeraſſeſſor zu Blankenburg.) 47) 1777. Nov. ward die wiederholte Preisaufgabe aufgeſetzt: daß aus ungezweifelten Erfahrungen und
Verſuchen dargethan werde, ob und wie fern der Rotz der
Pferde eine anſteckende Krankheit iſt oder nicht? 48)
1778. Iul. Ein gründlicher Unterricht für den Landmann,
wie er ſich bey verſchiedenen Wetterſchäden in Abſicht ſeiner Getraidefelder zu allen Jahrszeiten zu verhalten hat.
(Dieſen Preis erhielt Johann Henrich Reß, Archidiaconus in Wolfenbüttel und Superintendent, ſonſt auch Prediger in Thiede.) 49) 1778. Nov. Der gründlichſte, vollſtändigſte und deutlichſte Unterricht vom landwirthſchaft-
lichen Handel; oder Unterricht, wie die Landwirthe bey
dem Verkaufe ihrer gewonnenen Producte und beym Ein-
kaufe der zur Landwirthſchaft nöthigen Waaren am ver-
nünftigſten und vortheilhafteſten zu verfahren haben; 50)
1779. Iul. Eine genaue Beſchreibung derjenigen Inſecten,
welche die Gewächſe in den Treibhäuſern und Miſtbeeten
(inſonderheit auf den Melonenbeeten) heimſuchen, und
Anzeige derjenigen Mittel, welche ſie ohne Verletzung der
Gewächſe ſelbſt, abhalten und vertilgen; 51) 1779. Nov.
ward die Aufgabe eines Unterrichts vom landwirthſchaftli-
chen Handel vom November 1778. wiederholt. (Dieſen
Preis erhielt Jonas Chriſtian von Rettberg, Mitglied
der königlichen Landwirthſchaftsgeſellſchaft in Zelle, nachher Secretär der Däniſchen Güterangelegenheiten des Herrn
geheimen Raths von Hardenberg-Reventlau.) 52) 1780.
Iul. Es ſoll gezeigt werden, welches Verhältniß zwiſchen
den verſchiedenen Theilen der Niederſächſiſchen Landwirthſchaft, nehmlich zwiſchen dem Pflanzenbau und der Vieh-
zucht und den einzelnen Theilen von beiden, ſowohl für
den Staat, als für die Landwirthe das vortheilhafteſte
ſey? 53) 1780. Nov. Die beſten Mittel zur Einführung

der

der Stallfutterung in Niedersachsen; sowohl diejenigen, welche die Polizey dazu gebrauchen kann, als auch die, welche die Landwirthe selbst anzuwenden haben; 54) 1781. Iul. Welches sind die schicklichsten und zugleich einträglichsten Arbeiten für Zucht= und Werkhäuser in Niedersachsen? 55) 1781. Nov. Ward zum zweytenmale die Frage vom Julius 1780. wieder aufgestellt. (Diesen Preis erhielt abermals Jonas Christian von Rettberg.) 56) 1782. Iul. Da in Jahren, worin die Witterung dem Wunsch der Bienenwärter gemäß ausfällt, und sonst keine andere anscheinende Ursache eintritt, dennoch die Honigerndte oft weit unter der Erwartung ist: ob sich hinlängliche Ursachen und Vorbedeutungszeichen davon anführen lassen? welche vermuthlich in der Auflösung der Frage: woher der Honig entsteht, liegen. (Diesen Preis erhielt Theophilus Cälestinus Piper, Rector der Schule zu Greifswalde.) 57) 1782. Nov. Ward die Aufgabe vom Julius 1781. Welches sind die schicklichsten und zugleich einträglichsten Arbeiten für Zucht= und Werkhäuser in Niedersachsen, wiederholt mit folgenden eingeschalteten Erläuterungen: Welches sind die schicklichsten und dergestalt einträglichen Arbeiten für Zucht= und Werkhäuser in Niedersachsen, daß durch ihren Ertrag, wo nicht die Kosten der Anlage und der Unterhaltung zusammen, doch die Kosten der Unterhaltung allein, bestritten werden können? 58) 1783. Iul. Die vollständigste und gründlichste physische und oeconomische Beschreibung irgend eines beträchtlichen Bezirks der königlich churfürstlichen Teutschen Lande; 59) 1783. Nov. Unter welchen Umständen kann es den Niedersächsischen Landwirthen vortheilhaft seyn, ihre gewonnenen Producte zu verarbeiten und welche Verarbeitungen sind sowohl in Absicht auf die Landwirthe, als auf das gemeine Beste die zuträglichsten? 60) 1784. Iul. Würde es den Landwirthen in Niedersachsen vortheilhaft seyn, ihre Getraidefelder einzuschliessen oder zu befriedigen? (Den Preis erhielt Reinhard Woltmann aus Axstadt im Amt Hagen, Conducteur in Stadt=Hamburgischen Diensten.) 61) 1784. Nov. ward die schon vorhin auf den Julius 1783. vorgelegte Aufgabe wiederholt; 62) 1785. Iul. Welches sind die kräftigsten Mittel, die Gewinnung der Küchengewächse, vornehmlich auf den Dörfern, zu verbessern? (Diesen Preis erhielt J. Fr. Christoph Weisser, herzoglich Würtenbergischer Rath und ordentlicher Professor der Cameralwissenschaft bey der Carlsuniversität zu Stutt=

Stuttgardt.) 63) 1785. Nov. Die ſicherſten und leichte=
ſten Mittel zur Verbeſſerung der Teutſchen, ſonderlich der
Niederſächſiſchen Papiermühlen und ihrer Waaren; 64)
1786. Iul. Da die Reinlichkeit in den Haushaltungen der
Landleute einen groſſen Einfluß auf ihre Geſundheit, Mun=
terkeit und Sitten hat; ſo wünſcht man die beſten Mittel
zu wiſſen, wodurch auf den Dörfern in Niederſachſen eine
der Lebensart der Landleute gemäße Reinlichkeit eingeführt
werden könne. (Dieſen Preis erhielt Nicolaus Beckmann,
Oberdeichgräfe zu Harburg.) 65) 1786. Nov. Da die
mehreſten Dörfer eine unbequeme, unſichere, und viele
auch eine ungeſunde Einrichtung haben, welche ſich bey
abgebrannten Dörfern verbeſſern lieſſe, ſo wünſcht man
a) den beſten Plan zu wiſſen, wornach ſolche wieder auf=
gebauet werden könnten, und b) die Mittel, ſolchen Plan
auszuführen; wobey aber nicht ſowohl die Bauart der ein=
zelnen Häuſer und Höfe, als vielmehr die Anordnung oder
Einrichtung des ganzen Dorfes überhaupt, gemeynt iſt.
(Dieſen Preis erhielt Rudolf Eickemeier, Ingenieur=
hauptmann und Profeſſor der angewandten Mathematik
zu Mainz.) 66) 1787. Iul. Wie ſind die Heerſtraßen in
Sandgegenden, wo Steine fehlen, am beſten und wohl=
feilſten anzulegen und zu unterhalten? (Dieſen Preis er=
hielt abermals der Prof. Rudolf Eickemeier zu Mainz.)
67) 1787. Nov. Wie können die Fleiſchtaxen am ſicher=
ſten beſtimmt werden? Oder durch welche Verfügungen
kann der billigſte Preis des Fleiſches bewirkt werden?
(Dieſen Preis erhielt abermals der Prof. Joh. Fr. Chri=
ſtoph Weiſſer zu Stuttgardt.) 68) 1788. Iul. Iſt es
rathſam, bey einem hohen Preiſe des Getraides das Brann=
teweinbrennen in einem Lande zu verbieten? 69) 1788.
Nov. Welches ſind die ſicherſten und nach der jetzigen
Verfaſſung der Teutſchen Staaten, die leichteſten und
wohlfeilſten Mittel, die Heerſtraßen wider Räubereyen und
andere Gewaltthätigkeiten zu ſichern?

7) Von

7) Von gesellschaftlich ausgearbeiteten periodischen Schriften.

§. 198.

Die Göttingischen Anzeigen von gelehrten Sachen (Th. 1. §. 144. S. 265.), wovon nach Art der
gelehrten Zeitungen wöchentlich drey Stücke herauskom-
men, haben in der Verbindung, worin sie seit 1753.
mit der Societät der Wissenschaften gesetzt sind, bisher
ihren ununterbrochenen Fortgang gehabt. Seit dem Oct.
1770. führt der Hofrath Heyne die Direction darüber;
die Verbindung seiner Aufsicht über die Bibliothek mit
dieser Function erleichtert ihm verschiedenes für Auswahl und zweckmässige Vollständigkeit. Die Anzeigen
sind nach und nach immer mehr auf das Wissenschaftliche
eingeschränkt worden, das mit der Societät in einer nähern
Verbindung stehet, als auf witzige Zeitschriften, Romane
und Dramen. Sie sollen auch kein Magazin für Buchhändler seyn, welche nach der Messe ihre Producte bald-
möglichst bekannt zu machen suchen; noch weniger sind sie
bestimmt, aus jeder ephemerischen Schrift lange Auszüge
zu liefern. Die Societät hat hingegen den Zweck, die Resultate von Forschungen, Entdeckungen und Bemerkungen, die weitern Fortschritte in jeder Wissenschaft, den
Gewinn, den jede Wissenschaft aus den neuen Schriften
insonderheit der Ausländer, die an andern Orten weniger
in den Händen der Gelehrten sind, ziehet, unter das
grössere Publicum zu bringen.

* I. Da die bisher festgesetzte Bogenzahl die Menge
der Recensionen nicht faßte, so wurden folgende Abänderungen gemacht: Bey Wiederherstellung der Societät 1770.
ward zu den drey halben Bogen wöchentlich noch ein ganzer Bogen zugeleget, so daß jährlich noch 48. nachher 50.
Stücke in eben so vielen Bogen unter dem Titel Zugaben

zu den gel. Anzeigen hinzukamen. Auf dieſem Fuße ſind die gelehrten Anzeigen mit einem Bande Zugaben verſehen in den Jahren 1770 — 1782., zuſammen 13. Jahrgänge. Weil aber dieſe Zugaben ihr eignes Regiſter haben mußten, und ein doppeltes Regiſter ſeine Beſchwerlichkeit hatte; ſo ward beſchloſſen, forthin alles unter eine Rubrik zu faſſen; und ſo werden ſeit dem Jahre 1783. wöchentlich vier Stücke, drey von einem halben und eines von einem ganzen Bogen, ausgegeben. Der Preis blieb übrigens der vorige; auf den ganzen Jahrgang in 209. bis 210. Numern wird ein Louisb'or voraus bezahlt; und denen, die mehrere Exemplarien nehmen, wird ein beträchtlicher Rabat zugeſtanden.

 * II. Als in der Folge mehrere zuſammentreffende Umſtände die Fortſetzung der gelehrten Anzeigen erſchwerten; ward endlich die Societät durch zwey gnädigſte Reſcripte vom 28. Aug. und 16. Septemb. 1786. von den Anſprüchen des Poſt und Zeitungscomtoirs auf einen angemaßten Speditionszwang gänzlich befreyet, und ſie in ihrem Rechte beſtätiget, ſo gut wie jeder Fabricant ſeine Waare auf der Poſt verſenden darf, ſich eine eigne von dem Poſt und Zeitungscomtoir unabhängige Adminiſtration zur Verſendung der gelehrten Anzeigen zu ſetzen. Als Adminiſtrator iſt der LogisCommiſſär Ulrich von der Societät in Pflicht genommen.

 * III. Mit dem Ausgange des Jahrs 1782. ward bemerkt, daß mit dieſem Jahre das dritte Decennium der gelehrten Anzeigen ſeit 1753. abgelaufen war. Man fand, daß zur Brauchbarkeit eines Werks, das eine Periode von 30. Jahren aus unſerer Litteratur in ſich faßte, noch ein allgemeines Regiſter fehlte. Die Societät entſchloß ſich einen ſehr beträchtlichen Koſtenaufwand zu übernehmen, um eine ſo gemeinnützige Sache zu bewirken. Der nunmehrige königl. Bibliotheksſchreiber zu Coppenhagen, M. Friedrich Ekkard, verfertigte dieſes allgemeine Regiſter über die Göttingiſchen gelehrten Anzeigen von 1753. bis 1782. mit vielem Fleiſſe und litteräriſcher Genauigkeit. Der erſte Theil erſchien 1784., und enthält die Schriften ungenannter Verfaſſer und geſammelter Schriften mehrerer Verfaſſer. Der zweyte Theil das Schriftenverzeichniß; erſte Hälfte A — K. 1784., zweyte Hälfte L — Z. 1785. Das ganze Werk iſt nunmehr dem Univerſitäts

sitäts = Buchhändler Dietrich als Verlag überlassen. Betrachtet man dieses Register auch nur als Verzeichniß von Büchern, welche zu Göttingen in jener Zeit zur Bereicherung der Kenntnisse und Einsichten genutzt worden sind; so ist es schon an und für sich ein Denkmal Göttingischen gelehrten Fleisses, welches Hochachtung erwecken muß.

* IV. An statt der ehemaligen Relationum de libris nouis (Th. I. §. 144. IV. S. 267.) ist zu einem neuen Lateinischen gelehrten Journale bey der Societät zu verschiedenen Zeiten ein Entwurf gemacht worden; man fand aber, bey weitern Betrachtungen, daß die Zahl der Gelehrten, die eine Lateinische Lectur lieben, für eine Unternehmung dieser Art jetzt viel zu geringe ist.

§. 199.

An statt der Büschingischen wöchentlichen Nachrichten (oben S. 82. Num. 54.), die mit Ende des Jahrs 1787. aufhören sollen, hat ein hiesiger Gelehrter, M. Canzler, (oben §. 152. IX. S. 208.) "neue wöchentliche Nachrichten von neuen Landcharten, geographischen, statistischen, historischen, wie auch Handlungs = Büchern und Sachen" angekündigt, die als eine Fortsetzung der ersteren mit Nachholung des rückständigen da anfangen sollen, wo jene aufhören. Er schmeichelt sich diesen Blättern völlig die innere Güte und Reichhaltigkeit, die das Gepräge der Büschingischen waren und seyn sollten, und in Ansehung der Litteratur der Erdkunde noch mehr Vollständigkeit zu geben, insonderheit mit Rücksicht auf die Producte des Auslandes in diesen Fächern; wozu er den Aufenthalt zu Göttingen, als an einem zu diesem Institute sehr günstigen Orte, vorzüglich zu benutzen hofft. Die ersten 3. Stücke, die, indem ich dieses schreibe, schon im Druck erschienen sind, scheinen dieser Hoffnung vollkommen zu entsprechen.

§. 200.

§. 200.

Nach Art der ſo genannten Intelligenzblätter hatte ſchon Juſti Göttingiſche Polizeyamts = Nachrichten vom Jun. 1755. bis Jul. 1757. drucken laſſen (Th. 1. §. 63. S. 114.). Seit dem Jahre 1768. ſind dergleichen "wöchentliche Anzeigen von gemeinnützigen Sachen" von neuem in Gang gebracht worden. Anfangs waren ſie auch hier, wie es an mehr Orten gewöhnlich iſt, mit einer jedesmaligen gelehrten Abhandlung begleitet, wovon drey Jahrgänge unter dem Titel: Allgemeine Unterhaltungen, Göttingen 1769. 1770. 1771. 8. und vier Jahrgänge unter dem Titel: Gemeinnützige Abhandlungen 1772–1775. 4. gedruckt ſind. Seither werden zwar jene wöchentliche Anzeigen im Intelligenz = Comtoir noch immer fortgeſetzt; aber ohne weitere Begleitung gelehrter Abhandlungen.

§. 201.

Aehnliche Wochenſchriften moraliſchen und vermiſchten Inhalts, wie Rub. Wedekind (Th. 1. §. 98. S. 191.) ſchon unter den Aufſchriften: vermiſchte Beyträge 1746. 1747., vergnügte Abendſtunden 1748 – 1750., der Hageſtolz 1751. 1752., die Welt 1753., herausgegeben hatte (a), lieferte eben derſelbe ferner unter den Titeln: der Hauslehrer 1775., heilſame Vorträge 1776., und Göttingiſche Nebenſtunden 1777. Seitdem ſind hier keine ſolche Wochenblätter mehr erſchienen; deſto häufiger ſind aber andere periodiſche Schriften hieſiger Gelehrten zum

(a) Auch können hieher noch gerechnet werden: vom Jahre 1753. Moraliſche Meiſterſtücke aus dem Engliſchen (durch Soph. Eleon. Achenwallinn); Geſchmack und Sitten (von C. F. Meißner und J. F. Camerer); die Freunde (von H. Eilh. Schröder); und von 1756. 1757. ein Wochenblatt unter der Aufſchrift: Niemand. Ekkards Regiſter über die Gött. gel. Anz. Th. 1. S. 264.

zum Vorschein gekommen. In den meisten derselben, wenn sich auch nur ein oder etliche Herausgeber genannt haben, sind doch auch zu Zeiten Arbeiten von anderen eingerückt worden, wie das auch der Fall mit obigen Wedekindischen Wochenblättern und den gelehrten Beylagen der Intelligenzblätter war.

§. 202.

Von solcher Art periodischer Schriften allgemeineren oder vermischten Inhalts ist das Göttingische Magazin der Wissenschaften und Litteratur von G. C. Lichtenberg und Georg Forster 19. Stück 1780 — 1785. 8. (oben §. 126. S. 175.); worin ausser dem, was beide Herausgeber selbst darin geschrieben haben, auch Aufsätze von mehr anderen hiesigen Gelehrten sind, als von Pütter, Gmelin, Blumenbach, Michaelis, Heyne, Feder, A. L. F. Meister, Meiners, Hißmann rc.

§. 203.

Mehr nur gewissen Fächern gewidmete periodische Schriften hat Göttingen folgende geliefert:

1) Für das theologische Fach : 1) C. W. F. Walchs neueste Religionsgeschichte in 9. Octavbänden, Lemgo 1771 — 1783., worin sich auch Aufsätze von Leß und anderen finden; 2) T. J. Planks neueste Religionsgeschichte (als eine Fortsetzung der Walchischen) Th. 1. Lemgo 1787. 8., so noch fortgesetzt wird; 3) J. D. Michaelis orientalische und exegetische Bibliothek 23. Theile, Frft. 1771 — 1785. 8., und neue oriental. und exeget. Biblioth 2. Theile 1786. 8. die noch fortgesetzt wird; 4) J. M. Evrings litterarische Annalen der Gottesgelehrsamkeit erster Zeitraum 1778 — 1780., 1782. 8.

II)

II) Für das juristische Fach: 1) J. H. C. von Selchow juristische Bibliothek 5. Bände jeder von 4. Stück 1770 — 1782. 8., worin auch Recensionen von Abele und Meurer sind (oben S. 103. k. l.), wie auch von Waldeck und Büchner; 2) J. P. Waldeck Litteratur der Rechtsgelehrsamkeit 1778., und litterarische Annalen der Rechtsgelehrsamkeit 1. Band 1780. 8.; 3) von Selchow Magazin für die Teutschen Rechte und Geschichte 2. Theile, Götting. und Lemgo 1779. 8.; 4) Abele Magazin für Kirchenrecht und Kirchengeschichte, 2. Stücke Leipz. 1778. 1779. 8. (oben §. 94. X. S. 103.); 5) G. W. Böhmers Magazin für das Kirchenrecht ꝛc. 3. Stücke 1787. 8. (oben §. 152. XI. S. 209.) (a).

III) Für das medicinische Fach: 1) R. A. Vogels neue medicinische Bibliothek 8. Bände, 1754 — 1773. 8.; 2) A. G. Richters chirurgische Bibliothek 8. Bände, 1771 — 1787. 8.; 3) J. A. Murray medicinisch practische Bibliothek 3. Bände, 1774 — 1781. 8.; 4) E. G. Baldingers Magazin für Aerzte 1. Band 1775., und neues Magazin für Aerzte 4. Bände, 1779 — 1782.; 5) J. F. Blumenbachs medicinische Bibliothek 2. Bände, 1783 — 1787.

IV) Für das philosophische Fach: M. Hißmanns Magazin für die Philosophie und ihre Geschichte 6. Bände, 1778 — 1783.

V) Für Physik, Naturgeschichte, Oeconomie ꝛc. 1) Joh. Beckmanns physicalisch oeconomische Bibliothek 14. Bände 1770 — 1787. 8.; 2) J. C. P.

Erste-

(a) Noch ist angekündigt ein Magazin für Gesetzgebung und Gesetzkunde von D. Fried. Aug. Schmelzer, das 1788. anfangen soll.

U

Erxleben physicalische Bibliothek 3. Bände 1774—1776. 8.

VI) Für Geschichte, Statistik rc.: 1) J. C. Gatterers allgemeine historische Bibliothek 16. Bände, 1767—1771. 8.; — und historisches Journal (woran zugleich J. N. Eyring, J. C. P. Erxleben, L. Alb. Gebhardi, J. G. P. Möller, M. C. Sprengel, C. W. Dohm, J. C. Siebenkees, M. Hißmann und Fr. Ekkard gearbeitet haben,) 16. Bände, 1773—1782. 8.; 2) A. L. Schlözers Briefwechsel meist historischen und politischen Inhalts 10. Bände, 1776—1782. 8.; — Staatsanzeigen 11. Bände, 1782—1787. 8.; 3) Jacobi und Lüder Holländische Staatsanzeigen 1–6. Th. 1784. 1785. 8.; 4) H. M. G. Grellmanns Italiänische Staatsanzeigen 3. Stücke, 1785. 1786. 8.; 5) C. Meiners und L. T. Spittlers Göttingisches historisches Magazin Band I. St. 1–4., II. St. 1. 2. 1787. 8.

VII) Für Philologie, Critik und alte Litteratur: 1) J. D. Michaelis orientalische Bibliothek 23. Theile 1771—1785., und neue oriental. Bibl. 2. Theile 1786. 8.; 2) J. C. Volborth neue philologische Bibliothek 4. Bände, 1776—1778.; — bibliotheca philologica 3. Bände, 1779—1781.; — noua bibliotheca philologica et critica 1. Band, 1782. 1783. 8.; 3) T. C. Tychsen und A. H. L. Heeren Bibliothek der alten Litteratur und Kunst 2. Stücke, 1786. 1787. 8.

VIII) Für neue Litteratur: J. N. Eyrings litterarischer Almanach 14. Stücke, 1775—1780. 8.; — litterarische Annalen der Gottesgelehrsamkeit 1. Theil 1782.

IX) Für Pädagogik: J. N. Eyrings pädagogisches Jahrbuch 3. Stücke, 1779. 1783. 8.

X)

X) Für die Tonkunst: J. N. Forkels musicalisch
critische Bibliothek 3. Bände, 1778. 1779. 8.

§. 204.

Auch an den Almanachen oder für jedes neue Jahr
bestimmten Taschenbüchern von allerley Gattungen, die
seit einigen Jahren immer häufiger zu werden anfangen,
hat Göttingen bisher nicht geringen Antheil gehabt. Est
war 1764. u. f. in der Dietrichschen Buchhandlung, wie
sie noch zu Gotha war, der Gothaische Hofcalender
verlegt worden, der wegen des Geschmacks in seiner äus-
serlichen Einrichtung und wegen der Wahl der demselben
beygefügten Artikel, welche damals der Consistorialrath
Eman. Chph. Klüpfel besorgte, vielen Beyfall fand.
Derselbe wurde hernach, als gedachte Buchhandlung sich
nach Göttingen zog, und anfangs noch eine Niederlage
zu Gotha behielt, noch einige Jahre zu Göttingen und
Gotha gemeinschaftlich fortgesetzt; bis endlich die Die-
trichsche Buchhandlung ganz nach Göttingen kam, und zu
Gotha an deren Stelle die Ettingerische Buchhandlung
trat. Seitdem ist nun jener Almanach unter dem Titel:
Göttingischer Taschencalender, 1776. u. f. nur hier,
der Gothaische Hofcalender aber von der Ettingerischen
Buchhandlung fortgesetzt worden. Die gelehrten Artikel
des Göttingischen hat anfangs J. E. P. Erxleben, hernach Lichtenberg besorgt. Eine Französische Uebersetzung
wird zugleich unter dem Titel: *Almanac de Gottingue pour
l' année . . . .* vom Prof. von Colom besorgt. Dann
hat eben diese Buchhandlung auch 1770. angefangen, einen Musenalmanach herauszugeben, der noch fortgesetzt wird. Dessen Besorgung hat 1770. erst H. C. Bo-
je, hernach 1776. L. F. G. Göckingk, und seit 1778.
M. Bürger übernommen. Von einem Französischen Musenalmanach ward 1774. auch noch ein Versuch gemacht

un-

unter dem Titel: *Almanach des Muſes* (par F. R. S A L z-
M A N N), der aber nur drey Jahre 1774 — 1776. ſeinen
Fortgang behalten hat. Von den Jahren 1776. 1777.
1778. hat Prof. Eyring auch noch einen litterariſchen,
und von den Jahren 1782. 1783. 1784. M. Forkel noch
einen muſicaliſchen Almanach geliefert.

§. 205.

Noch gibt es eine Gattung periodiſcher Schriften,
die ohne ſich an gewiſſe Zeitabſchnitte zu binden fortgeſetzt
werden, als Pütters Beyträge zum Staats= und Für=
ſtenrechte Th. I. 1777. II. 1779., Käſtners vermiſchte
Schriften Th. I. 1755., II. 1772., III. 1783., Heyne
Sammlung antiquariſcher Aufſätze Leipz. St. I. 1778.,
II. 1779., J. Beckmanns Beyträge zur Oeconomie,
Technologie, Polizey= und Cameralwiſſenſchaft, Th. I-
XI. 1779 — 1788., wie auch eben deſſelben Beyträge zur
Geſchichte der Erfindungen Lpz. 1780. u. f., und Samm=
lung auserleſener Landesgeſetze, welche das Polizey= und
Cameralweſen zum Gegenſtande haben, Frf. 1783. u. f.

8) Von der königlichen Teutſchen Geſellſchaft zu Göttingen.

§. 206.

Mit der Teutſchen Geſellſchaft (Th. 1. §. 145. S. 270.) iſt in ihrer Einrichtung keine Veränderung weiter vorgegangen. Von ihrer erſten Stiftung her hat ſie noch jetzt das Glück Herrn Henrich den XI. ältern Reuſſen ꝛc. des h. R. R. Fürſten und regierenden Grafen zu Obergraiz als ihren Obervorſteher zu verehren. Zum Andenken ihres Oberälteſten, den ſie mit dem Tode des Herrn Cammerpräſidenten von Behr († 1771. Dec. 26.) verlohr, ward am 11. Jan. 1772. ein Aufſatz in der Geſellſchaft verleſen, der ſich in Käſtners vermiſchten Schriften Th. 2. (Altenb. 1772. 8.) S. 49. findet. Die dermaligen ordentlichen Mitglieder ſind: Hofrath Käſtner, Aelteſter; Hofr. Claproth, Prof. von Colom, Hofr. Gatterer, Hofr. Heyne, Hofr. Feder, Prof. Volborth, Superint. Luther. Seit 1784., da Prof. Dieze nach Mainz abgieng, hat Prof. Volborth das Secretariat übernommen. Feierliche Verſammlungen werden vorzüglich bey auſſerordentlichen Veranlaſſungen angeſtellt, wie z. B. 1781. bey Anweſenheit des Herzogs von Würtenberg geſchah, und 1787. Sept. 18. bey der fünfzigjährigen academiſchen Jubelfeier, da Hofr. Käſtner Bewerkungen über den Vortrag gelehrter Kenntniſſe in Teutſcher Sprache vorlas.

U 3   9) Vom

9) Vom historischen Institute zu Göttingen.

§. 207.

Das königliche historische Institut, unter welchem Namen diese vom Hofr. Gatterer im Oct. 1764. gestiftete Gesellschaft (Th. 1. §. 146. S. 273.) auf erfolgte höhere Genehmigung am 23. Dec. 1766. öffentlich eingeweihet ward, bestehet vorjetzt aus folgenden Mitgliedern: Hofr. Gatterer als Director, Prof. von Colom, Prof. Eyring, Prof. Lichtenberg, Hofr. Feder, Prof. Meiners, Hofr. Runde. Das Secretariat führt Prof. Eyring. Die Präsidentenstelle, welche der sel. geheime Justizrath Ayrer 1769. übernommen hatte, ist seit dessen Tode nicht wieder besetzt worden. Die Gesellschaft versammelt sich jetzt, wenn sie es nöthig findet, im öffentlichen Hörsaale der Universität, wie noch zuletzt bey der Jubelfeier 1787. Sept. 18. geschah, da Hofr. Gatterer eine Abhandlung über Jubelfeier und Jubelmünzen vorlas.

10) Von der königlichen Stiftung jährlicher Preisfragen für alle vier Facultäten.

§. 208.

Erst seit dem Jahre 1784. ist aus Sr. Majestät des Königs allerhöchsteigner Bewegung noch eine Anstalt hier in Gang gebracht worden, die bisher auf Teutschen Universitäten die einzige in ihrer Art ist. Eine jede der vier Facultäten hat den Auftrag bekommen, jährlich eine Preisfrage bekannt zu machen, deren Bearbeitung ein jeder, der hier studiert, unternehmen kann. Die Aufsätze müssen

sen in Lateinischer Sprache abgefaßt, und, wie es bey
Preisschriften gewöhnlich ist, mit Beyfügung eines ver-
siegelten Zettels, der inwendig den Namen des Verfassers
und in der Aufschrift eine zugleich auf dem Titel der Abhandlung geschriebene Devise enthält, ohne sonst auf irgend einige Art den Verfasser kenntlich zu machen, vor
Ablauf des Märzmonaths dem jedesmaligen Decane einer
jeden Facultät zugestellt werden. Am 4. Jun. (dem Ge-
buhrtstage des Königs) wird in einer Abends um sechs
Uhr deßhalb angestellten öffentlichen Versammlung vom
Professor der Beredtsamkeit öffentlich bekannt gemacht,
was für Schriften bey jeder Facultät eingekommen, und
welchen der Preis oder auch ein Accessit zuerkannt sey;
worauf jeder Decanus den Zettel, worauf die Devise der
Preisschrift geschrieben ist, eröffnet, und dem Redner
auf dem Catheder einhändigen läßt, der alsdann den Namen öffentlich verkündiget. Auch werden dann zugleich
die neuen Preisfragen abgelesen. Hernach wird das alles
in einem Universitäts = Programme bekannt gemacht, und
die Preisschriften werden auf königliche Kosten gedruckt.
Denen, die ein Accessit erhalten haben, wird es frey gestellt, ob sie sich zu erkennen geben und ihre Schriften für
sich zum Druck befördern, oder ob sie unbekannt bleiben
wollen. Die goldene Preismedaille, wozu auf Sr. Majestät des Königs unmittelbare Veranstaltung ein sehr ge-
schickter Künstler zu London den Stempel verfertiget hat,
hält das Gewicht von 25. Ducaten. Sie hat auf der einen Seite das Brustbild des Königs mit der Schrift:
Georgius III. MDCCLXXXV. Auf der Kehrseite ist ein
geflügelter Genius, der durch die Flamme auf dem Haupte
das Genie bezeichnet, gelehnt auf einen runden Schild,
der auf einer Ara oder Basament stehet. In der mittlern
Fläche der Vorderseite der Ara ist das Bildniß Georgs
des II., des Stifters der Universität, erhaben vorgestellt.
Im Schilde lieset man die Worte: INGENIO ET STV-

DIO und unten: GEORGIA AVGVSTA ADIVDI-
CANTE.

* I. Die erste Veranlassung dieser königlichen Stiftung
kann ich nicht besser beschreiben, als mit folgenden eignen
Worten des Rescripts, das Se. königliche Majestät unter
Allerhöchstbero eigenhändiger Unterschrift den 15. Jun.
1784. an das königliche Ministerium zu Hannover erlassen
haben: "Wir haben euch hierdurch eine Entschliessung
eröffnen wollen, auf die Wir durch den Gedanken geleitet
worden sind, daß, da Unsere Universität Göttingen ihren
jetzigen Flor und Wohlstand der Geschicklichkeit und dem
guten Rufe, worin ihre Lehrer stehen, und den verschie-
benen nützlichen Einrichtungen und Anstalten, wodurch sie
sich vor andern Universitäten Teutschlands auszeichnet,
vornehmlich zu danken hat, es ihr zum weitern Vorzug
gereichen werde, wenn annoch etwas gestiftet würde, wovon man sich versprechen könnte, daß es bey der studierenden Jugend noch einen Bewegungsgrund mehr abgeben
werde, sich durch Fleiß und Application hervorzuthun,
und von den Gelegenheiten, die sie zu Göttingen hat, ihre Zeit wohl und nützlich anzuwenden, einen zweckmäßigen
Gebrauch zu machen. Wir halten die Erreichung dieser
Absicht eines Versuchs wohl werth, und sind also gnädigst
entschlossen, für die beste Ausarbeitung über ein Thema,
welches von jeder der vier Facultäten jährlich aufzugeben,
und den Studierenden zeitig gnug bekannt zu machen ist,
ein Gnadengeschenk auszuwerfen, welches in einer goldenen Medaille von etwa 25. Ducaten an Werth, mithin
jährlich in vier dergleichen goldenen Preismedaillen bestehen soll. Den Stempel dazu wollen Wir hier verfertigen
lassen, — da Wir übrigens von den Professoren erwarten, daß sie die einkommenden Aufsätze ohne alle Parthey-
lichkeit und Nebenabsichten beurtheilen, mithin ohne auf
Stand, Herkunft oder andere Connexionen zu sehen, die
Arbeiten nach Verdienst würdigen werden &c."

* II. Die bisherigen Preisschriften waren 1785. Gottfr.
Ern. GRODDECK Gedanensis *de morte voluntaria;* Gust.
HVGO Badensis *de fundamento successionis ab intestato ex
iure Romano antiquo et novo;* Ioach. Died. BRANDIS
Hildesiensis *de oleorum vnguinosorum natura;* Ioann. Gottlieb BVHLE Brunsuicensis *calendarium Palaestinae oeconomicum.* Von solchen, die ein Accessit erhalten, sind noch
zum

zum Druck gekommen: Adam Frid. de MVTACH Bernatis und Io. SCHWARZKOPF Hannouerâni *de fund. succ. ab intest. ex iure Rom.*; Iust. ARNEMANN Luneburgensis *de oleis vnguinosis;* Ge. Frid. WALCH Goettingensis *calendarium Palaestinae oeconomicum* cum praef. Io. Dav. MICHAELIS.

1786. Ioann. Henr. HEINRICHS Hannoucrani *de aucta sensim per prouidentiam diuinam humani generis felicitate;* Frid. BOVTTERWECK Goslariensis *de fundamento successionis Germanicae tam allodialis quam feudalis et ratione differentiae inter successionem Germanicam et Romanam;* Ioann. Frid. PFAFF Stuttgartensis *de ortibus et occasibus siderum apud auctores classicos commemoratis.* Das juristische Accessit bekam diesmal wieder Joh. Schwarzkopf jetziger Legations = Secretär bey der königlichen Gesandtschaft zu Berlin. Der medicinische Preis konnte diesmal nicht vergeben werden.

1787. Io. Ge. Arn. OELRICHS Hannoucrani *de vera et certa eorum, qui medio secundo atque ineunte tertio seculo floruerunt, patrum de ratione siue relatione filii seu verbi cum patre sententia;* Frid. HIRSCH Goslariensis *de iure emigrationem ciuium prohibendi vel circumscribendi;* Ott. HVHN Mitauiensis *de regeneratione partium mollium in vulnere;* Car. Traug. Gottl. SCHOENEMANN Islebiensis *de geographia Homeri.* Das medicinische Accessit erhielt Andr. Ge. MVRRAY Gottingensis (ein Sohn Johann Philipps oben §. 57. S. 55.) für die ebenfalls hernach abgedruckte Abhandlung *de redintegratione partium corporis animalis nexu suo solutarum vel amissarum.*

* III. Noch hatten Se. königliche Majestät im Jahre 1786. der theologischen Facultät aufgetragen, den Beweis der unendlichen Gottheit Christi im Sinn der evangelisch Lutherischen Kirche den Lehrern dieser Kirchengemeinschaft als den Gegenstand einer Preisabhandlung, die mit einer Medaille von fünfzig Ducaten belohnt werden sollte, vorzuschlagen. Es ist aber von 27. Abhandlungen, die der theologischen Facultät zugekommen sind, von derselben keine des Preises würdig gefunden worden. Götting. gel. Anz. 1786. S. 1065., 1787. S. 1713-1723.

────────

U 5　　　　　　　　VI. Von

VI. Von der Einrichtung der academischen Lehrstunden.

1) Von der Einrichtung der Lehrstunden überhaupt.

§. 209.

In der Art und Weise, wie es mit den academischen Lehrstunden überhaupt gehalten wird (Th. 1. §. 147. S. 276.), ist bisher keine Veränderung vorgegangen. Sie werden noch immer halbjährig von Ostern bis Michaelis, und wieder von Michaelis bis Ostern gehalten (a). Sowohl jedem Lehrer als jedem Studierenden wird die Wahl seiner Lehrstunden frey gestellt. Dieser Freyheit und einer damit verbundenen ruhmwürdigen Nacheiferung hat man mehr Fleiß und Fortschritte in Wissenschaften zu verdanken, als mit Zwang und Befehlen auszurichten seyn würde. Die meisten Lehrer haben ihre Hörsäle so eingerichtet, daß die Zuhörer Pulte vor sich haben, auf denen sie bequem schreiben können (b). Doch wird auch darin jedem seine Freyheit gelassen, ob und was er nachschreiben will. Weder ablesen, noch Dicti-

(a) Wenn die Ostern früh einfallen, werden die Lehrstunden für den folgenden Sommer meist erst drey Wochen nach Ostern angefangen; so auch die Winterlehrstunden zu Zeiten erst drey Wochen nach Michaelis. Sonst soll eigentlich 14. Tage nach Ostern, und 14. Tage nach Michaelis der Anfang gemacht werden.

(b) Auf den Pulten sind die Plätze mit Zifern bemerkt, worauf ein jeder Zuhörer, indem er das Honorarium pränumerirt, ein Billet bekömmt. Unvermögenden macht nicht leicht ein Lehrer Schwierigkeit das Honorarium zu erlassen.

Dictiren, nur ein freyer mündlicher Vortrag findet Beyfall (c).

(c) Vorleſungen (praelectiones), wie ehedem vielleicht in ihrem wahren Wortverſtande auf manchen hohen
Schulen üblich geweſen, ſollte man billig unſere academiſche Lehrvorträge nicht mehr nennen.

––––––––

2) Theologiſche Lehrſtunden.

§. 210.

Die Glaubenslehre oder ſo genannte Dogmatik erklärt 1) der Conſiſtorialrath Leß, 2) D. Miller, beide
um 8., jeder über ſein eignes Lehrbuch; 3) D. Plank
um 8. nach Heilmann oder ſeinen eignen Grundſätzen;
4) Hofr. Michaelis zu Zeiten priuatiſſime nach ſeinem
Lehrbuche; 5) Prof. Schleusner im Winter um 2.; 6)
Prof. Sextroh im Winter um 8., beide letztere in Verbindung mit einem examinatorio; 7) Prof. Volborth
abwechſelnd mit anderen Lehrvorträgen.

§. 211.

Die theologiſche Moral trägt 1) der Conſiſtorialrath Leß um 8. und 3. nach ſeinem Lehrbuche vor; desgleichen 2) im Winter um 10. der D. Miller nach dem
ſeinigen; auch 3) zu Zeiten der Prof. Tychſen; und 4)
im Sommer früh um 6. der Prof. Sextroh.

§. 212.

Exegetiſche Lehrſtunden über das alte und neue
Teſtament, oder einzelne Stücke derſelben, hält der Con-
ſiſtorialrath Leß, Hofr. Michaelis um 9. und 10., Prof.
Schleus-

Schleusner um 10. und im Winter um 7., Prof. Tychsen um 9. und 10., und Prof. Volborth; ohne was von
den Repetenten Kirsten und Häulein in diesem Fache geschieht.

§. 213.

Von der **Kirchengeschichte** trägt D. Plank um 11.
die erste Hälfte im Sommer, die andere im Winter vor;
die **Reformationsgeschichte** zu Zeiten in öffentlichen
Lehrstunden; auch noch wohl besonders um 8. die **Geschichte der Glaubenslehren**. Die **Schicksale der
theologischen Moral** erklärt zu Zeiten der Consistorialrath Leß in eignen öffentlichen Lehrstunden. Dergleichen
Lehrstunden pflegt auch Prof. Volborth den **Christlichen
Alterthümern** der drey ersten Jahrhunderte zu widmen.

§. 214.

Zur **Polemik** gehören die leßischen Lehrvorträge
über die **Wahrheit** der Christlichen Religion als **Apologe-
tik**, und über die **Antideistik**; und die Millerischen Vorträge, wie sie oben (§. 98. II. S. 121.) schon näher
beschrieben sind.

§. 215.

Zu den **practisch theologischen Lehrstunden** gehören 1) die **Homiletik** bey Leß; 2) das königliche Prediger-Seminarium (oben §. 179. S. 244.) oder an dessen Stelle einsweilen die homiletischen Uebungen zweymal
wöchentlich um 11. bey Schleusner; 3) die **Pastoraltheologie** nebst der **Homiletik** und **Catechetik**, alle halbe Jahre
um 1. bey Sextroh; 4) die besonderen Pastoralübungen
beym königlichen Pastoralinstitute im Hospitale (oben §.
181. S. 246.); 5) die **Catechisir-Uebungen** bey D.
Miller, ingleichen 6) bey Sup. Luther (oben §. 149. a.

S. 199.), und 7) im Waisenhause (oben §. 178. S. 243.).

§. 216.

Noch wird von Zeit zu Zeit gelesen eine theologische Encyclopädie mit Anleitung zur Kenntniß auserlesener Bücher von D. Miller; über die **Charactere** der in der **Apostelgeschichte** oder anderen Schriften des N. T. vorkommenden Personen von D. Miller; über die **Messianischen Weissagungen** von Prof. Tychsen; über **Harmonie der vier Evangelisten** im Sommer um 7. von Prof. Sextroh; über die evangelischen und epistolischen **Pericopen** von Prof. Volborth ꝛc.

3) Juristische Lehrstunden.

§. 217.

Die **Institutionen** erklären Prof. Spangenberg, Prof. Waldeck und Prof. Meister um 11.; die **Pandecten** im Winter um 9. und 2. der geh. Justizr. Böhmer, der Prof. Spangenberg, und D. Geyert, im Sommer um 8. und 10. Hofr. Moeckert, Prof. Spangenberg, Prof. Waldeck und Prof. Meister; den kleinen Struv im Winter Prof. Waldeck um 10., im Sommer Prof. Spangenberg um 7., D. Geyert um 8. Ueber das alte **Römische Staats- und Privatrecht** lieset Prof. Spangenberg um 4. oder 5., D. Schmelzer um 10. oder 11. Auch erklärt von Zeit zu Zeit Hofr. Heyne um 2. das Römische Alterthum. Ueber einzelne **Bücher der Pandecten** werden zu Zeiten von Hofr. Moeckert und Prof. Meister eigene Lehrstunden gehalten; ingleichen über die berühmteren **Streitigkeiten des bürgerlichen Rechts** von Prof.

Prof. Waldeck; oder auch über einzelne Materien z. B. von der Besitznehmung und Verjährung von Prof. Spangenberg. Ueber die Actionen lesen D. Gerke und D. Geyert. Cursorische Vorlesungen und Repetitionen übernimmt D. Haselberg. Mit theoretischen Ausarbeitungen verknüpfte Lehrstunden über die Pandecten hält Prof. Waldeck im Winter um 1.

§. 218.

Das canonische **Recht** lehrt der geh. Justizr. Böhmer im Sommer um 11. Im Winter wird es von Prof. Böhmer und Prof. Brandis gelesen. Das **Lehnrecht** wird im Sommer vom geh. Justizr. Böhmer um 2., im Winter von Hofr. Runde um 10. vorgetragen. Das **Teutsche Privatrecht** erklärt Hofr. Runde im Sommer um 7., im Winter um 8., wie auch D. Posse im Sommer um 8., und D. Haselberg im Winter um 11. Dem **Braunschweig-Lüneburgischen Privatrechte** widmet D. Oesterley besondere Lehrstunden um 3., und dem geistlichen **Privatrechte** D. Geyert um 4. Das **Privatrecht Teutscher Fürsten** lehrt der geh. Justizr. Pütter im Winter Dienst. und Donnerst. um 3. Das **peinliche Recht** erklärt Hofr. Moeckert im Sommer um 7., im Winter um 3., Prof. Meister um 9. oder 10. Das **Handelsrecht, Wechselrecht** und **Seerecht** trägt Prof. Martens im Winter Mont. Mittw. Freyt. um 1. Uhr vor; das **Wechselrecht** alleine D. Oesterley im Sommer Mont. und Dienst. um 1.; das **Cameral- und Polizeyrecht** D. Posse im Winter um 8.

§. 219.

Das **Teutsche Staatsrecht** wird vom geh. Justizr. Pütter im Winter um 11., im Sommer vom Hofr. Runde um 3., vom Prof. Martens und vom Prof. Brandis

um

um 10., von D. Schmelzer um 11., wie auch vom D.
Haſelberg vorgetragen. Auch werden noch beſondere Lehr=
ſtunden über das Staatsrecht des mittlern Zeitalters
vom geh. Juſtizr. Pütter im Sommer Dienſt. und Don=
nerſt. um 3., über das Territorialſtaatsrecht vom D.
Poſſe im Winter um 9., über den Weſtphäliſchen Frie=
den vom D. Schmelzer Dienſt. und Donnerſt. um 2. ge=
halten. Das Staatsrecht der angeſehenſten Europäi=
ſchen Staaten erklärt Prof. Martens im Winter um
8., im Sommer um 2. Das Natur= und Völkerrecht
erklärt Hofr. Feder nebſt den Grundſätzen der Politik
im Sommer um 5., im Winter Hofr. Moeckert um 8.,
alle halbe Jahre Prof. Böhmer um 8., Prof. Martens
im Sommer um 10.; das allgemeine Staatsrecht nebſt
den Grundſätzen der Politik Hofr. Schlözer im Winter
um 4.; das allgemeine Kirchenſtaatsrecht in beſonde=
rer Anwendung auf die Chriſtliche Religion der geh. Ju=
ſtizrath Pütter im Winter Sonnabends um 3.; das po=
ſitive Europäiſche Völkerrecht Prof. Martens im
Sommer um 8., im Winter um 9.

§. 220.

Die Geſchichte der in Teutſchland üblichen Rech=
te trägt der Prof. Böhmer im Sommer um 10., im
Winter um 1. vor; die juriſtiſche Encyclopädie der
geh. Juſtizr. Pütter bisweilen im Winter Sonnabends
um 3.; auch lehrt ſie in Verbindung mit der Rechtsge=
ſchichte nach dem Reitemeieriſchen Lehrbuche D. Schmel=
zer im Sommer um 7., im Winter um 10. Der juri=
ſtiſchen Litteratur widmet D. Poſſe beſondere Lehrſtun=
den im Winter um 4. Zu Disputir= und Examinir=
Uebungen pflegen ſich mehrere Lehrer bereit zu erklären,
inſonderheit zu letzteren Prof. Waldeck, D. Willich, D.
Poſſe, D. Schmelzer, D. Oeyert, D. Haſelberg ꝛc.

§. 221.

§. 221.

Die Theorie des Civilprocesses wird in Verbindung mit practischen Ausarbeitungen vom Hofr. Claproth alle halbe Jahre um 8., ingleichen vom D. Oesterley und D. Posse im Sommer um 7. und von ersterem im Winter um 1. vorgetragen, wie auch ohne Ausarbeitungen vom Prof. Walbeck im Winter um 1. Den Reichsproceß wird künftig Prof. Brandis im Sommer um 9. mit practischen Ausarbeitungen verbunden lesen.

§. 222.

Bey einigen der bisher beschriebenen Lehrstunden ist schon gedacht worden, daß practische Ausarbeitungen damit verbunden sind. Einige derselben verdienen noch eine besondere Beschreibung. Die practischen Lehrstunden, die der geh. Justizr. Pütter noch immer alle halbe Jahre fortsetzt (Th. 1. §. 166. III. S. 287.), hat derselbe seit dem Oct. 1777. in drey Abtheilungen vertheilet, deren jeder wöchentlich eine Stunde gewidmet ist. In der ersten Abtheilung wird der Anfang damit gemacht, eine schriftlich abgefaßte Klage in ein Protocoll zu verwandeln. Dann werden aus Klagelibellen oder anderen Bittschriften die darin enthaltenen Thatsachen in kurze Aufsätze gebracht, wie solche den Anfang einer Relation abgeben könnten. Auch werden Gutachten entworfen, was für Klagen angestellt, und ob sie gegründet seyen? Aehnliche Arbeiten werden hernach aus einem vollständigen Stücke Acten gemacht, woraus zugleich der ganze Lauf eines vollständigen ordentlichen Processes ersehen werden kann. Ferner wird Anleitung zu tabellarischen Auszügen aus Eheberedungen, Schuldverschreibungen, Kaufbriefen und Testamenten gegeben. Kurze Rechtsfälle werden zur Entscheidung vorgelegt, aus welchen hernach schriftliche oder protocollarische Klagen, letztere gleich in der Stunde, gemacht werden.

Zu=

Zuletzt wird auch Stoff gegeben, eine Exceptionsschrift, Replik oder andere Deductionsschrift, und Bittschriften in Gnadensachen zu entwerfen.

In der zweyten Abtheilung werden gleich vollstän= dige protocollarische Verhandlungen über ganze Rechts= fälle vorgelegt, um daraus sowohl das Factum zu ziehen, als das Votum darüber zu liefern. Mehrere theils ähn= liche, theils von einander abweichende Fälle werden zur Vergleichung aufgegeben, um genau zu bestimmen, wor= in sie übereinkommen oder nicht, und worin der Grund der gleichen oder verschiedenen Entscheidung zu suchen sey. Dann werden mehrere vollständige Acten von allerley Gat= tungen nach einander mitgetheilt, um theils vollständige Relationen, theils stückweise über einzeln aufgeworfene Fragen, z. B. die Statthaftigkeit der Klage, die Zulässig= keit der Zeugen u. d. gl. betreffend, relationsmäßige Vota abzufassen. Auch werden besondere Gutachten, ingleichen Schreiben großer Herren ausgearbeitet.

In der dritten Abtheilung wird gleich mit Gutach= ten über etwas schwerere Rechtsfälle der Anfang gemacht, hernach mit vollständigen Relationen aus peinlichen und fiscalischen Acten fortgefahren, zwischendurch aber Anlaß gegeben, Berichte, Inquisitional=Artikel, und eine De= fensionsschrift auszuarbeiten. Zuletzt werden einige ins Staats= und Fürstenrecht einschlagende Fälle dazu benutzt, um über die darin gewechselten Schreiben oder Deductio= nen theils Gutachten, theils Berichte, theils ebenmäßige Schreiben und Deductionen zu verfertigen.

In allen drey Abtheilungen wird zugleich von den Pütterischen Rechtsfällen ein solcher Gebrauch gemacht, daß in jeder Stunde ein oder zwey mündliche Vorträge geschehen, die der Lehrer gleichsam als Correferent kurz wiederholet, und mit Bemerkungen begleitet, was sich etwa dabey zu erinnern findet.

X

Diese

Diese breyerley Abtheilungen kann nun ein jeder nach seinem Gutfinden auf einmal mit einander verbinden, oder, wie es freylich ungleich vortheilhafter ist, in drey oder wenigstens zwey halbe Jahre vertheilen. Künftig soll ihnen alle halbe Jahre die Stunde um 3. gewidmet seyn, Montags zur ersten, Mittwochs zur zweyten, Freytags zur dritten Abtheilung. Die Aufgaben vom Montage werden den folgenden Sonnabend, die von Mittwochen den Dienstag, die von Freytag den Donnerstag, im Sommer um 9., im Winter um 11. geliefert.

§. 223.

Hofrath Claproth lieset sein practisches processualisches Collegium über seine Einleitungen in den ordentlichen bürgerlichen und in sämmtliche summarische Processe, und gebrauchet dabey einen Vorrath gedruckter bürgerlicher und peinlicher Acten. Die Compendien erkläret er nicht Schritt vor Schritt, sondern gibt nur Einleitung in jede vorkommende Materie, und verläßt sich dabey auf das eigene Durchlesen, wozu sich ein angehender Rechtsgelehrter doch bey Zeiten gewöhnen muß. Der practische Unterricht bestehet darin, daß er beym ersten Theile des ordentlichen bürgerlichen Processes die Rechtsmittel wider eigenthätige Hülfe und vom schiedsrichterlichen Verfahren die beträchtlichsten Vorfälle, hiernächst alle die Fälle durcharbeiten läßet, wo es durch Ausnahme von der Regel erlaubt ist, sich in streitigen Partheysachen an den Landesherrn zu wenden. Insbesondere gehet er alle die Sachen durch, welche kein gerichtliches Verfahren zulassen, und zeiget, wie in Cammer = Polizey = Regierungs = Steuer= Disciplin= und anderen im §. 2. der summarischen Processe vorgezeichneten Sachen verfahren werden müsse, wobey immer wirkliche Fälle in der Stunde mit Erwegung aller Seiten der Sache ausgearbeitet, und andere zur eigenen

Aus=

Ausarbeitung mündlich gegeben werden. Noch bey dem
ersten Theile des ordentlichen Processes werden an gehöri-
gem Orte alle präparatorische, präjudiciale, incidente,
connexe und arbiträre Sachen den angehenden Rechtsgelehrten nach ihrem Umfange bekannt und durch Arbeiten
in der Stunde lebendiger gemacht. Eine Menge Klagen
von aller Art werden nach gedruckten oder mündlich bekannt gemachten Fällen ausgearbeitet. Bey dem zweyten
Theile des ordentlichen Processes werden alle Schriften
von einiger Bedenklichkeit nach der Ordnung der §§. aus
gedruckten Acten, welche bloß in Ansehung der Geschichte
genützet werden, den Regeln gemäß, welche im Compendium vorgezeichnet sind, von jedem arbeitenden Zuhörer
verfertiget, und so wird der fleissige Zuhörer nicht durch
den nachläßigen aufgehalten, wie es sonst geschieht, wenn
drey und drey eine Sache zu bearbeiten bekommen. Muster von jeder Schrift zeiget er aus dem Actenvorrathe zugleich an. So wird der ganze bürgerliche Proceß bis zu
Ende durchgearbeitet. Alsdann wird ein Concurs von
seiner Entstehung bis zur Distribution der Masse nach
Anleitung des Hauptstückes vom Concurs-Processe in den
summarischen Processen, und gleichfalls eine vollständige
Inquisition in der Stunde, mit beständiger Zurückwei-
sung auf die Regeln und Ordnung des Compendiums geführet, und dies alles in einem halben Jahre zu Ende gebracht. Die Aufsätze corrigirt er und machet vor deren
Zurücklieferung allgemeine practische Bemerkungen über
jede Arbeit.

§. 224.

Die relatorisch practischen Vorlesungen hält Hofr.
Claproth auf eben die Art, daß er sein eigenes Compendium nicht wörtlich durchgehet, sondern nur die Einleitungen gibt. Bey dem ersten allgemeinen Abschnitt werden dann von jedem Zuhörer aus würklich geführten Acten

an-

anfänglich bloße Geschichtserzehlungen, dann Auszüge aus
den Acten, einmal wie sie liegen, hernach aber jeden
Punct separirt, gemacht, endlich bloße Fragen, auf deren Entscheidung es ankömmt, aus den Acten formirt.
Nach dem zweyten Abschnitt wird in der Reihe eine Klage, und hernach eine Exceptionsschrift, mündlich vorgetragen, nach allen wesentlichen Erfordernissen geprüfet,
und das Gutachten hinzugefüget, worüber dann die übrigen Zuhörer auf geschehene Umfrage ihre Zweifel eröffnen,
und er selbst zuletzt seine Meynung saget, sich aber auch
über die darüber etwa aufgeworfenen Zweifel erkläret.
Dann werden vollständige Relationen aus dem ersten Verfahren aus vollständigen Acten verfasset, einmal von jedem in der Stunde referiret, und darüber votiret, und
wer mehrere schriftlich zu verfassen Lust hat, bekömmt
dazu Acten, und liefert die Relationen zum Durchsehen.
Im Beweisverfahren werden wiederum sowohl die einzelnen Schriften nach dem Beweistermine, Artikeln, Inter-
rogatorien, Gültigkeit der Beweismittel u. s. w. geprüfet,
als auch vollständige Relationen über den geführten Beweis sowohl nach der Reihe in der Stunde abgestattet,
als schriftlich zum Durchsehen geliefert. Eben so wird
mit den Relationen aus dem Appellations = Verfahren und
aus würklichen Criminal = Acten zu Werke gegangen.
Weil es aber theils zu weitläuftig wäre aus Concurs-
Acten jeden referiren zu lassen, theils es auch dazu an
Acten fehlet, so trägt er eine Concurssache in der Stunde
vor, läßt die Zuhörer über die Liquidität und Priorität
ihre Gutachten geben, saget zuletzt das seinige, läßt sodann den gefaßten Schluß in das schema prioritatis eintragen, und schaffet selbiges am Ende der Relation zum
Prioritäts = Urtheile um, wodurch jeder von der Art, wie
mit dieser weitläuftigen Relation zu Werke gegangen werden muß, um ordentlich und gründlich zu referiren, hin-
reichende Begriffe bekömmt.

§. 225.

§. 225.

Die mit Ausarbeitungen verknüpften Lehrstunden, die der Prof. Waldeck über das bürgerliche Recht hält, sind nach seinem 1783. davon herausgegebenen Vorschlage auf folgende Art eingerichtet. Er gibt bey jedem Titel des Böhmerischen Handbuchs der Pandecten in jeder Stunde mehrere Fragen oder andere Aufgaben auf, die ihm den folgenden Tag von den Zuhörern schriftlich beantwortet zugestellt werden. Er geht darauf die eingekommenen Aufsätze Stück für Stück durch, zeichnet sich aus jedem derselben das Gute und Fehlerhafte aus, und trägt beides in der nächstfolgenden Lehrstunde vor. Bey diesen Recensionen bestrebet er sich, überall schickliche Regeln, Raisonnements und andere Bemerkungen einfliessen zu lassen, und füget zuletzt jeder Aufgabe die Beantwortung bey, wie sie hätte seyn sollen.

Die Aufgaben selbst enthalten Materien, die zur näheren Erläuterung des Lehrbuchs; zur Auseinandersetzung aneinandergränzender Rechtsgeschäffte; zur Aufklärung einzelner Rechtswahrheiten, auch einzelner Gesetze und ihrer Gründe; zur Entscheidung interessanter Streitigkeiten u. s. w. gehören.

In dieser Absicht läßt er ausgesuchte Stellen des Böhmerischen Handbuchs erklären und beurtheilen; Tabellen über die Paragraphenordnung einzelner Titel und Materien entwerfen; wesentliche und nicht wesentliche, gewöhnliche und zufällige Bestimmungen einzelner Rechtsgeschäffte nebst den Unterschieden des einen von dem andern angeben. Wo Distinctionen in den Gesetzen liegen, da nennt er die Gesetze, und läßt dann die darin liegenden Distinctionen nebst ihren Gründen von den Zuhörern selbst aufsuchen. Ueberall müssen die besten Beweisstellen aus unsern Gesetzen angegeben werden. Er läßt ferner

X 3 Gut-

Gutachten und Entscheidungen machen, und dictirt zu dem
Ende Fälle, die ihm entweder selbst zur Bearbeitung vor=
gekommen sind, oder die er aus Schriftstellern entlehnt
hat.   Bey Titeln, die in den practischen Theil der Rechts=
wissenschaft einschlagen, werden Formulare gemacht, Kla=
gen, Exceptionsschriften, Contracte, Testamente rc.   Er
dictirt fehlerhafte und richtige Aufsätze der Art, und läßt
sich dann beides auszeichnen.   Auf gleiche Art läßt er
Cautelen aufsuchen, und sie hernach in Anwendung brin=
gen.

§. 226.

Die practischen Lehrstunden, welche Prof. Martens
über das Europäische Völkerrecht hält (§. 219.), ha=
ben zur Absicht, denjenigen, welche entweder für das ei=
gentliche Fach der auswärtigen Angelegenheiten sich be=
stimmen, oder doch, wie dies zumal in Teutschland so oft
der Fall ist, neben ihren ordentlichen Berufsgeschäfften,
bey vorkommenden Gelegenheiten, auch in auswärtigen
Geschäfften gebraucht werden, eine Anleitung zu geben,
um sich in allerley Aufsätzen und Vorträgen, welche ihnen
hiebey übertragen werden können, zu üben.   Da bey dem,
insonderheit in diesem Fache, so ausgebreiteten Gebrauche
der Französischen Sprache, Teutsche sowohl als Auslän=
der, gar oft in dem Fall sind, sich theils schriftlich theils
mündlich über Gegenstände des Völkerrechts äußern zu
müssen, gleichwohl bey manchem die Schwierigkeit des er=
sten Versuchs in einer neuen Gattung von Arbeiten durch
die hinzukommende Schwierigkeit in einer fremden Spra=
che zu schreiben im Anfange zu sehr vermehrt werden könn=
te; so hat dies die Veranlassung gegeben in zwey von ein=
ander ganz getrennten Vorlesungen, deren jede einmal in
der Woche gehalten wird, in der einen eine Anleitung zu
Teutschen, in der andern, (welche daher auch in Franzö=
sischer Sprache gehalten wird), eine Anleitung zu Franzö=

zöſiſchen Arbeiten zu geben. Uebrigens ſind dieſe beide
Vorleſungen, wie in Anſehung des Zwecks, ſo auch in
Anſehung der inneren Einrichtung einander ähnlich, ſo
daß eben dieſelben Gattungen von Arbeiten in einer jeden
derſelben und zwar ſtuffenweiſe von der leichteren zur ſchwe-
reren aufgegeben werden, obgleich die Fälle ſelbſt, zumal
diejenigen, bey welchen die Wahl guter Muſter in Be-
tracht gezogen werden muß, nie dieſelben in beiden Vorleſungen ſind, um auch diejenigen, welche beide Vorleſungen nach einander beſuchen, nicht durch Wiederholung derſelben Arbeit zu ermüden.

Zu Gegenſtänden dieſer Arbeiten werden nur ſolche
Fälle gewehlt, die ſich entweder ſchon würklich zugetragen
haben, und von welchen öffentliche Staatsſchriften vorhanden ſind, oder ſolche, die etwa nach den gegenwärtigen Zeitumſtänden leicht in Anfrage kommen könnten.
Insbeſondere geben Staatsverträge aller Art, Memoire
der Höfe oder Geſandten, Schreiben groſſer Herren oder
ihrer Miniſter unter einander, kurze Deductionen u. ſ. f.
den vorzüglichſten Stoff zu ſolchen Uebungen. Die Ausarbeitungen ſelbſt beſtehen theils in Vorübungen, z. B.
in kurzen Auszügen aus merkwürdigen neueren Staats-
verträgen, oder Deductionen, Tabellen über ſelbige, Vergleichung mehrerer Staatsverträge unter einander, Gutachten über einzelne mitgetheilte Fälle aus dem Völker-
rechte u. ſ. f. theils in Entwürfen ſolcher Arbeiten, wie ſie
in auswärtigen Angelegenheiten vorkommen, z. B. Canz-
ley- und andere Schreiben der Höfe, ſie mögen Ceremo-
niel- oder würkliche Staatsgeſchäffte betreffen, Miniſte-
rialbriefe, Memoiren, Punctation eines Vertrags oder
Ausfüllung einer Punctation, ſo weit dies letztere thunlich iſt, ohne zu weit in das Detail der Local-Umſtände
eines individuellen Vertrags hinein zu gehn; Chifrirung
und Dechifrirung, ſo fern es hier nur im Allgemeinen auf

X 4 die

die nähere Bekanntschaft mit den jetzt üblichen Arten zu chifriren und den allgemeineren Hülfsmitteln dabey ankömmt u. f. f.

Zu mündlichen Vorträgen werden kurze Deductionen über Gegenstände des Völkerrechts einem unter denjenigen Zuhörern, welche sich hiezu angegeben, in jeder Stunde mitgetheilt, um daraus in der folgenden einen freyen mündlichen Vortrag, mit angehängtem Gutachten, etwa so zu thun, wie er dies einmal künftig in einem Staatsministerio oder dem Cabinet eines Fürsten zu thun in dem Fall seyn kömmte.

Die Zahl der Arbeiten, welche in jeder Stunde aufgegeben werden, ist zwar nicht immer gleich, und richtet sich nach der Zeit, welche die Ausarbeitung derselben muthmaßlich erfordert; doch werden gemeiniglich zwey ausgetheilt, deren eine vorzüglich des Sachinhalts wegen, die andere zugleich wegen des Ceremoniels etwas merkwürdiges hat, und, so viel es thunlich und nöthig ist, werden den Zuhörern jedesmal entweder gute Muster ähnlicher Arbeiten oder auch die Stücke selbst mitgetheilt, aus welchen sie etwa ihre Uebungen anzustellen haben.

Die Beurtheilung dieser Arbeiten, welche zu Anfang der nächsten Vorlesung unternommen wird, trifft insbesondere folgende drey Puncte: 1) den Sacheninhalt, also z. B. die Treue, Vollständigkeit und Kürze des Auszugs, die Richtigkeit des Urtheils, die Wahl, Ordnung und Darstellung der Gründe u. f. f.; 2) das Canzley=Ceremoniel, in so weit dieses sich auf allgemeine Grundsätze zurückführen läßt, und nicht etwa von dem individuellen Verhältnisse zweyer Höfe abhängig ist; 3) den Styl, zumal in Ansehung der Französischen Ausarbeitungen, und zwar nicht bloß, sofern von der grammaticalischen Richtigkeit oder Unrichtigkeit und von der Deutlichkeit der Schreibart
die

die Rede ist, sondern insbesondere auch, sofern in Ansehung der einer jeden Gattung von Staatsschriften eignen
Schreibart und des hin und wieder in der Staatssprache
von der gemeinen Bedeutung abweichenden Gewichts gewisser Worte etwas zu bemerken vorfällt. Bey manchen
Arbeiten gibt die Vergleichung derselben mit der Urschrift,
wenn diese als Muster empfohlen werden kann, Gelegenheit zu Bemerkungen in Ansehung eines jeden dieser
Puncte, obgleich, wie sich von selbst ergibt, keine Arbeit,
wenn sie nur sonst zweckmäßig ist, um deswillen getadelt
wird, weil sie dem vorhandenen Muster nicht ähnlich sieht.
Die guten Muster werden zu Ende der Vorlesung den
Zuhörern sammt dem Stoff zu neuen Arbeiten mitgetheilt;
zum Behuf der Französischen Arbeiten ist der Druck der
mitzutheilenden Schriften bereits veranstaltet, zum Behuf
der Teutschen wird er erst jetzt besorgt.

---

4) Medicinische Lehrstunden.

§. 227.

Die Anatomie lehrt Hofr. Wrisberg alle Winter,
indem er sich Vormittags mit Sectionen, Nachmittags
um 2. mit Demonstrationen beschäfftiget. Von der anatomia comparata werden bisweilen auserlesene Gegenstände
in öffentlichen Lehrstunden vom Prof. Blumenbach vorgetragen. Mit der Geschichte der Anatomie beschäfftigt
sich D. Josephi. Die Osteologie erklärt Prof. Blumenbach im Sommer um 4. Die Physiologie wird im
Sommer vom Hofr. Wrisberg früh um 6. und 8., vom
Prof. Blumenbach um 8.; auch wohl vom D. Josephi
vorgetragen.

X 5 §. 228.

§. 228.

Die Pathologie wird im Winter um 9. vom Hofr.
Murray, um 4. vom Prof. Blumenbach, im Sommer
um 4. vom Prof. Stromeyer, um 8. vom Prof. Fischer
vorgetragen, und von letzterem mit der Semiotik verbunden, die Hofr. Richter noch besonders zu erklären pflegt.
Sowohl Pathologie als Semiotik lehrt auch D. Jäger,
und erstere D. Josephi. Besondere Lehrstunden über
Kinderkrankheiten hält Hofr. Murray, über **Weiberkrankheiten** Hofr. Wrisberg und Prof. Fischer, über
Augenkrankheiten Hofr. Richter im Sommer um 3.,
über **Knochenkrankheiten** Hofr. Richter im Winter
wöchentlich zweymal um 11., über venerische **Krankheiten** D. Althof.

§. 229.

Materia medica wird vom Hofr. Murray im Sommer um 8., **Botanik** um 7. gelehrt, erstere auch zu
Zeiten vom Prof. Stromeyer. Die **Chymie** lehrt Prof.
Gmelin im Sommer um 9., im Winter um 3. Die
Pharmacie wird im Sommer vom Hofr. Murray um
9., vom Prof. Gmelin um 8., vorgetragen, auch ausserdem noch vom D. Jäger.

* Der theoretische Theil der **Chymie** wird vom Prof.
Gmelin ohne Versuche in den öffentlichen Vorlesungen
gelehrt, doch so daß in denselben der Abschnitt von der
Luft und ihren Arten, so weit er der Chymie angehört,
im Sommer auch durch Versuche erläutert wird. Den Vortrag der allgemeinen oder **Experimentalchymie**, welche
alle halbe Jahre gelesen wird, so wie den Unterricht in der
Pharmacie, in der technischen, und in der **docimasti-
schen** und metallurgischen **Chymie**, die jede auch insbesondere vorgetragen werden, begleiten beständig Versuche und länger anhaltende Arbeiten, die bald im Hörsaale,
bald in der zunächst daran stoßenden chymischen Werkstä-
te angestellt, bald in der Stunde vollendet werden, bald

den

ben übrigen Theil des Tages dauren, immer aber so eingerichtet sind, daß es denen, welche wünschen, selbst
Hand anzulegen, und sich Uebung und Fertigkeit zu erwerben, an Gelegenheit und Anleitung nicht fehlt, so wie
sie auch leicht Erlaubniß erhalten, unter der Aufsicht des
Professors eigne Versuche und Prüfungen in dem öffentlichen Laboratorium vorzunehmen. In dem Vortrage der
technischen und metallurgischen Chymie werden nicht nur
Proben der mancherley Fabrik- und Hüttenproducte, und
Zeichnungen von den Oefen u. d. gl., sondern auch Modelle derselben vorgezeigt. Auch der Vortrag der Mineralogie wird da, wo chymische Merkmale allein entscheiden,
durch dergleichen Versuche erläutert.

§. 230.

Der Therapie oder medicinischen Praxi sind folgende
Lehrstunden gewidmet. Die allgemeine Therapie wird
vom Hofr. Murray, Hofr. Richter, Prof. Stromeyer,
und D. Jäger vorgetragen. Zur besonderen Therapie
gibt Hofr. Murray eine mit Examiniren, Disputiren und
Beurtheilung der Recepte verbundene practische Anleitung.
Dann erklärt sie Hofr. Richter alle halbe Jahre um 10., allenfalls mit Abtheilung der hitzigen und chronischen Krankheiten, jene im Winter, diese im Sommer; Prof. Stromeyer erkläret die hitzigen Krankheiten im Sommer früh
um 6., die chronischen im Winter um 4. Auch handelt
Hofr. Murray zu Zeiten noch in besonderen Lehrstunden
von Einpfropfung der Blattern, von Würmern im menschlichen Leibe, von Giften u. s. w. Desgleichen lieset Prof.
Stromeyer zu Zeiten ein practisches Casuale, worin über
einzelne Fälle Ausarbeitungen gemacht werden, oder hält
auch noch eigne Lehrstunden über die Kunst Recepte zu
schreiben. Die Chirurgie trägt Hofr. Richter alle halbe Jahre vor, im Winter um 3. die medicinische, im
Sommer um 11. die Manual-Chirurgie. Diätetik erklärt Hofr. Richter im Sommer zweymal die Woche um
11. Die Hebammenkunst erklärt Hofr. Wrisberg im
Som-

Sommer um 2., und Prof. Fischer alle halbe Jahre um 9. Die practische Anleitung zur Gebuhrtshülfe gibt Prof. Fischer Mittwochs und Sonnabends im Accou- chir-Hospitale (§. 186.).

§. 231.

Clinisch practische Uebungen werden im chirurgi- schen und Kranken-Hospitale vom Hofr. Richter täglich um 1., vom Prof. Stromeyer Dienstags, Mittwochs und Freytags im Sommer um 7., im Winter um 8. an- gestellt, so daß die Zuhörer nach einer sorgfältigen Unter- suchung des Gesundheits-Zustandes der gegenwärtigen Kranken, die Art ihrer Krankheit, die Natur, die Ursa- chen, den fernern Verlauf und den Ausgang derselben be- stimmen, die Anzeigen zur Hülfe entwickeln, die angezeig- ten Mittel verschreiben, und die in der Folge sich ereignen- den Veränderungen bemerklich machen.

§. 232.

Von den clinischen Uebungen im Hospitale ist noch das königliche clinische Institut unterschieden, das darin bestehet, daß Kranke in ihren Häusern unter Anführung eines Lehrers der Arzneykunde von jungen angehenden Aerzten besucht und besorget werden. Darüber führt seit dem 1. Oct. 1785. Prof. Fischer die Aufsicht. Ueber die jedesmaligen Kranken, genesenen, verstorbenen, entlasse- nen und in der Cur verbliebenen werden eigne Tagebücher geführt, und vierteljährige Tabellen bekannt gemacht.

° Nach einer kurzen Wiederholung derselben in summa- rischen Auszügen, die zu Ende des Jahrs 1787. auf ½ Bogen gedruckt sind, belief sich die Anzahl der in den zwey Jahren vom 1. Oct. 1785. bis zum 1. Oct. 1787. durch dieses Institut besorgten Kranken auf 986., also jährlich gegen 500. Kranke, die alle von den jungen ange- henden Aerzten selbst besorget werden. Gestorben sind im
　　　　　　　　　　　　　　　　　　　　　　　　ersten

erſten Jahre 21., im zweyten 18., ſo daß im erſten von
23., im zweyten von 27. einer geſtorben (an ſtatt das
Spital zu Edenburg von 25., das zu Lyon von 12., das
zum heil. Geiſte zu Rom von 11., die Charité von 7.,
das Hoſpice de S. Sulpice von 6. und das Hoteldieu von
4. einen verliehrt). Von herrſchenden Epidemien waren
in den beiden Jahren nur zwey; im erſten Faulfieber,
häufig mit Petechien; im zweyten die Kinderblattern,
an dieſen ſtarben von 31. ſechs.

§. 233.

Die legale Medicin lehrt Hofr. Wrisberg im Win-
ter Abends um 6. mit der mediciniſchen Polizey ver-
bunden. Jene allein lehrt auch D. Jäger. Die medici-
niſche Gelehrtengeſchichte trägt Prof. Blumenbach im
Winter um 9. vor; die mediciniſche Encyclopädie
D. Jäger und D. Joſephi. Uebungen im Examiniren,
Disputiren und in Ausarbeitungen werden von Hofrath
Murray, Prof. Fiſcher und D. Jäger angeſtellt.

5) Philoſophiſche Lehrſtunden.

§. 234.

Logik und Metaphyſik erklärt Hofr. Feder alle
halbe Jahre um 9., wie auch Prof. Buhle. Die Pſychologie trägt Prof. Meiners im Winter um 8. vor, und
die Geſchichte der Menſchheit um 4., die Geſchichte
der Religionen im Sommer um 9., die philoſophiſche Geſchichte, oder auch die Geſchichte und Anfangsgründe der ſchönen Wiſſenſchaften unter dem Namen der
Aeſthetik um 7. Die philoſophiſche Moral lehrt Hofr.
Feder im Winter um 3., das Recht der Natur mit der
Staatsklugheit verbunden Hofr. Feder im Sommer
um

um 5. Die Geschichte der **Philosophie** lehrt auch **Prof. Buhle.** Auch M. Bürger hält Lehrstunden über einige Hauptmomente der Kantischen Philosophie. Philosophischen Disputirübungen sind öffentliche Lehrstunden vom Hofr. Feder und Prof. Meiners gewidmet.

---

6) Mathematische Lehrstunden.

§. 235.

Die reine **Mathematik** lehrt Hofr. Kästner im Winter um 10., Hofr. Meister alle halbe Jahre um 10., auch zu Zeiten Prof. Lichtenberg, ingleichen M. Ebel, M. Müller, wie auch H. und H. J. Oppermann. Die **angewandte Mathematik** lehrt Hofr. Kästner im Sommer um 10. Einen Theil seiner astronomischen Abhandlungen erklärt er Montags und Donnerstags um 5. Astronomie, mathematische Geographie, Theorie der Erde und Meteorologie lehrt auch Prof. Lichtenberg, erstere auch M. Müller und H. Oppermann. Die bürgerliche **Baukunst** lehrt Hofr. Meister im Sommer um 8.; Architect Borheck widmet noch besondere Lehrstunden der Anlage wirthschaftlicher Landgebäude und Stadtgebäude, und richtig zu entwerfenden Bauanschlägen, wie auch der **Wasserbaukunst**, insonderheit dem Mühlen- und Brückenbau (a). Sowohl bürgerliche als **Kriegsbaukunst** lehr-

(a) Ueber die Einrichtung dieser Lehrstunden kann ich noch folgenden eignen Aufsatz dieses Lehrers liefern: "So wie in der Geometrie mit dem Begriff einer Linie der Anfang gemacht, und so nach und nach zu schwerern Sätzen fortgeschritten wird, eben dem Gange kann man in der Architectur folgen, und folgt ihm würklich, so bald landwirthschaftliche Gebäude zu den ersten Gegenständen ge-

lehren auch M. Ebel, M. Müller, H. und H. J. Oppermann. Tactic lehrt Hofr. Meister. Mechanic lehren

genommen werden, welche die Anfänger entwerfen und ausarbeiten müssen. Dieser Lehrart bediene ich mich mit dem besten Erfolge, und lege dabey meinen Entwurf einer Anweisung zur Landbaukunst zum Grunde, wo ich dann sehr oft das Vergnügen geniesse, daß einige meiner Zuhörer in einem halben Jahre solche Fortschritte machen und sich so viel Ideen sammlen, daß sie ländliche Wohngebäude für Deputatisten, Schulmeister und Prediger entwerfen und dazu die nöthigen Risse ausarbeiten können. Im Verfolge meiner Vorlesungen über die ländliche Baukunst gehe ich zu den zusammengesetztern Gebäuden als Back= und Brauhäusern und dann zu einem vollständigen Amts= hause über, und zeige zuletzt, wie alle diese für ein weit= läuftiges Amt nöthigen Gebäude, entweder für ein be= stimmtes oder fingirtes Locale nach haushälterischen Grund= sätzen gestellt werden müssen. Noch pflege ich für Liebha= ber der Oeconomie und Cameralwissenschaften besondere Lehrstunden über die Landwirthschaft der Bauren und An= lage der Bauerngüter, zu halten, wobey ich hier in der Nähe würcklich vorhandene Bauernhöfe mit den dazu gehö= rigen Grundstücken zum Grunde lege, und dabey zeige, wie ein solcher Haushalt nach richtigen oeconomischen Grundsätzen eingerichtet, und die dazu nöthigen Gebäude bestimmt werden müssen. Als einen zweyten Abschnitt des Unterrichts in der Baukunst, betrachte ich ... Anlage der Stadtgebäude, und zeige, wie zu einem bestimmten Locale die Einrichtung der Gebäude den Absichten gemäß eingerichtet und der vorhandene Raum auf das vortheilhaf= teste benutzt werden kann. In diese Classe gehören auch die verschiedenen Arten öffentlicher Gebäude, wo ich dann z. B. bey Hospitälern unser hiesiges Accouchir=Hospital zum Muster empfehle, und meine Zuhörer die Risse davon verfertigen lasse. Eine dritte Abtheilung macht der Brücken= und Mühlenbau, wo bey letztern meine Zu= hörer alle einzelne Theile, als die verschiedenen Arten von Wasserrädern, Kamm= und Stirnrädern, Getriebe und Daumenwellen, ingleichen Schleusen, auch Stau= und Streichwehren in Riß bringen, und nächst diesen vollstän= dige Mühlen zusammensetzen und entwerfen müssen. Zur Erläuterung des Vortrages und um die Anfänger auf die

Natur

ren M. Müller und H. J. Oppermann.   In verschiede=
nen Theilen der angewandten Mathematik gibt auch M.
Eberhard Unterricht.   Algeber wird vom Hofr. Meister,
Prof. Lichtenberg und H. J. Oppermann gelehrt; Ana=
lysis endlicher und unendlicher Größen vom M. Müller
und H. Oppermann.   Zum practischen Feldmessen gibt
Hofr. Meister im Sommer um 5. Unterricht, wie auch
M. Eberhard, M. Ebel, M. Müller und H. J. Opper=
mann.   Noch lehrt M. Müller die juristische und poli=
tische Arithmetik,   das Privat= und Cameralstaats=
Rechnungswesen und das Italiänische doppelte Buchhal=
ten.

Natur der Sache zu führen, habe ich von einigen Mühlen
vollständige Modelle verfertigen lassen. Die Bauanschlä=
ge nach richtigen Grundsätzen zu entwerfen setzt eine voll=
ständige Kenntniß desjenigen Gegenstandes voraus, wor=
über der Anschlag verfertigt werden soll. Zu dem Ende
lasse ich bey meinen Vorlesungen über diesen besondern
Theil der practischen Architectur zuerst die sämmtlichen
Risse, welche bey Ausführung eines Baues nöthig sind,
entwerfen, und zeige alsdann, wie nach solchen Baurissen
alles berechnet und in dem Bauanschlage aufgeführt wer=
den muß."

7) Phy=

7) Phyſiſche und andere zur Naturkunde gehörige Lehrſtunden.

§. 236.

Naturgeſchichte lehrt Prof. Blumenbach alle halbe Jahre um 5.; Phyſik mit Experimenten begleitet Prof. Lichtenberg im Sommer um 4., im Winter um 2.; Mineralogie Prof. Gmelin im Sommer um 11., Hofr. Beckmann im Winter um 1.; Chymie, auch auf Handwerke und Künſte angewandt, Prof. Gmelin im Winter um 9. Zur Kenntniß der Verſteinerungen, und zur nützlichen Bereiſung des Harzes gibt zu Zeiten Hofr. Beckmann Anleitung.

8) Oeconomiſche und zur Polizey = und Cameralwiſſenſchaft gehörige Lehrſtunden.

§. 237.

Dieſes ganze Fach wird vom Hofr. Beckmann in mehreren oben (§. 125. II. S. 173.) bereits angezeigten Lehrſtunden bearbeitet, wovon hier noch einige nähere Beſchreibungen ertheilt werden können.

Die Erlernung der Mineralogie pflegt er durch Vorzeigung der beſchriebenen Mineralien aus der ſtarken Sammlung, welche er theils auf ſeinen Reiſen, theils durch Tauſch und Ankauf zuſammen gebracht hat, und noch immer in allen Theilen vollſtändiger zu machen ſucht, zu erleichtern. Bey der Lehre von den Metallen und den Hüttenarbeiten nützt er die Sammlung von Model-

Y len,

len, welche er selbst besitzet. Die Kenntniß der **Verstei-**
nerungen, wenn solche besonders verlangt wird, erleichtert er durch Vorzeigung der meisten Arten, ihrer wahren
oder ähnlichen Urstücke, und der besten Abbildungen.

Zum Gebrauche bey seinen Vorlesungen über die
Landwirthschaft hat er nicht nur eigenthümlich eine
große Anzahl Modelle würklich gebräuchlicher **Pflüge,**
sondern auch anderer nützlicher und nicht allgemein bekannter **Werkzeuge** und **Maschinen,** auch eine Sammlung
von Saamen und Holzarten. Die Pflanzen, welche
im Collegio berührt werden, auch selbst die schlimmsten
Unkräuter, werden jeden Freytag Abends um 6. Uhr im
oeconomischen Garten vorgezeigt, wo dann auch Pfropfen,
Oculiren und andere Handgriffe gewiesen werden, in benen sich da die Zuhörer zugleich selbst üben können. Es
werden nehmlich im oeconomischen Garten so viel als möglich alle oeconomische Gewächse und ihre merkwürdigsten
Abarten gezogen. Wer getrocknete Sammlungen von
solchen Gewächsen oder auch von Saamen verlangt, kann
solche, für billige Preise, von dem Gärtner erhalten.

Auch zum Unterrichte in der **Technologie** besitzt Hofr.
Beckmann viele Modelle, Proben von rohen Materialien,
von den vornehmsten Waaren und ihren Abänderungen.
Die Arbeiten selbst aber werden jedesmal auch in den
Werkstätten und Manufacturen vorgezeigt, da er dann
vorher die Veranstaltung trifft, daß man sie, so wie man
hinkömmt, in ihrer eigentlichen Folge sehen kann. In
dieser Absicht bereiset er auch jeden Sommer mit Zuhörern,
denen es gefällig ist, einige benachbarte Salzwerke,
Glashütten, Fajencerien u. d. gl., als zu Salzderhelden,
Sülbeck, Münden; auch macht er zuweilen mit einigen
Zuhörern, die es besonders wünschen, eine technologische
Reise auf den Harz und nach andern benachbarten Oertern,

wie

wie dann die Gegend um Göttingen würklich ſehr reich an mannigfaltigen technologiſchen Gegenſtänden iſt.

In den Lehrſtunden über die Waarenkunde werden vornehmlich die ausländiſchen Waaren erklärt und vorge= zeigt, auch wird alles, was den Handel mit denſelben be= trifft, vorgetragen.

Die Vorleſung über die Handlungswiſſenſchaft er= klärt alle Geſchäffte der Kaufleute, alle zur Handlung dienende öffentliche Anſtalten, als das Wechſelweſen, Wechſelcurs, Banken, Aſſecuranzweſen, Handlungsge= ſellſchaften, Anleihen großer Summen für Potentaten u. ſ. w. Auch da wird der Vortrag durch Vorzeigung und Mittheilung der Formularien practiſcher gemacht. Zuletzt werden über eine erdichtete Handlung, nach einfa= cher und Italiäniſcher Weiſe, Bücher geführt, die alten geſchloſſen und wiederum neue angefangen.

In den cameraliſtiſch practiſchen Lehrſtunden wird jede Woche eine Ausarbeitung geliefert, wozu die Materialien und die dazu nöthigen Kenntniſſe entweder erſt vollſtändig vorgetragen oder aus andern Lehrvorträ= gen in Erinnerung gebracht werden. Sie betreffen Ge= genſtände der Landwirthſchaft, der Polizey= und Cameral= wiſſenſchaft, z. B. Verordnungen, Berichte, Inſtructio= nen, Vorſchläge, Pacht= und Kaufanſchläge, Tabellen u. d. gl. Jeder Aufſatz wird mit der Feder verbeſſert, und bey der Zurückgabe beurtheilt, auch wohl mit Mu= ſtern verglichen. Weil zuweilen hierzu keine völlige Stun= de erfoderlich iſt, ſo werden alsdann ſolche Fragen be= antwortet, die etwa von ein oder andern Zuhörern mit ihren Ausarbeitungen über Gegenſtände, die zu dieſen Vorleſungen gehören, zugeſchickt ſind, wodurch dann zugleich ergänzet werden kann, was manchen ſonſt noch undeutlich oder zweifelhaft geblieben iſt.

* Schon

* Schon einigemal haben reiche Kaufleute, Künstler und Handwerker ihre Söhne, welche das väterliche Gewerbe schon völlig erlernt hatten, auch solches nachher treiben wollten, hieher geschickt, um diese und andere Lehrstunden zu benutzen. So sind Kaufleute, Materialisten, Färber, Tuchmanufacturer, Papiermacher, Lederarbeiter, Landwirthe, und andere nicht eigentliche Gelehrte in solchen Lehrstunden fleissige Zuhörer gewesen, die nachher zu ihrem Gewerbe zurückgekehrt sind, und noch jetzt sich des hier genossenen Unterrichts dankbarlich erinnern. Würden noch häufiger bemittelte Personen von der Art auf diese Weise den academischen Unterricht benutzen, so würden gewiß manche Kenntnisse, Erfindungen, Verbesserungen und Vorschläge, die jetzt noch ungebraucht in Schriften vorkommen, dahin verbreitet werden, wo sie eigentlich nutzen können, und wohin sie durch andere Mittel nicht wohl zu bringen sind.

9) Historische Lehrstunden.

§. 238.

Das unter dem Namen einer **historischen Encyclopädie** erst vor einiger Zeit vom Hofr. Gatterer angefangene Collegium (§. 119. II. S. 157.), das er im Sommer um 3., im Winter um 1. hält, verdient hier noch eine eigene Beschreibung. Es begreift nicht bloß das, was man gewöhnlich unter dem Worte **Encyclopädie** versteht, nehmlich allgemeine Uebersicht, Methode und Litteratur der historischen Kenntnisse; sondern es enthält vielmehr den Kern sowohl von den so genannten historischen Hülfswissenschaften, der Heraldik, Geographie, Chronologie, Diplomatik, Numismatik und Genealogie, als auch von der allgemeinen Völker- und Menschengeschichte. Erst zu Ende eines jeden Theils werden die Hauptbücher, welche darüber vorhanden sind, vorgezeigt,

zeigt, und nach ihrem Werthe, Nutzen und Gebrauche
beurtheilt. Es könnte um deswillen vielleicht schicklicher
und passender den Namen eines historischen Cursus führen. — 1) Bey der Heraldik werden zuerst einige Stunden auf die Erklärung der vornehmsten Kunstwörter verwandt, nach den Kupferstichen bey dem Compendio; hierauf aber bekommen die Zuhörer sogleich Wappen aus des
Lehrers heraldischem Cabinet in die Hände, und üben
sich selbst im Blasoniren, schlagen auch von Zeit zu Zeit
die hieher gehörenden Stellen im Compendio nach, und
lernen auf diese Weise eben so leicht als geschwind die
ganze Wissenschaft. Bey Hauptwappen kömmt hierzu noch
sowohl die historische Erläuterung eines jeden Feldes,
als auch eine critische Beurtheilung des ganzen Wappens,
und insonderheit des Plans desselben. — 2) Bey der Geographie wird zuerst der Erdboden im Ganzen mehrmals
durchwandert: die Erdtheile werden nach ihrer Lage, Fi-
gur, Größe ꝛc. betrachtet und mit einander verglichen;
dann folgt man den mathematischen Theilungslinien um
die Erde verschiedene male herum: man durchwandert sie
auch nach dem Laufe der Bergketten, nach den Flußgebie-
ten, nach allen Meeren ꝛc. Auch wird der Boden der
Länder, mit der darüber ausgebreiteten Luft verglichen,
und daraus das Clima, die Verschiedenheit der Producte,
der Menschen und Völker u. s. w. erklärt. Die Zuhörer
haben dabey die verschiedentlich hiezu illuminirten Seechar-
ten und Planigloben in den Händen. Endlich wird jedes
Land besonders, sowohl nach seiner eigenen Beschaffenheit,
als auch nach der Beschaffenheit seiner Bewohner und
Landesherren um den ganzen Erdboden herum betrachtet. —
3) Bey der Chronologie wird zuerst der allgemeine Theil
des Compendii kurz erläutert; und dann durch Beyspiele
die Anwendung dieser Grundsätze in der Zeitrechnungs-
Art eines jeden Volks insonderheit gezeigt und beurtheilt. — 4) Bey der Diplomatik wird gleich anfangs

Y 3   die

die Definition erklärt, und aus ihr der ganze Umfang dieser wichtigen Wissenschaft dargestellt. Dann schreitet man
gleich zu den Diplomen selbst, liest jedes Stück vor, und
findet dabey wenig Schwierigkeit, theils weil man eine
zuvor an die schwarze Tafel geschriebene historische Deduc-
tion der Hauptfiguren aller Buchstaben durch alle Jahrhunderte vor sich hat, theils weil man einer philosophischen Theorie von den Abbreviaturen folgt, die nach und
nach beym Lesen der Urkunden mitgetheilt wird, und indem
man auch von Zeit zu Zeit die hieher gehörenden Stellen
im Compendio nachschlägt, so bekömmt man ganz unvermerkt die schwere Wissenschaft in den Kopf. Man liest
aber zuerst nur Kupferstiche von Diplomen, dann aber
wird auch über jede Gattung das ihr zukommende Origi-
nal vorgezeigt, zumal da sich vieles nicht aus bloßen
Kupferstichen erlernen läßt; auch werden hiedurch alle ge-
lesene und noch künftig einem Zuhörer vorkommende, in
Kupfer gestochene oder bloß gedruckte oder geschriebene Co-
pien gleichsam originalisirt. Zuletzt wird das ganze Compendium in systematischer Ordnung durchgelaufen, damit
sich alle während des Lesens der Urkunden einzeln erlernte
Begriffe an einander reihen, und das System selbst übersehen werden kann. — 5) Bey der Numismatik werden ebenfalls in einigen Stunden die Hauptbegriffe voran-
geschickt, und hernach alle Hauptarten von Current- und
Schaumünzen, nach Maßgabe der Kupferstiche und der
Originalien, beschrieben, welche den Zuhörern sowohl
aus dem eigenen Vorrathe des Hofr. Gatterers, als auch
aus dem Universitäts-Museo und der Sammlung beym
historischen Institute, vorgewiesen werden. Auch lernen
die Zuhörer die Kunst, Medaillen zu erfinden, und bereits erfundene zu beurtheilen. — 6) Bey der Genealogie wird erstlich gezeigt, was zu einer guten Stammtafel gehört, wie viele Arten es gibt, wie man die Materialien dazu sammlet und ordnet, und wie man bey jeder

Art

Art die Beweiſe diplomatiſch = gewiß und evident führen
kann und muß. Zuletzt werden auch practiſche Muſter
vorgelegt, zumal von Prätenſionstafeln, inſonderheit aber
von einer bisher nicht gewöhnlichen, aber für Geſchichte
und Statiſtik vorzüglich brauchbaren Art, wodurch Länder=
Verein und Trennung ſo recht vor die Augen geſtellt wer=
den kann, u. ſ. w. — Endlich 7) bey der hiſtori=
ſchen Ueberſicht der Revolutionen auf der Erde und
unter den großen Staaten und Völkern, werden dieſe Re=
volutionen nicht bloß mit Worten beſchrieben, ſondern
auch theils auf hiezu ganz eigentlich verfertigten genealo=
giſchen Ländertafeln, theils auf gemahlten ſynchroni=
ſtiſchen Tabellen, theils auf hiezu beſonders illuminir=
ten Planigloben, deren etliche 30. ſind, das iſt, ſo vie=
le, als oft ſich das Haupttheater der großen Geſchichte
verändert hat, dargeſtellt. Von den eben gedachten Pla=
nigloben zur allgemeinen Staatengeſchichte findet man im
Vorberichte zum Gattereriſchen Abriß der Geographie eine
kurze Beſchreibung.

§. 239.

Die allgemeine Weltgeſchichte oder ſo genannte Uni=
verſalhiſtorie lehrt Hofr. Gatterer im Sommer um 4.,
im Winter um 3., wobey er ſeinen kurzen Begriff der
Weltgeſchichte zum Grunde legt, und ebenfalls die bey
der hiſtoriſchen Encyclopädie erwehnten genealogiſchen Län=
dertafeln, ſynchroniſtiſchen Tabellen und Planigloben zu
beſſerer Ueberſicht des Ganzen mit gebraucht. Auch wird
die Weltgeſchichte im Sommer um 4. von Hofr. Schlözer,
im Winter um 3. von Prof. Spittler vorgetragen. Und
noch eine Art von Weltgeſchichte iſt in den bereits erwehn=
ten Lehrſtunden des Prof. Meiners enthalten, die er im
Winter um 4. über die Geſchichte der Menſchheit,
und im Sommer um 9. über die Geſchichte der Reli=

gio=

gionen zu halten pflegt.   Die Teutsche Reichsgeschichte lehrt der geh. Justizr. Pütter im Sommer um 9.,
Prof. Spittler im Winter um 4.   Die Europäische
Staatengeschichte lehrt Hofr. Schlözer im Sommer um
11., Prof. Spittler im Winter um 8.   Die Nordische,
besonders Russische Geschichte erklärt Hofr. Schlözer
im Winter um 3.   Die wichtigsten Europäischen
Staatsbegebenheiten seit dem Anfange des XVI. Jahrhunderts erklärt Prof. Spittler im Sommer um 7.   Auch
widmet derselbe von Zeit zu Zeit noch besondere Lehrstunden der Geschichte der weltlichen Teutschen Reichsstände, der Geschichte der Mönchsorden, der Kreuzzüge u. s. w.

§. 240.

Ueber die Geographie hält Hofr. Gatterer um 10.
noch besondere Lehrstunden, worin er nach seinem Abriß
der Geographie und nach seinen für dieses Buch und für
seine Zuhörer verfertigten kleinen Landcharten und großen
Länder-Planigloben die Länderkunde im Einzelnen vorträgt.
Auch erklärt er öffentlich Abends um 6. abwechselnd bald
die allgemeine Geographie, bald die älteste Geographie und Statistik von Teutschland nach dem Tacitus, bald die Erdbeschreibung, Geschichte und Statistik
eines oder andern Europäischen Reichs, wie des Tür-
kischen ꝛc.   In der Geographie wird auch ausserdem
noch vom Prof. von Colom, von M. Raff und M. Canzler Unterricht gegeben; wie auch vom Prof. von Colom in
der Heraldik.   Die Statistik lieset Hofr. Schlözer nach
dem Achenwallischen Handbuche im Sommer um 5.   Bisweilen pflegt er auch ein Reisecollegium mit Vorzeigung
seines Münzcabinets zu halten, oder auch einzelnen Gegenständen der Geschichte z. B. Cromwellen, eigene Lehrstunden zu widmen.   Von allen über den ganzen Erdboden angestellten Reisen will Hofr. Wrisberg, durch seine
be-

beträchtliche Sammlung von Reiſebeſchreibungen unterſtützt, zu hiſtoriſch practiſchen Kenntniſſen Anleitung geben. Teutſche Statiſtik oder Staatskunde der vornehmſten weltlichen und geiſtlichen Teutſchen Staaten erklärt Prof. Grellmann. Auch ſonſt geben noch M. Raff
und M. Canzler in der Geſchichte, wie auch der letztere
noch in der Statiſtik Unterricht.

§. 241.

Auſſer dem, was ſchon bey der hiſtoriſchen Encyclopädie von der Diplomatik erwehnt worden, pflegt Hofr.
Gatterer darüber ſowohl in jedem halben Jahre, in verſchiedenen der Beſtimmung der Zuhörer überlaſſenen
Stunden, als auch in den Oſter- und Michaelisferien,
jedesmal 3. Wochen hindurch, um 9., 11. und 1. Uhr,
auch zuweilen noch eine Stunde mehr, noch eigene Lehrſtunden zu halten. Natürlicher Weiſe iſt hier alles viel
umſtändlicher, genauer und practiſcher, als in der Encyclopädie: auch werden ungleich mehr Urkunden, und zwar
von den Zuhörern ſelbſt, geleſen, durchphiloſophirt, und
hiſtoriſch, juriſtiſch, auch mit unter philologiſch und auf
andere Weiſe angewandt. Nach der Regel wird dieſes
Collegium von Rechtsbefliſſenen beſucht: zuweilen aber
hört es auch eine Parthey junger Philologen, für die
dann auch noch Codices MSS. mitgetheilt, nach ihrem
Werthe und Alter beſtimmt, und ſonſt auf mehrerley Art
benutzt werden. — Wer Diplomatik zum Nutzen der Zuhörer, welches doch die Abſicht ſeyn muß, lehren will,
hat ein diplomatiſches Cabinet unumgänglich nöthig,
welches freylich eine anſehnliche Summe Geldes anzuſchaf-
fen koſtet. Der Hofr. Gatterer beſitzt in ſeinem Cabinet,
das auch den Mitgliedern und Aſſeſſoren des hiſtoriſchen
Inſtituts zum Gebrauche überlaſſen iſt, erſtlich über ein
halbes Tauſend Originaldiplome, mehrere Tauſende von

in

in Kupfer gestochenen Diplomen aller Art, viele Tausend
Siegel in Kupferstichen, Zeichnungen und Originalien
(worunter auch verschiedene mit Vorsatz beschädiget sind,
um die Art des Aufdruckens oder Anhängens derselben
darzustellen, auch um in das Innere ihrer Substanz hin=
einsehen, und nächstdem auch die verschiedenen Betrüge=
reyen entdecken zu können rc.), ferner alle Arten von Mo=
nogrammen, Recognitions= oder Canzlerszeichen, Chris=
men, Alphabete, u. f. f. Aber weil er so wenig, als
leicht eine andere Privatperson, solche Originaldiplome be=
sitzt, die über das J. 1200. hinaufgehen; so ist ihm,
seitdem er in Göttingen Diplomatik lehrt, aus dem könig=
lich = churfürstlichen Archive, zum Behufe der diplomati=
schen Vorlesungen, ein Vorrath von Originalurkunden
der älteren Jahrhunderte, zum Theil aber auch einige spä=
tere von besonderer Merkwürdigkeit, anvertraut worden.
Seit vielen Jahren her liest er die Diplomatik über ein
kleines Compendium in Octav, das er größtentheils aus
seinen Elementis ausgezogen hat, das aber bisher bloß
zum Gebrauche seiner Zuhörer bestimmt gewesen ist.

§. 242.

Der Kirchengeschichte (§. 213.) ist schon bey den
theologischen, der Rechtsgeschichte (§. 220.) bey den ju=
ristischen, der Geschichte der Anatomie (§. 227.), und
der medicinischen Gelehrtengeschichte (§. 233.) bey den
medicinischen, der philosophischen Geschichte (§. 234.)
bey den philosophischen Lehrvorträgen gedacht worden.
Der Gelehrtengeschichte überhaupt oder auch einzelnen
Theilen derselben widmen sich Prof. Eyring, Prof. Reuß
und Prof. Meyer.

10) Von

10) Von der Philologie, Critik, Alterthümern und schönen Wissenschaften.

§. 243.

Mit diesem Fache beschäfftiget sich vorzüglich Hofrath Heyne, der seine Lehrstunden so einrichtet, daß eine Art von humanistischer Encyclopädie daraus erwächst, wenn seine Zuhörer die Philosophie, Mathesis, Erdkunde und Weltgeschichte damit verbinden. In vier halben Jahren lieset er: Römische Litteratur und Griechische Litteratur, Römisches Alterthum und Griechisches Alterthum. In diesen Vortrag sind ohngefähr die Sachenkenntnisse hineingezogen, welche die Elemente der classischen Gelehrsamkeit in ihrem eigentlichen Umfange ausmachen, und zum Verstehen der alten Classiker erforderlich sind.

Unter dem Namen der Litteratur faßt er eine allgemeine Uebersicht der Cultur beider Nationen, wie sie entstand, wuchs und verfiel, nebst den Ursachen davon; die Ableitung und Ausbildung der Sprache; die Kenntnisse: zuerst die Mythi und ältesten Sagen und ihre Sammlungen; die ältesten Gedichte; Fortgang und Ausbildung der Kenntnisse nach Perioden und nach Gattungen, jedesmal erst eine Uebersicht des Ganzen und dann die einzelnen Männer und ihre Schriften; von den wichtigern wird der Inhalt ausführlicher mitgetheilt, ihr Werth und Gebrauch bestimmt, und dann litterärisch beygebracht, was bereits in Bearbeitung eines Schriftstellers geleistet worden, und was noch an ihm zu leisten übrig ist. Der Vortrag des Alterthums begreifet eine Darstellung der Hauptveränderungen der Nation, und eine statistische Uebersicht in sich; z. B. bey dem Vortrage der Römischen

Alter=

Alterthümer: die Staatsverfassung Roms mit ihren
Abänderungen, die Grundgesetze; die Gesetzgebung; den
Staatskörper selbst, das Volk mit seinen verschiedenen
Eintheilungen; die Rechte des Bürgerstandes mit den
Verhältnissen derer, die nicht Bürger sind; die Volksver-
sammlungen; die Magistrate in der freyen Republik und
die Staats- und Hofbedienungen unter den Kaisern; das
Polizeywesen des alten Roms; das Finanzwesen; die
Gerichtsverfassung; den Criminal- und den Privatproceß;
Verhältniß gegen auswärtige Völker; das Religionswe-
sen; das Kriegswesen; das Seewesen; den Privatstand
der Römer, die Rechte der Freyheit und im Gegensatz der
Sklavenstand und die Freylassung; die Ehen und die sich
darauf gründenden Rechte und Verhältnisse; das Römische Eigenthumsrecht, mit den Mitteln es zu erwerben;
das Privatleben; den Hausstand.   Was man gemeiniglich Römische Alterthümer nennt, macht von diesem Vortrage nur einen Theil aus.

§. 244.

Ausserdem hält Hofr. Heyne von Zeit zu Zeit noch
ein Collegium zur Interpretation, worin er mit der
Iliade, mit der Odyssee und mit Pindar abwechselt: so
wie im Lateinischen mit Horaz, dessen Oden, dann die
Sermonen und Sendschreiben vorzüglich, die Interpreta-
tionskunst practisch zu zeigen, angewandt werden. Für
öffentliche Vorlesungen sind noch folgende Lectionen abwechselnd bestimmt: der Lehrvortrag von der Critik, dann
von der Hermeneutik; und wieder von der Mythologie; ingleichen die Erläuterung einzelner Bücher des Cice-
ro, der Dialog von den Ursachen des Verfalls der Beredtsamkeit; Hesiods Gedichte, Apollodor, Stroths Aegyp-
tiaca, ausgesuchte Idyllen des Theocrits. So oft sich
eine Zahl von fähigen Zuhörern findet, erklärt er, oder
                                                    läßt

läßt sie sich üben im Erklären ausgesuchter Stellen aus den besten classischen Griechischen, ein andermal aus Römischen Schriftstellern.

§. 245.

Ein Collegium, worin ferner Hofr. Heyne zu Ausarbeitungen Anleitung gibt, ist so eingerichtet, daß er auf schriftlichen und mündlichen Vortrag siehet, die Erfordernisse von beiden zeiget, die Grundsätze entwickelt, und durch Vorschriften, Muster, und durch eigne Uebungen zu einem guten Stil und Vortrag anführt. Die Uebungen werden durch Aufsätze nach den verschiedenen Classen und Arten des Vortrags fortgesetzt und variirt: Erst, erzehlende und darstellende Aufsätze; dann lehrenden, beweisenden, berathschlagenden, anrathenden, rührenden Inhalts; nun, Aufsätze einer aus jenen zusammengesetzten oder abgeleiteten Art: Lob, Empfehlung, Dank, Glückwünschung, Tröstung. Hierauf werden Vorträge nach einer bestimmten Form gebauet: feierliche Reden und Anreden; der Vortrag in Geschäfften, mündlicher und schriftlicher: verschiedene Gattungen; ihre Regeln; und Uebungen darin.

§. 246.

Endlich hält Hofr. Heyne noch ein Collegium, das zufälliger Weise den Namen der Archäologie führt, in der That aber eine Anleitung für das Studium der Antike ist; insonderheit zur Vorbereitung derjenigen, welche auf Reisen zu gehen gedenken. Nach gegebenen allgemeinen Begriffen von Kunst, schönen Kunstwerken, Studium und Kenntniß des Alterthums, werden die vorzüglichen alten Kunstwerke in Abgüssen, Abdrücken oder in Kupfern vorgelegt; dabey bringt er die Nachrichten, die Deutungen und die Urtheile von jedem Werke bey;

beur-

beurtheilet und berichtiget dieses alles, und gewöhnet also
die Zuhörer unvermerkt, bey wachsender Kenntniß das
Schöne zu sehen, zu fühlen, und sich Grund davon anzugeben; zur Antike werden gerechnet Werke der Bildnerey und der Mahlerey, diese begreift noch die Mosaik in
sich. Die Werke der Bildnerey sind Statuen, Büsten,
erhobenes oder gegrabenes Bildwerk und geschnittene Steine; Münzen werden nur zur Erläuterung beygebracht;
die architectonischen Ueberbleibsel aber in Beziehung auf
Schnitzwerk, das sich daran findet, bequem eingeschaltet.
Die Ordnung ist diese, daß die großen Werke unter den
Gesichtspunct von schönen Idealen gebracht sind; davon
jedes durch die verschiedenen Vorstellungsarten, die sich
noch finden und zur Vergleichung vorgeleget werden, erläutert, und der Phantasie eingeprägt wird. Von dem
Mechanischen der Kunst, von einer vernünftigen Kunst-
mythologie, von dem Griechischen und Römischen Alterthum, vom alten Rom selbst und von seinen Ruinen, von
den übrigen Plätzen, wo Alterthümer ausgegraben worden, und von den jetzigen Sammlungen derselben, wird
gelegenheitlich das Nöthige, und vom Litterärischen das
Wichtigste beygebracht. Am Ende wird auf eben die
Weise die Kunst der Aegyptier, der Perser und der
Etrusker behandelt.

§. 247.

Ueber Römische Litteratur und einzelne Lateinische Schriftsteller werden auch von Prof. Volborth,
Prof. Stieglitz, Prof. Mitscherlich, Prof. Heeren,
M. Suchfort, M. Seidel und Repetent Häulein, Lehrstunden gehalten; desgleichen über Griechische Litteratur und Schriftsteller von D. Kulenkamp, Prof. Volborth, Prof. Mitscherlich, Prof. Heeren, M. Suchfort,
M. Seidel und Repet. Häulein.

§. 248.

§. 248.

Der orientalischen Litteratur widmet sich vorzüglich Prof. Tychsen, der auch zu den orientalischen Sprachen Anleitung gibt. Besondere Anleitung zur Hebräischen Sprache geben Hofr. Michaelis, Prof. Eyring, Prof. Volborth und Repetent Hänlein; zur Chaldäischen Sprache Prof. Eyring; zur Arabischen Hofr. Michaelis und Repet. Hänlein; zur Syrischen Hofr. Michaelis. Hebräische Alterthümer lehrt auch noch Prof. Volborth.

§. 249.

Den schönen Wissenschaften überhaupt sind eigne Lehrstunden von Prof. Meiners und M. Bürger gewidmet. Letzterer erklärt insonderheit die allgemeine Theorie der Schreibart, und gibt in besonderen Lehrstunden auch practischen Unterricht im Stile. Die Geschichte der classischen Litteratur neuerer Völker lehrt Prof. Buhle; die Kunstgeschichte Fiorillo.

11) Von ausländischen lebenden Sprachen.

§. 250.

Im Französischen hält der Prof. von Colom die oben beschriebenen Lehrstunden (§. 137. III.). Auch geben darin der Lector Chateaubourg (§. 154.) und mehr andere (a) Unterricht. Im Englischen unterrichten Prof. Pepin, M. Canzler, Cand. Emmert und Joh. Fried. Loofs; im Italiänischen Lector Calvi und Ludewig Rossi (b); im Spanischen M. Eberhard; im Schwedischen M. Canzler.

(a) Als Franz Martelleur, geb. zu Reims in Champagne 1734. Oct. 11., seit 1764. hiesiger Französischer Sprachmeister; Johann Peter Fogel aus Vevay in der Schweiz geb. 1754. Apr. 9., seit 1778. zu Göttingen; Johann Georg Marconnet, geb. zu Mömpelgard 1754. Jul. 9., seit 1786. zu Göttingen, nachdem er vorher seit 1779. zu Cassel im Französischen Unterricht gegeben ꝛc.

(b) Ludewig Rossi geb. zu Venedig 1739., hat bey den Jesuiten zu Padua studiert, hernach in comischen Opern an verschiedenen Höfen als Sänger gedient, bis er vor 7. Jahren das Theater verlassen, und sich dem Unterrichte in der Italiänischen wie auch in der Französischen Sprache gewidmet.

12) Von

12) Von Exercitien, auch Musik, Zeichnen und anderen Künsten.

§. 251.

In der Reitkunst gibt noch immer der Stallmeister Johann Henrich Ayrer Unterricht, der im Jahre 1760. von Wien hieher berufen war (a), und durch ein Rescript vom 31. Aug. 1760. den Rang eines professoris ordinarii mit dem Vortritt vor den professoribus extraordinariis erhielt. Er unterhält gemeiniglich 40. bis 50. Schulpferde, und hat seit mehreren Jahren auffer dem Unterrichte, den er hiesigen Studierenden gibt, immer eine Anzahl Bereiter um sich, die sich ganz der Reitkunst widmen, und zum Theil von Höfen an ihn geschickt werden. Einer derselben, Friedrich Schweppe, hat 1787. den Character als Universitäts = Bereiter bekommen. Verschiedentlich hat der Stallmeister auffer dem gewöhnlichen Unterrichte auf der Reitbahn auch noch eigne Lehrstunden über die

Natur-

(a) Er war 1732. zu Coburg gebohren, hatte seit seinem vierzehnten Jahre sich der Reitkunst gewidmet, und, nachdem er erst verschiedene Reitbahnen im Reiche besucht, 1749. die Aufsicht über des Feldmarschalls Grafen von Harrach Stall zu Wien bekommen. Hier besuchte er auch die kaiserliche Reitbahn, und gieng im May 1750. mit dem kaiserlichen Marstall nach Presburg zum Ungarischen Landtage, der bis den 4. Aug. währte. Hernach war er vom Jahre 1751. an 4½. Jahre in Italien mit dem Generalfeldzeugmeister Grafen von Harsch, der vom Wiener Hofe den Auftrag hatte, die Gränzen mit Venedig zu berichtigen. Beym Anfange des siebenjährigen Krieges bekam er einen Ruf vom General Esterhazy, den er in den Feldzügen 1756. 1757. in Böhmen begleitete, bis er währenden Winterquartiers in Ungarn einen anderweiten Ruf nach Wien zum Grafen von Morzin bekam, von da er 1760. dem Rufe nach Göttingen folgte.

Z

Naturgeschichte des Pferdes und die Pferdarzneykunst gehalten.

§. 252.

Mit dem Fechtboden (Th. 1. §. 200. S. 308.) sind weiter keine Veränderungen vorgegangen, als daß er jetzt in des noch lebenden Fechtmeisters Scholzen eignem Hause angelegt ist, weil das vorher dazu gebrauchte Haus an der Allee in ein Privathaus verwandelt und verkauft worden. Dem im Jahre 1779. verstorbenen Tanzmeister Pauli ward schon 1776. Johann Christian Bleßmann adjungirt, der seitdem diese Stelle bekleidet (a).

(a) Er war 1744. zu Ilfeld gebohren, wo sein Vater Musicus am Pädagogio war. Als er seit Michaelis 1772. zu Göttingen die Rechte studierte, und der damalige Tanzmeister Pauli an ihm wahrnahm, daß er schon viele Kenntnisse in der Tanzkunst erworben hatte, lehrte ihn derselbe noch ferner die theoretischen und practischen Grundsätze dieser Kunst, und nahm ihn zum Gehülfen bey seinem Unterrichte an. Er hat seitdem in Verlag von Iversen zu Lübeck 1777. "zwölf Englische Tänze mit zugehörigen Touren und einer Unterweisung in den nothwendigsten Regeln des Englischen Tanzes," und 1778. noch zwölf solche Tänze herausgegeben, auch im Hannoverischen Magazine 1784. St. 50. 51. eine Abhandlung "über die Anwendung der Tanzkunst bey Kindern" einrücken lassen. Seinen Unterricht pflegt er so einzurichten, daß er diejenigen, welche fein tanzen lernen wollen, jede besonders in solchen Schritten und Bewegungen übt, die genau dem Baue ihres Körpers angemessen sind, und das fehlerhafte Tragen und Bewegen desselben verbessern. Es können aber auch verabredete Gesellschaften, zu 4 — 6 — 8. und mehreren Personen, in den jetzt üblichen gesellschaftlichen Tänzen Unterricht erhalten, welche er jederzeit so ordnet, daß die Anfänger allein, und die schon geübten auch allein ihre Lections-Stunden bekommen.

§. 253.

In der Musik wird auf dem Claviere vom Musikdirector Forkel (§. 146.), der zugleich das academische

Con-

Concert dirigirt, und vom Cantor Carl Friedrich Rudorf, der zugleich über die Musiken, so in der Universitätskirche oder bey academischen Feierlichkeiten vorfallen, die Aufsicht führt; auch noch von mehr anderen (a), desgleichen auf der Violine von dem Candidaten Ernst Gottfried Lebrecht Helbing, vom gewesenen Hautboisten Struve, auf der Flöte von Marcellini, Weidner und anderen (b) Unterricht gegeben.

(a) Als dem Kupferstecher Joh. Henr. Heyne, Joh. Nic. Fleischmann, Warneke, Ehrhard ꝛc. Der erstere gibt auch auf dem Violoncell Unterricht.

(b) Gemeiniglich werden zum academischen Wintercon-certe ein und andere auswärtige Violinspieler verschrieben, die alsdann auch auf Violine, oder auch wohl auf der Flöte Unterricht geben, als dermalen Massonneau, Queck; ohne zu gedenken, daß auch der Stadtmusicus Jäger und ein oder andere geschickte Gesellen, die er unterhält, auf verschiedenen Instrumenten Unterricht zu geben pflegen.

§. 254.

Zum Unterrichte im Schreiben ist der Universitäts-Pedell Johann Christoph Fricke als Universitäts-Schreibmeister bestellt, nach dessen Lehrart und Grundsätzen auch der bey der Stadtschule angesetzte Schreibmeister Johann Christian Londes, wie auch der Candidat Joh. Nic. Fleischmann, im Schreiben unterrichten. In der Mahlerey und im Zeichnen wird von Fiorillo (§. 147.) und Eberlein (§. 148.), im Blumen-Mahlen noch besonders von Mart. Fried. Schädtler Unterricht gegeben.

§. 255.

Große Künstler können auf einer Universität nicht so, wie in großen Städten und bey Höfen, wo sie größere Belohnungen zu hoffen haben, erwartet werden. Dennoch hat der an Baumanns Stelle gekommene Universitäts-Opticus Joh. Zach. Gotthard (§. 190.) in Verferti-

gung

gung optischer Werkzeuge schon Proben abgelegt, daß er
die vom Hofrath Kästner erhaltene Anleitung gut zu be-
nutzen gewußt hat. Auch lebt noch der Mechanicus
Johann Christian Riepenhausen, dessen jüngerer Sohn
Johann Franz seine Arbeiten in Telescopen und anderen
Instrumenten mit glücklichem Erfolge fortsetzt. Ein an-
derer Sohn, Ernst Ludewig Riepenhausen, hat sich in
Zeichnungen und Kupferstichen in hiesigen und anderen
Taschencalendern und anderen Werken in Chodowieckischer
Manier schon vorzüglich hervorgethan. Nach des Glas-
schleifer Reus Tode setzt dessen Arbeiten als Glasschlei-
fer und Steinschneider sein Sohn fort. Andere me-
chanische Arbeiten verfertigen noch Nic. Bogisl. von
Cziechansky, der bisher zugleich die Aufsicht über die Mo-
delle gehabt hat, ingleichen Henr. Balth. Poppe, Joh.
Gottfr. Rauschenplatt und andere.

    * Von letztbenanntem Rauschenplatt verdient insonder-
heit eine von ihm verfertigte Harfen-Spieluhr, die er
mit einem Flöten-Accompagnement nach seiner Erfindung
begleitet hat, angezeigt zu werden, die jeder Liebhaber
bey ihm sehen, und allenfalls zu Kauf bekommen kann.
Sie spielt stark, deutlich, tactmäßig und mit Unterscheidung des Forte und Piano. Die Flöte ist nicht gedeckt,
wie sonst gewöhnlich die Flöten bey solchen Spieluhren
zu seyn pflegen, sondern sie ist offen, und hat den wahren Ton einer Fleutetravers. Die musicalischen Stücke
sind nach dem neuesten besten Geschmack besonders dazu
gemacht worden; sie bestehen in Sonaten, Allegros, u.
d. gl. Die Uhr geht 8. Tage, zeigt Stunden, Minuten,
Secunden, Datum, Schlagen, und Nichtschlagen. Sie
schlägt ferner Stunden, auch halbe und viertel Stunden,
mit einem Klockenspiele auf 8. Klocken, und repetirt,
kann gestellt werden, daß sie bey jeder Stunde spielt, oder
auch nicht spielt, wenn man es nicht haben will. Die
Spielwalze verschiebt sich im währenden Spielen von selbsten. Ueberhaupt ist das ganze Werk accurat und dauerhaft gemacht.

VII.

VII. Von anderen Einrichtungen der Stadt und Universität in Polizey, Disciplin, Sitten, Religionsübung und oeconomischen Dingen.

1) Von der Polizey.

§. 256.

Auſſer dem, was ich oben (§. 3. S. 9. u. f.) ſchon von neuen Verbeſſerungen der Stadt in Gebäuden, Straßen, Alleen u. ſ. w. erwehnt habe, darf ich nur wiederholen, was ſchon im erſten Theile §. 204—206. S. 311. u. f. von der hieſigen Polizey bemerklich gemacht worden. In der Polizeycommiſſion iſt nur an des verſtorbenen Hofrath D. D. H. Beckmanns Stelle (§. 56.) 1784. der Hofr. J. Beckmann (§. 125.) gekommen; die übrigen Mitglieder ſind ſeitdem unverändert geblieben, auſſer daß der Senator Johann Rudolf Junker jetzt das Protocoll darin führet. Wie ſehr königliche Landes-Regierung ſichs angelegen ſeyn läßt, die hieſige Polizey noch auf eine höhere Stuffe der Vollkommenheit zu bringen und aller etwaigen Mängel und Beſchwerden zu entheben, hat ſich noch im Jahre 1787. gezeiget, da der Herr geheime Canzleyſecretär Klockenbring, der ſich auch als Schriftſteller in dieſem Fache hervorgethan hat (a), in Gefolg eines darüber erhaltenen Auftrages einige Wochen hier anweſend geweſen, von deſſen Vorſchlägen Stadt und Univerſität vermuthlich noch weitere Vortheile zu erwarten haben werden.

(a) Aufſätze verſchiedenen Inhalts von Fried. Arn. Klockenbring, 2. Bände, Hannover 1787. 8.

Z 3 §. 257.

§. 257.

Die besondere Aufsicht über die Versorgung der Armen, die einen so wichtigen Theil der Polizey ausmacht, führen zwey Mitglieder der Polizeycommission (dermalen Hofr. Beckmann und Senator Riepenhausen,) und einer der hiesigen Stadtprediger (seit 1784. Pastor Ludewig Gerhard Wagemann an der Marienkirche). Zu Anfange eines jeden Jahres läßt jetzt diese Armen-Administration eine Nachricht davon drucken, woraus das Publicum sowohl die Einnahme und Ausgabe des vorigen Jahres, als die Einrichtung dieser Anstalt ganz genau ersehen kann. Einer großen Anzahl Hülfsbedürftiger (im Jahre 1787. waren es 254.) wird aus der Armencasse wöchentlich etwas an Gelde gereicht. Nach ihrem verschiedenen körperlichen Zustande, und nachdem sie mehr oder weniger andere Unterstützung haben, sind sie in 10. Classen eingetheilt, deren wöchentliche Portion von 9. Pfennigen bis zu 13. Mariengroschen steigt. Die Namen derselben werden in eine besondere Armen-Rolle eingeschrieben; dazu wird aber niemand gelassen, wer nicht von zwey angesessenen Bürgern ein schriftliches Zeugniß seiner bedürftigen Umstände beybringt, über die in den folgenden 8. Tagen dann noch erst eine genauere Nachforschung angestellt wird. Ihre Namen werden mit Bemerkung ihres Alters, ihres bedürftigen Zustandes, und ihrer wöchentlichen Portion obigen jährlichen Nachrichten beygedruckt. Ein anderer Gegenstand der Armenpflege sind dürftige Kranke, denen die Vorsteher der Armencasse ebenfalls nach Beschaffenheit der Umstände mit Gelde, mit Wartung, die anderen gesunden Armen aufgelegt wird, und mit Stroh und Decken zu Hülfe kommen. Auch reisenden, insonderheit Handwerksgesellen, denen keine Gilde hier ein Zehrgeld gibt, wird nach Beschaffenheit der Umstände eine Gabe von 2. bis 6. Mgr. gereicht, so daß sie das Publicum sicher an die Armencasse verweisen kann.

§. 258.

§. 258.

Mit dieser Armenanstalt stehet erstlich noch ein **Werk-haus** in Verbindung, wozu die Stadtkämmerey bisher ein ihr zugehöriges Haus hergegeben und mit der nöthigen Feuerung versorget hat. Hier findet jeder Armer Wolle, Flachs, Hede und Baumwolle, soviel er spinnen will. Erstere, sowohl gröbere Wolle als die zum Kamungarn, erhält das Werkhaus aus der Grázelischen Fabrik, und liefert das Garn gegen Bezahlung des Spinnerlohns dahin zurück. Die übrigen Materialien werden theils auf Kosten des Werkhauses angeschafft, theils von Fremden zur Bearbeitung geliefert. Im Werkhause findet jeder sein Spinnrad, und was sonst zu seiner Arbeit gehöret, und hat dabey im Winter Wärme und Licht frey zu genießen. Anderen werden auch die Materialien in ihre Häuser mitgegeben. Einige arbeitsame Arme beschäfftigen sich auch mit Verfertigung haarner Fußtapeten, wovon im Sommer 1787. überhaupt 52. Stück jedes zu 30. Ellen gemacht sind. Einige davon sind schon, das Stück zu 5. Rthlr. in Golde, verkauft.

§. 259.

Noch eine der preiswürdigsten Anstalten, die mit dem Armenwesen in Verbindung stehet, hat das hiesige Publicum obbenanntem Pastor Wagemann zu verdanken. Durch dessen menschenfreundliche Bemühungen ist seit 1785. eine eigne **Arbeitsschule** im Gange, worin jetzt 140. Kinder, Knaben und Mädchen, theils im Stricken, Nehen, Flachs- und Baumwolle-Spinnen, theils auch in der Spinnerey des Kamungarns für die hiesige Grázelische Fabrik, ingleichen in Verfertigung der Kratzen und Kniestreichen, wie sie die Tuchmacher und Wollenarbeiter brauchen, theils in allerley Arten Gartenarbeit unterrichtet, und damit beschäfftiget werden. Diese Arbeitsschule

Z 4 ist

ist mit der zur Marienkirche gehörigen Lehrschule vereiniget. Beide wechseln sowohl vor- als nachmittags dergestalt ab, daß die darin aufgenommenen armen Kinder
während der Zeit, daß ihre Classe in der Lehrschule nicht
vorgenommen wird, in der Arbeitsschule zu obigen Arbeiten angeleitet und angehalten werden. Auch Kinder aus
anderen Schulen können sich hier, wenn ihre Lehrstunden
geendiget sind, vormittags von 10. bis 12. und nachmittags von 3. bis 4. einfinden. Für ihre Arbeiten erhalten die Kinder eine verhältnißmäßige Belohnung, jedoch nicht an Gelde, sondern an Kleidungsstücken, die sie
großentheils selbst verfertigen müssen. Die übrigen Arbeiten werden alle halbe Jahre in Beyseyn der Kinder an
die meistbietenden verkauft, und von wohlthätigen Käufern
zum Besten der Kinder oft über ihren Werth erstanden.
Da die Arbeitsschule nachmittags um 4. geschlossen wird,
so werden die Kinder von da in das Werkhaus geführet,
und bis 8. oder 9. unter genauer Aufsicht mit der Art
Spinnerey, wozu sie Lust und Geschicklichkeit haben, beschäfftiget. Ist ihre Arbeit schon zum Verkaufe brauch-
bar, so bekommen sie eben den Lohn, wie Erwachsene;
sonst bekömmt jeder am Schlusse der Woche 3. Ggr. Zu
Unterstützung dieser Anstalt ist in den Jahren 1786. 1787.
jedesmal ein königliches Gnadengeschenk von 200. Rthlr.
bewilliget worden. Die ganze Anstalt hat nicht nur den
großen Nutzen, jetzt schon Kinder unvermögender Leute
vom Betteln abzuhalten, sondern noch weit gemeinnützi-
ger auch für die Zukunft die Zahl unnützer Leute und Bett-
ler zu vermindern.

* Im Jahre 1787. waren im Werkhause von Kindern
gesponnen 232½ Pfund Flachs in 410. Löppen (oder Strän-
gen), 263½ Pfund Hede in 130. Löppen; von Alten 308.
Pfund Flachs in 537. Löppen. Von Baumwolle waren
gesponnen 24½ Pfund, Kammwolle 289., grobe Wolle
2273. Pfund. Von rohen Haaren waren gekratzt 37½
Centner in 3806. Pfund, und von diesen gesponnen 3610.
Pfund;

Pfund; von letztern gewebt 3417. Pfund in 52. Stück Decken.

§. 260.

Da die Lage der Stadt von Norden nach Süden nicht so abhängig ist, wie von Osten nach Westen; so hat im Sommer nicht immer verhütet werden können, daß die Gossen an den breiten Steinen, wodurch die Fußwege von den zum Fahren und Reiten bestimmten mittleren Theilen der Straßen abgesondert sind, bey trockenem Wetter zuweilen einen üblen Geruch bekommen. Diesem Mangel abzuhelfen ist auf Hofr. Beckmanns Vorschlag 1786. der Anfang gemacht worden, daß täglich Morgens in aller Frühe alle Gossen von dazu gedingten Leuten gereiniget werden. Ich würde diese, wie viele andere Polizeianstalten kaum berühret haben, wenn nicht dieser Umstand in verschiedenen Reisebeschreibungen und anderen Schriften gerüget worden wäre; wie dann freylich fast alle Polizeyanstalten sowohl der Universität als der Stadt nichts weniger als gleichgültig seyn können.

§. 261.

Noch ist endlich seit 1765. eine für Stadt und Universität gleich gemeinnützige Anstalt getroffen, da ein besonderer Logiscommissarius bestellt ist, der alle halbe Jahre die jedesmal anwesenden Studierenden nach ihren Wohnungen aufschreibt, und in ein mit der Matrikel verglichenes alphabetisches Verzeichniß bringt, mittelst dessen ein jeder der hiesigen gelehrten Mitbürger leicht ausgefragt werden kann. Eben das gibt jedem neu ankommenden, oder wer schon zum Voraus sich eine Wohnung bestellen lassen will, die Bequemlichkeit, sich nur an den Logiscommissär wenden zu dürfen, der auch von den Preisen und anderen Bedürfnissen Nachricht geben kann. Der er-

Z 5

ste,

sie, der diese Stelle bekleidete, war der Schreibmeister Röber, hernach der Notarius Grimm; seit dessen Tode ist es der Zeitungs-Spediteur Johann Christoph Gottlieb Ulrich.

---

2) Von der academischen Wittwenversorgung und anderen milden Stiftungen.

§. 262.

Vermöge einer königlichen Verordnung vom 5. Aug. 1743. ward der Grund zu einer Professoren-Wittwencasse gelegt, indem der König ein Capital von 1000. Rthlr. von den Verlegern der Landesconstitutionen dazu anwies, und die Calenbergische Landschaft die auf ihre Kosten erbaute Universitäts-Apotheke mit allem Zugehöre, die Lüneburgische Landschaft aber ein Geschenk von 1000. Rthlr. dazu hergab; wozu noch ein jährlicher Beytrag von 5. Rthlr. kam, wozu jeder besoldeter Professor, wenn seine Wittwe dereinst Vortheil davon haben sollte, verbindlich gemacht wurde. In der Folge ward noch ein jährlicher Zuschuß von 150. Rthlr. aus der Casse der Universitätskirche hinzugefügt. Damit betrug bisher die jährliche Portion einer Wittwe 70. Rthlr. (a).

(a) Götting. histor. Mag. von Meiners und Spittler B. 1. St. 2. S. 276—283., wo das Rescript von 1743. mit erläuternden Anmerkungen vollständig eingerückt ist.

§. 263.

Im Jahre 1787. verstarb die Buchhändlerinn Anna Vandenhoeck mit Hinterlassung eines Testaments, worin sie ihren Factor, Ferdinand Ruprecht, zum Erben ein-

eingeſetzt, dabey aber verordnet hatte, daß auf deſſen un-
beerbten Abgang die Buchhandlung zum Vortheile der
Univerſitäts-Wittwencaſſe und der hieſigen reformirten
Kirche fortgeſetzt werden ſollte (a). Weil ſich hierüber
allerley Schwierigkeiten hervorthaten, ward unter Genehmigung der königlichen Landesregierung mit vorbenanntem
Erben die Sache dahin verglichen, daß derſelbe der
Wittwencaſſe 18. tauſend, der reformirten Kirche 16. tauſend Rthlr. gleich baar oder in annehmlichen cedirten
Schuldverſchreibungen entrichten ſollte. Dadurch hat
die Wittwencaſſe einen ſolchen Zuwachs bekommen, daß
jetzt ein Göttingiſcher Profeſſor, wenn er nur jährlich einen Louisdor beygetragen hat, ſeiner Frau und Kindern,
bis das jüngſte 18. Jahre alt iſt, jährlich eine Penſion
ungefähr von 23½ Louisdor verſichern kann. Auch iſt
durch ein Reſcript vom 27. Aug. 1787. die Clauſel aufgehoben, kraft deren ſonſt Wittwen, wenn ſie auſſer Landes
zogen, die Hälfte ihrer Penſion verlohren (b).

(a) **Abraham Vandenhoeck**, ein gebohrner Holländer, der zuerſt als Antiquarius mit ſeltenen Büchern ge-
handelt hatte, ward beym Anfange der Univerſität hier
als Buchhändler angeſetzt, und unterhielt zugleich eine Buchdruckerey, die er aber hernach abgab. Er hatte
durch ſeine Kenntniſſe und Arbeitſamkeit ſeine Buchhandlung ſchon ziemlich empor gebracht, als er 1751. doch noch
mit einigen Schulden ſtarb. Seine Wittwe und Erbinn,
eine gebohrne Engländerinn, ſetzte mit Beyſtand ihres obbenannten nachherigen Factors und Teſtamentserben die
Buchhandlung mit ſolcher Klugheit und Vorſicht fort, daß
ſie bey ihrem Abſterben eine der beträchtlichſten in Teutſchland war. Aus Erkenntlichkeit gegen die Univerſität machte ſie obige Diſpoſition.

(b) Götting. hiſtor. Magaz. B. 2. St. 2. S. 372.

§. 264.

Daß ähnliche milde Stiftungen und Vermächtniſſe
heutiges Tages nicht mehr ſo häufig ſind, als ſie in vori-

gen Zeiten wohl gewesen, zeigt sich auch an hiesigen Anstalten, wo dergleichen wohl angewandt seyn würden. Vom Waisenhause ist oben (§. 178. S. 243.) schon vorgekommen, daß die Zinsen der von demselben ausgeliehenen Capitalien kaum 160. Rthlr. betragen, ausser daß 1787. noch ein Hollmanisches Vermächtniß von 300. Rthlr. hinzugekommen. Das chirurgische und Krankenhospital (§. 187. S. 264.) bekömmt von einer ungenannten Gesellschaft einen jährlichen Zuschuß. Von den bisherigen Capitalien der Armencasse (§. 257.) betrugen die Zinsen im Jahre 1787. nur 137. Rthlr. 20. Mgr. 6. Pfennige. Jedoch aus der wöchentlichen Sammlung flossen ihr in eben dem Jahre 1388. Rthlr. 11. Mgr. 4. Pf. zu, und überdas noch aus den Quartalsammlungen bey Mitgliedern der Universität 575. Rthlr. 34. Mgr. 5. Pf., und bey der Bürgerschaft 162. Rthlr. 18. Mgr. 6. Pf. Noch einige Zuflüsse vom Rathhause, von den Kirchen, der Kämmerey, den Gilden, Brauhäusern, Jahrmärkten, Hochzeiten und einzelnen Geschenken dazu gerechnet betrug die ganze Einnahme der Armencasse im Jahre 1787. zusammen 2821. Rthlr. 22. Mgr. 2. Pf., die aber von der berechneten Ausgabe noch um 740. Rthlr. 28. Mgr. 4. Pf. überstiegen wurde.

3) Von

3) Von der academischen Gerichtbarkeit, Disciplin, Sitten, Umgang u. s. w.

§. 265.

In dem, was zur Besorgung der academischen Gerichtbarkeit und Disciplin gehöret (Th. 1. §. 207. S.
313.) ist nur diese Veränderung vorgegangen, daß das
Universitäts-Syndicat und Secretariat, als in einer Person nicht wohl vereinbarlich, seit 1767. wieder von einander abgesondert worden (a). Hernach ist mit sehr gutem
Erfolge die Einrichtung getroffen, daß alle Montage und
Donnerstage der jedesmalige Prorector zu einer von ihm
dazu bestimmten Zeit vormittags um 10. oder 11. oder
nachmittags um 3. oder 4. mit Zuziehung des Syndicus
und Secretärs auf dem Concilienhause ordentliche academische Gerichtstage hält; ohne daß dadurch ausserordentliche Gerichtsversammlungen zu jeder anderen Zeit,
wenn es nöthig oder dienlich befunden wird, ausgeschlossen sind. Zu Besorgung gerichtlicher Sachen von wegen
der Partheyen sind 1787. drey Procuratoren von Universitäts wegen bestellt worden (b). Die Universitäts-
Deputation, die aus den Decanen der vier Facultäten
und,

(a) Da Prof. Riccius Alters halber die Arbeiten nicht
mehr alleine bestreiten konnte, ward zuerst 1768. der vorher in gräflich Leiningischen Diensten gestandene Rath
Becke als Universitäts-Syndicus hieher berufen, und demselben erst der D. Joh. Henr. Fricke (§. 79. III.), hernach D. Johann Friedrich Hesse als Universitäts-Actua-
rius an die Seite gesetzt. Als der Rath Becke 1770. starb,
folgte ihm D. Hesse als Syndicus und diesem D. Friedrich Christoph Willich als Actuarius; letzterer bekam aber
1785. den Character als Vicesyndicus.

(b) Zu Procuratoren beym academischen Gerichte sind
bestellt: Ge. Aug. Oppermann, Ge. Ludw. Carl Metzner,
und Gottlieb Chph. Henr. List.

und, wenn der Prorector selbst kein Rechtsgelehrter ist, noch aus dem nächstkünftigen Decane der Juristenfacultät besteht, oder auch das gesammte Concilium, wozu eigentlich alle Professoren, unter denen das Decanat herumgehet, gehören, versammlet sich auf besondere Ansage, die der Prorector dazu thun läßt, so oft es die Umstände erfordern.

§. 266.

Da mit den besten Lehranstalten der Hauptzweck einer Universität doch nicht erreicht werden würde, wenn nicht zugleich alles geschähe, um nicht minder gute Sitten als nützliche Kenntnisse zu befördern; so hat man es nicht dabey bewenden lassen, vorfallende Vergehungen gesetzmäßig zu ahnden (a); man hat noch immer größere Sorgfalt anzuwenden gesucht, daß die studierende Jugend durch Fleiß und gutes Betragen von schädlichen Abwegen möglichst zurückgehalten werden möge. Ein im Ganzen herrschen-

(a) Durch höhere Vorschriften ist die Universität insonderheit angewiesen, alle, die sich in Schlägereyen einlassen oder durch Verhetzungen und auf andere Art Theil daran nehmen, wie auch überhaupt solche, die keine Collegia hören und also der Hauptabsicht ihres hiesigen Aufenthalts kein Gnüge thun, sofern sie nicht beybringen können, daß sie auf andere Art, wie z. B. in Benutzung der Bibliothek, ihre Zeit nützlich anwenden, und durch Spielen oder andere gewöhnliche Gefährten des Müßiggangs nicht andern lästig oder gefährlich werden ꝛc. ingleichen Urheber oder Verbreiter academischer Ordensgesellschaften, oder sonst der Universität nachtheilige Personen mittelst eines consilii abeundi von hier zu entfernen. Alles übrige, worauf verhältnißmäßige Strafen zu erwarten sind, z. B. die öffentliche Ruhe nicht zu stöhren, Straßen-Laternen nicht zu beschädigen u. s. w. versteht sich für jeden wohlerzogenen und wohldenkenden wohl von selbsten. Auch gewisse positive Polizeyverfügungen, z. B. daß auf jedes Ausgießen auf die Straße ein Gulden Strafe gesetzt ist, wird niemand mißbilligen.

schender Ton des Fleiſſes unter Lehrern und Zuhörern hat
bisher das meiſte dazu beygetragen. Aber auch auſſer
den Lehrſtunden hat man nichts unterlaſſen, was dazu die=
nen können, Profeſſoren und Studierende in nähere ge=
genſeitige Bekanntſchaft zu bringen. Jedem Lehrer kann
zwar ſeine Zeit nicht anders als ſo koſtbar ſeyn, daß er
zu häufigen und langen Beſuchen keine Muße übrig behält.
Aber unmittelbar nach jeder Lehrſtunde wird keiner leicht
einem ſeiner Zuhörer den Zutritt verſagen, wenn er den
Lehrer zu ſprechen wünſcht, womit ſich ein jeder leicht ſo
kurz faſſen kann, daß der Hauptzweck erreicht wird, ohne
dadurch läſtig zu werden. Vor der Lehrſtunde muß es
einem Lehrer, der noch die letzten Augenblicke vor der
Stunde zur Vorbereitung benutzen kann, freylich ungele=
gener fallen Beſuche anzunehmen. Auſſerdem iſt für
die meiſten Profeſſoren Sonntags, nach geendigtem Got=
tesdienſte in der Univerſitätskirche, die Stunde von 11.
bis 12. am bequemſten, denen, die ſie ſprechen wollen,
den Zutritt zu geſtatten. Im Winter wird überdies alle
Sonnabende abends von 5. bis 7. im Concilienhauſe öf=
fentliches Concert gehalten, wobey ſich ſowohl Profeſſo=
ren als angeſehene Perſonen von der Stadt und von der
Beſatzung mit ihren Familien einzufinden pflegen (b).

Auch

(b) Seit 1779. iſt das academiſche Concert vom Mu=
ſikdirector M. Forkel ſo eingerichtet worden, daß nicht nur
größere und kleinere Vocalſtücke, nehmlich ganze Orato=
rien und Cantaten, einzelne Arien ſowohl mit obligater
als freyer Inſtrumentalbegleitung, Duette, Chöre u. ſ. w.,
ſondern auch Concerte und Soloſtücke für mehrere Inſtru=
mente nebſt den neueſten und beſten Symphonien aufge=
führet werden. Bisweilen werden auch Ueberbleibſel und
Proben älterer Griechiſcher und Römiſcher Muſik oder an=
dere muſicaliſche Seltenheiten mitgenommen, damit der
wißbegierige Kunſtfreund dadurch nach und nach die Mu=
ſikarten aller Zeitalter und Völker kennen lerne, und eine
Sammlung ſolcher theils alter theils ausländiſcher Ton=
ſtücke

Auch iſt das ganze Jahr hindurch Montags von 5. bis 6.
ein Privatconcert im Pütteriſchen, und zu Zeiten noch
eines Mittwochs Abends nach 8. im Volborthiſchen Hauſe. Seit mehren Jahren wird auſſer der Advents- und
Faſtenzeit jeden zweyten oder dritten Sonntag im Winter
von 5. bis 12. ein Pickenick auf dem Kaufhauſe gehalten; an den übrigen Sonntagen iſt abwechſelnd im Böh-
meriſchen und Pütteriſchen Hauſe Aſſemblee (c).   Erſt
seit

ſtücke gleichſam als eine practiſche Geſchichte der Kunſt
anſehen könne.   Um zur Erhaltung und beſſern Einrichtung
des Concerts mitwirken zu können, hat der Muſikdirector
ſeit 1779. zugleich den Hofr. Heyne und D. Kulenkamp
als Deputirte der Univerſität zum Concerte ſich erbeten.
Zur erſten Violine wird jeden Winter ein fremder, der auf
dieſem Inſtrumente geſchickt iſt, verſchrieben.   Eine junge
Sängerinn, Demoiſelle Golde von Gotha, hat ſeit Mich.
1784. im Concerte mit Beyfall geſungen.   Das Accom-
pagnement auf dem Claviere wird vom Muſikdirector ſelbſt
beſorgt, der auch von Zeit zu Zeit mit Obligatſtücken ſich
hören läßt.   Gemeiniglich fehlt es auch unter den hieſigen
Studierenden oder anderen Anweſenden nicht an Liebhabern, die ſich mit Concerten, Solo, oder Quartetten u.
d. gl. auf Violine, Flöte, Violoncell, oder Clavier hören
laſſen.   Für jedes Concert wird eine gedruckte Anzeige etliche Tage vorher herumgeſchickt, wo von einzelnen Arien
zugleich die Worte geliefert, und nach Befinden mit Anmerkungen begleitet werden.   Wer durch Subſcription an
dieſem Concerte Theil nimmt, pränumerirt bey Einzeichnung ſeines Namens auf den ganzen Winter einen Louisdor; wer nicht ſubſcribirt, bezahlt jedes einzelne Concert
mit 12. Ggr.   Damen ſind frey.

(c) Im Jahre 1767. bat der damalige Commandant,
der ſel. General von Zaſtrow, zum öftern Sonntags etliche Profeſſors-Familien zu ſich, und unterhielt ſich nachmittags mit einer Parthie Whiſt.   An anderen Sonntagen
ließ er ſich ähnliche Unterhaltungen in Profeſſors-Häuſern
gefallen.   In beiden Fällen waren mehrentheils auch ein
oder andere der hieſigen Studierenden von der Geſellſchaft.
Endlich wurde beliebt den ganzen Winter hindurch in einigen

feit dem Nov. 1787. hat sich noch eine Gesellschaft von
60. Mitgliedern, die theils aus Lehrern der Universität,
theils aus Mitgliedern der Stadtobrigkeit, theils aus
Stadtpredigern, theils aus anderen Gelehrten oder solchen, die in des Königs oder des Landes Diensten sind,
bestehen, vereiniget, wöchentlich einmal Abends von 6.
bis 10. in einem dritten Hause zusammen zu kommen, so
daß ein jeder, der es vorher bestellt, zum Abendessen bleiben, sonst aber kommen und weggehen kann, wann er
will; wobey monathlich einmal auch eine gewisse Anzahl
Studierende als Gäste mitgebracht werden können. Gespielt wird in dieser Gesellschaft nicht; desto zweckmäßiger
kann sie zu freundschaftlichen Unterhaltungen über gelehrte und andere Gegenstände benutzt werden, ohne besorgen
zu dürfen, daß einer dem andern ungelegen komme, wie
sonst

---

gen Häusern, wo die Gelegenheit der Zimmer dazu war,
als ausser dem Commandantenhause damals im Böhmerischen, Püttertschen und Achenwallischen Hause von einem
Sonntage zum andern von 4. oder 5. bis 8. bestimmte
Gesellschaft zu halten, woran sowohl Studierende, als
Professoren, Officiere, Magistratspersonen, u. f. w. mit
ihren Familien, wenn sie wollten, Theil nehmen konnten.
Nach des sel. Achenwalls Tode ward die Gesellschaft in
den drey übrigen Häusern, auch nach des sel. Generals
von Zastrow Tode vom sel. General von Walthausen, nach
dessen Tode aber nur von den beiden noch übrigen vorbenannten Häusern fortgesetzt. Inzwischen hatte sich 1776. noch
eine Gesellschaft zu Unterhaltung eines Picknicks zusammengethan, dessen Besorgung 1786. Prof. Martens, und
1787. Prof. Böhmer übernommen hat. Hier wird von
5. bis nach 9. getanzt, und zugleich an mehreren Tischen
in einem Nebenzimmer Whist oder Lhombre 2c. gespielt,
hernach zu Abend gegessen; und dann wieder bis 12. fort-
getanzt. Die Unkosten betragen, ohne Wein, jedesmal
für die Person 1. Rthlr. 6. bis 12. Ggr. Damen sind
frey.

Aa

sonst bey eignen Besuchen oft unvermeidlich seyn würde (d). Im Sommer geben häufigere Besuche der Bibliothek und Spaziergänge in der Allee und auf dem Walle öftere Gelegenheiten, daß sowohl Professoren unter sich als mit anderen Gelehrten und hiesigen Studierenden sich unterhalten können, ohne einander lästig zu fallen.

(d) Die Mitglieder dieser Gesellschaft, wie sie nach Art der so genannten Clubs sich vereiniget haben, sind bisher folgende, deren Namen meist schon aus diesem Buche bekannt sind: Beckmann, Blumenbach, Bodeker (Amtmann zu Adelepsen), geh. Justitzr. Böhmer, Prof. Böhmer, Borheck, Brandis, Buhle, Bürger, Claproth, Compe (Gerichtsschulz), Dieterich (Buchhändler), Eyring, Feder, Forster (königl. Polnischer geheimer Rath und bisheriger Professor zu Wilna, jetzt von der Russischen Kaiserinn zu einer Seereise bestimmt), Gatterer, Gmelin, Grellmann, Haselberg, Heeren, Hesse (Univ. Syndicus), Heyne, Kable, Kästner, Kulenkamp, Leß, Lichtenberg, Luther, Martens, Meiners, Meister, Meyenberg (Obercommissarius und Bürgermeister), Meyer, Michaelis, Möckert, Murray, Pepin, Plank, Posse, Pütter, Reuß, Richter, Runde, Sartorius (Bibliothekssecretär), Schleußner, Schlözer, Schröder (Oberpostmeister), Schröder (Senator), Sextroh, Spittler, Steche (b. R. Doctor), Stock (Oberpolizeycommissarius und erster Bürgermeister), Stromeyer, Tychsen, Volborth, Wagemann (Generalsuperintendent), Wagemann (Pastor), Waldeck, Willich, Wrisberg. Der sel. Haller, der von Bern her mehr gesellschaftlichen Umgang gewohnt war, pflegte manchmal darüber zu klagen, daß die hiesigen Lehrer einander nicht gnug zu sehen bekämen. Diesem Mangel ist durch obige Veranstaltungen ziemlich abgeholfen, ohne doch dem hier einmal zur Gewohnheit gewordenen Fleisse Abbruch zu thun. Vielleicht wären auch in vorigen Zeiten manche Mißverständnisse weniger gewesen, wenn mehr Gelegenheit zu einem ungezwungenen Umgange gewesen wäre. In vorigen Zeiten bestand der Umgang meist nur darin, daß man sich Sonntags Vormittags auf den Nachmittag um 3. oder 4. Uhr bey dem jedesmaligen Commandanten oder auch in einem Professorshause oder bey angesehenen Mitgliedern der Stadt melden ließ, und, wenn man angenommen ward, jeder auf seinem Stuhle

sitzend

fitzend mit Caffeetrinken und langweiligen Gesprächen ein
oder anderthalb Stunden zubrachte. Die erste Anlage zu
der hierin vorgegangenen Veränderung haben wir wohl
der Französischen Besatzung von den Kriegszeiten her zu
danken.

§. 267.

Den größten Vortheil hat unsere Georgia Augusta
bisher davon gehabt, daß sie unter ihren gelehrten Mit-
bürgern gemeiniglich überwiegend viele von höherem
Stande oder doch von Abel oder sonst bemittelte und die
eine gute Erziehung genossen, ingleichen viele Ausländer
fast aus allen Europäischen Reichen und Staaten, und
Teutsche fast aus allen Kreisen und Ländern zehlen können;
darunter auch immer viele schon von gesetzten Jahren gewesen, oder schon als Officiere, oder in Hofdiensten, oder
auch zu Stellen in Justiß- oder Cammercollegien oder
Lehrämtern auf Universitäten u. f. w. ihre gewisse Bestimmung gehabt. Eben damit hat freylich in Verbindung
gestanden, daß die Zahl der Rechtsbeflissenen bisher ungleich stärker gewesen, als derer, die Theologie studieren,
und daß deswegen im Ganzen die Anzahl der Studierenden vielleicht nicht so hoch gestiegen ist, wie man sie sonst
wohl von anderen Universitäten angegeben hat. Es haben aber auch selbst Se. königliche Majestät bey mehreren
Gelegenheiten sich erkläret, daß nicht sowohl auf die Menge als auf die gute Eigenschaft der Studierenden Rücksicht
zu nehmen sey.

* I. Vom Anfange der Universität her kann ich folgenden Auszug der bisherigen Matrikelbücher liefern, woraus
sich der Anfang und Fortgang, wie auch manche besonders durch die Kriegsjahre veranlaßte Abwechselung unserer gelehrten Bevölkerung am besten abnehmen läßt. Der
Anfang ward am 31. Oct. 1734. gemacht, da Hans Henrich von der Deken aus der Bremischen Ritterschaft der
erste war, der seinen Namen einschrieb. So inscribirten
also

A)

A) Vor der Inauguration als königliche Commissarien:

Gebauer vom 31. Octob. 1734.
    bis den 9. Apr. 1735. (5½ Mon.) 147. Graf. Prinz.
Brunquell bis d. 10. May 1735. (1. Mon.) 142. 1. —
Treuer bis den 23. Sept. 1735. (4½ Mon.) 48. 2. —
Reinharth bis d. 28. März 1736. (6. Mon.) 89. 2. —
Mascov bis den 24. Sept. 1736. (6. Mon.) 113. 3. —
Schmauß bis d. 16. Sept. 1737. (1. Jahr) 304. 7. —

B) Nach der Inauguration inscribirten als Prorectoren:

Feuerlein bis den 3. Jul. 1738. (9½ Mon.) 156. 1. —
Gebauer bis den 2. Jan. 1739. (halbjähr.) 70. 1. —
Richter bis den 3. Jul. 1739. — — 79. - —
Heumann bis den 2. Jan. 1740. — — 53. - —
Crusius bis den 4. Jul. 1740. — — 90. - —
Reinharth bis den 2. Jan. 1741. — — 63. 3. —
Haller bis den 3. Julius 1741. — — 104. - —
Koeler bis den 2. Januar 1742. — — 55. - —
Feuerlein bis den 3. Jul. 1742. — — 84. - —
Treuer bis den 2. Januar 1743. — — 73. - —
Segner bis den 3. Jul. 1743. — — 109. - —
Gesner bis den 2. Jan. 1744. — — 71. - —
Crusius bis den 3. Jul. 1744. — — 95. - —
Ayrer bis den 2. Januar 1745. — — 75. 1. —
Richter bis den 3. Jul. 1745. — — 125. - —
Hollmann bis den 2. Jan. 1746. — — 86. 1. —
Heumann bis den 2. Jul. 1746. — — 100. - —
Ayrer bis den 3. Januar 1747. — — 89. - —
Haller bis den 2. Jul. 1747. — — 146. 1. —
Penther bis den 2. Jan. 1748. — — 133. 1. —
Ribov bis den 2. Jul. 1748. — — 179. 2. —
Boehmer bis den 2. Jan. 1749. — — 146. 3. —
Segner bis den 2. Jul. 1749. — — 196. 4. —
Kahle bis den 2. Januar 1750. — — 145. 2. —
Feuerlein bis den 2. Jan. 1751. (jährig) 287. 2. —
Ayrer bis den 2. Januar 1752. — — 322. 2. —
Richter bis den 2. Jan. 1753. — — 259. 3. —
Weber bis den 2. Januar 1754. — — 235. 6. —
Ribov bis den 3. Jul. 1754. (halbjähr.) 162. - —
Boehmer bis den 2. Jan. 1755. — — 107. - —

Rich-

			Graf.	Prinz.
Richter bis den 3. Jul. 1755. — —	157.	-	—
Geßner bis den 2. Januar 1756. — —	124.	1.	3.
Feuerlein bis den 3. Jul. 1756. — —	162.	-	—
Ayrer bis den 3. Januar 1757. — —	133.	-	—
Richter bis den 4. Jul. 1757. — —	142.	1.	—
Hollmann bis den 3. Jul. 1758. (jährig)	128.	1.	—
Ribov bis den 3. Jul. 1759. — —	246.	2.	—
Böhmer bis den 3. Jul. 1760. — —	286.	6.	—
Röderer bis den 2. Jan. 1762. (1½ Jahr)	89.	-	—
Weber bis den 3. Jul. 1762. (halbjähr.)	47.	-	—
Walch bis den 4. Jul. 1763. (jährig)	307.	3.	—
Pütter bis den 3. Jan. 1764. (halbjähr.)	135.	1.	—
Vogel bis den 3. Julius 1764. — —	172.	-	—
Achenwall bis den 2. Jan. 1765. — —	123.	3.	—
Förtsch bis den 3. Jul. 1765. — —	176.	-	—
Meister bis den 2. Jan. 1766. — —	127.	-	—
Vogel bis den 3. Jul. 1766. — —	165.	-	—
Kästner bis den 3. Jan. 1767. — —	117.	-	—
Walch bis den 2. Julius 1767. — —	140.	4.	—
Ayrer bis den 3. Januar 1768. — —	117.	-	—
Schröder bis den 4. Jul. 1768. — —	160.	-	—
Gatterer bis den 2. Jan. 1769. — —	136.	3.	—
Förtsch bis den 2. Jan. 1770. (jährig)	289.	4.	—
Böhmer bis den 2. Jan. 1771. — —	265.	-	—
Vogel bis den 2. Julius 1771. (halbjähr.)	174.	3.	—
Murray bis den 2. Jan. 1772. — —	162.	-	—
Zachariä bis den 2. Jul. 1772. — —	179.	3.	—
Pütter bis den 17. Sept. 1773. (13½ Mon.)	382.	4.	—
Ayrer und nach dessen Tode, als			
Expr., Pütter b. d. 2. Jul. 1774. (9½ Mon.)	316.	3.	—
Miller bis den 3. Julius 1775. (jährig)	321.	4.	—
Meister bis den 2. Januar 1777. (1½ Jahr)	458.	2.	—
Baldinger bis den 2. Jan. 1778. (jährig)	433.	-	—
Kulenkamp bis den 2. Jul. 1779. (1½ Jahr)	636.	4.	—
Leß bis den 3. Julius 1780. (jährig)	392.	7.	—
Meister bis den 2. Julius 1781. — —	398.	3.	—
Murray bis den 2. Jul. 1782. — —	361.	5.	1.
Gatterer bis den 2. Jul. 1783. — —	372.	5.	—
Koppe bis den 10. August 1784. (13½ Mon.)	381.	6.	—
Pütter bis den 2. Jul. 1785. (10⅔ Mon.)	328.	7.	1.
Wrisberg bis den 2. Jan. 1786. (halbjähr.)	160.	3.	1.
Kulenkamp bis den 2. Jul. 1786. — —	192.	1.	—
Leß bis den 2. Januar 1787. — —	144.	3.	3.

Moels

	Graf.	Prinz.
Moeckert bis den 2. Jul. 1787. (halbjähr.) 208.	3.	2.
Richter bis den 2. Jan. 1788. — — 151.	5.	—

Also zusammen 11. Prinzen, 148. Grafen und 14828. andere; oder alle zusammengenommen 14987.

* II. Nach den halbjährigen Verzeichnissen, wie sie seit 1767. der jedesmalige Logiscommissarius zu machen hat, ergibt sich folgende Tabelle, wie sie schon im Göttingischen historischen Magazine von Meiners und Spittler B. 2. St. 1. S. 183. eingerückt ist, und hier noch mit dem letzten halben Jahre einen Zusatz bekommt:

	abgegang. Studen.	Rest.	Neu angel.	Haupt-Summe.	Theologen.	Juristen.	Mediciner.	Philosophen.
1767. May	169	461	155	016	161	378	54	21
1767. 1 Nov.	139	475	131	606	154	372	55	25
1768. 14 May	149	457	173	630	160	390	54	26
1768. 14 Nov.	132	498	155	653	174	402	58	19
1769. Jun.				661				
1769. Oct.	148	513	167	680	182	418	57	23
1770. May	171	509	169	678	191	407	59	21
1770. Nov.	155	523	121	644	179	387	54	24
1771. Oct.				705				
1772. Jun.	135	570	213	783	159	496	61	67
1772. 15 Nov.	156	627	186	813	171	547	53	42
1773. 24 May	198	616	231	847	179	557	67	44
1773. 1 Nov.	148	699	153	852	184	558	72	38
1774. 5 May	155	697	201	898	205	563	81	49
1774. 1 Nov.	219	679	143	822	179	522	66	55
1775. 18 May	201	621	219	840	222	496	70	52
1775. 3 Nov.	176	664	160	824	220	497	58	49
1776. 14 May	217	607	198	805	218	472	57	58
1776. 12 Nov.	185	620	153	773	230	436	55	52
1777. 10 May	192	581	224	805	256	428	71	50
1777. 13 Nov.	179	626	149	775	249	391	75	60
1778. 22 May	175	600	221	821	277	415	72	57
1778. 7 Nov.	145	676	185	861	280	443	75	63
1779. 15 May	211	650	247	897	285	466	81	65
1779. 4 Nov.	177	720	206	926	279	481	88	78

1780.

		abgegang. Student.	Reſt.	Neuangek.	HauptSumme.	Theologen.	Juriſten.	Mediciner.	Philoſophen.
1780.	6 May	199	727	218	945	314	482	82	67
1780.	6 Nov.	199	746	200	946	316	473	85	72
1781.	19 May	227	719	228	947	318	469	94	66
1781.	3 Nov.	223	724	166	890	300	437	99	54
1782.	16 May	185	705	238	943				
1782.	12 Nov.	262	681	182	863	283	424	97	59
1783.	27 May	235	628	221	849	303	401	88	57
1783.	6 Nov.	197	652	189	841	283	417	85	56
1784.	13 May	198	643	215	858	298	424	79	57
1784.	27 Oct.	176	682	175	857	278	442	79	58
1785.	3 May	207	650	188	838	276	424	86	52
1785.	2 Nov.	176	662	185	847	263	436	90	58
1786.	22 May	206	641	196	837	256	422	103	56
1786.	8 Nov.	205	632	171	803	241	394	96	72
1787.	11 May	178	625	229	854	264	397	99	94
1787.	8 Nov.	228	626	191	817	222	392	94	109

* III. Zur Probe, wie ſich ein noch genaueres Verzeichniß machen ließe, kann allenfalls folgendes Beyſpiel dienen:

Vom 2. Jul. bis den 3. Nov. 1784. hatten ſich
a) in der gewöhnlichen Matrikel eingeſchrieben — 142.

b) in der Fürſten= und Grafen=Matrikel 1. Prinz und 5. Grafen — — — — — 6 —

c) Von ſolchen, die ein oder mehr halbe Jahre weggeweſen und jetzt als Hofmeiſter oder ſonſt zurückgekommen waren, hatten ſich gemeldet — — 12 —

zuſammen — 160.

Unter dieſen 160. waren 98. Juriſten, 23. Theologen, 20. Mediciner, 4. der Philologie, 4. der Oeconomie= und Cameral=Wiſſenſchaften, 4. der Reitkunſt, 3. der Mathematik, 2. der Philoſophie Befliſſene.

Von ſolchen die noch auf keiner andern Univerſität geweſen, waren darunter 104., von anderen Univerſitäten 56.

Unter

Unter letzteren waren

a) von Teutſchen proteſtantiſchen Univerſitäten von Halle 5., von Helmſtädt 4., von Erlangen 4., von Rinteln 4., von Leipzig 3., von Marburg 3., von Gieſſen 3., von Jena 2., von Kiel 2., von Tübingen 1., von Bützow 1., von Duisburg 1.

b) von Teutſchen catholiſchen Univerſitäten von Würzburg 4., von Mainz 2., von Heidelberg 3., von Trier 2., von Wien 1., von Freyburg 1., von Fulda 1., von Paderborn 1.

c) von ausländiſchen Univerſitäten von Straßburg 3., von Oxford 1., von Dijon 1., von Coppenhagen 1.

Von diesmal angekommenen Ausländern waren 11. aus der Schweiz, 2. aus Ungarn, 2. aus Frankreich, 1. aus Elſaß, 1. aus England, 1. aus Irland, 2. aus Eſt= und Liefland, 1. aus Curland, 1. aus Dänemark, 1. aus Oſtindien, 2. aus Schleswig, 1. aus Holland, 1. aus Thorn in Preuſſen; von Preuſſiſchen Unterthanen 3. aus Cleve.

Unter der Anzahl 160. waren auſſer obbenannten Prinzen und Grafen 27. Adeliche, 8. Hofmeiſter, 23. Catholiſche darunter 4. Prieſter, 31. aus den königlichen Teutſchen Landen.

° IV. Seit dem ſiebenjährigen Kriege iſt es merklich wahrzunehmen geweſen, daß weit häufiger als zuvor nicht nur ſolche, die ſich künftig dem Militärſtande widmen, ſondern auch würklich ſchon in Dienſten ſtehende Officiers durch academiſche Studien mehr Kenntniſſe zu erwerben ſuchen. Nicht ſelten hat man hier Engliſche, Franzöſiſche, Holländiſche, Ruſſiſche, Schwediſche, Schweizer und andere Uniformen beyſammen geſehen. Es verſteht ſich, daß auch ſolche Officiers die academiſche Matrikel nehmen, und ſich während ihres hieſigen Aufenthalts der academiſchen Gerichtbarkeit unterwerfen. Auch den Officieren von des Königs Teutſchen Truppen iſt es durch ein beſonderes Regulativ vom 2. Jun. 1774. vorgeſchrieben, die Matrikel zu nehmen, mithin die daher entſpringende Perſonal-Subjection der academiſchen Obrigkeit zu beweiſen und deren Jurisdiction in allen Disciplinarſachen anzuerkennen, auch bey vorkommenden Unterſuchungen, wo ſie als Zeugen zu vernehmen ſind, auf unmittelbare Vorladung der

Uni-

Universitätsgerichte sich jedesmal unweigerlich zu stellen. Nur bey eignen Excessen ist in Ansehung der in hiesigen Diensten stehenden Officiere, die der Universität wegen auf Urlaub hier sind, der Commandant angewiesen, in Communication mit der Universitäts-Deputation die nöthige Untersuchung durch das Garnisongericht anstellen zu lassen, und in Gleichförmigkeit mit der academischen Disciplin, wo nur auf 8. Tage Arrest erkannt wird, hier zu erkennen, sonst aber an das Generalkriegsgericht nach Hannover zu berichten, und in allen Fällen bey dem commandirenden Generale der königlichen Truppen zu Hannover Anzeige davon zu thun, um daselbst ermäßigen zu können, ob es rathsam sey, dergleichen Officieren, die sich solchergestalt vergessen könnten, den Urlaub hieher ferner zu gestatten.

§. 268.

Was der ausserordentliche Vorzug, dessen sich die Universität seit dem Jul. 1786. von dem Aufenthalte der drey königlichen Prinzen zu erfreuen hat, bisher für einen erwünschten Einfluß auf alle academische Anstalten gehabt, und noch ferner zu hoffen hat, davon wird nicht nur das Andenken der gegenwärtigen Zeit in den Jahrbüchern der Universität stets unvergeßlich bleiben, sondern es wird auch für alle folgende Zeiten zum wirksamsten Muster dienen können.

* Auswärts hatte man verschiedentlich allerley Besorgnisse geäussert, ob die Gegenwart so erhabener Personen der Universität nicht nachtheilig seyn könnte? ob eine Art von Hofhaltung, die doch unvermeidlich damit verbunden seyn würde, mit den academischen Einrichtungen vereinbarlich seyn möchte? ob nicht der Luxus, ob nicht Theurung zum Nachtheile der Universität damit steigen würde? und was noch sonst bald diese bald jene Bedenklichkeiten erregen sollte. Allein von allem diesem hat die Erfahrung in dem nunmehr schon beynahe zweyjährigen Zeitraume die beste Widerlegung abgeben können. Der Luxus hat in der Zeit so wenig zugenommen, daß vielmehr das Beyspiel Ihro königlichen Hoheiten dem größten Theile unserer gelehrten Mitbürger zum Muster gedient hat, eine beyna-

he

he zur academiſchen Uniform gewordene ganz einfache
blaue mit roth ausgeſchlagene Kleidung zu tragen. Um
die hier eingeführte Ordnung, da gleich von 1. Uhr an
Nachmittags Lehrſtunden gehalten werden, nicht zu un-
terbrechen, werden gewöhnlich nur Sonntags ſowohl Profeſſoren als Studierende zu Mittag, ſonſt die meiſten nur
Abends zur Tafel eingeladen. Auſſerdem iſt die Stunde von
4. bis 5. Sonntags Nachmittags dazu beſtimmt, ſich den
Prinzen vorſtellen zu laſſen, oder ihnen die Aufwartung
zu machen; wobey wieder der Vortheil iſt, daß Perſonen
von allerley Ständen einander ungezwungen ſehen und
ſprechen können. In der Auswahl derer, die zur Tafel
gebeten werden, wird nicht ſowohl auf Stand und Vaterland, als auf Fleiß und gutes Betragen geſehen. Bis die
Prinzen der Teutſchen Sprache, die ſie erſt hier zu erlernen hatten, mächtig gnug waren, haben Sie nur Lehrer
zu ſich kommen laſſen, die ihnen in Franzöſiſcher oder
Engliſcher Sprache Vorträge thun konnten, als Conſiſt.
Rath Leß über die Religion, Hofr. Feder über die philoſophiſche Moral, Prof. Lichtenberg über die Mathematik
und Phyſik, Hofr. Heyne und Prof. Buhle über Lateiniſche Litteratur, Prof. Meyer über die Teutſche Sprache.
Seit dem Oct. 1787., da ſie nunmehr der Teutſchen Sprache ſchon völlig mächtig ſind, beſuchen ſie die gewöhnlichen Lehrſtunden des Prof. Blumenbach über die Naturgeſchichte, und werden auf gleiche Art bey anderen Lehrern fortfahren. Mit Stunden auf der Reitbahn und anderen Exercitien wie auch Muſik wird abgewechſelt. Auch
werden Concerte, Pickenicke und Aſſembleen von den Prinzen und ihren Begleitern beſucht. Letzteren hat die Univerſität von allen den Vortheilen, welche ihr von dieſen vor-
trefflichen Einrichtungen zuflieſſen, zu vieles zu verdanken,
als daß ſie ohne Undankbarkeit jemals wird vergeſſen können, was ein Oberſter von Malortie, Rittmeiſter von
Linſingen, Lieutenant von Uslar, Lieutenant von Hanſtein,
Lieutenant von Jonquieres, und Legationsſecretär Tatter
dabey gethan haben.

§. 269.

Zur ununterbrochenen Fortſetzung eines anhaltenden
Fleiſſes iſt es der Univerſität ſehr zu ſtatten gekommen,
daß ſeit einigen Jahren auſſer den höheren Feſten von

Ostern, Pfingsten, Weinachten, Charfreytag und Him-
melfahrt alle übrige Feiertage in hiesigen Landen abgestellt
oder auf den nächstfolgenden Sonntag verlegt sind. Von
den sechs Tagen jeder Woche ist ohnedem keiner von Lehrstunden frey. Selbst die wenigen Tage, da wegen des
halbjährigen Prorectoratswechsels und wegen der jährlichen Gedächtnißfeier der Einweihung der Universität öffentliche Feierlichkeiten vorgehen, bleiben doch in der übrigen Tageszeit den gewöhnlichen Lehrstunden gewidmet.
Nur ganz ausserordentliche Fälle, wie die Anwesenheit
Georgs des II. 1748. (Th. I. §. 12. S. 14.) und die
funfzigjährige Jubelfeier 1787. (a) können auf etliche Tage eine Ausnahme machen.

(a) Eine ausführliche Beschreibung dieser Jubelfeier
(von Hofr. Heyne) ist seitdem in Druck erschienen: "De
academiae Georgiae Augustae sollennibus semisecularibus
in . a. d. XVII. Sept. 1787. celebratis breuis narratio,"
und zugleich in Teutscher Sprache: "Die Jubelfeier der
Georgaugustus-Universität an ihrem funfzigsten Stiftungs-
feste den 17. Sept. 1787. Mit Beylagen. Göttingen bey
Joh. Chr. Dieterich 1787." (jede Beschreibung 2. B.; die
Beylagen 20 B. in groß Fol.). Einige vorläufige Nachrichten fanden sich davon schon in den Göttingischen gelehrten Anzeigen 1787. S. 1609. 1617. 1625. 1649. 1657.
Unter den zahlreichen Promotionen waren zwey der merkwürdigsten von der philosophischen Facultät; eine für Herrn
Friedrich Bogislav Grafen von Schwerin, der, zum königlich Schwedischen Hofprediger bestimmt, seit dem Dec.
1786. hier mit ausserordentlichem Fleisse und mustermäßi-
gem Betragen seine Studien in der Theologie und orientalischen Litteratur fortgesetzt hatte; die andere für die Demoiselle Dorothee Schlözer, die sich durch ihre gelehrte
Kenntnisse, besonders in Mathematik und Sprachen, und
durch ein vorhergegangenes förmliches Examen der Facultät das Recht zur Magisterwürde erworben hatte. Noch
kann ich zur Ergänzung obangezogener Nachrichten hinzu-
fügen, daß die Standarte, deren Uebergabe in den Beylagen der Jubelgeschichte S. 66. beschrieben wird, im Chore der Universitätskirche eine ehrenvolle Stelle bekommen
hat, mit der Aufschrift: "Denkmaal des rühmlichen Be-
tra-

tragens unserer Studierenden bey der academischen Jubelfeier im Jahre 1787." Die Ordnung, der Anstand, und
die Würde, womit alle Feierlichkeiten, woran unsere studierende Jugend so wesentlichen Antheil nahm, ohne durch
irgend eine Unordnung oder nächtliche Unruhe unterbrochen zu werden vorgiengen, erhielt die Bewunderung aller
anwesenden Fremden, und verdiente dieses Denkmaal,
das zugleich zur besten Aufmunterung dienen kann, dergleichen Zeugnisse auch in der Folge zu verdienen.

§. 270.

Um soviel möglich übertriebene Ausgaben und schäd-
liches Schuldenmachen zu verhüten ist nach dem Credit-
edicte vom 14. Jul. 1735. (Th. I. S. 207. V. S. 315.)
noch ein erneuertes und geschärfteres königliches Credit-
edict d. d. St. James den 9. Febr. 1770. ergangen, das
in den academischen Gesetzen, die einem jeden mit der Matrikel zugestellt werden, mit eingedruckt ist. Vermöge
desselben sind nur Honoraria der Professoren, Sprachmeister, Exercitien- und anderer Meister, Miethe für
Wohnung und Meublen, Tisch, Arztlohn und Medica-
mente, Wäsche, Lohn und Kostgeld für Bediente für pri-
vilegirt erklärt; andere Forderungen aber nur auf gewisse
Summen zugelassen, als Kaufmannswaaren, die zur
Kleidung dienen, auf 24. Rthlr., Handwerksarbeiten
von Schneider, Schuster und andern auf 6. Rthlr., Bücher auf 12. Rthlr., Wein, Punsch und Bier, ingleichen Caffee, Thee, Chocolade, wie auch Billard auf 5.
Rthlr.; alles übrige ist gesetzwidrig und unzulässig. Aber
auch jene benannte Posten dürfen nur ein Vierteljahr cre-
ditirt werden, und wenn nicht binnen vier Wochen nachher gerichtliche Anzeige davon geschieht, soll keine Klage
weiter statt finden, und selbst von Amtswegen darauf erkannt werden. In einer noch weiter erfolgten königlichen
Erklärung von St. James den 3. Febr. 1786. ist die
Klagezeit nach Ablauf des gesetzlichen Credits von 4 auf 6.

Wo-

Wochen gesetzt, und die Einforderung der Zimmermiethe auf halbjährig nachgelaffen, übrigens aber noch hinzugefügt, daß wegen der in foro contractus für nichtig erklärten Schulden auch anderwärts kein Regreß mehr statt finden solle, wenn auch eidliche Versicherungen darüber ertheilt seyn sollten, wofür insonderheit die Juden bey Verluft ihres Schutzes gewarnet worden (a). Es sollen auch die zum Borge erlaubten Summen nicht an mehreren Orten zugleich für zuläffig geachtet werden.

(a) Die hieher gehörigen Worte der von Sr. königlichen Majeftät höchfteigenhändig unterzeichneten Verordnung sind folgende: — "daß derjenige, der jene eidliche Verficherungen sich dennoch geben läßt, oder annimmt, vom academischen Gerichte mit einer solchen Geldsumme, als in der Versicherung enthalten, beftraft, und, wenn einer der zu Göttingen vergleiteten Juden sich dergleichen zu Schulden kommen läßt, derselbe überhin noch seines Schutzes verluftig seyn solle." Auch ist den letzteren bey ebenmäßigem Verlufte ihres Schutzes verboten, unter keinerley Vorwande zu Studenten auf ihre Zimmer zu gehen, noch selbige auf der Straße oder an öffentlichen Orten Handels halber anzusprechen, um sie nicht durch ihre Zudringlichkeit oder allerhand Verleitungen zum Ankaufe höchft entbehrlicher Dinge, oder sonftigem nachtheiligem Verkehre und Borge anzureizen.

§. 271.

Häufig geschieht es, daß einzelne Studierende von Eltern, Vormündern, Verwandten, Freunden oder auch von ihren Oberen hiesigen Lehrern zur besonderen Aufsicht empfohlen werden, das allemal seinen guten Nutzen haben kann, da ein jeder Lehrer auch das gern als einen Theil seines Berufes ansehen wird, um, soviel es irgend die Umftände erlauben, auch darin andern zu dienen. Selbst manchen jungen Mann kann es aufmerksamer auf sein eignes Betragen machen, wenn er weiß, daß es an eben dem Orte Männer gibt, die mit den Seinigen in Verbindung

dung stehen. Aber bey der Menge solcher Empfehlungen, womit mancher von mehreren Orten zugleich beehret wird, und bey der wenigen Muße, die den meisten academischen Lehrern von ihrer Hauptberufsarbeit übrig bleibt, ist es wohl nicht zu erwarten, daß sie, wie so oft der Wunsch auswärtiger Eltern geäussert wird, völlige Vatersstelle vertreten könnten. Desto willkommener hat es freylich manchen seyn müssen, wenn dennoch ein oder anderer hiesiger Gelehrter einzelne genauere Vorsorgen insonderheit selbst in Ansehung der oeconomischen Einrichtungen übernommen hat (a).

(a) So hat der jetzige Vicesyndicus Willich schon seit mehreren Jahren dergleichen besondere Aufsicht übernommen, wovon er in einer Beylage zum 12. Stück der Hannoverischen Anzeigen 1783. eine Anzeige bekannt machen lassen, deren Inhalt, wie sie noch kürzlich wiederholt ist, hier einen Platz verdienet:

"Anzeige."

"Seit mehreren Jahren, sagt er, haben auswärtige Väter und Vormünder, ihre hier studierende Söhne oder Pflegbefohlne meiner Aufsicht anvertrauet. Mehrmalen habe ich sie in solcher Lage übernommen, da die Haushaltung durch eigene Wirthschaft in nicht geringe Verwirrung gerathen war. Weit öfter noch habe ich die Aufsicht und Oeconomiedirection von der ersten Ankunft an gehabt, und meine Bemühungen sind bisher, besonders wenn die jungen Leute unmittelbar von Haus gekommen sind, gut ausgefallen. Vielleicht ist manchen damit gedienet, wenn ich hiermit erkläre, daß ich zu solchen Aufsichten, unter nachgesetzten Bedingungen und gegen eine nach Verhältniß der verlangten nähern oder entferntern Aufsicht, zu verabredenden Belohnung, fernerhin bereit bin. Persönliche Aufsicht auf die an mich gewiesenen jungen Leute zu führen, d. i. sie bey ihren Geschäfften und in die Gesellschaften zu begleiten, wird niemand verlangen und erwarten. Aber Dirigirung und Einrichtung der Oeconomie und was dazu gehöret, eine nicht zu entfernte Beobachtung der Handlungen, Aufmunterungen zu Fleiß und Ordnung, Ertheilung guter Rathschläge, zweckmäßige Vermahnungen und Vorstellungen, Correspondenz mit Vater oder Vormund, Auszahlung der Gelder und Führung
der

der Rechnung u. f. w. das ist es, wozu ich mich verbindlich
machen kann und will.

Bey Uebernehmung einer solchen Aufsicht, mache ich folgende Bedingungen:

1) Der Wechsel wird in meine Hände geliefert, und
der Student muß das Geld, so wie er es braucht, eben so
aus meiner Hand empfangen, wie die Handwerker, Kaufleute und andere, die mit mir oder mit meinem Vorwissen
mit ihm contrahirt haben.

Die Nothwendigkeit dieser Bedingung ist sehr einleuchtend.
Das Geld in meiner Hand ist der Hauptgrund der Verbindung
zwischen dem jungen Manne und mir. Empfängt er sein Geld
unmittelbar, um es selbst zu verwalten, so wird er einestheils
freye Hand haben, zu seinem eigenen Schaden damit zu wirth-
schaften, wie es ihm beliebt, anderntheils aber wird er, sobald
er nicht nöthig hat, um meine Beystimmung zu Ausgaben an-
zusuchen, sich um mich und meinen Rath wenig bekümmern,
mithin würden mir alsdann alle Mittel benommen seyn, etwas
nützliches für ihn zu wirken. Aller Antheil an Einrichtung der
Oeconomie von meiner Seite fällt weg, und Bürger, Handwerker, Kaufmann, Jude, kurz, jeder der baar Geld siehet, wird
mit ihm sich einlassen, ohne meine Beystimmung zu erwarten,
die in solchem Falle beiden sehr überflüssig scheinen dürfte.

2) Die bestimmten Gelder müssen zu der festgesetzten
Zeit promt an mich eingesandt werden;

denn erfolgt das Geld nicht zu rechter Zeit, so ist Verwirrung
eine unausbleibliche Folge, absonderlich wenn einmal, wie durchaus nothwendig ist, die Eintheilung gemacht worden. Es würde Credit gesucht werden müssen, mithin der Hauptendzweck
der Aufsicht verfehlt werden.

3) Die Eltern oder Vormünder ertheilen eine förmliche
Instruction.

In dieser Instruction ist zu bestimmen, wie viel jährlich verwandt werden soll, was und wie viel für Kleider, Hausmiethe,
Collegien, Tisch, Taschengeld u. f. w. aus der Casse zu bezahlen ist; ferner was vom wöchentlichen Taschengelde zu bestreiten seyn wird, und was bey etwa vorkommenden Excessen und
Unordnungen geschehen soll. Sie muß die ganze Obliegenheit
der Direction bestimmen.

4) Es wird jedesmal nach Ablauf des halben Jahrs,
den Eltern oder Vormündern, specifike Rechnung abgelegt,
und

und diese durch die erhaltenen Quitungen justificirt, woge=
gen, wenn nichts dabey zu erinnern ist, eine Decharge
ertheilt wird.

Sämmtliche obige Bedingungen beruhen auf mehrjährigen Er=
fahrungen, es wird daher deren Nothwendigkeit nicht bezwei=
felt werden."

Göttingen im Februar 1787.

F. C. Willich. D.
Vicesondicus der Universität.

4) Von der verschiedenen Religionsübung.

§. 272.

Zum Besten der hier studierenden Catholischen hat
die Uebung ihrer Religion, wie sie schon im Apr. 1746.
bewilliget worden (Th. 1. §. 208. S. 317.), nicht nur
ihren Fortgang behalten; sondern es ist auch seit 1787.
ein eignes anständiges Gebäude dazu aufgeführt, wozu
bisher ungefähr 5000. Rthlr. durch milde Beyträge auf=
gebracht sind, aber zur gänzlichen Vollendung doch noch
ein Paar tausend Rthlr. erforderlich seyn werden.

§. 273.

Der reformirte Gottesdienst, der ebenfalls seit 1753.
ununterbrochen fortgesetzt wird (Th. 1. §. 209. S. 318.),
hat für die Zukunft durch das oben (§. 263. S. 363.)
erwehnte Vandenhoeckische Vermächtniß eine wichtige Un=
terstützung erhalten. Baar sind gleich 16. tausend Rthlr.
ausgezahlt worden; 1500. Rthlr. hat die reformirte Kir=
che nach Abgang anderer Legatarien, denen der Genuß
davon auf Zeitlebens vermacht worden, noch zu erwarten;
und

und ein Wohnhaus und Garten in der Geismarſtraße iſt nach des jetzigen Teſtamentserben Abgange künftig für den jedesmaligen reformirten Prediger beſtimmt.

———

5) Von den für hieſige Studierende erforderlichen Koſten und anderen oeconomiſchen Einrichtungen.

———

§. 274.

Wie im erſten Theile (§. 210. S. 318.) ſchon bemerklich gemacht worden, läßt ſich ins Allgemeine eine gewiſſe Summe des jährlichen Aufwandes unmöglich beſtimmen, weil darin zuviel auf eines jeden Einrichtung und gute Wirthſchaft ankömmt. Wer nicht an Wein, Caffee, Taback und andere an ſich entbehrliche Dinge gewohnt iſt, und nur ſoviel Gewalt über ſich hat, nicht an allen Vergnügungen in Ausreiten, Schlittenfahren, Billardſpielen, Beſuchung öffentlicher Häuſer u. ſ. w. Theil nehmen zu wollen, der kann mit ſehr mäßigen Koſten hier leben. Auch in wahren Bedürfniſſen, als Koſt und Wohnung, iſt nach Unterſchied ihrer Beſchaffenheit ſoviele Wahl, daß es von einem jeden abhängt, mehr oder weniger Aufwand darin zu machen. Wenn auch Perſonen von Stande oder größeren Vermögens-Umſtänden noch ſo großen Aufwand machen; ſo darf doch keiner beſorgt ſeyn, daß es ihm irgend zum Nachtheil gereichen werde, wenn er ſich in ſeinen Ausgaben mehr, als andere, zurückhält. Vielmehr ſind Fleiß und gute Wirthſchaft gerade das, wodurch ein jeder ſich am meiſten Achtung erwerben kann. In öffentlichen Caſſen, als auf der Poſt und für Licent, oder wo noch ausdrücklich Caſſenmünze bedungen wird,

Bb gilt

gilt zwar noch jetzt nur der Louisdor 4⅔, der Ducate 2⅔ Rthlr., und hiesige nach dem Leipziger Fuß geprägte Silbermünze. Ausserdem wird aber nicht nur in Handel und Wandel ein Louisdor zu 5. Rthlr., ein Ducate zu 2. Rthlr. 20. Ggr., sondern auch so genanntes Conventionsgeld in Zahlung angenommen.

§. 275.

Die **Preise** der einzelnen Artikel sind noch größtentheils, wie sie im vorigen Theile beschrieben sind. Das Honorarium ist für die meisten halbjährigen Collegien auf 5. Rthlr. gesetzt, für Pandecten auf 8. Rthlr., für practische Lehrstunden 10. Rthlr. alles in Golde, Louisdor zu 5. Rthlr. Matrikel und Promotionskosten sind unverändert geblieben. Die Reitbahn kostet monathlich 7. Rthlr. Cassengeld. Stubenmiethe kann nach Beschaffenheit und Anzahl der Zimmer und Meublen halbjährig von 8. bis 50. und mehr Rthlrn gewehlt werden. Mittagstische kann man monathlich für 2½, 3. 4. 5. 6. bis 7. Rthlr. haben.

* Noch unterm 22. März 1784. hat die hiesige Polizey-commission eine "Nachricht von denjenigen Preisen, woran einem hier studierenden am meisten gelegen seyn dürfte," drucken lassen. Von den darin A) benannten Speisewirthen sind ausser den Gasthöfen in der Krone, in der Stadt London, in dem Könige von Preussen und in dem Kronprinzen, noch folgende im Gange: 1) Koch Barbeleben; 2) Lieutenantinn Ferenz; 3) Wittwe Lauern; 4) Lieutenantinn Leschen; 5) Traiteur Lutin; 6) Wittwe Pascal; 7) Traiteur Rappe; 8) Weinhändler Ruhländer; 9) Wittwe Schmidtinn; 10) Doctorinn Sothen; 11) Wittwe Wesemüllerinn.

B) Logis: 1) Die einzelnen Logis sind bey dem Logis-Commissionär Ulrich für verschiedene Preise jährlich von 15. bis 50. Rthlr. zu erfragen; 2) Aufwartegeld quartaliter von einem Thaler bis 2. Rthlr. nach dem zu treffenden Accord; 3) Thee- und Caffee-Holz, wenn solches
von

von dem Hauswirth gereichet wird, jährlich 4. Rthlr., je=
doch ist solches gemeiniglich in der jährlichen Miethe mit
eingeschlossen; 4) Das Klafter Büchenholz 6. Fuß Cubik
5. Rthlr.; 5) Die Feurung wird auch wohl mit dem Haus=
wirthe für 9. bis 12. Rthlr. veraccordiret.

C) Wäsche: Nach dem zu treffenden Accord wird quar=
taliter 1. Rthlr. 12. Gr. bis 2. Rthlr. 24. Gr. bezahlet.

D) Schneiderlohn: 1) Für ein Paar Beinkleider, oh=
ne Knöpfe zu überziehen, 12. Gr.; 2) Ein vollständi=
ges Kleid zu machen, 2. Rthlr. bis 2. Rthlr. 6. Gr.;
3) Ein vollständiges Kleid umzuwenden 1. Rthlr. 27. Gr.
bis 2. Rthlr.; 4) Die Kleider wöchentlich auszuklopfen,
quartaliter 12. Gr.; 5) Einen Regen=Mantel zu ma=
chen 30. Gr.

E) Schuhmacher=Arbeit: 1) Ein Paar Schuhe 1. Rthlr.
6. Gr. bis 1. Rthlr. 12. Gr.; 2) Ein Paar Pantoffeln
30. Gr. bis 1. Rthlr.; 3) Ein Paar Sommer=Stiefel
5. Rthlr.; 4) Ein Paar Winter=Stiefel 6. Rthlr.; 5)
Die Stiefel und Schuhe täglich zu putzen durch die Stiefel=
wichser quartaliter 1. Rthlr. 24. Gr. bis 2. Rthlr.; 6)
Ein Paar Stiefel einzeln zu wichsen 1. Ggr.

F) Friseur: Für alltägliches Frisiren mit Puder und
Pomade quartaliter 2. bis 3. Rthlr.

G) Rasiren: 1) Für einmal die Woche zu Rasiren quar=
taliter 12. Gr.; 2) Für zweymaliges Rasiren quartaliter
18. bis 24. Gr.; 3) Für dreymaliges Rasiren quartali=
ter 27. Gr. bis 1. Rthlr.; 4) Für viermaliges Rasiren
quartaliter 1. Rthlr. bis 1. Rthlr. 12. Gr.

H) Bier in Bouteillen: 1) Die Bouteille von einer
Kanne 1. Gr. 5. Pf.; 2) Die Bouteille von zwey Kannen
3. Gr. 2. Pf.; 3) Die Bouteille von drey Kannen 4. Gr.
7. Pf.

I) Billard: Für eine Partie 6. Pf.

K) Carriolen und Pferde: 1) Für eine Carriole den
ganzen Tag 1. Rthlr. 24. Gr. Trinkgeld 6. Gr.; 2) Für
eine Carriole den halben Tag 30. Gr. Trinkgeld 6. Gr.
3) Für ein Mieth=Pferd den ganzen Tag 30. Gr. Trink=
geld 3. Gr.; 4) Für ein Mieth=Pferd den halben Tag
18. Gr. Trinkgeld 3. Gr.; 5) Für ein Mieth=Pferd die
ganze Woche 2½. Rthlr. bis 3. Rthlr.

L)

L) Mieth=Laquaien und Vortechaisen: 1) Für einen
Mieth=Laquaien täglich 18. Gr.; 2) Die Porteurs be=
kommen für jeden Gang diesseits des Leine=Canals inner=
halb der alten Ring=Mauren 3. Gr., jenseits des Leine=
Canals aber und ausserhalb der alten Ring=Mauren 3.
Ggr., und für jede Viertelstunde, die sie warten müssen,
1. Ggr.

M) Buchbinder=Arbeit. a) Ganzer Franz=Band: 1)
in groß Folio mit Kalbleder und feinem goldenen Titel
2. Rthlr.; 2) ordinair Folio 1. Rthlr. 18. Gr.; 3) in
groß Quart 1. Rthlr.; 4) in ordinair Quart 30. Gr.;
5) in groß Octav 24. Gr.; 6) in ordinair Octav 18. Gr.;
7) in groß Folio mit Schaafleder 1. Rthlr. 12. Gr.;
8) in ordinair Folio 1. Rthlr. 9. Gr.; 9) in groß Quart
30. Gr.; 10) in ordinair Quart 24. Gr.; 11) in groß
Octav 18. Gr.; 12) in ordinair Octav 12. Gr. b) Hal=
ber Franz=Band: 13) in groß Folio mit Kalbleder und
feinem Golde 1. Rthlr. 9. Gr.; 14) ordinair Folio 30. Gr.;
15) in groß Quart 24. Gr.; 16) in ordinair Quart 18.
Gr.; 17) in groß Octav 12. Gr.; 18) ordinair Octav
9. Gr.; 19) in groß Folio mit Schaafleder 1. Rthlr.;
20) in ordinair Folio 27. Gr.; 21) in groß Quart 21.
Gr.; 22) ordinair Quart 16. Gr.; 23) in groß Octav
9. Gr.; 24) in ordinair Octav 7. Gr. 4. Pf. c) Ganzer
Pergament=Band: 25) in groß Folio mit Kalb=Perga=
ment 1. Rthlr. 24. Gr.; 26) ordinair Folio 1. Rthlr. 12.
Gr.; 27) groß Quart 30. Gr.; 28) ordinair Quart 24.
Gr.; 29) groß Octav 18. Gr.; 30) ordinair Octav 12. Gr.;
d) Halber Pergament=Band: 31) in groß Folio 1. Rthlr.
32) ordinair Folio 30. Gr.; 33) groß Quart 21. Gr.;
34) ordinair Quart 15. Gr.; 35) groß Octav 12. Gr.;
36) ordinair Octav 7. Gr. 4. Pf. e) Pappen=Band:
37) in groß Folio 24. Gr.; 38) ordinair Folio 18. Gr.;
39) groß Quart 10. Gr.; 40) ordinair Quart 6. Gr.;
41) groß Octav 4. Gr. 4. Pf.; 42) ordinair Octav 3. Gr.
f) Papier=Band: 43) groß Folio 9. Gr.; 44) ordinair
Folio 5. Gr.; 45) groß Quart 4. Gr.; 46) ordinair Quart
3. Gr.; 47) groß Octav 2. Gr.; 48) ordinair Octav 1.
Gr. 4. Pf. [Die Duodez=Bände werden wie ordinaire
Octav=Bände bezahlt]. 49) Brief=Papier das Buch 4.
Gr. bis 4. Gr. 4. Pf.; 50) Schreib=Papier das Buch
2. Gr. 2. Pf. bis 3. Gr. 4. Pf.

N) Ab.

N) Allerhand Bedürfniſſe: 1) Das Pfund Wachslichter 24. Gr.; 2) Das Pfund gegoſſene Talglichter 6. bis 7. Gr.; 3) Das Pfund gezogene Talglichter 6. Gr.; 4) Das Pfund Baumöhl zum Brennen 7. Gr.; 5) Das Pfund Martiniquiſche Caffeebohnen 10. bis 12. Gr.; 6) Das Pfund Zucker 7. bis 9. Gr.; 7) Das Pfund friſche Butter zur Sommerszeit 4. Gr. 4. Pf. bis 6. Gr.; 8) Das Pfund friſche Butter zur Winterszeit 7. bis 8. Gr.; 9) Das Pfund Schweizer Käſe 10. Gr.; 10) Das Pfund Eidammer Käſe 6. Gr.; 11) Das Pfund Portorico 17. bis 18. Gr.; 12) Das Pfund Canaſter 1. Rthlr. bis 1. Rthlr. 18. Gr.; 13) Eine TabacksPfeife 4. Pf. bis 1. Gr. (Unter Gr. verſtehen ſich Mariengroſchen zu 8. Pfenn.).

§. 276.

Nebſt der Vandenhoeckiſchen jetzt Ruprechtiſchen Buchhandlung (oben. §. 263. und Th. 1. §. 214. S. 320.) iſt ſeit 1766. auch der Buchhändler Johann Chriſtian Dieterich von Gotha hieher gezogen, der nicht nur eine ſehr anſehnliche Buchhandlung, ſondern auch unter dem Factor Johann Henrich Greiling eine Buchdruckerey mit 7. Preſſen nebſt zwey Kupferpreſſen unterhält (a). Andere Buchhandlungen werden auch noch von Victorin Boſſiegel und der Kübleriſchen Wittwe fortgeſetzt; ingleich chen Diſputationshandel von Victor Friedrich Boſſiegel, und AntiquarienHandel vom privilegirten BücherAntiquarius J. C. Schneider, wie auch von Joh. Daniel Gotthelf

(a) Die Dietrichiſche Buchhandlung und Buchdruckerey nimmt zwey in eins gezogene Häuſer ein, wovon das eine ehedem unter dem Namen des Schmaliſchen Ladens bekannt war, das andere erſt dem Canzler Mosheim, hernach dem Hofr. Büttner zugehöret hatte. (In beiden blieb doch noch ſoviel Raum übrig, daß für die königlichen Prinzen eine anſtändige Wohnung darin gemiethet werden konnte, auſſer daß für etliche von ihren Cavalieren und für ihren Marſtall noch das Commandantenhaus zu Hülfe genommen wurde).

helf Brose, der zugleich Auctionator ist. Buchdrucke=
reyen hat aufser der Dieterichschen noch Friedrich Andreas
Rosenbusch mit 5. Pressen, Schulze mit 3., Hennig Mat=
thias Grape mit 1. und 1. Kupferpresse, und der Obercom=
missarius Johann Albrecht Varmeier zu Cassel, durch einen
Factor Christian Friedrich Hager, mit 2. Pressen.

§. 277.

Die Bequemlichkeit mehrere politische und gelehrte
Zeitungen um billigen Preis zu lesen verschaffen nicht
nur mehrere Zeitungsträger, die um vierteljährigen Ac=
cord diejenigen, die man verlangt, auf 2. Stunden jedem
ins Haus bringen; sondern es haben sich auch mehrere
Lesegesellschaften zu den jetzt so häufig herauskommen=
den periodischen Schriften zusammengethan (a).

(a) Eine solche Lesegesellschaft unterhält Prof. Volborth,
der jedem Mitgliede derselben für einen jährlichen Beytrag
von 5. Rthlr. in Golde jeden Montag und Donnerstag früh
2. oder 3. Stücke periodische oder andere merkwürdige neue
Schriften zuschickt. Eine andere Gesellschaft unterhält
der Universitätsapotheker Sander. Ein eigenes Verzeich=
nifs einer Auswahl Teutscher Lesebücher nebst einigen Fran=
zösischen, auch den vorzüglichsten Teutschen periodischen
Schriften, politischen und gelehrten Zeitungen hat der
Bücher=Antiquarius Schneider 1784. drucken lassen, mit
der Veranstaltung, dafs sie theils in seinem Hause gelesen,
theils auch von jedem Theilnehmer auf 1. bis 3. Tage mit=
genommen werden können. So wenig der Nutzen solcher
Anstalten zur Befriedigung dieses gelehrten Bedürfnisses
unserer Zeit, insonderheit auf einer Universität sich ver=
kennen läfst; so gewifs ist es doch auf der andern Seite,
dafs man bey der überhandnehmenden Menge periodischer
und anderer Schriften, die mehr zur Unterhaltung als
zum lehrreichen Unterrichte dienen, der studierenden Jugend
wenigstens grofse Vorsicht, Mäßigung und Enthaltsam=
keit in dieser Art Lectüre nicht gnug empfehlen kann, um
anderen zweckmäßigeren Beschäfftigungen damit die Zeit
nicht zu rauben.

6) Von

6) Von Freytischen und Stipendien oder milden Gaben für unbemittelte Studierende.

§. 278.

Mit den Freytischen (Th. 1. §. 221. S. 327.) ist keine Veränderung vorgegangen, ausser daß die Mitaufsicht darüber nach des sel. geh. Justitzr. Ayrers Tode dem Hofr. Heyne aufgetragen worden, und ein jeder, der eine Freytischstelle hat, sich das Essen jetzt nach Hause bringen läßt. Der Stellen sind noch jetzt 140., wovon 62. von der königlichen Regierung, ohne auf Vaterland und Religion zu sehen, vergeben werden.

§. 279.

Noch wird von einem Theile der Inscriptionsgelder ein academischer Armenfiscus gesammelt, den jeder Prorector zu berechnen hat. Von dessen Genusse sind zwar andere Nothleidende nicht ganz ausgeschlossen; doch ist er hauptsächlich für arme Studierende bestimmt. Bis zu einem Gulden kann jeder Prorector für sich milde Gaben daraus ertheilen; wenn mehr gegeben werden soll, muß es mit Einwilligung der Deputation geschehen. Dieser Armenfiscus hat 1787. aus einem Vermächtnisse des sel. Prof. Hollmanns noch ein Capital von 500. Rthlr. in Golde bekommen.

§. 280.

An Stipendien für einzelne Studierende (Th. 1. §. 222. S. 327.) hat die Universität noch folgenden Zuwachs erhalten. Von des sel. Premierministers von Münchhausen erster Gemahlinn, Frau Sophie Wilhelmine von Münchhausen, gebohrner von Wangenheim,

Bb 4 ist

ist in einer letzten Willensverordnung vom 11. Sept. 1739. ein Capital von vier tausend Rthlr. dazu ausgesetzt worden, daß nach ihrem und ihres Herrn Gemahls Absterben von den davon fallenden jährlichen Interessen an vier arme nothleidende Christliche Personen Stipendien ausgezahlt werden sollen, deren Ernennung sie dem Herrn Grafen Henrich Ernst von Stolberg auf Dero Zeitlebens aufgetragen. Nach Absterben der Frau Testatricinn haben Dero Herrn Gemahls Excellenz, mit Genehmigung vorbenannten Herrn Grafen von Stolberg, in Dero Testamente vom 3. Oct. 1763. und in einem Codicille vom 22. Nov. 1768. davon noch folgende nähere Bestimmungen verordnet:

"Daß nach Abgang des Herrn Grafen Henrich Ernsts von Stolberg die theologische und juristische Facultäten zu Göttingen auf beständig und alle folgende Zeiten diese Stipendien einigen studiosis zu conferiren freye Macht und Befugniß haben sollen; dergestalt, daß sie die von diesem Vermächtnisse aufkommenden Zinsen nach ihrer Pflicht und Gewissen, ohne einige auf Freundschaft oder dergleichen sich gründende Nebenabsichten an die bestgesitteten und nicht bemittelten Studenten, welche zu Göttingen den Wissenschaften obliegen, zu ertheilen schuldig seyn sollen;"

mit dem dabey zu den jedesmaligen Mitgliedern der theologischen und juristischen Facultäten geäussertem Vertrauen: Sie werden sich zu Gottes Ehren dieser Beschäfftigung als redliche Männer und rechtschaffene Christen jederzeit annehmen, und dafür sorgen, damit diese nothdürftigen Christlichen studiosis gewidmeten Gelder wohl vertheilet, und der bey dieser Stiftung gehegte gute Endzweck völlig erreichet werden möge.

In solcher Absicht sind nun schon in der Michaelis-Woche 1767. 4000. Rthlr. in Louisdor zu 5. Rthlr. bey

der

der Calenbergischen Landschaft zu Hannover auf 4. Pro-
cent Interessen, mit Vorbehalt beiderseitiger halbjährigen
Aufkündigung des Capitals, beleget, und darüber die
Original-Obligation beiden Faculäten zugestellt, und im
Jan. 1771. in den academischen Gerichts-Depositen-Ka-
sten verwahrlich niedergeleget worden (a).

(a) Mit der Erhebung und Vertheilung dieser Gelder
ist es seitdem so gehalten worden, daß jährlich um Michaelis eine von den Decanis beider Facultäten unterschrie-
bene vom Actuario der Juristenfacultät gefertigte Quitung
über 160. Rthlr. in Golde, als die Interessen von jenen
4000. Rthlrn. an den zeitigen Landrentmeister zu Hannover geschickt, und von demselben das Geld mit der Post
erwartet wird; da dann ein jeder Decanus der beiden Facultäten die Hälfte davon zu 80. Rthlr. in Empfang nimmt,
und zwey studiosis gegen abgelieferten Collationsschein und
Quitung halbjährig einem jeden 20. Rthlr. in Golde aus-
zahlt; wovon nur die Auslage an Zahlgebühren, Porto
und Trinkgeld, so auf jede 20. Rthlr. meist 6. Ggr. beträgt, jedesmal abgezogen wird. Die Collation geschieht
von jeder Facultät für sich ohne Zuthun der andern. In
der Juristenfacultät hat der jedesmalige Exdecanus und
künftige Decanus jeder eine Collation, und der jedesmalige
würkliche Decanus die Erhebung und Auszahlung zu besorgen.

Zusätze

*　　　*　　　*

Zuſätze und Veränderungen, die ſich während Drucks zugetragen.

S. 1. §. 1. Als ich zu dieſer Fortſetzung der Göttingiſchen Gelehrtengeſchichte zuerſt die Feder anſetzte, und ſchon mit dem Drucke anfangen ließ, weil ich den dazu nöthigen Stoff ziemlich beyſammen hatte; hoffte ich, daß ſchon zur Zeit der Jubelfeier, oder doch in der Herbſtmeſſe 1787. das Werk im Druck erſcheinen ſollte. Weil ich aber oft durch andere Arbeiten unterbrochen worden, ſo hat es Mühe gekoſtet, nur auf bevorſtehende Leipziger Oſtermeſſe den Abdruck zu Stande zu bringen. Während der Zeit hat es nicht fehlen können, daß nicht nach dem Schickſale aller gleichzeitigen hiſtoriſchen und litterariſchem Schriften, inſonderheit in Beſchreibung einer in beſtändiger Thätigkeit fortgehenden gelehrten Anſtalt, immer neuer Stoff hinzukommen ſollte. Zum Theil habe ich ſelbſt während Abdrucks ſchon hin und wieder Gebrauch davon zu machen geſucht. Was ſich nicht mehr an Ort und Stelle hat eintragen laſſen, oder ſonſt etwa überſehen worden, will ich hier noch ſuchen in folgenden Zuſätzen ſoviel thunlich nachzuholen.

S. 6. §. 2. I. II. Die Verſchiedenheit des Vaterlandes der hieſigen Profeſſoren hat während Abdrucks noch folgende Zuſätze bekommen: aus Lüneburg Arnemann, aus Bremen Heeren. Beide vermehren auch die Anzahl ſolcher Lehrer, die ſelbſt hier ſtudiert haben.

S. 7. §. 2. III. Zu den ehemaligen hieſigen Profeſſoren, die jetzt hier im Lande anderweite Beförderung gefunden haben, gehört jetzt auch Koppe, der 1788. Febr. von Gotha nach Hannover als Conſiſtorialrath, erſter Hof- und Schloßprediger und Generalſuperintendent der Grafſchaft Hoya abgegangen iſt.

S. 20.

S. 20. §. 8. a. Zu den vier eingeschriebenen Grafen gehören noch: 145. 146) 1787. Oct. 8. Friedrich Comte de Pons und sein Bruder Helie Chevalier de Pons aus Frankreich; 147) 1787. Oct. 13. Christian Graf Wurmser von Vendenheim aus Franken; 148) 1787. Oct. 18. Adam Theophilus Graf Moltke aus Dänemark; 149) 1787. Oct. 19. Adolf Graf von Kalkreuth aus Schlesien.

S. 50. §. 47. IV. Von des sel. Hollmanns Geschichte der Universität hat der Abdruck nicht weiter als von 7. Bogen geliefert werden können, die Hofr. Beckmann unter dem Titel: Fragment einer Geschichte der Georg = Augustus = Universität zu Göttingen (bey Vandenhoeck und Ruprecht 1787. 8.) mit einer kleinen Vorrede begleitet hat. In dieser erklärt sich derselbe auf folgende Art: "Wäre die Fortsetzung in der Handschrift so weit ausgearbeitet gewesen, daß sie hätte gedruckt werden können, so würde ichs für meine Pflicht gehalten haben, den Abdruck zu besorgen; aber die hinterlassenen Papiere sind nur einzelne unverarbeitete Materialien, nur Zettel, kleine Nachrichten und einige gedruckte Sachen, welche dem sel. Herrn Verfasser zur Erinnerung dienen sollten. Alles, was ich also hiebey thun kann, ist, daß ich, auf dringendes Verlangen sehr vieler Gönner und Freunde, diese abgedruckten Bogen mit einem Titelblatte jedem, der sie zu haben wünscht, zukommen lasse, und daß ich dafür sorge, daß die von dem sel. Herrn Prof. Hollmann gesammleten Nachrichten zur Fortsetzung dieser Geschichte, zum Gebrauch eines künftigen Geschichtschreibers, aufbehalten werden."

S. 66. §. 78. II. Die Zahl der verstorbenen ehemaligen medicinischen Privatdocenten hat leider noch kürzlich vermehrt der Bergmedicus Joh. Fr. Wilh. Boehmer (S. 95. III. S. 106.) † zu Clausthal 1788. Febr. 4.

S. 68. §. 79. I. Joh. Ernst Faber war gebohren zu Simmershausen im Hildburghausischen 1745.

S. 73. §. 81. Joh. Benj. Koppe folgte im Febr. 1788. ferner von Gotha einem Rufe nach Hannover als dortiger Consistorialrath, erster Schloß = und Hofprediger und Generalsuperintendent der Grafschaft Hoya.

S. 76. §. 84. E. G. Baldinger bekam 1787. Oct. vom Herrn Landgrafen von Hessen = Cassel den Titel eines geheimen Raths.

S. 82.

S. 82. §. 86. Num. 54. Büſchings wöchentliche Nach=
richten ſind mit dem Jahre 1787. beſchloſſen, und ſeitdem vom
Magiſt. Canzler zu Göttingen fortgeſetzt worden (§. 199.
S. 302.).

S. 98. §. 93. XV. Dav. Jul. Pott iſt geb. zu Nettel=
rode im Hannoveriſchen 1760.

S. 100. §. 94. V. e. Zu Hofackers Schriften gehören
noch: 12) Diſſ. ſiſtens hiſtoriam et rationem iuris inceſtum
prohibentis, Tüb. 1787.; 13) Diſſ. ſiſtens leges quasdam
potiores tituli D. de negotiis geſtis expoſitas, Reſp. auctor
Car. Frid. Wilh. Schmid Schorndorfenſis, lib. art. magiſter,
Tüb. 1787.

S. 105. §. 94. XV. Theob. Hagemann hat im Febr.
1788. einen Ruf nach Zelle als Hofrath bey der dortigen Ju=
ſtizcanzley erhalten und angenommen.

S. 106. §. 95. III. Joh. Franz Wilh. Boehmer † zu
Clausthal 1788. Febr. 4.

S. 113. §. 96. IV. Joh. Ge. Phil. Thiele lebte, beſa=
ge einer Nachricht in der Gothaiſchen gelehrten Zeitung 1787.
S. 760., im Jahre 1787. zu Frankfurt am Main, nachdem
er drey Jahre zu Lindau Hauslehrer geweſen war.

S. 118. §. 97. II. Zu den Leſſiſchen Schriften gehören
noch: 70) Predigt am funfzigjährigen Jubelfeſte der Univerſi=
tät Göttingen, nebſt einem Anhange (von fünf anderen Pre=
digten) 1787. 8.; 71) Progr. ad ſollennia inauguralia Armi=
nii Heimarti Cludii, loci 2. Timoth. 3, 14-17. breuis ex=
poſitio, 1788.

S. 122. §. 99. I. Zu den Plankiſchen Schriften ge=
hört noch: 10) Progr. (ad ſacra Chriſti natalitia pie colenda)
obſeruationes quaedam in primum doctrinae de naturis Chriſti
hiſtoriam.

S. 123. §. 100. II. Zu G. L. Böhmers Schriften ge=
hört noch: 94) Rechtsbedenken über die Frage: ob die in dem
Congreß zu Ems den 25. Aug. 1786. abgefaßte Punctation
den Grundſätzen des catholiſchen Kirchenſtaatsrechts von Teutſch=
land gemäß ſey? vom 21. Aug. 1787. in Ge. Wilh. Böh=
mers

mers Magazine für das Kirchenrecht B. 2. St. 1. (1788.)
S. 86-121., auch ohne Vorwiſſen des Verf. beſonders gedruckt Neuwied 1788. 4.

S. 129. §. 101. III. Zu Pütters Schriften gehören
noch: 117) Zwey Tabellen über die Chriſtliche Religion, und
das allgemeine Kirchenſtaatsrecht, ohne ſeinen Namen, 1786.
Fol.; 118) Rechtliches Bedenken über die Frage: ob der Torf
überhaupt, und insonderheit in der Reichsgraffchaft W. R.
zu den landesherrlichen Regalien gehöre? vom 30. Dec. 1786.
in Joh. Beckmanns Beyträgen zur Oeconomie ꝛc. Th. II.
(1788.) S. 1-13.

Die Deductionen und Bedenken Num. 64. 70. 72. 75. 78.
79. 80. 84. 85. 86. 90. 91. 98. 99. finden ſich auch in den auserleſenen Rechtsfällen, wie davon das genauere Verzeichniß
allenfalls in der Litteratur des Teutſchen Staatsrechts Th. 2.
S. 15-19. nachzuſehen iſt.

Von den auserleſenen Rechtsfällen B. 1. Th. 1., und
von der hiſtoriſchen Entwickelung der heutigen Staatsverfaſſung
des Teutſchen Reichs erſcheint 1788. eine neue unveränderte
Auflage. Die Tabulae iuris publici ſynopticae (Num. 87.)
erſcheinen ebenfalls 1788. in einer neuen, aber vermehrten und
nach den inſtitutionibus iuris publici edit. IV. 1787. eingerichteten Ausgabe.

S. 129. §. 101. IV. Zu den Pütteriſchen practiſchen
Lehrſtunden iſt künftig auch im Sommer die Stunde von 3. bis
4., wie im Winter, am Montage, Mittwochen und Freytage
gewidmet. Für die Reichsgeſchichte iſt künftig die Vormittags-
ſtunde um 9. (nur diesmal im Sommer 1788. auf höhere Veranlaſſung um 10.) beſtimmt. An ſtatt des Reichsproceſſes,
den künftig Prof. Brandis lehren wird, gedenkt der geh. Juſtitzr.
Pütter künftig das Staatsrecht des mittlern Zeitalters vorzutragen.

S. 137. §. 109. Prof. Martens iſt durch ein Reſcript
vom 27. Nov. 1787. zum ordentlichen Profeſſor des Natur-
und Völkerrechts ernannt worden. Zu den darüber zu haltenden Lehrſtunden hat er im Sommer die Morgenſtunde um 7.
beſtimmt.

S. 149. §. 114. II. Zu Prof. Blumenbachs Schriften
gehören noch: 20) Einige Nachrichten vom academiſchen Muſeum

seum zu Göttingen in den Annalen der Braunschweig-Lüneburgischen Churlande von Jacobi und Kraut, Jahrg. 1. St. 5. (Lüneb. 1787. 8.) S. 84-89.; 21) Synopsis systematica scriptorum, quibus inde ab inauguratione academiae Georgiae Augustae d. 17. Sept. 1737. vsque ad sollennia istius inaugurationis semisecularia 1787. disciplinam suam augere et ornare studuerunt professores medici Gottingenses, 1788. 4.

S. 163. §. 120. I. Von Hofr. Heyne ist noch erschienen: 134) Progr. Morbus ingenii humani alios ad consensum in opiniones suas pertrahendi, signis suis causis effectisque notabilis, 1788. fol.

S. 164. §. 122. Hofr. Feder hat durch ein Rescript vom 27. Nov. 1787. die Nominal-Profession der Logik und Metaphysik bekommen.

S. 166. §. 123. Hofr. Schlözer hat durch ein Rescript vom 27. Nov. 1787. die Nominal-Profession der Politik erhalten.

S. 172. §. 125. I. Num. 15. Von Hofr. Beckmanns Beyträgen zur Oeconomie 2c. ist 1788. der XI. Theil erschienen. Auch hat er, wie zu S. 50. schon angemerkt worden, das Hollmannsche Fragment einer Geschichte der G. A. Univ. zu Göttingen (1787. 8.) mit einer Vorrede begleitet.

S. 179. §. 127. I. Von Prof. Meiners sind ferner im Göttingischen historischen Magazine B. 2. St. 1.: 51) Geschichte einer merkwürdigen Teufels-Besitzung in Franken zwischen den Jahren 1740. und 1750., und einer in St. Gallen S. 1-39.; 52) Ueber die sympathetische Reizbarkeit und einige daraus zu erklärende Erscheinungen in den schwächeren Völkern S. 40-56.; 53) Ueber das Essen von stinkenden Fischen und gesalzenem Fleische, besonders im heissen Erdgürtel und dann über den Abscheu vieler Völker gegen das Salz S. 57-65.; 54) Ueber den Hang mancher Völker zum Selbstmorde S. 104-109.; 55) Ueber die Völkerschaften des Kaukasus S. 110-118.; 56) Einige statistische Nachrichten über das Stift Würzburg S. 119-122.; 57) Ueber die Gelindigkeit und Schärfe der Strafen unter verschiedenen Völkern S. 126-142.; 58) Ueber die Ursachen des Despotismus St. 2. S. 193-229.; 59) Einige Betrachtungen über die Schönheit der menschlichen Bildung und über den Hang aller häßlichen Völker, sich noch mehr

mehr zu verhäßlichen S. 270-292.; 60) Von den Meynungen roher Völker über die Entstehung der Menschen S. 293-304.; 61) Betrachtungen und Nachrichten über die merkwürdige schlechte Beschaffenheit der Nahrungsmittel in America S. 376-380.; 62) Von einigen Völkern, die Schläge für Merkmale der Liebe und Freundschaft halten S. 381-383.; 63) Einige Nachrichten über ehelose Völker St. 3. S. 385-397.; 64) Ueber die Rechtmäßigkeit des Negern-Handels S. 398-416.; 65) Ueber die Ursachen der Viel-Weiberey S. 417.-432.; 66) Bemerkungen auf einer Reise von Göttingen nach Curhaven S. 495-539.

S. 180. §. 128. II. Von Prof. Spittler sind im Göttingischen historischen Magazine noch folgende Abhandlungen hinzugekommen: 23) B. 2. St. 1. Ueber den Hannoverischen Schatz S. 66-85.; 24) Was Flandern seit 1755. bis 1786. dem Oesterreichischen Hause gesteuert hat? S. 101-104.; 25) Ueber das Gesetz der Untheilbarkeit des Landes in dem Würtenbergischen Hause S. 143-175.; 26) Kornmannische Ehestands-Geschichte, sammt einigen Beyträgen zur Geschichte der Pariser Polizey St. 2. S. 230-270.; 27) Licent-Ertrag der Stadt Göttingen mit Einschluß der Stadtdörfer Roringen und Herberhausen; innerhalb 22. Jahren, vom 1. Oct. 1763. bis vlt. Sept. 1785. S. 305-306.; 28) Tabellarisches Verzeichniß der innerhalb zehen Jahren zu Göttingen copulirten Ehen; der gebohrenen und gestorbenen Personen: von 1777. bis 1786. incl. S. 307-317.; 29) König Carls XII. Gespräch mit dem Gener. Lieuten. Hans Henr. von Liewen, in Demotica 1714. S. 318-332.; 30) Hat der Churfürst von Sachsen ein uneingeschränktes Privilegium de non appellando für alle seine Lande? S. 333-372.; 31) Supplement der Nachrichten von der Göttingischen Professors-Wittwen-Casse S. 372-373.; 32) Einige Zweifel an dem ausschliessenden Rechte des alten Adels zu den Dom-Herrn-Stellen in den hohen Stiftern St. 3. S. 344-378.; 33) Fortsetzung und Schluß der Abhandlung über die Frage: Hat Sachsen für alle seine Lande ein uneingeschränktes Privilegium de non appellando? S. 479-495.; 34) Nachricht von der in der Grafschaft Bentheim vorhandenen Prediger-Wittwen-Casse, nebst einigen Ideen zu Errichtung einer allgemeinen Pfarr-Wittwen-Casse im Hannoverischen S. 540-552.; 35) Kaiser Josephs II. Eifer für die Reichs-Justitz, Wien 21. Oct. 1767. S. 552-554.; 36) Für das ausschliessende Recht des Ur-Adels zu den Hochstiftern, nebst einem Zusatze des Herausgebers S. 554-570.; 37) Er-
läute:

läuterung des im 1. Band 2. St. dieſes Magazins über Lettre d'un Obſervateur impartial gefällten Urtheils S. 570-576.

S. 181. §. 129. I. Aus Prof. Eyrings Feder floß noch zur Theilnehmung an der academiſchen Jubelfeier: 15) Progr. Litterarum ſtudioſam in gymnaſio publico Goettingenſi iuuentutem, vt almae parentis academiae Georgiae Auguſtae ſacra ſemiſecularia pie ac laete concelebret, adhortantur director et magiſtri reliqui.

S. 188. §. 135. Prof. Brandis iſt von ſeiner dreyjährigen Reiſe im Nov. 1787. zurückgekommen, und bald darauf ins Spruchscollegium als auſſerordentlicher Beyſitzer aufgenommen worden. Seine Lehrſtunden werden im Sommer dem Reichsproceſſe und Teutſchen Staatsrechte, im Winter dem canoniſchen Rechte und anderen Theilen der Rechtsgelehrſamkeit gewidmet ſeyn. Den Vortrag über den Reichsproceß gedenkt er mit einer Anleitung zu practiſchen Ausarbeitungen und Relationen zu verbinden. Auch wird er den neueſten merkwürdigen Vorfällen bey der Reichsverſammlung und an beiden höchſten Reichsgerichten, oder auch einzelnen Theilen des Staatsrechts z. B. der Geſchichte und dem Staatsrechte der Reichsritterſchaft, der Teutſchen Domcapitel u. ſ. w. eigne Lehrſtunden widmen.

S. 197. §. 146. Der Muſikdirector Forkel erhielt 1787. Sept. 17. bey der academiſchen Jubelfeier die Magiſterwürde. Von ſeiner allgemeinen Geſchichte der Muſik iſt der erſte Band (ohne Vorrede und Inhaltsverzeichniß 504. S. in Großquart nebſt 5. Kupfertafeln) bey Schwickert zu Leipzig im Nov. 1787. im Druck fertig geworden. Götting. gel. Anzeige 1787. S. 1876 — 1885.

S. 209. §. 152. XI. M. Böhmer iſt im Begriff um Oſtern 1788. einem nach Worms erhaltenen Rufe als Profeſſor am dortigen Gymnaſium zu folgen. Von ſeinem Magazine für das Kirchenrecht ꝛc. iſt des zweyten Bandes erſtes Stück für den Januar und Febr. 1788. bereits erſchienen.

S. 232-240. §. 166-174. Das Muſeum und die darin enthaltenen Stücke noch genauer zu beſchreiben hat Prof. Blumenbach einen Anfang gemacht in den Annalen der Braunſchweig = Lüneburgiſchen Churlande von Jacobi und Kraut, Jahrg. 1. St. 3. (Lüneb. 1787. 8.) S. 84-89.

S. 337.

S. 337. §. 236. Nach der Bemerkung, die Prof. Blumenbach in den Annalen der Braunschweig-Lüneburgischen Churlande am a. O. S. 84. macht, ist Göttingen die erste Teutsche Universität, auf welcher schon seit den vierziger Jahren die ganze Naturgeschichte als eigne Wissenschaft in besonderen Lehrstunden erkläret worden. Vorher ward sie gewöhnlich mit in das Collegium der Physik gezwängt, von welcher sie doch schon Aristoteles so weislich abgesondert hatte. Bey dem allgemeinen Eifer, womit sie insonderheit in den letzteren Jahrzehnten betrieben und fast zum allgemeinsten Lieblingsstudium erhoben worden, hat man auch den ausgedehnten und wichtigen Einfluß immer mehr erkannt, den sie auf so viele andere Fächer der menschlichen Kenntnisse hat. Desto preiswürdiger war auch hierin die für unsere Universität wachende höhere Vorsorge, ein academisches Museum als ein bleibendes Archiv der Natur zum Behuf der Geschichte derselben anzulegen, dessen Gebrauch bey diesen Lehrstunden Lehrern und Lernenden nicht anders als äufserst vortheilhaft seyn kann.

S. 359. §. 259. Von der Arbeits- oder Indüstrie-Schule, wie sie zu Göttingen eine der ersten in ihrer Art ist, hat schon Herr Campe in seinem Buche: "Ueber einige verkannte, wenigstens ungenutzte Mittel zur Beförderung der Indüstrie, der Bevölkerung und des öffentlichen Wohlstandes" (Wolfenb. 1786. 8.) einige Nachricht ertheilt. Eine ausführlichere Beschreibung derselben von ihrem eignen Urheber findet sich in den Annalen der Braunschweig-Lüneburgischen Churlande Jahrg. 1. St. 2. (1787.) S. 36-48.

S. 379. §. 269. a. Unter der Aufschrift: Dorothea Schlözern geb. den 10. Aug. 1770. findet sich eine ausführliche Beschreibung ihrer Lebens- und Promotions-Geschichte in den Annalen der Braunschweig-Lüneburgischen Churlande von Jacobi und Kraut, Jahrg. 2. St. 1. (Hannov. 1787. 8.) S. 119-130.

* * *

In eben diesen Annalen findet sich auch am a. O. S. 130-155. eine Beschreibung unserer letzten Jubelfeier mit einigen hinzugefügten Betrachtungen, die vielleicht manche, die jene Annalen nicht bey der Hand haben, hier mit Vergnügen lesen werden.

Cc

Die

Die Jubelfeier der Georg = Auguſtus = Univerſität zu Göttingen.

Mit dem 17. September 1787. war ein halbes Jahrhundert ſeit der Einweihung der Georg = Auguſtus = Univerſität verfloſſen. Aus eignem Antriebe fand ſich hiedurch hohe Landesregierung bewogen, zur Ehre des Andenkens dieſes für hieſige Lande und das ganze Reich der Wiſſenſchaften ſo merkwürdigen Tages, auf eine Jubelfeier bey Sr. Majeſtät dem Könige anzutragen, welche auch huldreichſt genehmigt und beſchloſſen ward.

Dem ihr geworbenen Auftrage gemäß legte die Univerſität einen von dem Herrn Vice=Syndicus Willich verfertigten Entwurf der Feierlichkeiten vor. Die Anzeige von dem Jubelfeſte, in einem Programm, welches Herr Hofrath Heyne abgefaſſet hatte, ward mit Einladungs= und Bekanntmachungsſchreiben an alle Univerſitäten, mit denen Göttingen in einiger Verbindung ſteht, (unter den auswärtigen auch an Leiden und Upſala,) ſo wie an verſchiedene Fürſten überſandt, unter denen der Herr Landgraf von Heſſen=Caſſel durch Abſendung des Herrn Staatsminiſters von Wittorf und der Herr Landgraf von Heſſen=Rotenburg durch den Herrn Droſten von Lilienſtern der Academie Glück wünſchen ließen. Eine beſondere Einladung ergieng noch an den Herrn Conſiſtorialrath Jacobi in Zelle, der zu Göttingen ſchon vor der Einweihung philoſophiſche Collegia geleſen hatte und bey der Stiftungsfeier zum Magiſter creirt worden.

Von Sr. königl. Majeſtät waren indeſſen als königl. Legaten die beiden Herren Curatoren, die Staatsminiſter von dem Buſſch und von Beulwitz ernannt. Königl. Miniſterium aber hatte die Landſchaften im Namen Sr. Majeſtät eingeladen, Abgeordnete zu ſchicken.

Den

Den Studierenden ward die Feier durch einen öffentlichen Anschlag unter dem 22. August bekannt gemacht.
Für Logis und Lebensmittel war gesorgt. Die Garnison
erhielt ansehnliche Verstärkung. Für die Fremden ward
eine öffentliche Tafel auf Mittag und Abend bestellt, wobey die Herren Prof. Plank, Hofrath Wrisberg und
Syndicus Hesse die Aufsicht und Bewirthung übernah-
men.

Die königl. Herren Legaten wurden am 14. Sept. von
etwa 80. Studierenden zu Pferde eingeholt, und ihnen dabey ein Gedicht überreicht.

Den ersten Anfang der Feierlichkeit machte am Sonntage (den 16.) früh das Geläute der Glocken. Die Jubelpredigt hielt der Herr Consistorialrath Leß über Röm.
11. V. 33. u. f. w. Nach dem Gottesdienst wurden die
Professoren und andere Einheimische und Fremde den königl. Herren Legaten, die von den Königl. Prinzen begleitet waren, vorgestellt, den Nachmittag aber hatten letztere große Cour.

Am Montage ward um 6½ Uhr mit Läutung der Glok-
ken der Anfang gemacht, hiernächst von den Thürmen
musicirt. Um 9 Uhr zog die feierliche Procession von dem
Bibliothekgebäude ab, über die Pauliner- Wehnder- und
Mühlenpfortstraße unter abermaligem Läuten der Glocken
in die Universitätskirche. Der Zug gieng in folgender
Ordnung, jedoch so, daß die, welche unter Nro. 6. bis 10.
genannt sind, erst bey der Leinbrücke hinzutraten: 1) der
erste Zug der Studierenden; 2) das geistliche Stadt-Mi-
nisterium, mit welchem sich die fremden Geistlichen vereinigt
hatten; 3) der Stadtrath; 4) die Doctoren und Magister; 5) das Corpus der Universität nebst den Französischen Prinzen (Herzog von Chatillon und Prinzen
von Luxenburg) sämmtliche Grafen, Hofmeister, Candidaten und Exercitienmeister; 6) die beiden königl. Her-

ren

ren Legaten; 7) die drey Englischen Prinzen; 8) der
landgräfl. Hessen-Casselsche Gesandte, Herr Staatsmini-
ster von **Wittorf**; 9) die Herren Deputirte der Land-
stände: a) Vom Fürstenthum **Lüneburg** Herr Land-
schaftsdirector von **Bülow** und Herr Landrath von **Me-
ding**; b) vom Fürstenthum **Calenberg** der Abt **Chappuzeau** von **Loccum**, und Herr Landrath Graf von **Hardenberg**; c) vom Fürstenthum **Grubenhagen** Herr
Geh. Cammerrath und Berghauptmann von **Reden**;
d) vom Herzogthum **Lauenburg** Herr Landdrost Graf
von **Kielmannsegge**; e) von der Grafschaft **Hoya** die
Hrn. Land- und Schatzräthe von **Becquer** und von **Om-
pteda**; (Vom Herzogthum **Bremen** war zwar der Herr
Landrath von **Schulz** abgeordnet, konnte aber wegen un-
entschiedenen Vortritts, an den öffentlichen Feierlichkeiten
keinen Antheil nehmen.) 10) Die Herren Deputirten der
Universität **Helmstädt**, Herr Abt **Velthusen** und Herr
Hofrath **Oelze**; 11) vornehme Fremde, welche der Procession beyzuwohnen Lust hatten; 12) der zweyte Zug der
Studierenden.   Die verschiedenen Corpora wurden von
Marschällen angeführt.   Der Einzug in die Kirche geschah
also, daß der erste Zug der Studierenden, sobald er vor
der Kirche ankam, sich in zwey Reihen theilte, und die
Corpora durchließ, bis der zweyte Zug kam, sich mit dem
ersten vereinigte und so in die Kirche gieng.

In derselben waren auf dem Chor längst den Wänden
4 Reihen Bänke gestellt, alle nebst dem Catheder und Fuß-
böden mit rothem Tuche belegt; im Schiffe aber war eine
rückwärts immer höher steigende Bühne für die Studierenden errichtet; die Emporkirche blieb für die Damen und
Fremden bestimmt, wozu 300. Billets ausgetheilt waren.
Zur Rechten des Catheberplatzes in der Kirche waren die
Sitze der beiden königl. Legaten, des fürstl. Hessischen
Legaten, und der königl. Prinzen mit ihrem Gefolge.

Der

Der Einzug geschah unter einer rauschenden Musik, bis jeder auf seinem Platz war; darauf kam eine Lateinische Cantate, vom Hrn. Prof. Mitscherlich verfertigt, und von Hrn. Cantor Rudorf in Musik gesetzt. Hiernächst hielt Herr Hofr. Heyne eine Lateinische Rede, und nun folgten die Promotionen.

In der theologischen Facultät trat als Probecanus Hr. Consistorialrath Leß auf, und ernannte zu Doctoren der Theologie: Herrn Abbt Chappuzeau; Herrn Consistorialrath Jacobi; Hrn. Consistorialr. Schlegel; den Professor der Philosophie und Prediger der reformirten Gemeinde zu Göttingen, Herrn Kulenkamp. Alle viere waren gegenwärtig.

In der juristischen Facultät ernannte Herr geh. Justitzrath Böhmer als Decan zu Doctoren der Rechte: den Herrn Hofrichter von Berlepsch; Herrn geh. Justitzrath und Canzleydirector J. P. E. Falke; Hrn. Hofrath und geh. Canzleysecretär Brandes; Hrn. Hofrath und Bürgermeister E. F. H. Falke; Hrn. Hofrath und geh. Secretär Nieper. Desgleichen die examinirten Candidaten: Hrn. P. Haselberg aus Schwedisch-Pommern; Hrn. D. A. H. Oelrichs aus Hannover; Hrn. W. Thomes aus Braunschweig.

In der medicinischen Facultät wurden von Herrn Prorector Richter als Decanus zu Doctoren ernannt: die Herren G. B. Schäffer aus Hameln und W. Belcombe aus England.

Der Decan der philosophischen Facultät, Herr Hofr. Michaelis ernannte darauf zu Doctoren und Magistern: die Demoiselle Dorothea Schlözer, Tochter des Herrn Hofraths Schlözer; den Hrn. Grafen F. W. Schwerin, königl. Schwedischen Hofprediger; die Helmstädtischen Deputirten Herrn Abt Velthusen und Hrn. Hofr. Oelze; Herrn D. J. Pott, Prof. der Theologie zu

Cc 3   Helm-

Helmstädt; den bekannten Dichter Herrn G. A. Bürger;
Hrn. Musikdirector J. N. Forkel. Ferner als exami=
nirte Candidaten: Hrn. F. G. Canzler aus Pommern;
Hrn. G. E. F. Seidel aus Thüringen; Hrn. J. G. A.
Oelrichs aus Hannover; Hrn. F. R. Surer aus Zoffin=
gen in der Schweiz; Hrn. G. W. Böhmer aus Göttin=
gen; Hrn. W. Eichhorn aus Nürnberg.

Nach geendigten Promotionen folgte ein Satz aus dem
Graunischen Te Deum und hierauf eine rauschende Mu=
sik, während welcher die Procession in der nehmlichen Ord=
nung den vorigen Weg wieder zurückgieng, unter Geläute
und Musik vom Balcon der Kirche.

Um 3. Uhr war Tafel auf dem Rathhause, die vom
königl. Hofmarschallamt durch den Herrn Cammerjunker
von Zastrow bestellt war und aus 192. Couverts bestand,
wozu ausser den Fremden vom Stande, alle Professoren,
diejenigen, welche gleichen Rang haben, und die so eben
creirte Doctoren und Magister eingeladen waren. Nach
geendigter Tafel langte der Zug der Studierenden vor dem
Rathhause an, um Musik und ein Gedicht zu bringen,
wobey man unter Lösung der Canonen ein Vivat für Se.
Majestät den König, die drey königl. Prinzen, die
Herren Minister und die Academie ausbrachte. Sie wur=
den mit Wein und Confect auf dem Markte bedient, und
begaben sich hiernächst aus einander zu eignen Lustbarkeiten
in die bestellten Aubergen.

Am Dienstage (den 18.) war feyerliche Versammlung
der königl. Societät der Wissenschaften, an welche sich
die Teutsche Gesellschaft und das historische Institut an=
schlossen. Durch diese Vorlesungen ward zugleich das neue
Auditorium unter dem neuen Flügel der Bibliothek einge=
weiht. Herr Hofrath Heyne als Secretär der Societät
hielt eine kurze Anrede, die Vorlesung aber Herr Prof.
Blu=

Blumenbach von der Lebenskraft im Blut; und Hr. geh. Rath und Prof. Forster aus Wilna, der nunmehr zu der kaiserl. Russischen Entdeckungsreise als Naturkundiger und Geschichtschreiber bestimmt ist, legte ein Fasciкel Magellanischer Pflanzen vor.

Herr Prof. Klügel in Helmstädt hatte der Societät eine Abhandlung unter dem Titel: Theoria noua motus machinarum vi aquae in rotam subtus incurrentis motarum zugeschickt. Der Herr Hofrath Kästner als Aeltester in der Teutschen Gesellschaft hielt eine Vorlesung über den Vortrag gelehrter Kenntnisse in der Teutschen Sprache, und Herr Hofrath Gatterer als Director des historischen Instituts über Jubelfeier und Jubelmünzen.

Nach der wieder auf dem Rathhause gehaltenen Privattafel der königl. Herren Legaten ward auf der Reitbahn Caroussel gehalten. Abends war Ball auf dem Rathhause, wozu alle Studierende, die daran Antheil nehmen wollten, zugelassen und 520. Billets durch Einladung des königl. Hofmarschallamts ausgegeben wurden. Auf dem Kaufhause wurde in zwey Sälen öffentlich gespeiset. Der Weg vom Rathhause bis dahin war, um ihn im Trockenen zu machen, mit einem bretternen Fußboden belegt, mit einem durch Stangen gehaltenen Dache von Linnen bedeckt, und durch Fackeln erleuchtet.

Den 19. Nachmittags begleitete die Gesellschaft der Studierenden wiederum die königl. Herren Legaten bis nach Wehnde; so wie den 20. den fürstl. Hessischen Herrn Gesandten. Den Beschluß von allem machte ein Aufzug am 20., da die für die Feierlichkeit veranstaltete Standarte von den Studierenden an die Universität abgeliefert ward. Ein öffentlicher Anschlag am 19. Sept. dankte ihnen für die während der Feierlichkeiten bewiesene gute Ordnung.

Jn

In der That hat das Betragen der Herren Studierenden die Bewunderung aller Fremden auf sich gezogen;
nicht aus Mangel an Kenntniß des gerechten besten Rufs
einer guten Lebensart, welchen die Universität für sich hat,
sondern weil man bey einem solchen Gewühle von Menschen (der Fremden von Distinction sind allein 456. gezehlt) und nach ihren damaligen Verhältnissen, ein sich
so durchgehends gleichbleibendes Betragen nicht wohl erwarten konnte. Die Officiere unter ihnen giengen selbst
zur Erhaltung der nächtlichen Ruhe der Reihe nach Pa-
trouille; und besetzten den Eingang zum Rathhause und
zum Kaufhause mit eigener Wache. Wie sehr stach ins-
sonderheit die Moderation dieser jungen Männer von den
Zeiten der Einweihung der Academie ab, von denen Herr
E. R. Leß in seiner Jubelpredigt sagt: "Mehr ein
"Schwarm von Bachanten und Unsinnigen, als eine Ge-
"sellschaft von Söhnen der Musen und Lieblingen der
"Wissenschaften. In den Hörsälen: Tumult; Grobheit;
"Barbarey; auf den Strassen, Geschrey und fürchterliches
"Getümmel am Tage und des Nachts Schrecken und Ver-
"wüstung! Viel grobe Unthaten, auch Morde der Stu-
"dierenden."

Mag man immer die vergangenen Zeiten loben! Diesen Uebergang von — nicht Herzhaftigkeit — sondern
barbarischer Rohigkeit, von der Grobheit des gemeinen
Pöbels zu dem edlen gesetzten Anstande eines Mannes
von Erziehung, haben wir doch wohl gutentheils der Cultur der schönen Wissenschaften und einer aus dem hohen
Aether metaphysischer Subtilitäten ins bürgerliche Erden-
leben herabgezogenen Philosophie zu danken.

Ueberhaupt ward die allgemeine Freude des Festes
durch gar keinen widrigen Zufall gestöhrt, die dagegen
gerichtete weise Vorsorge der königl. Landesregierung,
vereint mit wohlgewehlten und aufmerksam ausgeführten

An-

Anstalten des academischen Senats, von einem gutgeord-
neten Militär unterstützt, beglückte ein so wünschenswer-
ther Erfolg, daß auch nicht eine von den mannigfaltigen
Unannehmlichkeiten sich hier ereignete, die bey solchem
großen Zusammenflusse von Menschen aus allerley Ständen, höchst selten ganz vermieden werden.

Unter allen Feierlichkeiten gewährte besonders der Zug
in die Kirche einen seltenen rührenden Anblick. Welche
mannigfaltige Betrachtungen ; hier die vergangene, gegenwärtige und künftige Zeit in einer solchen Menge von
Greisen, Männern und Jünglingen zusammengereiht —
nicht wie sonst in der Welt, nach Titel und Aemtern,
sondern durch wissenschaftliche Verbindungen bey einander
zu sehen, theils schon nahe der Vollendung ihrer seit vielen Decaden um Religion, Gelehrsamkeit, Staat und
Menschheit erworbenen Verdienste, theils mit blühenden
Kräften, durch sehr verschiedene Aemter in voller lebhaf-
ter Wirksamkeit für das allgemeine Beste beschäfftigt,
theils noch in der Ausbildung begriffen, um die Hoffnung der Glückseligkeit einer herannahenden Nachkom-
menschaft zu erfüllen, die auf ihre Talente erbauet wird!

*   *   *

Zum Beschlusse muß ich noch von den sechs Kupfertafeln, die zu diesem Buche gehören, etwas gedenken. Die
zwey ersten Num. I. II. gehören zur Beschreibung der Bibliotheksgebäude §. 157-165. S. 214-232., und sind auch daselbst bereits angezogen worden. Die zwey folgenden Num.
III. IV. enthalten den Plan und die Grundrisse des Accouchir-
Hospitals, dessen Beschreibung §. 186. S. 259-264. sich auch
schon darauf beziehet. Den Grundriß vom botanischen Garten
enthält Num. V.; die dazu gehörige Beschreibung ist §. 184.
S. 250-257. nachzusehen; das Boslet ist seit der Zeit, da dieser Riß verfertiget worden, noch bis in die östliche Spitze in der
nördlichen Hälfte derselben fortgeführt. Die sechste Kupferta-
fel, die nur die Aufschrift Goettingen ohne beygefügte Numer
Ec 5   führt,

führt, enthält einen erst 1787. neu aufgenommenen Grundriß der Stadt, der nur etwas eilig gestochen werden müssen. Zu dessen Erläuterung gehöret folgende

Erklärung der Zahlen, worauf sich der Grundriß beziehet:

A) Benennung der Straßen.

1. Die Weenderstraße.
2. Der Kornmarkt.
3. Die Gildenstraße.
4. Die kurze Straße.
5. Die kurze neue Straße.
6. Die Hospitalstraße.
7. Die Geismar kurze Straße.
8. Die Geismar lange Straße.
9. Die Grohnderstraße.
10. Die Zindelstraße.
11. Der große Markt.
12. Die Johannisstraße.
13. Die Paulinerstraße.
14. Die Gothmarstraße.
15. Die Prinzenstraße.
16. Die Allee.
17. Die Buchstraße.
18. Im stumpfen Biel.
19. Bey dem Reitstalle.
20. Die untere Teichstraße.
21. Die obere Teichstraße.

22. Die Neustadt.
23. Die Petersilienstraße.
24. Der Anger.
25. Die düstere Straße.
26. Die Nicolaistraße.
27. Die neue Querstraße.
28. Die rothe Straße.
29. Die Wenneckenstraße.
30. Der Ziegenmarkt.
31. Der neue Markt.
32. Die Burgstraße.
33. Die Jüdenstraße.
34. Die Kupferstraße.
35. Die Speckstraße.
36. Die Ribbagshäuser Straße.
37. Der Ritterplan.
38. Die Kaßpfühle.
39. Die Mühlenstraße.
40. Die Leinenstraße.
41. Die Barfüßerstraße.

B) Des-

B) Oeffentliche Gebäude und Gärten.

I. Das Weender Thor.
II. Das Grohnder Thor.
III. Das Geismar Thor.
IV. Das Albaner Thor.
V. Die Johannskirche.
VI. Die Jacobikirche.
VII. Die Albanikirche.
VIII. Die Nicolaikirche.
IX. Die Marienkirche.
X. Die Universitätskirche.
XI. Die reformirte Kirche.
XII. Die catholische Kirche.
XIII. Das Concilienhaus.
XIV. Das Accouchirhospital.
XV. Das chymische Laboratorium.
XVI. Das Reithaus und die Stallmeisterwohnung.
XVII. Die Anatomie.
XVIII. Der botanische Garte.
XIX. Der oeconomische Garte.
XX. Das Observatorium.

XXI. Das Rathhaus.
XXII. Das Commandantenhaus.
XXIII. Die Hauptwache.
XXIV. Das Zeughaus.
XXV. Die Stadtschule.
XXVI. Das Krankenhospital.
XXVII. Das Posthaus.
XXVIII. Die Universitätsapotheke.
XXIX. Die Rathsapotheke.
XXX. Die Waage.
XXXI. Der Teutsche-Ordenshof.
XXXII. Das Waisenhaus.
XXXIII. Die Rathsziegelbrennerey.
XXXIV. Die Brauhäuser.
XXXV. Die Fischerey.
XXXVI. Der Fleischscharn.
XXXVII. Die Stadtmühlen.
XXXVIII. Das Kaufhaus.

* * *

Noch kann ich die Feder nicht niederlegen, ohne mit der größten Erkenntlichkeit zu bezeugen, wie sehr sowohl meine Herren Collegen als andere, deren Namen in diesem Buche vorkommen, in den Artikeln, die ihre Lebensumstände, Schriften oder andere Gegenstände ihrer Beschäfftigungen betreffen, mir zu Abfassung dieses Buches mit der größten Willfährigkeit behülflich gewesen. Auch kann ich die Bereitwilligkeit, Geschick-

lichkeit und Genauigkeit, womit Herr Jacob Friedrich Georg
Emmrich, Candidat der Rechte aus Meinungen, in Samm:
lung der Schriftenverzeichnisse und anderen Hülfleistungen bey
dieser Arbeit mir beygestanden, nicht gnug rühmen. Im Gan:
zen liefere ich zwar nicht sowohl Geschichte, als nur Materia:
lien zu einer Gelehrtengeschichte unserer Georg:Augustus:Uni:
versität; aber ein künftiger Geschichtschreiber wird doch Stoff
zu unserer acabemischen Gelehrtengeschichte daraus nehmen kön:
nen; bis dahin mag es nur als Beytrag zu einem litterarischen
Handbuche der Teutschen Universitäten des XVIII. Jahrhun:
berts denen, die dergleichen bedürfen, zum Gebrauche die:
nen.

Göttingen ben 10. März 1788.

Regi-

Register.

Register.

Register.

Register.

Register.

Register.

Meta-

Register.

Register.

Treuer,

Register.